史記

全本 全注 全译

九 列传（四）

〔汉〕司马迁 著
杨燕起 译注

岳麓

史记卷一百一十八

淮南衡山列传第五十八

原文

淮南厉王长者，高祖少子也，其母故赵王张敖美人。[1]高祖八年，从东垣过赵，赵王献之美人。[2]厉王母得幸焉，有身。赵王敖弗敢内宫，为筑外宫而舍之。[3]及贯高等谋反柏人事发觉，并逮治王，尽收捕王母兄弟美人，系之河内。[4]厉王母亦系，告吏曰："得幸上，有身。"吏以闻上，上方怒赵王，未理厉王母。厉王母弟赵兼因辟阳侯言吕后，吕后妒，弗肯白，辟阳侯不强争。[5]及厉

译文

淮南厉王刘长，是高祖的小儿子，他母亲是原赵王张敖的妃嫔。高祖八年，皇帝从东垣县经过赵国，赵王把他的妃子献给皇帝。厉王的母亲得以和高祖同房，有了身孕。赵王张敖不敢接纳她入宫，替她另外修建了宫室居住。到了贯高等人在柏人县谋杀高祖的事被发觉，赵王也一并被逮捕治罪，他的母亲、兄弟、嫔妃全都被抓起来，囚禁在河内。厉王的母亲也被囚禁，她告诉牢狱官吏说："我受皇上宠幸，有了身孕。"官吏把这件事告诉皇上，皇上正为赵王的事而生气，没有理会厉王的母亲。厉王母亲的弟弟赵兼通过辟阳侯审食其告诉吕后，吕后嫉妒，不肯报告皇上，辟阳侯也没有

王母已生厉王，恚[6]，即自杀。吏奉厉王诣上，上悔，令吕后母之，而葬厉王母真定。[7]真定，厉王母之家在焉，父世县[8]也。

尽力争取。厉王母亲等到生下厉王之后，心中怨恨，就自杀了。官吏抱着厉王送到皇上面前，皇上悔恨，命令吕后抚养他，而把厉王的母亲安葬在真定。真定是厉王母亲的家乡，她的祖辈世代居住在那里。

注释　1 长：刘长。高祖刘邦少子，汉文帝之弟。　张敖：张耳子。事见《张耳陈余列传》。　美人：汉代妃嫔称号。　2 高祖八年：即公元前199年。　赵：汉封国名，都邯郸。　3 内：接纳。　舍：居住。　4 贯高：赵国国相。　柏人事：此指赵相贯高等人谋害刘邦未遂的事件。事详《张耳陈余列传》。　系：拘囚。　5 辟阳侯：即审食其，因侍奉吕后得宠。　白：报告。　6 恚(huì)：怨恨。　7 悔：后悔不理厉王母。　母之：养育他。　8 父世县：《史记索隐》："谓父祖代居真定也。"

高祖十一年七月，淮南王黥布反，立子长为淮南王，王黥布故地，凡四郡。[1]上自将兵击灭布，厉王遂即位。厉王蚤[2]失母，常附吕后，孝惠、吕后时以故得幸无患害，而常心怨辟阳侯，弗敢发。及孝文帝初即位，淮南王自以为最亲，骄蹇，数不奉法。[3]上以亲故，常宽

高祖十一年七月，淮南王黥布造反，高祖立自己的儿子刘长做淮南王，统辖黥布原有的封地，一共有四个郡。皇上亲自带领军队攻打并消灭了黥布，厉王于是登上王位。厉王早年失去了母亲，一直依附吕后，孝惠帝和吕后时期，他因此得以免遭忧患和祸害，但他心里一直怨恨辟阳侯，只是不敢发作而已。孝文帝刚登位时，淮南王自认为和皇上最亲，骄纵傲慢，屡屡违反法令。皇上也因为他是兄弟的缘故，常常宽大赦免他的

赦之。三年，入朝。甚横。从上入苑囿猎，与上同车，常谓上大兄[4]。厉王有材力，力能扛鼎，乃往请辟阳侯。辟阳侯出见之，即自袖铁椎椎辟阳侯，令从者魏敬刭之。[5]厉王乃驰走阙下[6]，肉袒谢曰："臣母不当坐赵事，其时辟阳侯力能得之吕后，弗争，罪一也。赵王如意[7]子母无罪，吕后杀之，辟阳侯弗争，罪二也。吕后王诸吕，欲以危刘氏，辟阳侯弗争，罪三也。臣谨为天下诛贼臣辟阳侯，报母之仇，谨伏阙下请罪。"孝文伤其志，为亲故，弗治，赦厉王。当是时，薄太后及太子诸大臣皆惮厉王，厉王以此归国益骄恣，不用汉法，出入称警跸，称制，自为法令，拟于天子。[8]

六年，令男子但等七十

过错。文帝三年，淮南王进京朝见。他十分傲慢。他跟随皇上进入御苑打猎，和皇上同乘一辆车，常常称呼皇上为大哥。厉王有才能和勇力，力量能够举起大鼎，于是前往拜见辟阳侯。辟阳侯出来接见他，他就从袖中抽出铁椎击杀了辟阳侯，让随从魏敬割下辟阳侯的头。厉王就骑着马跑到宫门前，裸露上身请罪说："我母亲不应当因贯高谋反事被判罪，那时辟阳侯力争的话，她就能得到吕后的保护，但辟阳侯没有力争，这是其第一项罪过。赵王如意母子没有罪，吕后杀了他们，辟阳侯没有劝阻，这是其第二项罪过。吕后封吕氏家族的人为王，想以此危害刘家王室，辟阳侯没有争谏，这是其第三项罪过。我替天下诛杀奸贼辟阳侯，为母亲报仇，特来宫门前请罪。"孝文帝哀怜他的复仇之心，因为他们是兄弟的缘故而没有惩治他，赦免了他。那时，薄太后和太子、众位大臣都害怕厉王，厉王因此回封国后越发骄横放纵，不遵守汉朝法令，出入都要戒严，称"警跸"，把发布的命令称"制"，自己制定法令，和天子相比拟。

人与棘蒲侯柴武太子奇谋，以辇车四十乘反谷口，令人使闽越、匈奴。[9]事觉，治之，使使召淮南王。淮南王至长安。

文帝六年，淮南王命令男子但等七十人和棘蒲侯柴武的太子柴奇商议，凭借四十辆大车在谷口县造反，派人出使闽越、匈奴。事情被发觉，朝廷查究这事，文帝派使者召见淮南王。淮南王来到长安。

注释 1 高祖十一年：即公元前196年。 七月：原作“十月”。据《高祖本纪》《荆燕世家》《吴王濞列传》载，黥布反在高祖十一年秋。今据改。 淮南王：封国之王，都寿春。 王(wàng)：管辖。 四郡：即九江、庐江、衡山、豫章四郡。 2 蚤：通“早”。 3 自以为最亲：此时高帝之子只有刘恒、刘长二人见在。 骄蹇(jiǎn)：骄纵傲慢，不顺从。 数(shuò)：屡次。 4 大兄：《史记志疑》：“文帝行非第一，而称大者，盖大乃天子之谓也。今人兄弟行次称一为大，不知所始？唐明皇呼宁王宪为大哥，疑起于唐时。” 5 椎：击杀。 刭：用刀割断脖子。 6 阙下：宫廷之下。 7 如意：刘如意。戚夫人所生，为吕后所忌恨而被其用毒酒杀害。 8 薄太后：文帝刘恒之母。 警跸：天子出行时的规制，警戒清道。 制：帝王的命令。 9 男子：古称无官爵的成年男人。 但：人名。 柴武：亦作“陈武”。曾被封为棘蒲侯。 奇：人名，柴武太子。 辇(jú)：用马驾的大车。

“丞相臣张仓、典客[1]臣冯敬行御史大夫事、宗正臣逸、廷尉臣贺、备盗贼中尉臣福昧死言：淮南王长废先帝法，不听天子诏，居处无度，为黄屋盖乘舆，

“丞相张仓、典客兼御史大夫冯敬、宗正官逸、廷尉贺、备盗贼中尉福冒死上书说：淮南王刘长废除先帝之法，不听从天子诏令，在起居住行等方面不合规定，乘坐装饰有黄屋盖的车，进出效法天子仪仗，擅自制定法令，不用汉朝的法令和朝廷

出入拟于天子，擅为法令，不用汉法及所置吏，以其郎中春为丞相，聚收汉诸侯人及有罪亡者，匿与居，为治家室，赐其财物爵禄田宅，爵或至关内侯，奉以二千石，所不当得，欲以有为。[2] 大夫但、士五开章等七十人与棘蒲侯太子奇谋反[3]，欲以危宗庙社稷。使开章阴告长，与谋使闽越及匈奴发其兵。开章之[4]淮南见长，长数与坐语饮食，为家室娶妇，以二千石俸奉之。开章使人告但，已言之王。春使使报但等。吏觉知，使长安尉奇等往捕开章。长匿不予，与故中尉蔄忌[5]谋，杀以闭口。为棺椁衣衾，葬之肥陵邑，谩[6]吏曰'不知安在'。又详聚土，树表其上，曰'开章死，埋此下'。[7] 及长身自贼杀无罪者一人[8]；令吏论杀无罪者六人；为亡命弃市

设置的官吏，任命王国的郎中春为丞相，聚集、接收汉诸侯王国之人和有罪逃亡者，藏匿并让他们定居下来，还为他们安排家室，赏赐给他们财物、爵位、俸禄、土地、房屋，有的封爵至关内侯，供给至二千石，给予他们不应该得到的东西，是想依靠他们有所图谋。大夫但、士五开章等七十人与棘蒲侯太子柴奇谋反，想要颠覆朝廷。他们派开章暗中告诉刘长，和他商量派人出使闽越和匈奴，让他们发兵响应。开章到淮南拜见刘长，刘长多次和他坐在一起谈话、宴饮，为他成家娶妻，拿二千石俸禄来供给他。开章派人告诉但，说已经和淮南王商量过。春也派使者报告但等人。朝廷发觉此事后，派长安县县尉奇等人前往逮捕开章。刘长将开章藏匿起来，不肯交出，和以前的中尉蔄忌策划，杀开章灭口。他们给开章置办棺椁衣被，把他埋在肥陵邑，欺骗官吏说'不知道开章在哪里'。又伪造坟堆，在坟上立一个标记，说'开章的尸体，埋在这下面'。还有刘长亲自杀过无罪者

罪诈捕命者以除罪；擅罪人，罪人无告劾系治城旦舂以上十四人；[9]赦免罪人，死罪十八人，城旦舂以下五十八人；赐人爵关内侯以下九十四人。前日长病，陛下忧苦之，使使者赐书、枣脯。长不欲受赐，不肯见拜使者。南海民处庐江界中者反，淮南吏卒击之。陛下以淮南民贫苦，遣使者赐长帛五千匹，以赐吏卒劳苦者。长不欲受赐，谩言曰'无劳苦者'。南海民王织上书献璧皇帝，忌擅燔其书，不以闻[10]。吏请召治忌，长不遣，谩言曰'忌病'。春又请长，愿入见，长怒曰'女欲离我自附汉'[11]。长当弃市，臣请论如法。"

制曰："朕不忍致法于王，其与列侯二千石议。"

一人；命令官吏判罪杀死无罪者六人；为了藏匿犯死罪逃亡的人而抓捕未逃亡的犯人来开脱罪责；擅自给人判罪，罪人没有地方上诉，被拘囚处以城旦舂以上刑罚的十四人；赦免有罪的人，其中赦免犯死罪的十八人，城旦舂以下的五十八人；赐人爵位，关内侯以下九十四人。前些日子刘长患重病，陛下为此担忧苦恼，派使者送去书信、枣干。刘长不想接受赏赐，不肯接见、拜谢使者。住在庐江郡内的南海百姓造反，淮南郡的官兵奉旨征讨。陛下体恤淮南人民贫苦，派使臣赐给刘长布帛五千匹，令他发给出征官兵中的辛劳穷苦的人。刘长不想接受，谎称'军中无劳苦者'。南海人王织上书向皇帝敬献玉璧，蕑忌烧了信，不予上奏。官员请求传唤蕑忌论罪，刘长拒不下令，谎称'蕑忌有病'。国相春又请求刘长，希望准许自己入朝进见，刘长大怒，说'你想背叛我去投靠汉廷'。刘长应当处死示众，臣等请求陛下将刘长依法治罪。"

皇上发布命令说："我不忍心用法律来处置淮南王，请你们和列侯、二千石官员商议。"

注释 1 典客：官名，掌管接待少数民族的事务。九卿之一，后改称大行令、大鸿胪。 2 黄屋盖：亦称黄屋，帝王车驾上用黄缯做衬里的车盖。 乘舆：天子或诸侯所乘坐的车子。 奉：供给。《史记集解》引如淳曰："赐亡畔来者如赐其国二千石也。" 3 士五：按汉律，有罪失官爵者称士五。 开章：人名。 4 之：到……去。 5 蕑(jiān)忌：人名。蕑，姓。 6 谩(mán)：欺骗。 7 详：通"佯"。 表：标记。 8 身自：亲自。 贼杀：杀害。 9 擅罪人：擅自给人判罪。 告劾：告发弹劾。 系：拘囚。 治城旦舂(chōng)：处以城旦舂刑罚。城旦，一种筑城四年的劳役。舂，汉代的一种徒刑，女人不适宜在外服役，便以舂米为役。 10 不以闻：不将此事上奏皇帝。 11 女：通"汝"。你。 离：叛离。

"臣仓、臣敬、臣逸、臣福、臣贺昧死言：臣谨与列侯吏二千石臣婴等四十三人议，皆曰'长不奉法度，不听天子诏，乃阴聚徒党及谋反者，厚养亡命，欲以有为'。臣等议：论如法。"

制曰："朕不忍致法于王，其赦长死罪，废勿王。"

"臣仓等昧死言：长有大死罪，陛下不忍致法，幸赦，废勿王。臣请处蜀郡严道邛邮，遣其子母从

"臣张仓、臣冯敬、臣逸、臣福、臣贺冒死进言：我们和列侯、二千石官员夏侯婴等四十三人商议，都认为'刘长不遵守法度，不服从天子诏令，竟然暗中聚集同党和谋反的人，优待亡命之徒，想要借此有所作为'。我们商议后认为：应依照法律给他定罪。"

皇上发布命令说："我不忍心用法律处置淮南王，赦免刘长的死罪，废掉他的王位。"

"臣张仓等人冒死进言：刘长犯有严重死罪，陛下不忍心用法律制裁他，施恩赦免，废掉王位。我们请求让他在蜀郡严道邛邮驿舍居住，送他的姬妾中有孩子的随同前往，

居，县为筑盖家室，皆廪食给薪菜盐豉炊食器席蓐。[1]臣等昧死请，请布告天下。”

制曰：“计食[2]长给肉日五斤，酒二斗。令故美人才人[3]得幸者十人从居。他可。”

县署为他们修建房屋，供给粮食、柴、菜、盐、豆豉和做饭、饮食的器具以及席子、草垫子。我们冒死请求把这事布告天下。”

皇上发布命令说：“可以每天供给刘长肉五斤，酒二斗。让原来受过他宠幸的妃嫔十人随同他居住。其他都准奏。”

注释 1 邛邮：驿名，在今四川荥经西南。 子母：生有子之姬妾。 廪食：官府供给粮食。 豉(chǐ)：豆豉，一种用豆子制成的食品。 席蓐：泛指铺垫之具。 2 计食：打算供给的食物。 3 才人：宫中女官名，多为妃嫔的称号。

尽诛所与谋者。于是乃遣淮南王，载以辎车，令县以次传。[1]是时袁盎谏上曰：“上素骄淮南王，弗为置严傅相[2]，以故至此。且淮南王为人刚，今暴摧折之，臣恐卒逢雾露病死，陛下为有杀弟之名，柰何！[3]”上曰：“吾特苦之耳，今复之。”[4]县传淮南王者皆不敢发车封[5]。淮南王乃谓侍者曰：“谁谓

朝廷下令诛杀了全部参与谋反的人。于是就遣送淮南王，用披着帷盖的槛车来载运，命令沿途各县依次接送。这时袁盎劝谏皇上说：“皇上平时放纵淮南王，不给他配置严格教导的辅佐和国相，因此到了这个地步。况且淮南王为人刚烈，如今突然这样打击他，我害怕他仓促之间遇到风寒就会病死，那样，陛下将有杀弟的名声，怎么办！”皇上说：“我只是让他受点苦罢了，很快就会让他回来。”沿途各县传送淮南王，都不敢打开槛车的封门。淮南王对侍候

乃公[6]勇者？吾安能勇！吾以骄故不闻吾过至此。人生一世间，安能邑邑[7]如此！”乃不食死。至雍，雍令发封，以死闻。上哭甚悲，谓袁盎曰：“吾不听公言，卒亡淮南王。”盎曰：“不可柰何，愿陛下自宽。”上曰：“为之柰何？”盎曰：“独斩丞相、御史以谢天下乃可。”上即令丞相、御史逮考诸县传送淮南王不发封馈[8]侍者，皆弃市。乃以列侯葬淮南王于雍，守冢[9]三十户。

他的人说：“谁说你老子我勇敢？我怎么能勇敢！我因为骄纵的缘故不能认识到自己的罪过而到这个地步。人生一世，怎么能像这样郁闷呢！”于是绝食而死。到了雍县，雍县县令打开封门，把淮南王的死讯告诉皇上。皇上哭得很悲伤，对袁盎说：“我没听您的话，最终害死了淮南王。”袁盎说：“这也无可奈何，希望陛下自己想开一点。”皇上说：“我该怎么办呢？”袁盎说：“只有斩杀丞相、御史大夫来向天下谢罪才可以。”皇上就下令让丞相、御史大夫逮捕拷问沿途各县不肯打开封门和不给淮南王食物的人，一律处死示众。同时下令以埋葬列侯的礼仪把淮南王葬在雍县，安排三十户人家守护陵墓。

注释　1 辎车：古代有帷盖的车子，既可载物，又可用作卧车。　以次传：按顺序提供驿站接送。　2 严傅相：严格教导的辅佐和国相。　3 暴：猛然。　卒：同“猝”。突然。　柰：通“奈”，下同。　4 特：只是。　苦之：让他吃点苦头。　今：与“即”相同。即将，就要。　复之：让他返回。　5 发：打开。　车封：囚车的门封。　6 乃公：你们的老子。　7 邑邑：忧郁不乐貌。　8 馈：以食物送人。　9 守冢：守护陵墓者。

孝文八年[1]，上怜淮南王，淮南王有子四人，皆

文帝八年，皇上怜惜淮南王，淮南王有四个儿子，都是七八岁，于

七八岁，乃封子安为阜陵侯，子勃为安阳侯，子赐为阳周侯，子良为东成侯。

孝文十二年，民有作歌[2]歌淮南厉王曰："一尺布，尚可缝；一斗粟，尚可舂。兄弟二人，不能相容。"上闻之，乃叹曰："尧舜放逐骨肉，周公杀管蔡，天下称圣。[3]何者？不以私害公。天下岂以我为贪淮南王地邪？"乃徙城阳王王淮南故地，而追尊谥淮南王为厉王，置园复如诸侯仪。[4]

是封他儿子刘安为阜陵侯，刘勃为安阳侯，刘赐为阳周侯，刘良为东成侯。

文帝十二年，有人作了一首有关淮南王的歌谣说："一尺麻布，还可以缝衣；一斗谷子，还可以舂米。兄弟两人，不能相容。"皇上听说了，就感叹说："尧、舜放逐自己的家人，周公杀死管叔、蔡叔，天下人都称赞他们圣明。为什么呢？不因私情而损害公义。天下人难道认为我是贪图淮南王的封地吗？"于是调城阳王掌管淮南王原来的封地，而追加尊贵的谥号给淮南王，称他为厉王，按诸侯王的规格给他修建了陵园。

注释　1 孝文八年：即公元前172年。　2 作歌：编歌谣。歌，此有"讽喻"义。　3 尧舜放逐骨肉：指尧舜时放逐其同姓共工、三苗、鲧、驩兜。事详《五帝本纪》。　周公杀管蔡：指周公在摄政时诛其弟管叔，流放其弟蔡叔事。事详《周本纪》。《史记志疑》："《解舂集》论之云'长反在文六年，至八年封其四子为侯，又十二年民间始有是歌。十六年立其子安复为淮南王。安阴结宾客，养士数千，则是歌安知非八公之徒伪为之，流播民间，以感天子者。史称安就国之后，与诸辨士妄作妖言，则歌之伪知矣'。"　4 城阳王：即城阳景王刘章之子刘喜。其王国原本在城阳国，都今山东莒县。　园：陵园。

孝文十六年，徙淮南王喜复故城阳[1]。上怜淮南厉王废法不轨[2]，自使失国蚤死，乃立其三子：阜陵侯安为淮南王，安阳侯勃为衡山王，阳周侯赐为庐江王，皆复得厉王时地，参分之。[3]东城侯良前薨，无后也。

文帝十六年，迁调淮南王刘喜仍旧为城阳王。皇上怜惜淮南厉王废弃法令、不遵循正道致使自己失去封国而早死，于是封立他的三个儿子：阜陵侯刘安为淮南王，安阳侯刘勃为衡山王，阳周侯刘赐为庐江王，厉王时的封地，他们三个各分得一份。东城侯刘良在这以前死了，没有后代。

注释　1 徙：迁调。　复：恢复。　2 不轨：不遵守法度。　3 衡山王：衡山都邾县，在今湖北黄冈西北。　庐江王：庐江都舒县，在今安徽庐江西南。　参：通“三（叁）”。

孝景三年[1]，吴楚七国反，吴使者至淮南，淮南王欲发兵应之。其相曰：“大王必欲发兵应吴，臣愿为将。”王乃属[2]相兵。淮南相已将兵，因城守，不听王而为汉；汉亦使曲城侯[3]将兵救淮南：淮南以故得完。吴使者至庐江，庐江王弗应，而往来使越。吴使者至衡山，衡山王坚守无二心。孝景四年，吴楚已破，衡山王朝，上以

景帝三年，吴楚七国反叛，吴王派使者到淮南，淮南王想派兵响应他们。他的国相说：“大王一定要派兵响应吴王，我愿意任将领。”淮南王于是把军队委托给国相。淮南国相带领军队后，便守卫着城池，不听从淮南王指挥而为朝廷效劳；朝廷也派曲城侯率领军队救助淮南：淮南国因此得以保全。吴王使者到了庐江，庐江王不答应，却派人和越国联系。吴王使者到了衡山，衡山王坚守城池，毫无二心。景帝四年，吴、楚被打败，衡山王入

为贞信[4],乃劳苦之曰:“南方卑[5]湿。”徙衡山王王济北[6],所以褒之。及薨,遂赐谥为贞王。庐江王边越,数使使相交,故徙为衡山王,王江北。[7]淮南王如故。

京朝见,皇上认为他忠贞信实,就慰劳他说:“南方地势低洼潮湿。”调衡山王任济北王,来褒奖他。到他去世,就赐给他谥号为贞王。庐江王与越国相邻,多次派使者往来,所以调他任衡山王,掌管江北。淮南王和原先一样。

注释 1 孝景三年:即汉景帝三年,公元前154年。 2 属(zhǔ):委托,交付。 3 曲城侯:《史记集解》引徐广曰:“曲城侯姓虫名捷,其父名逢,高祖功臣。” 4 贞信:忠贞信实。 5 卑:地势低。 6 济北:汉文帝二年(前178),立东牟侯兴居为济北王,治所卢县,故城在今山东济南长清区西南。 7 边越:边界与越国相交。 江北:长江以北。

淮南王安为人好读书鼓琴,不喜弋猎狗马驰骋,亦欲以行阴德拊循百姓[1],流誉天下。时时怨望厉王死,时欲畔逆,未有因也。[2]及建元二年[3],淮南王入朝。素善武安侯[4],武安侯时为太尉,乃逆[5]王霸上,与王语曰:“方今上无太子,大王亲高皇帝孙,行仁义,天下莫不闻。即宫车一日晏

淮南王刘安喜欢读书弹琴,不喜欢射猎、走狗、跑马,也想用暗中做好事来抚慰百姓,在天下传播美名。他时常怨恨厉王的死,常想背叛朝廷,只是还没有机会。到汉武帝建元二年,淮南王入京朝见。他平素和武安侯交好,武安侯当时任太尉,于是在霸上迎接淮南王,对淮南王说:“当今皇上没有太子,大王是高祖的亲孙子,施行仁义,天下没有人不知道。皇上一旦驾崩,除了大王还能立谁当皇帝呢!”淮南王十分高兴,送给武安侯很多金钱和物品。他暗中结交

驾[6]，非大王当谁立者！”淮南王大喜，厚遗武安侯金财物。阴结宾客[7]，拊循百姓，为畔逆事。建元六年，彗星见，淮南王心怪之。或说王曰：“先吴军起时，彗星出，长数尺，然尚流血千里。今彗星长竟天[8]，天下兵当大起。”王心以为上无太子，天下有变，诸侯并争，愈益治器械攻战具，积金钱赂遗郡国诸侯游士奇材。诸辨士为方略者妄作妖言，谄谀王，王喜，多赐金钱，而谋反滋甚。

宾客，抚慰百姓，谋划反叛的事情。建元六年，彗星出现，淮南王感到奇怪。有人劝淮南王说：“以前吴王军队起兵时，曾有彗星出现，不过几尺长，可还是千里境内有流血伤亡。如今彗星尾长至天边，天下要发生战乱了。”淮南王认为皇上没有太子，天下一有事变，诸侯王会一起争斗，便更加积极地整修军械和攻战用具，积蓄金钱收买郡县、诸侯国和游士、有奇才的人。那些策划大计方略的能言善辩之士胡乱制造迷惑的传言，阿谀奉承淮南王，淮南王高兴，赐给他们很多金钱，谋反之心更加厉害。

注释　1 行阴德：暗中施恩惠于人。　拊(fǔ)循：安抚，抚慰。　2 怨望：怨恨。　畔：通“叛”。　因：借口或机因。　3 建元二年：即公元前139年。建元，汉武帝年号。　4 武安侯：即田蚡。　5 逆：迎。　6 宫车：喻指皇帝。　晏驾：皇帝去世的讳称。　7 阴结宾客：暗中结交宾客。《史记索隐》引《淮南要略》云：“安养士数千，高才者八人，苏非、李尚、左吴、陈由、伍被、毛周、雷被、晋昌，号曰‘八公’也。”　8 竟天：直至天边。

淮南王有女陵，慧，有口辩。王爱陵，常多予

淮南王有个女儿叫刘陵，聪明而有口才。淮南王喜爱刘陵，经常给

金钱，为中诇长安，约结上左右。[1]元朔三年，上赐淮南王几杖，不朝。[2]淮南王王后荼，王爱幸之。王后生太子迁，迁取王皇太后外孙修成君女为妃。[3]王谋为反具，畏太子妃知而内泄事，乃与太子谋，令诈弗爱，三月不同席。[4]王乃详为怒太子，闭太子使与妃同内三月，太子终不近妃。[5]妃求去，王乃上书谢归去[6]之。王后荼、太子迁及女陵得爱幸王，擅国权，侵夺民田宅，妄致系人[7]。

她很多金钱，让她在长安侦察情况，结交皇上身边的人。元朔三年，皇上赐给淮南王几案、手杖，让他不用入京朝见。淮南王王后叫荼，淮南王很宠爱她。王后生了太子刘迁，刘迁娶了王皇太后外孙修成君的女儿为妃子。淮南王谋划反叛所用的器具，害怕太子的妃子知道而向朝中泄露这事，于是和太子商议，让他假装不喜欢妃子，三个月不和她同床。淮南王又假装对太子生气，把太子关起来，让他和妃子一同在内房中三个月，太子始终不亲近妃子。妃子请求离去，淮南王于是上书表示歉意，并派人送她回去。王后荼、太子刘迁和女儿刘陵得到淮南王的宠爱，独揽封国大权，侵夺百姓田地和住宅，胡乱拘囚无罪之人。

注释　1 诇(xiòng)：侦察，刺探。　约结：联络结交。《史记志疑》引徐氏《测议》："陵必嫁列侯在长安，故使诇伺。《史》不记其嫁处，缺文也。"　2 元朔三年：即公元前126年。元朔，汉武帝年号。《史记志疑》："'三年'乃'二年'之误，《汉书》纪、传皆言元朔二年赐几杖。"　几杖：几案、手杖。　3 取：通"娶"。　王皇太后：武帝之母王太后。　修成君：王太后先适金氏所生之女。　4 反具：叛乱所用的器具。　同席：同床。　5 详：通"佯"。　内：内房。　6 去：离开。　7 妄：无根据。　系：拘囚。

元朔五年，太子学用剑，自以为人莫及，闻郎中雷被巧，乃召与戏。[1]被一再辞让，误中太子。太子怒，被恐。此时有欲从军者辄诣京师[2]，被即愿奋击匈奴。太子迁数恶被于王，王使郎中令斥免，欲以禁后[3]，被遂亡至长安，上书自明。诏下其事廷尉、河南[4]。河南治，逮淮南太子，王、王后计欲无遣太子，遂发兵反，计犹豫，十余日未定。会有诏，即讯太子。当是时，淮南相怒寿春丞留太子逮不遣，劾不敬。[5]王以请相，相弗听。王使人上书告相，事下廷尉治。踪迹连王，王使人候伺[6]汉公卿，公卿请逮捕治王。王恐事发，太子迁谋曰："汉使即逮王，王令人衣卫士衣，持戟居庭中，王

元朔五年，太子学习使剑，自认为没有人比得上他，听说郎中雷被剑艺高超，于是召来和他比试。雷被一再退让，后来误伤了太子。太子发怒，雷被害怕。这时有想参军的人马上就要送到京城去，雷被就自愿参军去奋力攻打匈奴。太子刘迁多次在淮南王面前诋毁雷被，淮南王派郎中令斥退罢免了雷被，想以此使他人不敢效法，雷被于是逃到长安，向皇上上书讲述了他的遭遇。皇上下诏让廷尉、河南郡处理这事。河南郡查办后，要逮捕淮南王太子，淮南王、王后不想遣送太子，就想趁机起兵造反，可是他们又迟疑不决，十多天没定下来。适逢有诏书下来，要就地审讯太子。这时，淮南国相恼怒寿春县县丞保护太子而压下逮捕文书不加遣送，控告他犯有大不敬的罪。淮南王为寿春县丞求情，国相不肯听从。于是淮南王派人上书控告国相，把事情交给廷尉来处理。案件中有线索牵连到淮南王，淮南王派人暗中打探朝中公卿大臣的意见，公卿大臣请求逮捕淮南王。淮南王害怕谋反的事情被发觉，太子刘迁献计说："如果朝廷使臣来逮捕父王，父王可叫人身穿卫

旁有非是，则刺杀之，臣亦使人刺杀淮南中尉，乃举兵，未晚。”[7]是时上不许公卿请，而遣汉中尉宏即讯验王[8]。王闻汉使来，即如太子谋计。汉中尉至，王视其颜色和，讯王以斥雷被事耳，王自度无何[9]，不发。中尉还，以闻。公卿治者曰：“淮南王安拥阏奋击匈奴者雷被等，废格明诏，当弃市。”[10]诏弗许。公卿请废勿王，诏弗许。公卿请削五县，诏削二县。使中尉宏赦淮南王罪，罚以削地。中尉入淮南界，宣言赦王。王初闻汉公卿请诛之，未知得削地，闻汉使来，恐其捕之，乃与太子谋刺之如前计。及中尉至，即贺王，王以故不发。其后自伤曰：“吾行仁义见削，甚耻之。”然淮南王削地之后，

士衣裳，持戟站立庭院之中，父王身边一旦有不测发生，就刺杀使臣，我也派人刺死淮南国中尉，就此举兵起事，还不算迟。”这时皇上不批准公卿大臣的奏请，而改派朝中中尉殷宏去审讯淮南王，查证案情。淮南王听说朝中使臣前来，立即按太子的计谋做了准备。朝廷中尉到达后，淮南王看他态度温和，只询问自己罢免雷被的因由，淮南王揣度自己应该不会有什么事，就没有起事。中尉回朝，把调查的情况上奏。公卿大臣中负责办案的人说：“淮南王刘安阻挠雷被参军奋力抗击匈奴等行为，搁置而不执行天子明确下达的诏令，应该处死示众。”皇上下诏不准许。公卿大臣请求废掉他的王位，皇上下诏不准许。公卿大臣请求削减他五县封地，皇上下诏削夺二县。朝廷派中尉殷宏去宣布赦免淮南王的罪过而以削地为惩罚的诏令。中尉进入淮南国境，宣布赦免淮南王。淮南王起初听说朝中公卿大臣请求杀了他，并不知道赦罪削地之事，听说朝廷使臣已动身前来，他害怕被逮捕，就和太子按先前的计划准备杀死中尉。中尉到后，立即祝贺淮南王获赦，淮南王因此没有

其为反谋益甚。诸使道从长安来，为妄妖言，言上无男，汉不治，即喜；即言汉廷治，有男，王怒，以为妄言，非也。

起事。后来他伤心地说：“我施行仁义却被削地，这太耻辱了。”可是淮南王削地之后，更加积极地策划反叛的阴谋。那些使者从长安来，制造荒诞骗人的邪说，说到皇上无子，汉家天下不太平，淮南王就高兴；如果说到汉朝廷太平，皇上有子，淮南王就生气，认为他们胡说，不真实。

注释 1 元朔五年：即公元前124年。 巧：善用剑。 2 辄：立刻。 诣：到……去。 3 禁后：使后人不敢效法。 4 河南：陈直认为，汉代山东有大狱，往往在河南就近治问，由河南都尉治办诏狱。 5 留太子逮不遣：保护太子而压下逮捕的文书不加遣送。 不敬：谓犯有大不敬之罪。 6 候伺：窥伺，侦探。 7 非是：不正常的情况，意外。 中尉：诸侯国军事长官。 8 宏：人名，姓殷。 讯验：传讯验证。 9 无何：不会定什么罪。 10 拥阏(è)：阻滞，阻挠。 废格：搁置不执行。

王日夜与伍被、左吴等案《舆地图》，部署兵所从入。[1] 王曰：“上无太子，宫车即晏驾，廷臣必征胶东王，不即常山王。[2] 诸侯并争，吾可以无备乎！且吾高祖孙，亲行仁义，陛下遇我厚，吾能忍之；万世之后，吾宁能北面臣事竖子乎！[3]”

淮南王日夜和伍被、左吴等人察看《舆地图》，安排军队进攻的路线。淮南王说：“皇上没有太子，如果驾崩，朝廷大臣们一定征召胶东王，要不就是常山王。诸侯一起争斗，我能够不准备吗？况且我是高祖的孙子，施行仁义，陛下对我很亲厚，我能够忍耐这种统治；陛下万世之后，我难道能面朝北来侍奉小儿吗！”

注释 1 伍被:原楚人,或言其先为伍子胥后,淮南王中郎。事见《汉书·蒯伍江息夫传》。 左吴:人名,生平不详。 案:考察。《舆地图》:《史记索隐》引《志林》云:"《舆地图》汉家所画,非出远古也。" 2 征:征召。 胶东王:即刘寄,景帝之子。 不即:不然就是。 常山王:即刘舜,亦景帝子。 3 万世:帝王死亡的讳称。 北面:面向北。 竖子:对人的鄙称,犹今言"小子"。

王坐东宫,召伍被与谋,曰:"将军[1]上。"被怅然曰:"上宽赦大王,王复安得此亡国之语乎!臣闻子胥谏吴王,吴王不用,乃曰'臣今见麋鹿游姑苏之台也'。[2]今臣亦见宫中生荆棘[3],露沾衣也。"王怒,系伍被父母,囚之三月。复召曰:"将军许寡人乎?"被曰:"不,直来为大王画耳[4]。臣闻聪者听于无声,明者见于未形,故圣人万举万全。昔文王一动而功显于千世,列为三代,此所谓因天心以动作者也,故海内不期而随。[5]此千岁之可见者。夫百年之秦,

淮南王坐在东宫,召来伍被,和他商议说:"将军上殿。"伍被不高兴地说:"皇上宽赦大王,您又怎么能说这亡国的话呢!我听说伍子胥劝谏吴王,吴王不采纳,子胥就说'我现在看到麋鹿游荡在姑苏台上了'。现在我也看到宫殿中生长荆棘,露水沾湿衣服了。"淮南王发怒,拘捕伍被的父母,囚禁了三个月。又召见伍被说:"将军答应我吗?"伍被说:"不,我只是来为大王谋划罢了。我听说耳朵好的人能在无声中听出动静,明智的人能在事情未发生前看到结局,所以圣人的行动总是万无一失。从前周文王一行动,功业显扬于千世,还被列为三王之一,这是所谓依照上天的意旨来行动的结果,所以四海之内的人不约而同地追随他。这是现在能看到的一千年以前的事实。百年前的秦始皇,近

近世之吴楚，亦足以喻国家之存亡矣。臣不敢避子胥之诛，愿大王毋为吴王之听。

代的吴、楚，也完全可以印证国家存亡的道理。我不敢逃避伍子胥那样的惩罚，希望大王不要像吴王那样不听规劝。

注释 1 将军：此为对人的一种称号，非实指领兵之将军。 2 子胥谏吴王：事详见《伍子胥列传》。吴王，即夫差。 麋鹿游姑苏之台：麋鹿能在姑苏台闲游，说明姑苏台的荒芜和凄凉，此指吴国的灭亡之兆。姑苏台，吴王在姑苏山上建造的观赏太湖的高台。 3 宫中生荆棘：喻指亡国。 4 直：只，只是。 画：谋划。 5 文王：指周文王。 天心：上天的意旨。

"昔秦绝圣人之道，杀术士，燔《诗》《书》，弃礼义，尚诈力，任刑罚，转负海之粟致之西河[1]。当是之时，男子疾耕不足[2]于糟糠，女子纺绩不足于盖形。[3]遣蒙恬筑长城，东西数千里，暴兵[4]露师常数十万，死者不可胜数，僵尸千里，流血顷亩，百姓力竭，欲为乱者十家而五。又使徐福[5]入海求神异物，还为伪辞曰：'臣见

"以前秦始皇弃绝圣人之道，杀害儒生方士，焚烧《诗》《书》，废弃礼义，崇尚欺诈、武力，提倡刑罚，将海边的粟米转运到西河。这时，男子奋力耕作却连糟糠也吃不饱，女人辛勤织布却衣不蔽体。而秦始皇还派蒙恬修筑长城，东西长达几千里，动用军队常常达几十万人，死去的人不计其数，尸体倒伏千里，流血成顷成亩，百姓精疲力尽，想造反的十家中有五家。又派徐福到海中寻找神仙和奇异宝物，徐福回来编造谎言说：'我看到海中大神，他说："你是西土皇帝的使臣吗？"我回答说："是。"神问："你寻找什么？"我说："希望找到延年益

海中大神，言曰："汝西皇之使邪？"臣答曰："然。""汝何求？"曰："愿请延年益寿药。"神曰："汝秦王之礼薄，得观而不得取。"即从臣东南至蓬莱山[6]，见芝成宫阙，有使者铜色而龙形，光上照天。于是臣再拜问曰："宜何资以献？"海神曰："以令名男子若振女与百工之事，即得之矣。"[7]'秦皇帝大说[8]，遣振男女三千人，资之五谷种种百工而行。徐福得平原广泽，止王不来[9]。于是百姓悲痛相思，欲为乱者十家而六。又使尉佗逾五岭攻百越。尉佗知中国劳极，止王不来，使人上书，求女无夫家者三万人，以为士卒衣补。[10]秦皇帝可其万五千人。于是百姓离心瓦解，欲为乱者十家而七。客谓高皇帝曰：'时可矣。'高皇帝曰：'待之，圣人当起东南。'间不一年，陈

寿的药。"神说："你们秦王送来的礼物太轻薄，只能让你看看延年益寿药，不能让你取走。"就带我往东南到了蓬莱山，我看到了用灵芝草筑成的宫殿，有个使者肤色像铜，身形似龙，光彩上映天空。于是我拜了两拜问："应该拿什么礼物来进献？"海神说："带良家男童和童女以及各种工匠来，就能得到它了。"'秦始皇十分高兴，遣送童男童女三千人，供给五谷种子和各种工匠前去。徐福找到平坦的原野和辽阔的湖泽，就留在那里称王而不回秦朝。于是百姓悲痛思念亲人，想造反的十家中有六家。又派尉佗翻过五岭去攻打百越。尉佗知道中原疲敝已极，留在那里称王，不再回来，派人向皇上上书，要求朝廷给他三万没有婆家的妇女，来替士兵缝补衣裳。秦始皇批准给他一万五千人。于是百姓人心离散，想造反的十家中有七家。宾客对高祖说：'时机到了。'高祖说：'等等，应该有圣人在东南方兴起。'不到一年，陈胜、吴广起事了。高祖在丰县、沛县起事，一发倡议，天下不约而同

胜、吴广发矣。高皇始于丰沛，一倡天下不期而响应者不可胜数也。此所谓蹈瑕候间[11]，因秦之亡而动者也。百姓愿之，若旱之望雨，故起于行陈[12]之中而立为天子，功高三王，德传无穷。

来响应的人不计其数。这是所谓利用过失、窥测时机，借助秦朝的危亡而行动。百姓盼望他，就像干旱之时盼望雨水，所以他能出身于军伍而被拥立为天子，功业高过三王，恩德流传而无穷无尽。

注释 1 负海：靠海。 西河：陕西和山西交界的黄河之西。 2 足：满足，饱。 3 纺绩：纺织。 盖形：遮盖身体。 4 暴兵：动用军队。 5 徐福：亦作“徐市”。秦时方士，后东渡今日本列岛未回。 6 蓬莱山：神山名，相传为仙人所居之处。 7 名男子：良家男童。 若：和。 振女：童女。《史记志疑》：“‘振’乃‘侲’之讹。”侲，童子，古代特指驱鬼所用者。 百工：各种工匠。 8 说：通“悦”。 9 止王不来：留止于此称王，没再回来。 10 中国：中原。 止王不来：《史记志疑》：“《南越传》佗自立为王在秦灭后，此云称王在陈、吴作乱前，师古谓被一时对辞不究其实也。‘不来’二字当依《汉书》作‘南越’，此因上文徐福止王不来之言而误耳。” 衣补：缝补衣被。 11 蹈瑕：利用过失。 候间：利用机会。 12 行陈：行阵，行伍。陈，“阵”之古字。

“今大王见高皇帝得天下之易也，独不观近世之吴楚乎？夫吴王赐号为刘氏祭酒，复不朝，王四郡之众，地方数千里，内铸消铜以为钱，东煮海水以为盐，上取江陵木以

“如今大王看到高祖得到天下容易，却偏偏看不到近代的吴国、楚国吗？吴王被赐号为刘氏祭酒，又被恩准不必依例入京朝见，掌管四个郡的百姓，地域有几千里广大，在国内销熔铜矿来铸钱，东面蒸煮海水制作盐，溯江而上能砍伐江陵的木材建造大船，一只船的载重相当于中原的几

为船，一船之载当中国数十两车，国富民众。[1]行珠玉金帛赂诸侯宗室大臣，独窦氏不与。计定谋成，举兵而西。破于大梁，败于狐父[2]，奔走而东，至于丹徒，越人禽之，身死绝祀，为天下笑。夫以吴越之众，不能成功者何？诚逆天道而不知时也。方今大王之兵众不能十分吴楚之一，天下安宁有万倍于秦之时，愿大王从臣之计。大王不从臣之计，今见大王事必不成而语先泄也。臣闻微子过故国而悲，于是作《麦秀》之歌，是痛纣之不用王子比干也。[3]故《孟子》曰'纣贵为天子，死曾不若匹夫[4]'。是纣先自绝于天下久矣，非死之日而天下去之。今臣亦窃悲大王弃千乘之君，必且赐绝命之书，为群臣先，死于东宫也。"于是王气怨结而不扬，

十辆车，国家富足，人民众多。拿珠玉金帛贿赂诸侯王、宗室贵族及朝廷大臣，唯独不给窦氏。反叛计谋商定，便发兵向西进军。在大梁被打垮，在狐父被击败，折回向东逃跑，到达丹徒，被东越擒获，自己身死又断了祭祀，被天下人所讥笑。像吴、楚那样，拥有众多军队而没能成功，为什么呢？实在是违背天道而不懂得时运啊。现在您的军队和民众不及吴、楚的十分之一，天下的安宁比秦时好一万倍，希望大王听从我的建议。大王不听我的建议，我现在就能看到大王事情必定不成功而消息先就泄露出去的情形。我听说微子经过殷商故都时心情悲痛，于是作了《麦秀》之歌，这是哀痛纣王不采纳王子比干的劝谏。所以《孟子》说'纣王作为天子是够尊贵的，然而死时竟不如一个普通百姓'。这是纣王早就让自己与天下人断绝了，不是死的那天才被天下人抛弃。如今我也暗自悲伤大王抛弃拥有千辆战车规模的王国的王位，一定将会留下绝命书，在群臣之前，死在东宫了。"于是伍被气愤、怨恨郁结

涕满匡而横流,即起,历阶而去。[5]

胸中,神情不振,泪水盈眶,满面流淌,马上起身,走下台阶而离去。

注释 1 祭酒:古代飨宴时酹酒祭神的长者。后以泛称年长或位尊者。 消:通“销”。熔化。《史记志疑》以为“消”字当作“鄗”。 两:辆。 2 狐父:汉邑名,在今安徽砀山南。 3 微子:似应为箕子。《宋微子世家》载《麦秀》一诗的作者为箕子,《汉书·伍被传》亦为箕子。 比干:商纣王叔,因力谏而被杀。 4 匹夫:一般人。 5 王气怨结:王念孙《读书杂志·史记》:“‘王’字,衍文也。《汉书·伍被传》作‘被因流涕而起’,是其证。” 涕:眼泪。 匡:通“眶”。眼眶。 历阶:越阶,走下台阶。

王有孽子不害,最长,王弗爱,王、王后、太子皆不以为子兄数。[1]不害有子建,材高有气,常怨望太子不省[2]其父;又怨时诸侯皆得分子弟为侯,而淮南独二子,一为太子,建父独不得为侯。建阴结交,欲告败太子,以其父代之。太子知之,数捕系而榜笞建[3]。建具知太子之谋欲杀汉中尉,即使所善寿春庄芷[4]以元朔六年上书于天子曰:“毒药苦于口利于

淮南王有个妾生的儿子叫刘不害,年纪最大,淮南王不喜欢他,淮南王、王后不把他当作儿子,太子不把他当作兄长。刘不害有个儿子叫刘建,才能出众而有志气,经常怨恨太子不来问候他父亲;又抱怨当时诸侯王都可以分封子弟为列侯,而淮南王只有两个儿子,一个当了太子,刘建的父亲单单没能被封侯。刘建暗中结交人,想通过控告使太子被废黜,让他父亲取代太子。太子知道后,多次拘捕并拷打刘建。刘建知道太子企图杀害朝廷中尉,就派与他很要好的寿春人庄芷在元朔六年向天子上书说:“毒药苦口利于病,忠言逆耳利于行。现在淮南王的孙

病，忠言逆于耳利于行。今淮南王孙建，材能高，淮南王王后荼、荼子太子迁常疾害建。建父不害无罪，擅数捕系，欲杀之。今建在，可征问，具知淮南阴事。”书闻，上以其事下廷尉，廷尉下河南治。

子刘建，才能出众，淮南王王后荼、荼的儿子太子刘迁常常嫉妒陷害刘建。刘建的父亲刘不害没有罪过，他们多次擅自拘捕他，想杀死他。如今有刘建在，可以征召询问，他知道淮南王的各种见不得人的事。”奏书呈上后，皇上把这件事下派给廷尉处理，廷尉下派给河南郡处理。

注释 1 孽子：庶子。 子兄数：当作儿子、兄长来看待。 2 省(xǐng)：探视问候。 3 榜(péng)：古代刑法之一，杖击或鞭打。 笞(chī)：用竹板、荆条打。 4 庄芷：人名。《汉书》作“严正”。

是时故辟阳侯孙审卿善丞相公孙弘，怨淮南厉王杀其大父，乃深购淮南事于弘，弘乃疑淮南有畔逆计谋，深穷治其狱。[1]河南治建，辞引淮南太子及党与[2]。淮南王患之，欲发，问伍被曰：“汉廷治乱？”伍被曰：“天下治。”王意不说，谓伍被曰：“公何以言天下治也？”被曰：“被窃观朝廷之政，君臣之义，父子之亲，夫妇之别，长幼之序，皆得其

这时原辟阳侯的孙子审卿和丞相公孙弘交好，他怨恨淮南厉王杀死自己的祖父，于是极力向公孙弘构陷淮南王的罪状，公孙弘于是怀疑淮南王有反叛的阴谋，因此就深入查究这个案件。河南郡府审问刘建，他供出了淮南王太子及其同党。淮南王很担忧，想发动反叛，问伍被说：“汉朝天下太平不太平？”伍被说：“天下太平。”淮南王心里不高兴，对伍被说：“您为什么说天下太平呢？”伍被说：“我暗中

理，上之举错[3]遵古之道，风俗纪纲未有所缺也。重装[4]富贾，周流天下，道无不通，故交易之道行。南越宾服，羌僰入献，东瓯入降，广长榆，开朔方，匈奴折翅伤翼，失援不振。[5]虽未及古太平之时，然犹为治也。”王怒，被谢死罪。王又谓被曰：“山东即有兵，汉必使大将军将而制山东，公以为大将军何如人也？”[6]被曰：“被所善者黄义[7]，从大将军击匈奴，还，告被曰：‘大将军遇士大夫有礼，于士卒有恩，众皆乐为之用。骑上下山若蜚[8]，材干绝人。’被以为材能如此，数将习兵，未易当[9]也。及谒者曹梁使长安来，言大将军号令明，当敌勇敢，常为士卒先。休舍，穿井未通，须士卒尽得水，乃敢饮。[10]军罢[11]，卒

观察朝廷政治，君臣间的礼义，父子间的亲情，夫妻间的区别，长幼间的秩序，都能合乎伦理，皇上施政遵循古代的治国之道，风俗法度都没有缺失。满载货物的富商，遍布天下，没有道路不通的地方，所以贸易之事盛行。南越归顺，羌、僰进贡，东瓯投降，开拓长榆塞，开辟朔方郡，匈奴损失惨重，失去援助而无法振作。这虽然还比不上古代的太平盛世，但还算是太平的。”淮南王发怒，伍被赶紧谢罪。淮南王又对伍被说：“崤山以东如果发生叛乱，朝廷一定派大将军卫青带兵来平定，您认为大将军是怎样一个人呢？”伍被说：“我的好朋友黄义，曾跟随大将军攻打匈奴，回来后，告诉我说：‘大将军对待士大夫有礼貌，对士兵有恩德，众人都乐意为他效劳。大将军骑马上下山冈疾驶如飞，才能出众过人。’我认为他有这样的才干，多次带兵，熟知军事，敌人不容易抵挡。还有谒者曹梁出使长安回来，说大将军号令严明，对敌作战勇敢，时常身先士卒。安营扎寨休息，井还没凿通时，要等到士兵都喝上水，他才敢饮。军队出征归来，士兵都已渡

尽已度河，乃度。皇太后所赐金帛，尽以赐军吏。虽古名将弗过也。”王默然。

过河，他才过河。皇太后赏给他的钱财丝帛，他都赐给手下的军吏。即使是古代的名将，也比不过他。”淮南王沉默不语。

注释 1 审卿：人名，辟阳侯审食其之孙。 大父：祖父。 购：通“构”。罗织并诬陷。 畔：通“叛”。 穷：追究。 2 党与：同党。 3 举错：即“举措”。 4 重装：满载货物。 5 广：开拓。 长榆：塞名，亦名榆木塞，在朔方郡。 折翅伤翼：比喻损失惨重。 6 山东：崤山以东。 大将军：指卫青。 7 黄义：人名，生平不详。 8 蜚：通“飞”。 9 当：抵挡。 10 休舍：驻扎休息。此处《汉书》作“须士卒休，乃舍”。 须：等。 11 罢(bà)：出征归来。

淮南王见建已征治，恐国阴事且[1]觉，欲发，被又以为难，乃复问被曰：“公以为吴兴兵是邪非也？”被曰：“以为非也。吴王至富贵也，举事不当，身死丹徒，头足异处，子孙无遗类。臣闻吴王悔之甚。愿王孰[2]虑之，无为吴王之所悔。”王曰：“男子之所死者一言耳。且吴何知反，汉将一日过成皋者四十余人。今我令楼缓

淮南王看到刘建已经被召去审讯，害怕王国的秘密将要被发觉，想要起事，伍被又认为不容易获胜，于是又问伍被说：“您认为吴王发兵叛乱是对还是不对？”伍被说：“我认为不对。吴王非常富贵了，起兵谋反不明智，结果自己死在丹徒，头脚分离，子孙都没有活下来。我听说吴王十分后悔。希望大王仔细考虑这件事，不要再做吴王所悔恨的事了。”淮南王说：“男子汉会为自己讲出的一句话去死。况且吴王哪里知道造反，朝廷将领一天中闯过成皋的就有

先要成皋之口，周被下颍川兵塞轘辕、伊阙之道，陈定发南阳兵守武关。[3]河南太守独有雒阳耳，何足忧？然此北尚有临晋关、河东、上党与河内、赵国[4]。人言曰‘绝成皋之口，天下不通’。据三川之险，招山东之兵，举事如此，公以为何如？”被曰：“臣见其祸，未见其福也。”

四十多人。如今我命令楼缓预先扼守成皋关口，周被攻下颍川，带兵堵塞轘辕、伊阙的道路，陈定率领南阳军队把守武关。河南太守只有雒阳罢了，有什么值得忧虑的呢？可是这北面还有临晋关、河东、上党和河内、赵国。人们说‘断绝成皋的关口，天下就不畅通’。我们占据三川的险地，招集崤山以东的军队，这样起事，您认为怎么样？”伍被说：“我看到了灾祸，没看到福运。”

注释 1 且：将。 2 孰：“熟”的古字。 3 要(yāo)：半路拦截。 楼缓、周被、陈定：皆淮南王武将。 4 赵国：此指战国时原赵国所在地。

王曰：“左吴、赵贤、朱骄如皆以为有福[1]，什事九成，公独以为有祸无福，何也？”被曰：“大王之群臣近幸素能使众者，皆前系诏狱，余无可用者。”[2]王曰：“陈胜、吴广无立锥之地，千人之聚，起于大泽，奋臂大呼而天下响应，西至于

淮南王说：“左吴、赵贤、朱骄如都认为有福运，十拿九稳，您偏偏认为有灾祸而没有福运，为什么呢？”伍被说：“大王的群臣中，亲近而且平时能号令众人的，都在以前的诏狱中被捕，其余的人没有可以重用的。”淮南王说：“陈胜、吴广没有安身之处，聚集了一千人，在大泽乡起事，举起手臂大喊而天下人响应，向西攻打到戏水而拥有一百二十万军

戏[3]而兵百二十万。今吾国虽小,然而胜兵者可得十余万,非直適戍之众,鐖凿棘矜也,公何以言有祸无福?[4]”被曰:“往者秦为无道,残贼[5]天下。兴万乘之驾,作阿房之宫,收太半之赋,发闾左之戍,父不宁子,兄不便弟,政苛刑峻,天下熬然若焦,民皆引领而望,倾耳而听,悲号仰天,叩心而怨上,故陈胜大呼,天下响应。[6]当今陛下临制天下,一齐海内,泛爱蒸庶,布德施惠。[7]口虽未言,声疾雷霆,令虽未出,化驰如神,心有所怀,威动万里,下之应上,犹影响[8]也。而大将军材能不特[9]章邯、杨熊也。大王以陈胜、吴广谕之,被以为过矣。”

队。如今我的王国虽然小,但是胜任作战的壮士可以得到十多万,不只是那些被迫戍边的乌合之众,所持的也不只是镰刀、凿子和戟柄,您为什么说有灾祸没有福运呢?”伍被说:“从前秦朝暴虐无道,残害天下人。征发万辆车子,修建阿房宫,收取百姓大半的收入作赋税,征调贫民去守卫边疆,父亲不能使儿子平安,哥哥不能让弟弟安逸,政治苛刻,刑法严厉,天下人痛苦得像被火煎一般,人们都伸长脖子盼望,侧着耳朵倾听,悲伤地仰望着天大哭,捶打着胸膛怨恨皇上,所以陈胜大呼,天下人就响应。如今陛下临朝治理天下,统一四海之内,爱护百姓,布施恩惠。他即使不说话,声音比雷电还快,即使命令还没颁下,教化的推行好像神明一样迅速,心中想着什么,威势就能震动一万里远,下面的人响应皇上,就好比影子跟随、回声响应。而大将军的才能不是章邯、杨熊所能比的。大王用陈胜、吴广来自喻,我认为不对。”

注释 1 赵贤、朱骄如:淮南王所养之谋臣。 2 近幸:亲近宠幸。 使众:调动众人。 诏狱:天子直接下令追究的案犯。 3 戏:戏水,在今陕西西安临潼区东。 4 直:仅仅。 適(zhé)戍:流放戍边。適,通“谪”。 鐖(jī):大镰刀。 凿:此指生产用的挖掘、开凿之工具。 棘矜:戟柄。 5 残贼:祸害。 6 太半:大半。 闾左:秦时贫贱的人居住在里巷大门的左侧。这里指贫苦百姓。 熬然若焦:被煎熬得像烧焦一般。 叩心:捶胸,悲痛的样子。 7 临制:治理。 一齐:统一。 蒸庶:百姓。蒸,通“烝”。 8 影响:影子和回音。 9 特:只。

王曰:“苟如公言,不可徼幸邪?”被曰:“被有愚计。”王曰:“柰何?”被曰:“当今诸侯无异心,百姓无怨气。朔方之郡田地广,水草美,民徙者不足以实其地。[1]臣之愚计,可伪为丞相御史请书,徙郡国豪桀任侠及有耐罪以上,赦令除其罪,产五十万以上者,皆徙其家属朔方之郡,益发甲卒,急其会日。[2]又伪为左右都司空上林中都官诏狱逮书,以逮诸侯太子幸臣。[3]如此则民怨,诸侯惧,即使辩武随而说之,傥可徼幸什得一乎?[4]”王曰:

淮南王说:“假如像您所说的那样,难道不可以侥幸成功了吗?”伍被说:“我有愚蠢的计策。”淮南王说:“怎么办?”伍被说:“如今各诸侯王没有二心,百姓没有怨气。朔方刺史部各郡田地广阔,水草丰美,迁徙到那儿的百姓还不足以充实、开发那里。我的愚蠢计划是,可以伪造丞相、御史写给皇上的奏章,请求调迁各郡国的豪强、游侠以及判刑两年以上的犯人充边,下诏赦免他们的罪,凡是家产五十万钱以上的人,都迁徙他们的家属到朔方各郡,多调派士兵,催促他们如期到达。再伪造宗正府左右都司空、上林狱水司空等京师各官府下达的皇上亲发的逮捕令,去逮捕诸侯王和太子的宠幸臣子。这样的话,百姓怨恨,诸侯害怕,马上派能言善辩的人士跟着去劝说,或许可以侥幸得到十分

“此可也。虽然,吾以为不至若此。”

之一的希望吧?”淮南王说:“这计策可行。不过,我认为不用那么麻烦。”

注释 1 朔方:此指朔方刺史部,辖今河套周围地区,包括朔方、北地、上郡、西河、五原诸郡。 实:填充,充实。 2 请书:向皇上提出请求或建议的奏书。 豪桀:此指独霸一方、有权势的人。 任侠:侠义之士。 耐:通“耏”。一种剃掉鬓须的两年刑罚,轻罪。 急其会日:督促其在约定的时间内到达。 3 左右都司空:《史记集解》引晋灼曰:“《百官表》宗正有左右都司空,上林有水司空,皆主囚徒官也。” 上林:上林狱。 中都官:在京师官署任职的官员。 逮:逮捕。 4 辩武:指能言善辩的人。又,《史记集解》引徐广曰:“淮南人名士曰武。” 傥:同“倘”。也许,或许。

于是王乃令官奴入宫,作皇帝玺,丞相、御史、大将军、军吏、中二千石、都官令丞印,及旁近郡太守、都尉印,汉使节法冠[1],欲如伍被计。使人伪得罪而西,事大将军、丞相;[2]一日发兵,使人即刺杀大将军青,而说丞相下之,如发蒙耳。[3]

于是淮南王就命令官奴进入宫里,伪造皇帝印玺,伪造丞相、御史、大将军、军吏、中二千石、京师各官府令和丞的官印,以及邻近郡国的太守、都尉的官印,还有朝廷使者的符节和执法官所戴的官帽,打算按照伍被的计策行事。派人假装犯罪后逃向京师去,侍奉大将军、丞相;一旦起事,所派的人就刺杀大将军卫青,然后劝说丞相屈从,就好像揭去蒙在头上的头巾一样容易了。

注释 1 法冠:古代冠名。本为楚王冠,从秦汉起,御史、使节和执法官皆戴此冠。 2 西：向西去。 大将军：指卫青。 3 一日：一旦，如果有一天。 下之：使之下，指屈从。 发蒙：揭开蒙盖物，比喻轻而易举。

王欲发国中兵，恐其相、二千石不听[1]。王乃与伍被谋先杀相、二千石：伪失火宫中，相、二千石救火，至即杀之。计未决，又欲令人衣求盗衣，持羽檄，从东方来，呼曰“南越兵入界”，欲因以发兵。[2]乃使人至庐江、会稽为求盗，未发。王问伍被曰：“吾举兵西乡[3]，诸侯必有应我者；即无应，柰何？”被曰：“南收衡山以击庐江，有寻阳之船，守下雉之城，结九江之浦，绝豫章之口，强弩临江而守，以禁南郡之下，东收江都、会稽，南通劲越，屈强江淮间，犹可得延岁月之寿。”[4]王曰：“善，无以易此。急则走越耳。”

淮南王想要发动王国中的军队，害怕他的国相、二千石官员不服从。他就和伍被商议预先杀掉国相、二千石官员：假装宫内失火，国相、二千石官员来救火，人一到就杀死他们。计策还未定，又想派人身穿抓捕盗贼的士兵服装，手拿紧急的文书，从东边奔来，大喊“南越兵入界了”，想借此来发兵进军。于是派人到庐江郡、会稽郡实施冒充捕盗士兵的计策，没有实施。淮南王问伍被说：“我率兵向西，诸侯王中一定有响应我的；但如果没有响应，怎么办？”伍被说：“向南收夺衡山国来攻打庐江国，占有寻阳的船只，把守下雉的城池，扼住九江的入口，阻绝豫章河水北入长江的彭蠡湖口，用强劲的弓箭沿江守卫，来禁止南郡军队随江而下，向东收取江都郡、会稽郡，和南方强劲的越国结交，在长江、淮河之间顽强坚守，还可以争取一些时日。”淮南王说：“好，没有比这更好的计策了。情势危急就奔往越国吧。”

注释 1 相、二千石：诸侯国相，内史、中尉等二千石高官，皆朝廷所任命。 2 求盗：负责追捕盗贼的士卒。 羽檄：插有羽毛、表示情况紧急的征召声讨文书。 3 乡：通“向”。 4 结：扼住。 浦：水边，岸边，此指江口。 豫章之口：即彭蠡湖口，今鄱阳湖口。 临江：沿江。 屈强：倔强，顽抗。屈，通“倔”。

于是廷尉以王孙建辞连淮南王太子迁闻。上遣廷尉监因拜淮南中尉[1]，逮捕太子。至淮南，淮南王闻，与太子谋召相、二千石，欲杀而发兵。召相，相至；内史以出为解[2]。中尉曰：“臣受诏使，不得见王。”王念独杀相而内史、中尉不来，无益也，即罢相。王犹豫，计未决。太子念所坐者谋刺汉中尉，所与谋者已死，以为口绝，乃谓王曰：“群臣可用者皆前系，今无足与举事者。王以非时发，恐无功，臣愿会逮。[3]”王亦偷[4]欲休，即许太子。太

于是廷尉把淮南王的孙子刘建的供词牵连到淮南王太子刘迁的事报告了皇上。皇上派廷尉监趁着前去拜见淮南国中尉的机会，逮捕太子。廷尉监到达淮南国，淮南王听说后，和太子商议召见国相、二千石官员，想杀掉他们后发兵起事。召见国相，国相来到；内史因为外出得以脱身。中尉说：“我接受诏令出使，不能来见大王。”淮南王想到只杀掉国相而内史、中尉不前来，没有好处，就让国相回去。淮南王犹豫不决，计策还未定下来。太子想到自己所犯的是阴谋刺杀朝廷中尉的罪，参与谋划的人已经死了，没有活口，无法对证，于是对淮南王说：“可以重用的大臣在先前都被捕了，如今没有能够一道举行大事的人。大王在不合适的时候起事，恐怕不会成功，我情愿让朝廷把我抓起来。”淮南王也暗中想罢休，就答应了太子。太子就刎颈自杀，但没有死去。伍被独自去见

子即自刭，不殊[5]。伍被自诣吏，因告与淮南王谋反，反踪迹具如此。

朝廷官吏，就告发了参与淮南王谋反的事情，将谋反的详情全都说了出来。

注释 1 廷尉监：廷尉属官，掌收捕罪犯，亦审理疑难案件。 因拜：乘拜见之机。 2 以出为解：因外出而脱身。 3 非时：时机不合适。 会逮：前往受捕。 4 偷：暗地里。 5 不殊：没死。

吏因捕太子、王后，围王宫，尽求捕王所与谋反宾客在国中者，索得反具以闻[1]。上下公卿治，所连引[2]与淮南王谋反列侯二千石豪杰数千人，皆以罪轻重受诛。衡山王赐，淮南王弟也，当坐收[3]，有司请逮捕衡山王。天子曰："诸侯各以其国为本，不当相坐。与诸侯王列侯会肄[4]丞相诸侯议。"赵王彭祖、列侯臣让[5]等四十三人议，皆曰："淮南王安甚大逆无道，谋反明白，当伏诛。"胶西[6]王臣端议曰："淮南王安废法行邪，怀

于是官吏立即逮捕了淮南太子、王后，包围王宫，逮捕了淮南国中全部参与谋反的淮南王的宾客，找到了谋反的凭据，向皇上报告。皇上把这事交给公卿大臣审理，案件牵连到参与淮南王谋反的相关列侯、二千石官员、豪强有几千人，他们都根据罪刑轻重被处以死刑。衡山王刘赐，是淮南王的弟弟，应当被连坐收捕，负责办案的官员请求逮捕衡山王。天子说："诸侯王各自以自己的王国作为根本，不应当彼此牵连。你们和诸侯王、列侯会同丞相、诸位大臣一起商议吧。"赵王彭祖、列侯让等四十三人商议，都说："淮南王刘安犯下严重的叛乱之罪，谋反的罪状清楚明白，应当被处死。"胶西王刘端建议说："淮南王刘安废弃法纪，行事邪恶，心怀欺诈，

诈伪心，以乱天下，荧惑百姓，倍畔宗庙，妄作妖言。[7]《春秋》曰‘臣无将[8]，将而诛’。安罪重于将，谋反形已定。臣端所见其书节印图及他逆无道事验明白，甚大逆无道，当伏其法。而论国吏二百石以上及比者[9]，宗室近幸臣不在法中者，不能相教，当皆免官削爵为士伍，毋得宦为吏。其非吏，他赎死金二斤八两。以章臣安之罪，使天下明知臣子之道，毋敢复有邪僻倍畔之意。[10]”丞相弘、廷尉汤等以闻，天子使宗正以符节治王。[11]未至，淮南王安自刭杀。王后荼、太子迁诸所与谋反者皆族。天子以伍被雅辞多引汉之美，欲勿诛。廷尉汤曰：“被首为王画反谋，被罪无赦。”遂诛被。国除为九江郡。

来扰乱天下，迷惑百姓，背叛祖宗，胡乱制造邪说。《春秋》上说‘臣子不要蓄意叛乱，蓄意叛乱就应诛杀’。刘安的罪行比蓄意叛乱还严重，他谋反的形势已经确定。臣所看到的他伪造的文书、符节、官印、地图以及其他谋反的事实都是明确的证据，是严重的谋逆之罪，应当受到法律制裁。至于淮南国中官秩二百石以上和比二百石的官吏，宗室的宠幸大臣中未触犯法律的人，他们不能尽责匡正、阻止淮南王的谋反，也应当全部免官、削夺爵位贬为士兵，不能做官为吏。那些不是官吏的犯人，可用二斤八两黄金抵偿死罪。朝廷应该公开刘安的罪状，让天下人都清楚地知道如何做臣子，不敢再有邪恶的背叛的意图。”丞相公孙弘、廷尉张汤等人把建议报告给皇上，天子派宗正拿着符节去审理淮南王。还未到，淮南王刘安自杀而死。王后荼、太子刘迁和那些参与谋反的人都被灭族。天子认为伍被劝阻淮南王造反时言词正确，说了很多朝廷的好话，想不杀他。廷尉张汤说：“伍被最早替淮南王谋划反叛，伍被的罪不能赦免。”于是诛杀了伍被。淮南国被废为九江郡。

注释 1 索：查找。 反具：谋反的凭据。 2 连引：牵连引发。 3 坐收：因连坐而收监入狱。 4 会肄：聚集商议。肄，研习。 5 让：人名。一说应为平阳侯曹参之玄孙曹襄。 6 胶西：汉王国名，都高密，在今山东高密西南。后改为高密国。 7 荧惑：惑乱。 倍畔：即"背叛"。 8 臣无将：臣不能蓄意叛乱。 9 国吏二百石以上：王国内俸禄在二百石以上的官吏。 比者：指比二百石者，意为俸禄略低于二百石的官秩。 10 章：显露，彰明。 邪僻：邪恶。 11 弘：即公孙弘。 汤：张汤。 宗正：官名，九卿之一，主掌皇帝亲族事务。 以：持，携带。

衡山王赐，王后乘舒生子三人，长男爽为太子，次男孝，次女无采。又姬[1]徐来生子男女四人，美人厥姬生子二人。衡山王、淮南王兄弟相责望礼节，间不相能。[2]衡山王闻淮南王作为畔逆反具，亦心结宾客以应之，恐为所并[3]。

衡山王刘赐，他的王后乘舒生有三个孩子，长子刘爽是太子，次子叫刘孝，三女叫刘无采。还有姬妾徐来生了四个孩子，妃嫔厥姬生了两个孩子。衡山王、淮南王两兄弟相互指责对方礼数不周，他们关系疏远，不和睦。衡山王听说淮南王正积极准备谋反，也心想结交宾客来对付他，害怕被他吞并。

注释 1 姬：妃妾。 2 责望：指责抱怨。 间：隔阂。 能：和睦。 3 并：吞并。

元光六年，衡山王入朝，其谒者卫庆有方术，欲上书事天子，王怒，故劾庆

元光六年，衡山王入京师朝见，他的谒者卫庆懂方术，想上书请求侍奉天子，衡山王发怒，故意揭发卫

死罪，强榜服之。[1]衡山内史以为非是，却其狱[2]。王使人上书告内史，内史治，言王不直。[3]王又数侵夺人田，坏人冢[4]以为田。有司请逮治衡山王。天子不许，为置吏二百石以上[5]。衡山王以此恚，与奚慈、张广昌谋，求能为兵法候星气者，日夜从容王密谋反事。[6]

庆犯有死罪，用严刑拷打逼他承认。衡山国内史认为不对，不办理这个案子。衡山王派人上书皇上告发内史，朝廷的内史被迫处理案子，但直言衡山王理屈。衡山王还屡次侵夺他人的田地，毁坏他人的坟墓来作田地。有关官员请求逮捕、审判衡山王。天子不答应，改由朝廷为衡山国调派二百石以上的官员。衡山王因此愤恨，和奚慈、张广昌商议，寻找谙熟兵法和会观测星象以占卜吉凶的人，他们日夜怂恿衡山王秘密策划造反。

注释 1 元光六年：即公元前129年。元光，汉武帝年号。 谒者：官名，负责传达、通报。 事：侍奉。 故：故意。 强榜：严刑拷打。 2 却其狱：拒绝受理此案。 3 内史治：内史办案。此指朝廷的内史。 不直：理屈，无道理。 4 冢：坟墓。 5 为置吏二百石以上：《史记集解》引如淳曰："《汉仪注》吏四百石以下，自调除国中。今王恶，天子皆为置之。" 6 奚慈、张广昌：皆为衡山王谋臣。 候：观察推测。 星气：天文气象。 从容：怂恿，劝诱。

王后乘舒死，立徐来为王后。厥姬俱幸。两人相妒，厥姬乃恶[1]王后徐来于太子曰："徐来使婢蛊道[2]杀太子母。"太子心怨

王后乘舒死了，立徐来做王后。厥姬是和徐来一起得到宠幸的。两人互相嫉妒，厥姬于是在太子面前诽谤王后徐来，说："徐来让婢女用巫蛊之术杀害了太子的母亲。"太子心里怨恨徐来。徐来的哥哥来到

徐来。徐来兄至衡山，太子与饮，以刃刺伤王后兄。王后怨怒，数毁恶太子于王。太子女弟无采，嫁弃归，与奴奸，又与客奸。[3] 太子数让无采，无采怒，不与太子通。[4] 王后闻之，即善遇无采。无采及中兄[5]孝少失母，附王后，王后以计爱之，与共毁太子，王以故数击笞太子。

衡山，太子和他饮酒，用刀刺伤了王后的哥哥。王后怨恨愤怒，屡次在衡山王面前诋毁太子。太子的妹妹刘无采，出嫁后被休归娘家，和奴仆通奸，还和宾客通奸。太子多次责备刘无采，刘无采发怒，不和太子来往。王后听说了，就友好地对待刘无采。刘无采和二哥刘孝年少时就失去母亲，就依靠王后，王后故意表现出对他们很关爱，让他们一起诽谤太子，衡山王因此多次拷打太子。

注释 **1** 恶：中伤，诽谤。 **2** 蛊道：用巫蛊诅咒之术陷害于人。 **3** 女弟：妹妹。 嫁弃归：出嫁后为夫家所休而回到娘家。 **4** 让：指责。 通：交往。 **5** 中兄：二哥。

元朔四年中，人有贼伤王后假母者，王疑太子使人伤之，笞太子。[1] 后王病，太子时称病不侍。孝、王后、无采恶太子："太子实不病，自言病，有喜色。"王大怒，欲废太子，立其弟孝。王后知王决废太子，又欲并废孝。王后有侍

元朔四年中，有人暗中伤害王后的继母，衡山王怀疑是太子派人干的，就用竹板打太子。后来衡山王患重病，太子经常自称有病不去侍候。刘孝、王后、刘无采都说太子的坏话："太子其实没有病，他自己说有病，但脸上却有喜色。"衡山王十分愤怒，想废掉太子，立他弟弟刘孝为太子。王后知道衡山王决意废掉太子，又想一并废掉刘孝。王后

者，善舞，王幸之，王后欲令侍者与孝乱以污之，欲并废兄弟而立其子广代太子。[2]太子爽知之，念后数恶己无已时[3]，欲与乱以止其口。王后饮，太子前为寿，因据王后股，求与王后卧。[4]王后怒，以告王。王乃召，欲缚而笞之。太子知王常欲废己立其弟孝，乃谓王曰："孝与王御者奸，无采与奴奸，王强食，请上书。"[5]即倍王去。王使人止之，莫能禁，乃自驾追捕太子。太子妄恶言，王械系[6]太子宫中。

有一个女仆，善于跳舞，衡山王宠爱她，王后想让女仆和刘孝私通来玷污刘孝，想一并废掉他们兄弟俩而立自己的儿子刘广代为太子。太子刘爽知道这事，想到王后没完没了地诽谤自己，就想和她淫乱来堵住她的口。王后有一次饮酒，太子上前给她祝酒，趁机靠着王后的大腿，要求和王后同宿。王后发怒，把这事告诉衡山王。衡山王就召太子来，要把他捆绑起来拷打。太子知道衡山王常想废掉自己而立王弟刘孝为太子，就对衡山王说："刘孝和您宠幸的女仆通奸，刘无采和奴仆通奸，您多注意身体吧，我要上书皇上。"说罢就掉头走了。衡山王派人阻拦他，没能拦住，就亲自驾车追捕太子。太子乱说坏话，衡山王就用镣铐把太子囚禁在宫中。

注释 1 元朔四年：即公元前125年。元朔，武帝年号。 贼伤：暗中伤害。 假母：继母、乳母或庶母。 2 侍者：侍女。 乱：淫乱。 3 已时：停止的时候。 4 寿：祝酒。 据：靠，按。 股：大腿。 5 御者：女仆。 强食：努力加餐。 6 械系：用镣铐拘囚。

孝日益亲幸。王奇孝材能，乃佩之王印，号曰将军，令居外宅，多给金钱，

刘孝越来越受到宠爱。衡山王惊异刘孝的才能，就给他佩上王印，号称将军，让他在宫外居住，给

招致宾客。宾客来者，微知淮南、衡山有逆计，日夜从容劝之。[1]王乃使孝客江都人救赫、陈喜作輣车鍭矢[2]，刻天子玺、将相军吏印。王日夜求壮士如周丘等，数称引吴楚反时计画，以约束。[3]衡山王非敢效淮南王求即天子位，畏淮南起并其国，以为淮南已西，发兵定江淮之间而有之，望如是。[4]

他很多金钱，来招揽宾客。来投靠的宾客，暗中知道淮南王、衡山王有谋反的计划，就日夜鼓动、劝说衡山王。衡山王就派刘孝的宾客江都人救赫、陈喜制造战车和箭支，刻天子印玺、将相军吏的官印。衡山王日夜寻求像周丘等人那样的壮士，多次说起吴、楚反叛时的策略，让他们照着做。衡山王不敢仿效淮南王那样企图登上天子之位，只是害怕淮南王起事后吞并了自己的王国，认为淮南王西进后，自己发兵攻占长江、淮河一带，他希望能这样。

注释　1 微知：暗中探知。　逆：叛逆，谋反。　劝：鼓励。　2 救赫：人名。《史记索隐》："救，《汉书》作'枚'。刘向《别录》云'《易》家有救氏注'也。"　輣(péng)车：古代有望楼的战车。　3 称引：援引，称述。　约束：约定规划。　4 定：平定。　有：占有。　望如是：希望能这样。

元朔五年秋，衡山王当朝，六年，过淮南，淮南王乃昆弟语，除前郤，约束反具。[1]衡山王即上书谢病，上赐书不朝。

元朔五年秋天，衡山王应当入京朝见，经过淮南国，淮南王竟然说了兄弟间互相亲爱的话，消除了以前的嫌隙，相约共同制作反叛的器具。衡山王就上书推托有病，皇上写信允许他可以不入京朝见。

元朔六年中，衡山王使人上书请废太子爽，立

元朔六年中，衡山王派人上书请求废掉太子刘爽，立刘孝为太子。

孝为太子。爽闻，即使所善白嬴之[2]长安上书，言孝作輣车鏃矢，与王御者奸，欲以败孝。白嬴至长安，未及上书，吏捕嬴，以淮南事系。王闻爽使白嬴上书，恐言国阴事，即上书反告太子爽所为不道弃市罪事。事下沛郡[3]治。元朔七年[4]冬，有司公卿下沛郡求捕所与淮南谋反者未得，得陈喜于衡山王子孝家。吏劾孝首匿喜。孝以为陈喜雅[5]数与王计谋反，恐其发之，闻律先自告除其罪，又疑太子使白嬴上书发其事，即先自告，告所与谋反者救赫、陈喜等。廷尉治验，公卿请逮捕衡山王治之。天子曰："勿捕。"遣中尉安、大行息即问王[6]，王具以情实对。吏皆围王宫而守之。中尉、大行

刘爽听说后，就派他的心腹白嬴去长安上书，说刘孝制造战车和箭支，和衡山王的女仆通奸，想借此击败刘孝。白嬴来到长安，还没来得及上书，官吏就逮捕了他，因他与淮南王谋反的事有牵连而被囚禁。衡山王听说刘爽派白嬴上书，害怕说出封国的秘密事情，就上书先行控告太子刘爽干了大逆不道、应该被判死刑的事。这事皇上下派给沛郡处理。元狩元年冬天，负责办案的公卿大臣下到沛郡查找、逮捕参加淮南王谋反一事的人，没有抓到，在衡山王儿子刘孝家里抓到了陈喜。官吏控告刘孝带头藏匿陈喜。刘孝认为陈喜平时多次和衡山王策划造反，害怕他会泄露这事，听说律令规定事先自首的人可免除罪责，又怀疑太子指使白嬴上书将告发谋反之事，就先去自首，揭发参与谋反的有救赫、陈喜等人。廷尉审讯验证后，公卿大臣请求逮捕、审判衡山王。天子说："不要逮捕。"派遣中尉司马安、大行令李息在衡山国就地审讯衡山王，衡山王都据实交代。官吏把王宫都包围起来看守。中尉、大行令回到朝廷，把这事报告皇上，公卿大臣请求派宗正、大行令和沛郡

还,以闻,公卿请遣宗正、大行与沛郡杂[7]治王。王闻,即自刭杀。孝先自告反,除其罪;坐与王御婢奸,弃市。王后徐来亦坐蛊杀前王后乘舒,及太子爽坐王告不孝,皆弃市。诸与衡山王谋反者皆族。国除为衡山郡[8]。

联合审理衡山王。衡山王听说了,随即刎颈自杀。刘孝因先自首谋反之事,被免罪;但犯有和衡山王女仆通奸之罪,被处死示众。王后徐来也犯有用巫蛊术杀害前王后乘舒的罪行,太子刘爽犯了不孝罪行,都被处死示众。那些参与衡山王谋反一事的人都被灭族。衡山国被废为衡山郡。

注释 1 元朔五年:即公元前124年。 六年,过淮南:沈家本《诸史琐言》卷三:"'六年'二字疑衍。"按《汉书·衡山王传》亦有"六年"二字。汉初以十月为岁首朝会诸侯,故衡山王于五年秋往京师,而十月过淮南,则已入六年。 昆弟:兄弟。 郤:通"隙"。 2 之:到……去。 3 沛郡:汉郡名,治所相县,在今安徽濉溪西北。 4 元朔七年:元朔无七年,应为"元狩元年",即公元前122年。 5 雅:平素。 6 安:即司马安。 息:即李息。 7 杂:一块,共同。 8 衡山郡:治所邾县,在今湖北黄冈西北。元狩二年(前121)改为六安国(都六县,在今安徽六安东北),辖境缩小。

太史公曰:《诗》之所谓"戎狄是膺,荆舒是惩"[1],信哉是言也!淮南、衡山亲为骨肉,疆土千里,列为诸侯,不务遵蕃臣职以承辅天子,而专挟邪僻之计,谋为畔逆,仍父子再亡国,各不终

太史公说:《诗经》上说"抵抗西戎、北狄,惩罚楚国、舒国",这话不假啊!淮南王、衡山王是骨肉至亲,拥有千里疆土,被封为诸侯王,不尽心遵循藩臣的职责来辅佐天子,而心怀邪恶的念头,阴谋造反,使得父子先后两次亡国,都不能尽享天年,以致被天下

其身,为天下笑。[2]此非独王过也,亦其俗薄,臣下渐靡使然也。[3]夫荆楚僄勇轻悍[4],好作乱,乃自古记之矣。

人耻笑。这不只是做诸侯王的过错,也是那里风俗轻薄,臣子不断鼓动他们的结果。楚地人轻捷勇猛凶悍,喜欢作乱,是自古以来就有记载的。

注释 1 戎狄是膺,荆舒是惩:此二句出自《诗经·鲁颂·闷宫》。意即打击戎、狄,惩罚楚、舒等国。舒,楚之与国。 2 挟:挟持。 仍:沿袭。 3 俗薄:世风轻薄。 渐(jiān)靡:教育感化。渐,浸润 4 僄(piào):轻捷。 悍:凶狠。

史记卷一百一十九

循吏列传第五十九

原文

太史公曰：法令所以导民也，刑罚所以禁奸也。文武不备，良民惧然身修者，官未曾乱也。[1] 奉职循理，亦可以为治，何必威严哉？

译文

太史公说：法令是用来引导百姓向善的，刑罚是用来禁止百姓做坏事的。法令刑罚不完备，善良的百姓能够谨慎地洁身自好，是因为各级官吏还不曾扰乱纲纪。奉公尽职，按原则办理，也可以使国家得到治理，为什么一定要严刑峻法呢？

注释 1 文武：文指法令，武指刑罚。 惧然：戒惧谨慎的样子。 身修：洁身自好。

孙叔敖者，楚之处士也。[1] 虞丘相进之于楚庄王以自代也[2]。三月为楚相，施教导民，上下和合，世俗盛美，政缓禁止，吏无

孙叔敖是楚国的隐士。宰相虞丘向楚庄王推荐他来接替自己为相。孙叔敖做了三个月楚相，施行教化，引导人民，上下和睦同心，风俗十分淳厚，执政宽缓而有禁必止，官吏不做奸邪的事，盗贼也没有出

奸邪，盗贼不起。[3]秋冬则劝民山采，春夏以水，各得其所便，民皆乐其生。[4]

现。秋冬两季动员人民进山采伐竹木，春夏两季趁河流涨水将竹木运往外地，人民能够得到自己谋生的门路，都生活得很快乐。

注释 **1** 孙叔敖：春秋时楚国令尹，为政注重法治，善用贤能。 处士：隐居不仕之人。 **2** 虞丘：人名，楚国相。 楚庄王：春秋时楚国国君，公元前 613—前 591 年在位。春秋五霸之一。 **3** 盛美：非常美好。盛，大。 政缓：政令宽缓。 禁止：有禁则止。 **4** 山采：进山樵采。 以水：趁水多时运出砍伐的竹木。

庄王以为币轻，更以小为大。百姓不便，皆去其业。市令[1]言之相曰："市乱，民莫安其处，次行[2]不定。"相曰："如此几何顷[3]乎？"市令曰："三月顷。"相曰："罢，吾今令之复矣。"后五日，朝，相言之王曰："前日更币，以为轻。今市令来言曰'市乱，民莫安其处，次行之不定'。臣请遂令复如故。"王许之，下令三日而市复如故。

楚民俗好庳[4]车，王以为庳车不便马，欲下令使高

楚庄王认为楚国使用的钱币太轻，下令把小币改铸成大币。百姓感到不方便，都放弃自己的本业。管理市场的长官向宰相孙叔敖报告说："市场混乱，百姓不愿意在那里经营，秩序很不安定。"宰相说："像这样有多长时间了呢？"市令说："三个月了。"宰相说："不用说了，我现在让市场恢复原状。"五天后，孙叔敖上朝，对楚庄王说："前些日子更改币制，认为旧币轻。如今市令来报告说'市场混乱，百姓不愿意在那里经营，秩序很不安定'。我请求立即下令恢复以前的钱币。"庄王答应了，命令下达三天后市场恢复了原样。

楚国民风是喜欢坐乘矮车，庄

之。相曰:"令数下,民不知所从,不可。王必欲高车,臣请教闾里使高其梱[5]。乘车者皆君子,君子不能数下车。"王许之。居半岁,民悉自高其车。

王认为矮车不便于驾马,想下命令把车子加高。宰相说:"政令多次下达,百姓无所适从,不好。大王一定要加高车子,我请求让平民人家加高门槛。乘车的人都是有身份的君子,君子不能够频繁下车过门槛。"庄王答应了。过了半年,人们都自动加高了自己的车子。

此不教而民从其化,近者视而效之,远者四面望而法之。故三得相而不喜,知其材自得之也;三去相而不悔,知非己之罪也。

这就是不用命令而人民就顺从他的教化,身边的人看到了就仿效他,远方的人通过四处观察人们的言行而效法他。所以孙叔敖三次得到相位而不沾沾自喜,他明白这是凭自己的才能得到的;他三次免去相位而并不悔恨,他知道那不是自己的罪过造成的。

注释 1 市令:负责市场的官员, 2 次行:秩序。 3 几何顷:多长时间。顷,时,时候。 4 庳(bì):低矮。 5 闾里:里巷。借指平民。 梱(kǔn):门限,门槛。

子产者,郑之列大夫[1]也。郑昭君[2]之时,以所爱徐挚为相,国乱,上下不亲,父子不和。大宫子期[3]言之君,以子产为相。为相一年,竖子不戏狎,斑白不提挈,

子产是郑国的大夫。郑昭公的时候,任用他所宠爱的徐挚为宰相,国家混乱,官民不亲和,父子不和睦。大宫子期把子产推荐给昭公,昭公于是任用子产做宰相。子产任宰相一年,浪荡的人不再轻浮嬉戏,老年人不必手提肩负,儿童不用犁

僮子不犁畔。[4]二年，市不豫贾[5]。三年，门不夜关，道不拾遗。四年，田器不归[6]。五年，士无尺籍[7]，丧期不令而治。治郑二十六年而死，丁壮号哭，老人儿啼[8]，曰："子产去我死乎！民将安归？"

田耕作。两年后，市场上不预先定价。三年以后，人们夜里不用关门，路上没有人捡拾失物占为己有。四年以后，收工时农具不用带回家中。五年以后，男子不用服兵役，守丧时不用命令就自觉执丧礼。子产治理郑国二十六年后死去，成年人放声大哭，老年人像儿童一样哭泣，说："子产离开我们死去了！人们将来依靠谁？"

注释　**1** 列大夫：众大夫之列。　**2** 郑昭君：即郑昭公。春秋时郑国国君，公元前696—前695年在位，但子产曾事简公、定公，不曾事昭公，此记载有误。　**3** 大宫子期：郑国人名，复姓大宫。　**4** 竖子：游手好闲的浪荡子。　戏狎：轻浮嬉戏。　斑白：鬓发花白，喻指老人。　提挈：提东西。　僮子：孩童。　犁畔：犁于田畔，泛指劳作。　**5** 不豫贾(jià)：不预先定价。豫，通"预"。贾，通"价"。《史记索隐》："谓临时评其贵贱，不豫定也。"　**6** 田器：种田的农具。　归：回家。　**7** 无尺籍：男子不必再服役出征。尺籍，书写呈令、军功等的簿籍。　**8** 儿啼：像小孩一样啼哭。

公仪休者，鲁博士[1]也。以高弟[2]为鲁相。奉法循理，无所变更，百官自正。使食禄者不得与下民争利，受大者不得取小。[3]

客有遗[4]相鱼者，相

公仪休是鲁国的博士。他凭着考核时的优异成绩而当上了鲁国宰相。他奉公守法，依理行事，没有实行什么变革，百官的行为却各自端正。他要求领取俸禄的人不能和老百姓争夺利益，做大官的不许占小便宜。

不受。客曰:"闻君嗜鱼,遗君鱼,何故不受也?"相曰:"以嗜鱼,故不受也。今为相,能自给[5]鱼;今受鱼而免,谁复给我鱼者?吾故不受也。"

有位门客送给公仪休一些鱼,公仪休不接受。门客说:"听说您喜欢吃鱼,就送鱼给您,您为什么不接受呢?"公仪休说:"因为我喜欢吃鱼,所以不接受。如今我做宰相,能够自己买得起鱼;现在我若因接受鱼而被罢官,谁又送鱼给我呢?我因此不接受。"

食茹而美,拔其园葵而弃之。[6]见其家织布好,而疾出其家妇,燔其机,云:"欲令农士工女安所雠其货乎?"[7]

他吃了园中的蔬菜,觉得味道很好,就拔掉了自己园中种的葵菜,并扔掉它们。他看见自己家里织的布质量很好,就马上把妻子打发走,烧掉织布机,说:"要让农民和织妇到哪里去卖掉他们的货物呢?"

注释 1 博士:古代学官名。 2 高弟:同"高第"。经过考核,成绩优秀,名列前茅。 3 食禄者:领取朝廷俸禄者。 取小:占小便宜。 4 遗(wèi):赠送。 5 给(jǐ):供给。 6 茹:蔬菜的总称。 葵:葵菜。 7 疾出其家妇:立刻将其妻子赶出家门。 燔:烧。 安所:什么地方。 雠:出售。

石奢者,楚昭王[1]相也。坚直廉正,无所阿避[2]。行县,道有杀人者,相追之,乃其父也。纵其父而还自系[3]焉。使人言之王曰:"杀人

石奢是楚昭王的宰相。他坚毅正直,廉洁公正,不阿谀奉承、不回避权贵。有一次,石奢出行视察各县,路上有人杀了人,他追上凶手,原来是他父亲。他放走了父亲,回来把自己捆绑起来。他派人向昭王报告说:"杀人的

者,臣之父也。夫以父立政[4],不孝也;废法纵罪,非忠也;臣罪当死。”王曰:“追而不及,不当伏罪,子其治事[5]矣。”石奢曰:“不私[6]其父,非孝子也;不奉主法,非忠臣也。王赦其罪,上惠也;伏诛而死,臣职也。”遂不受令,自刎而死。

凶手,是我的父亲。如果通过惩治父亲来树立政绩,是不孝的行为;如果废弃法律,纵容罪犯,是不忠的做法;我的罪过应当处死。”昭王说:“追捕罪犯,没有追到,不应当判罪,你还是好好处理政事吧。”石奢说:“不偏袒自己的父亲,不是孝子;不遵行君主的法律,不是忠臣。大王赦免我的罪过,是主上的恩惠;服刑而死,是臣下的职分。”于是不接受赦免令,自杀而死。

注释 1 楚昭王:春秋时楚国国君,公元前515—前489年在位。 2 阿:阿谀。 避:回避。 3 自系:自己捆绑自己。 4 以父立政:通过惩办父亲来建立政绩。 5 治事:治理政事。 6 私:偏袒。

李离者,晋文公之理也[1]。过听杀人,自拘当死。[2]文公曰:“官有贵贱,罚有轻重。下吏有过,非子之罪也。”李离曰:“臣居官为长,不与吏让位;受禄为多,不与下分利。今过听杀人,傅[3]其罪下吏,非所闻也。”辞不受令。文公曰:“子则自以

李离是晋文公时的执法官。他听信一些人的话而误判人为死刑,就把自己拘禁起来判处死刑。文公说:“官职有贵有贱,刑罚有轻有重。下属官吏犯法,不是你的罪过。”李离说:“我作为官长,不曾把官位交给下属;我接受的俸禄多,不曾分给下属好处。现在听信别人的话而杀了人,却捏造罪名推给下属,我没有听说过这样的事。”他不接受赦免令。文公说:“你如果自认为有罪过,那我也有

为有罪,寡人亦有罪邪?”李离曰:“理有法,失刑则刑,失死则死[4]。公以臣能听微决疑[5],故使为理。今过听杀人,罪当死。”遂不受令,伏剑而死。

罪过吗?”李离说:“法官断案有规定,判错刑就要亲自受刑,错判死罪就要自己偿命。您认为我能明察秋毫,决断疑案,所以派我任法官。如今判错了案情而杀了人,应当判处死刑。”于是不肯接受赦令,用剑自杀而死。

注释 1 晋文公:春秋时晋国国君,公元前636—前628年在位。春秋五霸之一。 理:法官。 2 过听:处理案件有过失。 当:判处。 3 傅:诬陷、捏造。 4 失死则死:错判死罪的以死偿命。 5 听微决疑:观察细微,决断疑案。

太史公曰:孙叔敖出一言,郢市复[1]。子产病死,郑民号哭。公仪子见好布而家妇逐。石奢纵[2]父而死,楚昭名立。李离过杀而伏剑,晋文以正国法。

太史公说:孙叔敖说了一句话,郢都的市场就恢复正常运转。子产病死,郑国百姓放声大哭。公仪先生看到好的布料就把妻子赶走。石奢放走父亲就自杀而死,楚昭王的名望得以树立。李离错杀了人而以剑自杀,晋文公因此整肃了国家法度。

注释 1 郢市复:郢都的市场得以恢复。 2 纵:纵容,放跑。

史记卷一百二十

汲郑列传第六十

原文

汲黯字长孺，濮阳人也。其先有宠于古之卫君[1]。至黯七世，世为卿大夫。黯以父任，孝景时为太子洗马，以庄见惮。[2]孝景帝崩，太子即位，黯为谒者。东越相攻[3]，上使黯往视之。不至，至吴而还，报曰："越人相攻，固其俗然，不足以辱天子之使。"河内失火，延烧千余家，上使黯往视之。还报曰："家人失火，屋比[4]延烧，不足忧也。臣过河南，河南

译文

汲黯字长孺，是濮阳县人。他的先辈曾受过春秋时卫国国君的宠幸。到汲黯已是第七代，代代都任卿大夫的职务。汲黯依靠父亲的保举，在孝景帝时期担任太子洗马，因为行为端庄而使人敬畏。孝景帝崩逝，太子登位，汲黯担任谒者。东越人互相攻打，皇上派汲黯去视察。他没有到达东越，而是到了吴县就回来，报告说："东越人互相攻打，本来是他们的习俗，不值得劳烦天子的使者。"河内郡发生火灾，火势蔓延，烧了一千多户人家，皇上派汲黯前去视察。他回来报告说："普通人家失火，由于房屋毗连，以致大火蔓延，不值得忧虑。臣经过河南郡的时候，河南郡的贫苦百姓受水旱灾害之苦的有一万多家，有的父子相

贫人伤水旱万余家,或父子相食,臣谨以便宜,持节发河南仓粟以振贫民。[5]臣请归节,伏矫制之罪。[6]"上贤而释之,迁[7]为荥阳令。黯耻为令,病归田里。上闻,乃召拜为中大夫。以数切谏,不得久留内,迁为东海太守。[8]黯学黄老之言,治官理民,好清静,择丞史而任之。[9]其治,责大指[10]而已,不苛小。

食,臣因利乘便,用所拿的符节自作主张下令发放河南郡官仓储积的粮食来赈济贫苦灾民。臣请求缴回符节,接受假托皇上命令的罪行。"皇上认为他贤良而赦免了他,调任他为荥阳县县令。汲黯认为当县令是耻辱,托病回到乡下。皇上听说,就召见他任命为中大夫。他因为屡次向皇上直言进谏,不能长久留在朝廷内,又改任东海郡太守。汲黯学习黄帝、老子的思想,治理官吏和人民,喜欢清静无为,选择郡丞和书史,把事情委托他们来办。他处理政事,只是追究大的原则罢了,不苛求小节。

注释 1 卫君:春秋时的卫国到战国时已臣属魏国,故称卫君。 2 任:保举。凡任职满三年的二千石以上官员,可保举同胞兄弟或儿子一人为郎官,称为"任子"。 太子洗(xiǎn)马:亦作"太子先马""先马""洗马",太子属官,太子出行时为前导。 以庄见惮:因行为端庄而使人敬畏。 3 东越:指当时的闽越(都东治,今福建福州)和瓯越(都东瓯,今浙江温州)。相攻之事详见《东越列传》。 4 比:毗连,挨着。 5 便(biàn)宜:因利乘便,见机行事。 振:通"赈"。救济。 6 归节:归还符节。 伏:通"服"。服从,接受。 矫:假托。 制:皇帝的命令。 7 迁:调任。 8 切谏:真切之谏议。 内:指朝廷之内。 9 清静:为政清简,不烦扰。 丞史:郡丞和郡史。丞、史皆为郡内重要官职,丞为太守之副手,史掌文书。 10 大指:即"大旨"。大意,大要。

黯多病，卧闺阁[1]内不出。岁余，东海大治。称之。上闻，召以为主爵都尉，列于九卿。[2]治务在无为而已，弘大体，不拘文法[3]。

汲黯多病，经常躺在卧室内不出来。一年多后，东海郡十分太平安定。人们称赞他。皇上听说了，召他来任主爵都尉，官位准照九卿待遇。他处理政务只求清静无为罢了，弘扬大的纲要，不拘泥于文书法令。

注释　1 闺阁：内室。　2 主爵都尉：官名，掌封爵之事。汉初，在正九卿之外，中尉（执金吾）、主爵都尉、内史三官准照九卿待遇，故称为“列于九卿”。　3 文法：文书法令。

黯为人性倨，少礼，面折，不能容人之过。[1]合己者善待之，不合己者不能忍见[2]，士亦以此不附焉。然好学，游侠，任气节，内行修洁，好直谏，数犯主之颜色，常慕傅柏、袁盎之为人也。[3]善灌夫、郑当时及宗正刘弃[4]。亦以数直谏，不得久居位。

汲黯为人傲慢，不重世俗礼仪，常常当面驳斥对方，不能容忍别人的过失。和他相投的人，他会友好地对待；和他不相投的人，他连见对方都不愿意，士人也因此不依附他。但是他喜欢学习，好仗义行侠，注重气节，有操行和修养，喜欢直言进谏，屡次触怒皇上，时常仰慕傅柏、袁盎的为人。他和灌夫、郑当时以及宗正刘弃友好。也因为屡次直言进谏，不能长久地处在官位上。

注释　1 倨（jù）：傲慢。　礼：此指世俗之礼。　面折：当面驳斥，不留情面。　2 忍见：容忍面见。　3 游侠：好交游并勇于解救他人之难。　任气节：看重志向品节。　内行：平日家居之操行。　修洁：修养自己，洁身自好。 颜色:面容、脸色,俗谓“面子”。 傅柏:《史记集解》引应劭曰:“傅柏,梁人,为孝王将,素伉直。” 4 刘弃:一名弃疾,官为宗正,事迹不详。

当是时,太后弟武安侯蚡为丞相,中二千石[1]来拜谒,蚡不为礼。然黯见蚡未尝拜,常揖[2]之。天子方招文学儒者,上曰吾欲云云[3],黯对曰:“陛下内多欲而外施仁义,奈何欲效唐虞之治乎!”上默然,怒,变色而罢朝。公卿皆为黯惧。上退,谓左右曰:“甚矣,汲黯之戆[4]也!”群臣或数[5]黯,黯曰:“天子置公卿辅弼之臣,宁令从谀[6]承意,陷主于不义乎?且已在其位,纵[7]爱身,奈辱朝廷何!”

当汲黯做京官时,窦太后的弟弟武安侯田蚡做丞相,中二千石的官员来谒见田蚡,都行跪拜礼,田蚡却不答礼。可是汲黯会见田蚡不曾行跪拜礼,经常只拱手作揖。天子正招选文学之士和儒生,皇上说我想要如何如何,汲黯回答说:“陛下内心有很多欲望而表面上施行仁义,怎么能仿效唐尧、虞舜治理国家呢!”皇上沉默不语,气得脸都变了颜色,宣布罢朝。公卿大臣都替汲黯担心。皇上退朝后,对身边的人说:“汲黯太愚笨刚直了!”群臣中有人责备汲黯,汲黯说:“天子设置公卿这些辅佐的大臣,难道是让他们奉承阿谀、迎合意旨,使君主陷入不义的地步吗?况且我已在这个职位上,即使再爱惜自身又怎么能损害朝廷呢!”

注释 1 中二千石:汉代官职品级有中二千石、二千石、比二千石之分。中,意为满,故中二千石为其中最高的一级。九卿皆中二千石,月俸一百八十斛。 2 揖:拱手行礼。 3 吾欲云云:《史记集解》引张晏曰:“所言欲施仁义也。”此句荀悦《汉纪》作:“帝问汲黯曰:吾欲兴政治,法尧舜,何如？” 4 戆(zhuàng)：憨厚刚直。 5 数(shǔ)：指责。 6 从谀：顺从阿谀。 7 纵：即使。

黯多病，病且满三月，上常赐告[1]者数，终不愈。最后病，庄助[2]为请告。上曰：“汲黯何如人哉？”助曰：“使黯任职居官，无以逾人。然至其辅少主，守城深坚，招之不来，麾之不去，虽自谓贲、育亦不能夺之矣。[3]”上曰：“然。古有社稷之臣，至如黯，近之矣。”

大将军青侍中，上踞厕而视之。[4]丞相弘燕见[5]，上或时不冠。至如黯见，上不冠不见也。上尝坐武帐中，黯前奏事，上不冠，望见黯，避帐中，使人可其奏。[6]其见敬礼[7]如此。

汲黯身体多病，每当生病要满三个月而将被免官时，皇上总是延长他的假期，但他最终也没能痊愈。最后一次生病，严助替他请假。皇上问：“汲黯是什么样的人呢？”严助说：“让汲黯当官，没有什么地方超过别人。但是让他辅助年少的君主，他能坚守自己的事业，招诱他不会来，驱赶他不会走，即便有孟贲、夏育那样的勇力也不能夺去他的志节。”皇上说：“对。古代有安邦定国的臣子，像汲黯这样的人，算是近似他们了。”

大将军卫青入宫中侍候，皇上坐在床边接见他。丞相公孙弘平日进见，皇上有时连帽子也不戴。若是汲黯进见，皇上不戴帽子就不接见。皇上曾经坐在武帐中，汲黯上前禀奏事情，皇上没戴帽子，望见汲黯，就躲进帐内，派人批准了他的奏议。汲黯被皇上尊敬礼遇到这种程度。

注释 1 赐告：按汉律，官二千石者病满三月当免，赐告谓皇帝优赐休假，准其带印绶僚属归家治病。 2 庄助：即大臣严助，武帝时为中大夫。3 守城：坚守已成的事业。城，此应从《汉书》作“成”。 深坚：非常坚贞的品节。 麾:通“挥”。 贲、育:战国时孟贲和夏育两勇士。 4 青:即卫青。 侍中:职官名,侍奉在皇帝左右。 踞厕:坐在床边。《史记集解》引如淳曰:“厕音侧,谓床边。踞床视之。一云溷厕也。” 5 弘:指公孙弘。 燕见:平常有事进见。 6 武帐:帝王所用置有兵器的帷帐。 可:允许。 7 敬礼:尊敬礼遇。

张汤方以更定律令为廷尉[1],黯数质责[2]汤于上前,曰:“公为正卿,上不能褒先帝之功业,下不能抑天下之邪心,安国富民,使囹圄空虚,二者无一焉。[3]非苦就行,放析就功,何乃取高皇帝约束纷更之为?[4]公以此无种[5]矣。”黯时与汤论议,汤辩常在文深小苛[6],黯伉厉守高不能屈[7],忿发[8]骂曰:“天下谓刀笔吏不可以为公卿,果然。必汤也,令天下重足而立,侧目而视矣!”[9]

张汤正因为改定刑法条令被任命为廷尉,汲黯屡次在皇上面前指责张汤,说:“你身为正卿,上不能褒扬先帝们的功业,下不能抑制天下的邪恶念头,使国家安定、人民富裕,使监狱空无犯人,这两方面你没有一样做到。靠陷人于罪、使人受苦来成就自己的事业,靠任意破坏已有法令来建立功劳,为什么竟然把高祖皇帝定下的规章制度乱改一气呢?你这样会断子绝孙的。”汲黯经常和张汤辩论,张汤辩论时常喜欢深究法律条文,苛求小节,汲黯则出言刚直严肃,坚持原则,不肯屈服,发怒大骂说:“天下人说不能够让刀笔吏做公卿,果真是这样。如果一定要依据张汤讲的行事,那将使天下人恐惧得双脚并拢站立,眼睛不敢正视着人了!”

注释 1 律令:法令。 廷尉:官名,掌刑狱,九卿之一。 2 质责:质问、责备。 3 褒:发扬,光大。 囹圄(líng yǔ):监牢。 4 非苦就行:靠诽谤和施苦刑来成就自己的德行。非,诽谤。 放析就功:靠任意破坏已有的法令制度来建立自己的功业。放,任意地。析,劈开,此指破坏。 纷更:乱改。 5 无种:断绝子孙。 6 文深:深究法令条文。 小苛:苛求小节。 7 伉厉:刚直严厉。 守高:坚持原则。 8 忿发:发火,发怒。 9 刀笔吏:掌文案的官吏。 必汤:一定按张汤制定的去办。 重足而立,侧目而视:此语形容恐惧。重足,叠足不前。

是时,汉方征匈奴,招怀四夷。黯务少事,乘上闲[1],常言与胡和亲,无起兵。上方向儒术,尊公孙弘。及事益多,吏民巧弄[2]。上分别文法,汤等数奏决谳以幸。[3]而黯常毁儒,面触弘等徒怀诈饰智以阿人主取容,而刀笔吏专深文巧诋,陷人于罪,使不得反其真,以胜为功。[4]上愈益贵弘、汤,弘、汤深心疾黯,唯天子亦不说也,欲诛之以事。[5]弘为丞相,乃言上曰:"右内史界部中多贵人宗室[6],难治,非素重臣不能任,

这时,汉朝正征讨匈奴,招抚四方边地民族。汲黯力求省事,趁皇上有空闲,常进言说同匈奴和亲,不要派兵打仗。皇上正倾心儒学,重用公孙弘。于是搞得国家事情很多,官吏和百姓都投机取巧。为此,皇上决定修订法律,张汤等人趁机屡次上奏判案定罪的条文,来博取宠幸。而汲黯经常攻击儒学,当面指责公孙弘等人内怀奸诈而外逞智巧,通过迎合皇上来博取欢心,而刀笔吏专门深究法律条文,巧妙地进行诋毁,诬陷别人有罪,使案情无法恢复真相,只以成功断案来作为功劳。皇上越发重视公孙弘、张汤,公孙弘、张汤心里痛恨汲黯,就连天子也不喜欢他,想借故杀了他。公孙弘任丞相,向皇上进言说:"右内史管辖的地方有很多大官和皇族,难以管理,不是平常有声威的大臣不能胜任,请求调汲黯任右内史。"汲黯任

请徙黯为右内史。”为右内史数岁，官事不废。

右内史几年时间，政事没有废弛懈怠。

注释 1 乘上闲：乘皇帝有空的时机。 2 巧弄：投机取巧，钻空子。 3 分别：有针对性地区分。 决谳(yàn)：判案定罪的条文。谳，审判定罪。 4 巧诋：巧言诋毁。 反其真：恢复案情真相。反，同“返”。 5 唯：虽，即使。 说：通“悦”。 6 右内史：内史，官名，掌治京师。景帝二年(前155)分置左、右内史。武帝太初元年(前104)，更名右内史为京兆尹，左内史为左冯翊。 界部：所管辖的地区。

大将军青既益尊，姊为皇后，然黯与亢礼。[1]人或说黯曰：“自天子欲群臣下[2]大将军，大将军尊重益贵，君不可以不拜。”黯曰：“夫以大将军有揖客，反不重邪？”[3]大将军闻，愈贤黯，数请问国家朝廷所疑，遇黯过于平生[4]。

大将军卫青后来越发尊贵，他姐姐做了皇后，可是汲黯仍然和他行平等礼节。有人劝汲黯说：“自从天子想让群臣屈尊于大将军，大将军更加受到敬重，你不能够不行跪拜礼节。”汲黯说：“作为大将军，有拱手行礼的客人，反而不受人敬重吗？”大将军卫青听说了，愈加认为汲黯贤良，多次向他请教有关国家朝廷的疑难之事，对待汲黯超过一生所结交的其他人。

淮南王谋反，惮[5]黯，曰：“好直谏，守节死义[6]，难惑以非。至如说丞相弘，如发蒙振落耳[7]。”

淮南王刘安阴谋造反，害怕汲黯，说：“汲黯喜欢直言进谏，坚守节操，能为正义而死，很难用不对的事情来迷惑他。至于劝说丞相公孙弘，就像揭开盖着的蒙布和摇落枯叶一样容易。”

天子既数征匈奴有

天子因为多次征伐匈奴获胜，汲

功，黯之言益不用。

黯的话更加不被采用。

注释 1 姊：指卫青之姊卫子夫。 亢礼：彼此以平等礼节相待，指长揖不拜。 2 下：指屈尊自下。 3 揖客：平揖不拜之客。 反不重邪：是说卫青能降礼尊贤，这样会增加他自己的威望。 4 遇：对待，礼遇。 平生：一生。 5 惮：害怕。 6 死义：能为大义而死。 7 发蒙：揭开蒙布。 振落：摇动使枯叶掉落。喻指轻而易举。

始黯列为九卿，而公孙弘、张汤为小吏。及弘、汤稍益贵，与黯同位，黯又非毁弘、汤等。[1]已而弘至丞相，封为侯；汤至御史大夫；故黯时丞相史[2]皆与黯同列，或尊用过之。黯褊心[3]，不能无少望[4]，见上，前言曰："陛下用群臣如积薪耳，后来者居上[5]。"上默然。有间[6]黯罢，上曰："人果不可以无学[7]，观黯之言也日益甚。"

当初汲黯的官位列于九卿，而公孙弘、张汤是小官吏。到公孙弘、张汤逐渐显贵，和汲黯官位同级时，汲黯又指责批评公孙弘、张汤等人。不久公孙弘任丞相，被封为侯；张汤官至御史大夫；原来汲黯属下的丞史都和汲黯官位同级，有的比他更受到重用，官位超过了他。汲黯心胸狭窄，不能没有一点怨气，拜见皇上，上前进言说："陛下任用群臣就像堆积柴垛一样，后来的在上面。"皇上默不作声。过了一会儿汲黯退出去，皇上说："一个人确实不可以没有学识，听汲黯这番话可知他的愚直一天天加深了。"

注释 1 稍：逐渐。 非毁：指责诋毁。 2 丞相史：汲黯未曾做过丞相，此衍"相"字，《汉书》正作"丞史"。 3 褊(biǎn)心：心胸狭窄。 4 少：少许。 望：抱怨。 5 后来者居上：此指用人不按资历。 6 有间：过了一会儿。 7 无学：没有儒学方面的学识。

居无何，匈奴浑邪王率众来降，汉发车二万乘。县官无钱，从民贳马。[1]民或匿马，马不具[2]。上怒，欲斩长安令[3]。黯曰："长安令无罪，独斩黯，民乃肯出马。且匈奴畔其主而降汉，汉徐以县次传之，何至令天下骚动，罢弊中国而以事夷狄之人乎！[4]"上默然。及浑邪至，贾人与市者[5]，坐当死者五百余人。黯请间[6]，见高门[7]，曰："夫匈奴攻当路塞，绝和亲，中国兴兵诛之，死伤者不可胜计，而费以巨万百数。[8]臣愚以为陛下得胡人皆以为奴婢，以赐从军死事[9]者家；所卤[10]获，因予之：以谢天下之苦，塞百姓

不久，匈奴浑邪王带领部众来投降，汉朝派二万辆车去接运。官府没有钱，就向百姓借马。有的人把马藏起来，马数凑不够。皇上发怒，要斩杀长安县令。汲黯说："长安县令没有罪，只有斩杀我，百姓才愿意拿出马匹。况且匈奴人背叛他们的单于来投降汉朝，汉朝由沿途各县依次运送他们，何至于弄得天下骚动不安，使国内民众疲敝穷困来侍奉匈奴人呢！"皇上默不作声。等到浑邪王来了，那些和匈奴人做买卖的商人，被判为死罪的有五百多人。汲黯求见皇上，在高门殿见到皇上，说："匈奴攻打我们设在往来要路上的关塞，断绝和亲的关系，国内发动军队征讨他们，战死、受伤的人不计其数，而且耗费了数以百亿计的钱财。我愚蠢地认为陛下得到匈奴人后会将他们作为奴婢，赏赐给参军战死之人的家属；所缴获的财物，也会送给他们：以此来酬谢天下人的辛苦，满足百姓的心愿。如今陛下没能这样，浑邪王率领几万人来投降，却不惜亏空官府仓库来赏赐他们，发动善良的百姓来服侍他们，如同奉养宠儿一般。

之心。今纵不能，浑邪率数万之众来降，虚府库赏赐，发良民侍养，譬若奉骄子。[11] 愚民安知市买长安中物而文吏绳以为阑出财物于边关乎[12]？陛下纵不能得匈奴之资以谢天下，又以微文[13]杀无知者五百余人，是所谓'庇其叶而伤其枝'者也，臣窃为陛下不取也。"上默然，不许，曰："吾久不闻汲黯之言，今又复妄发矣。"后数月，黯坐小法，会赦免官。于是黯隐于田园。

无知的百姓哪里知道让这些人购买长安城的货物是犯罪，而舞文弄墨的法官就用禁运货物走私出边关的罪名来处分他们呢？陛下纵然不能缴获匈奴的资财来酬谢天下，还要用严峻繁密的法令来杀无知百姓五百多人，这是人们所说的'保护树叶而损伤树枝'的做法，我私下里认为陛下不能这样做。"皇上沉默不语，不同意，而后说："我很长时间没听到汲黯的话，现在他又再次乱说了。"几个月后，汲黯犯了小罪，适逢大赦，被免官。于是汲黯隐居在自家的田园中。

注释　1 县官：官府。　贳(shì)：借贷。　2 具：置办齐全。　3 长安令：长安县令。当时长安县属右内史管辖。　4 徐：慢慢地。　以县次传：按照前后县的顺序用驿车传送。　罢：通"疲"。　5 贾(gǔ)人：泛指商人。　与市者：此指与匈奴来降者做买卖的人。　6 请间(jiàn)：请得皇帝接见的机会。　7 高门：殿名，即未央宫中的高门殿。　8 当路塞：要道边塞。　巨万百数：数以百亿计。巨万，万万。　9 死事：为国事而死。　10 卤：通"掳"。　11 良民：安分守法的百姓。　譬若：如同。　奉：侍奉。　骄子：娇贵、宠爱之子。　12 市买：购买。　绳：依法惩处。　阑：没有凭证走私禁运物出入边关。　13 微文：严峻繁密的法律条文。

居数年，会更五铢钱[1]，民多盗铸钱，楚地尤甚。上以为淮阳楚地之郊[2]，乃召拜黯为淮阳太守。黯伏谢[3]不受印，诏数强予，然后奉诏。诏召见黯，黯为上泣曰："臣自以为填沟壑[4]，不复见陛下，不意陛下复收用之。臣常有狗马病，力不能任郡事，臣愿为中郎，出入禁闼，补过拾遗，臣之愿也。[5]"上曰："君薄[6]淮阳邪？吾今召君矣。顾淮阳吏民不相得，吾徒得君之重，卧而治之。[7]"黯既辞行，过大行李息[8]，曰："黯弃居郡，不得与[9]朝廷议也。然御史大夫张汤智足以拒谏，诈足以饰非，务巧佞之语，辩数之辞，非肯正为天下言，专阿主意。[10]主意所不欲，因而毁之；主意所欲，因而

过了几年，遇上国家改铸五铢钱，百姓中很多人私下铸钱，楚地尤其严重。皇上认为淮阳是楚地的交通要道，于是召见并任命汲黯为淮阳太守。汲黯拜伏辞谢，不接受官印，皇上多次下诏强迫他去，他才接受诏令。下诏召见汲黯，汲黯对皇上哭着说："我自己认为快死了，不能再见到陛下了，没想到陛下会再次任用我。我经常有狗马病，精力不能胜任一郡的工作，我愿意任中郎，出入宫禁之门，为您补救错漏，这是我的愿望。"皇上说："你看不上淮阳吗？我会马上召你回来的。考虑到淮阳地方官吏与百姓关系紧张，我只好借助你的威望，你躺着就能治理好。"汲黯向皇上告别后，探望大行令李息，说："我被抛弃到外郡，不能参与朝廷议政了。可是御史大夫张汤，他的智巧完全可以阻止谏言，他的奸诈完全可以掩饰自己的过错，专用机巧谄媚的话，强辩挑剔的词语，不愿根据正道为天下人说话，而是专门迎合主上的心意。皇上心里不想要的，他就趁机诋毁；皇上心里想要的，他就趁机赞誉。喜欢无事生非，舞弄法律条文，在朝廷中心怀奸诈来逢迎主上的心

誉之。好兴事，舞文法，内怀诈以御[11]主心，外挟贼吏以为威重。公列九卿，不早言之，公与之俱受其僇[12]矣。”息畏汤，终不敢言。黯居郡如故治，淮阳政清。后张汤果败，上闻黯与息言，抵[13]息罪。令黯以诸侯相秩[14]居淮阳。七岁而卒。

意，在朝廷外挟制为害社会的官吏来加强自己的威望。您位列九卿，如不趁早向皇上进言，您和他都会被诛杀的。”李息害怕张汤，始终不敢进言。汲黯治理郡政和以前的做法一样，结果淮阳郡政事清明。后来张汤果然身败名裂，皇上听说了汲黯对李息说的话，判处李息有罪。诏令汲黯以诸侯相的身份在淮阳做官。七年后汲黯去世。

注释 1 五铢钱：汉武帝于元狩五年（前118）改原三铢钱为五铢钱。因钱上铸有“五铢”二字，且重五铢（每铢为二十四分之一两），故名。 2 郊：交通要道。 3 伏谢：拜伏辞谢。 4 填沟壑：死之自谦之词。 5 狗马病：有病之谦称。 中郎：皇帝近侍之官。 禁闼（tà）：宫廷门户。 补过拾遗：补救过失，提醒遗漏。 6 薄：鄙薄，小瞧。 7 顾：但，只是。 不相得：不和。 重：重名，威名， 8 过：前往拜访。 大行：官名，后改称大鸿胪，掌民族事务。 9 与：参与。 10 辩数（shù）：奸诈花巧。 正：真正地。 阿：阿谀奉承。 11 御：迎合。 12 僇：通“戮”。诛杀。 13 抵：处以与其罪刑相当的惩罚。 14 秩：品秩待遇。

卒后，上以黯故，官其弟汲仁至九卿，子汲偃至诸侯相。黯姑姊子[1]司马安亦少与黯为太子洗马。安文深，巧善宦，官四至九

汲黯死后，皇上因为汲黯的缘故，让他弟弟汲仁做官到九卿，他的儿子汲偃做官到诸侯国相。汲黯姑母的儿子司马安年轻时也和汲黯同任太子洗马。司马安擅长深究法律条文，善于做官，官位四次做到九

卿，以河南太守卒。[2]昆弟以安故，同时至二千石者十人。濮阳段宏始事盖侯信[3]，信任宏，宏亦再至九卿。然卫人仕者皆严惮[4]汲黯，出其下。

卿，在河南太守任上去世。司马安的兄弟们由于他的缘故，同时官至二千石的有十人。濮阳人段宏起初侍奉盖侯王信，王信保举段宏，段宏也两次做到九卿。可是濮阳同乡做官的人都很敬畏汲黯，对他甘拜下风。

注释 1 姑姊子：姑母之子。姑姊，父之姐。 2 文深：深究法律条文。 善宦：善于做官， 3 段宏：人名，一作段客。 盖侯信：即太后兄王信，封为盖侯。 4 严惮：敬畏。

郑当时者，字庄，陈[1]人也。其先郑君尝为项籍将[2]；籍死，已而属汉。高祖令诸故项籍臣名籍[3]，郑君独不奉诏。诏尽拜名籍者为大夫，而逐郑君。郑君死孝文时。

郑当时，字庄，陈县人。他的先辈郑君曾经当过项籍的将领；项籍死后，郑君归属汉朝。高祖下令让那些原来项籍的部下直呼项籍的名字，唯独郑君不接受诏令。诏书下令把直呼项籍名字的人全部任命为大夫，而赶走郑君。郑君在文帝时期死去。

注释 1 陈：汉县名，在今河南淮阳。 2 先：先辈。 项籍：即项羽。 3 名籍：直呼项籍之名。《史记会注考证》引顾炎武曰：“谓奏事有涉项王者，必斥其名曰‘项籍’也。”

郑庄以任侠自喜，脱张羽[1]于厄，声闻梁、

郑庄喜好仗义行侠，解救了张羽的危难，名声流传于梁、楚一带。景

楚之间。孝景时，为太子舍人[2]。每五日洗沐，常置驿马长安诸郊，存诸故人，请谢宾客，夜以继日，至其明旦，常恐不遍。[3]庄好黄老之言，其慕[4]长者如恐不见。年少官薄，然其游知交皆其大父行天下有名之士也[5]。武帝立，庄稍迁为鲁中尉、济南太守、江都相[6]，至九卿为右内史。以武安侯、魏其时议，贬秩为詹事，迁为大农令。[7]

帝时期，他任太子舍人。每逢五天一次的休假日，他经常在长安各郊区驿站备置马匹，问候那些老朋友，邀请、拜谢宾朋，夜以继日，通宵达旦，还常常担心不够周到。郑庄喜欢黄帝、老子的言论，他仰慕年高有德的人，好像唯恐见不到人家一样。他年轻，官位卑微，但是他交游的朋友都是祖父一辈且天下有名的人士。武帝登位，郑庄逐渐升任鲁国的中尉、济南太守、江都国相，直到九卿中的右内史。由于评议武安侯田蚡和魏其侯窦婴的纷争时不甚恰当，他被贬官任詹事，后来升为大农令。

注释 1 张羽：梁孝王之将军，平定七国之乱有功。见《韩长孺列传》。 2 太子舍人：太子之属官。 3 洗沐：休假。汉制，官吏五日一次沐浴休息。 诸郊：四郊。 存：访问，看望。 请谢：邀请、答谢。 遍：周到，全面。 4 慕：仰慕，尊敬。 5 大父：祖父。 行：辈。 6 鲁：汉诸侯王国名，都曲阜，在今山东曲阜。 中尉：官名，掌诸侯王国军事。 江都：汉分封诸侯王国名，都广陵，在今江苏扬州西北，亦为广陵国。 7 詹事：官名，掌皇后与太子家事。 大农令：官名，后改称大司农，掌管全国粮食、赋税。

庄为太史[1]，诫门下："客至，无贵贱无留门者[2]。"执宾主之礼，

郑庄任太史时，告诫下属说："客人来，无论贵贱都不要让人在门口等候。"他秉持主人敬待客人的礼节，能礼贤下

以其贵下人。庄廉，又不治其产业，仰奉赐以给诸公[3]。然其馈遗人，不过算器食。[4]每朝，候上之间，说未尝不言天下之长者。其推毂士及官属丞史，诚有味其言之也，常引以为贤于己。[5]未尝名吏[6]，与官属言，若恐伤之。闻人之善言，进之上，唯恐后。山东士诸公以此翕然[7]称郑庄。

士、谦恭待人。郑庄廉洁，又不给自己置办财产，依靠俸禄和赏赐来供给那些年长的友人。可是他送别人的礼物，不过是用竹器盛着的食物。每次上朝，遇到向皇上进言的机会，他说的必定是称赞天下年高望重之人的话。他推荐士人和属下的丞、史，称道他们的话确实津津有味，还时常说他们比自己贤能。他从来没有直呼过属吏的名讳，和所属的官吏谈话，好像生怕伤害了他们。听到别人的高见，就向皇上推荐，唯恐迟误了。崤山以东的士人和一些年长的人因此都称赞郑庄。

注释　1 太史：梁玉绳证以《汉书》，以为系“大吏”之讹，张文虎则疑为“内史”之讹。　2 无贵贱：不论贵贱。　留门：滞留在门口。　3 仰：依仗。　奉赐：俸禄与所得赏赐。　给：供给。　4 遗(wèi)：赠送。　算器：竹器。　5 推毂：本指推车。此引申为推荐、推举。　有味：津津乐道，饶有兴味。　6 名吏：直呼官吏的名字。　7 翕(xī)然：众口一词。

郑庄使视决河，自请治行[1]五日。上曰：“吾闻‘郑庄行，千里不赍[2]粮’，请治行者何也？”然郑庄在朝，常趋和承意，不敢甚引当否[3]。及晚节[4]，汉

郑庄被派去视察黄河决口，自己请求给五天时间整理行装。皇上说：“我听说‘郑庄出行，一千里也不带粮’，你请求整理行装是为什么呢？”然而郑庄在朝廷上，经常附和、逢迎皇上的意旨，不敢明确表态判明对错。到了晚年，汉朝征讨匈奴，招

征匈奴，招四夷，天下费多，财用益匮。庄任人宾客为大农僦人，多逋负。[5]司马安为淮阳太守，发其事，庄以此陷罪，赎为庶人。顷之，守[6]长史。上以为老，以庄为汝南太守。数岁，以官卒。

抚四方外族，天下花费很多钱财，财力物力越发空乏。郑庄保举的人及其宾客，替大农令承办运输，亏欠款项很多。司马安任淮阳太守，揭发这件事，郑庄因此下狱，出钱赎罪后降为平民。不久，在丞相府暂时担任长史。皇上认为他年老，让他担任汝南太守。几年后，他在官任上去世。

郑庄、汲黯始列为九卿，廉，内行修洁。此两人中废[7]，家贫，宾客益落。及居郡，卒后家无余资财。庄兄弟子孙以庄故，至二千石六七人焉。

郑庄、汲黯当初官至九卿，为人廉洁，注重自身的品行。这两人中途被罢官，家里贫穷，门下宾客都离去了。在做郡守时去世后，家里没有什么财物。郑庄的兄弟子孙因为他的缘故，官至二千石的有六七人。

注释　1 治行：准备行装。　2 赍：携带。　3 甚引当否：明确表态。　4 晚节：晚年。　5 任人：保举之人。　僦(jiù)人：承雇服役之人。　逋负：亏欠款项。或因借以兴生财利，或因官多侵欺所致。　6 守：代理。　7 中废：中途被罢官。《史记会注考证》："茅坤曰：'此两人行旨不同，而犹意气相合。其废也，宾客并落。故太史公为一传以摸写之。'愚按：汲、郑二人，性行虽异，其好黄老、尚无为则同。史公合为一传，不独为废后宾客并落也。"

太史公曰：夫以汲、郑之贤，有势则宾客十倍，无势则否，况众人乎！下邽翟公有言，始翟公为廷尉，宾客阗门；[1] 及废，门外可设雀罗[2]。翟公复为廷尉，宾客欲往，翟公乃大署[3]其门曰："一死一生，乃知交情。一贫一富，乃知交态[4]。一贵一贱，交情乃见。"汲、郑亦云，悲夫！

太史公说：以汲黯、郑庄的贤良，有权势时宾客比平时多十倍，没有权势时就相反，何况一般人呢！下邽县翟公有这样的话，当初翟公任廷尉，宾客盈门；到免官时，门外冷清得可以张网捕雀。翟公又任廷尉，宾客想再去，翟公就在门上写上大字幅说："面对生和死时，才知交情。经历了贫穷和富贵，才知世态人情。一个尊贵一个卑贱，才能显现出交情。"汲黯、郑庄也如此，可悲啊！

注释 1 翟公：汉武帝时人，生平不详。 阗：充满。 2 雀罗：捕鸟雀之网。 3 署：书写。 4 交态：世态人情。

史记卷一百二十一

儒林列传第六十一

原文

太史公曰:余读功令,至于广厉学官之路,未尝不废书而叹也。[1]曰:嗟乎!夫周室衰而《关雎》作,幽厉微而礼乐坏,诸侯恣行,政由强国。[2]故孔子闵王路废而邪道兴[3],于是论次《诗》《书》,修起礼乐。适齐闻《韶》[4],三月不知肉味。自卫返鲁,然后乐正,《雅》《颂》各得其所[5]。世以混浊莫能用,是以仲尼干七十余君无所遇[6],曰"苟有用我者,

译文

太史公说:我读朝廷考核和选用学官的法规,读到广开奖励学官进取的办法时,总是禁不住放下书而叹惜。我感慨道:唉!周朝王室衰败而《关雎》就出现了,周幽王、周厉王统治衰颓而礼崩乐坏,诸侯放纵横行,政令由强大的国家发布。所以孔子为王道废弛而邪道兴起忧心,于是论定、编次《诗》《书》,修订、兴起礼乐。他到齐国听《韶》乐,沉迷其中,三个月品尝不出肉的味道。他从卫国回到鲁国,然后重订音乐,使《雅》《颂》乐歌各归其位,有条不紊。因为世道混乱污浊,没有人起用他,所以孔子向七十多个国君求官都没有得到知遇,他说"如果有任用我的国君,一年就足够了"。鲁国西郊有人猎获了麒麟,孔子说"我的思

期月[7]而已矣”。西狩获麟，曰“吾道穷矣”。[8]故因史记作《春秋》，以当王法，以辞微而指博，后世学者多录焉。[9]

想不能实现了”。因而他借助鲁国的历史记录撰写《春秋》，来作为帝王的法典，因为文辞精深而意旨博大，后代学者大多学习、传诵抄录它。

注释 1 功令：古时朝廷选用学官的法规。 厉：通“励”。勉励。 学官：掌管学校教育的教官。 废：搁开，放下。 2《关雎》：《诗经·周南》中的第一篇。 幽厉：指周幽王、周厉王。 微：衰颓。 3 闵：古同“悯”。忧虑，担心。 王路：王道。 4 适：到……去。《韶》：虞舜乐名。 5《雅》《颂》：二者与《风》组成《诗经》的三个部分。 6 干：求取。 七十余君：孔子周游列国，所至有周、郑、齐、宋、曹、卫、陈、楚、杞、莒、匡等。《史记索隐》据《家语》等说，以为孔子“纵历小国，亦无七十余国也”。 7 期(jī)月：一整年。 8 西狩获麟：鲁哀公十四年(前481)，有人在鲁国西部捕获一种被视为祥瑞的神兽麒麟，孔子就将它看作是不能实现其治世理想的象征，所以感叹“吾道穷矣”，以致撰写《春秋》至此事而绝笔。 9 史记：泛指历史资料。 当王法：表示《春秋》褒贬善恶所具有的政治功能。 辞微：文辞精深。 指博：旨意广博。 录：传诵抄录。

自孔子卒后，七十子之徒散游诸侯，大者为师傅卿相，小者友教士大夫，或隐而不见。[1]故子路居卫，子张居陈，澹台子羽居楚，子夏居西河，子贡终于齐。[2]如田子方、段干木、吴起、禽

孔子去世后，他的七十多名弟子去了各个国家，成就大的当了国君的老师和卿相，成就小的结交和教授士大夫，有的则隐居不出。所以子路在卫国，子张在陈国，澹台子羽在楚国，子夏在西河，子贡在齐国一直到死。像田子方、段干木、吴起、禽滑釐一辈

滑釐之属，皆受业于子夏之伦，为王者师。[3]是时独魏文侯[4]好学。后陵迟以至于始皇，天下并争于战国，儒术既绌焉，然齐鲁之间，学者独不废也。[5]于威、宣之际，孟子、荀卿之列，咸遵夫子之业而润色之，以学显于当世。[6]

人，都曾受教于子夏等人，成为诸侯国君王的老师。这时只有魏文侯爱好儒学。后来儒学渐渐衰落，一直到秦始皇时代，在天下纷争的战国时期，儒学已经受到排挤了，但在齐、鲁一带，学习研究它的人却不放弃。在齐威王、齐宣王时期，孟子、荀子等人，都继承孔子的事业并使之发扬光大，他们以儒学而闻名于当世。

注释　1 师傅：太师、太傅的合称，是教导、辅佐君王或王子的人。　友：结交。　2 子路、子张等"七十子之徒"，详见《孔子世家》。　子路居卫：《汉书》删此句，因子路死于卫时，孔子尚存。　西河：战国魏地，今陕西东部黄河西岸地区，《礼记·檀弓篇》郑注："西河，龙门至华阳之地。"一说在今河南安阳，其时黄河流经安阳之东。　3 田子方：魏国人，子贡弟子。　段干木：魏国人，子夏弟子。　吴起：魏国人，著名军事家，见《孙子吴起列传》。　禽滑（gǔ）釐：战国初人，初受学于子夏，后就学于墨子。　4 魏文侯：名斯，战国时魏国第一任国君，公元前445—前396年在位。　5 后陵迟以至于始皇：《史记会注考证》引程一枝曰："《汉书》删去此句，尤顺。"陵迟，衰落。　绌：通"黜"。排斥。　6 威、宣：即齐威王、齐宣王。　润色：增加光彩，发扬光大。

及至秦之季世，焚《诗》《书》，坑术士，六蓺从此缺焉。[1]陈涉之王[2]也，而鲁诸儒持孔氏之礼器[3]往归陈王。

到了秦朝末年，焚毁《诗》《书》，坑杀儒生，儒家六艺从这时开始残缺。陈涉自立为王，鲁地的儒生携带着孔子家传的礼

于是孔甲[4]为陈涉博士，卒与涉俱死。陈涉起匹夫，驱瓦合適戍，旬月以王楚，不满半岁竟灭亡，其事至微浅，然而缙绅先生之徒负孔子礼器往委质为臣者，何也？[5]以秦焚其业，积怨而发愤[6]于陈王也。

器去归附陈王。于是孔甲当了陈涉的博士，最后和陈涉一同死了。陈涉是一介平民，驱使一群临时聚集的戍守边境的士兵，一个月内就在楚地称了王，不足半年终于灭亡，他的事业十分微小浅薄，可是士大夫却背着孔子的礼器前去委身归顺他，为什么呢？因为秦朝焚毁他们的书籍，他们积下仇怨而借助于陈王来发泄愤懑。

注释 1 季世：末世。 坑：活埋。 六蓺：即“六艺”。指儒家的六部经典：《诗》《书》《易》《礼》《乐》《春秋》。《汉书》作“六学”。 2 王(wàng)：称王。 3 礼器：祭祀所用的器皿。 4 孔甲：名鲋，字甲，孔子的八世孙。 5 瓦合：谓瓦器破而相合，比喻临时凑合。 適戍：同“谪戍”。 旬月：满一月。 缙绅：此指士大夫。 委质：献身，归顺。 6 发愤：抒发怨愤。

及高皇帝诛项籍，举兵围鲁，鲁中诸儒尚讲诵习礼乐，弦歌之音不绝，岂非圣人之遗化，好礼乐之国哉？故孔子在陈，曰“归与归与！吾党之小子狂简，斐然成章，不知所以裁之”[1]。夫齐鲁之间于文学[2]，自古以来，其天

等到高祖皇帝杀死项籍，率领军队包围鲁国，鲁国中的儒生还在讲诵经、书，演习礼乐，乐声歌声不断，这难道不是圣人遗留的教化，崇尚礼乐的国家吗？所以孔子出游在陈地，说“回去吧，回去吧！我们乡里的年轻人志向高远，行事疏阔，文采斐然可观，不知道怎样去教导他们”。齐鲁一带对于文化礼仪，从古以来就这样，这是他们的天性。所

性也。故汉兴,然后诸儒始得修其经蓺,讲习大射乡饮之礼。[3]叔孙通作汉礼仪,因为太常,诸生弟子共定者,咸为选首,于是喟然叹兴于学。[4]然尚有干戈,平定四海,亦未暇遑庠序之事也。[5]孝惠、吕后时,公卿皆武力有功之臣。孝文时颇征用,然孝文帝本好刑名[6]之言。及至孝景,不任儒者,而窦太后又好黄老之术,故诸博士具官待问,未有进者。[7]

以汉朝建立,然后儒生们才能开始研究他们的经术,讲授演习起大射和乡饮的礼仪。叔孙通制定汉廷礼仪后,因而做了太常官,那些和他一起制定礼仪的儒生、弟子们,被朝廷优先封官,于是人们感慨地说儒学开始兴起了。但这时还有战争,还在平定全国,也没有时间顾及兴办学校的事。惠帝、吕后当政的时候,公卿大臣都是靠武力起家的功臣。文帝时,任用了一些儒生,但是文帝原本喜欢刑名学说。到了景帝时,不任用儒生,而且窦太后又喜欢道家黄、老思想,因此那些博士空有官位以等待任用,没有晋升的。

注释

1 归:回家。 与:同“欤”。句末语气词。 党:乡党。古代五家为邻,五邻为里,五百家为党。 狂简:志向高远而行为疏阔。 斐然:有文采的样子。 裁:剪裁,此引申为教导。 2 文学:指文化礼仪。 3 修:研究。 大射:为祭祀择士而举行的射礼。 乡饮之礼:即乡饮酒礼,是由乡大夫设宴招待推荐之人或应举之士的仪礼。 4 叔孙通:汉初著名儒生,详见《刘敬叔孙通列传》。 太常:官名。掌管宗庙礼仪,兼职选试博士。 选首:推举的对象。 5 干戈:战争。 暇遑:空闲。 庠序:古代学校名。夏曰校,商曰序,周曰庠。 6 刑名:亦称“形名”。先秦法家中之一派,主张循名责实,慎赏明罚。 7 窦太后:名窦姬,文帝皇后,武帝祖母。　具官：已配置官职。　待问：等待任用，即虚设。

及今上即位，赵绾、王臧之属明儒学，而上亦乡之，于是招方正贤良文学之士。[1]自是之后，言《诗》于鲁则申培公，于齐则辕固生，于燕则韩太傅。[2]言《尚书》自济南伏生[3]。言《礼》自鲁高堂生[4]。言《易》自菑川田生[5]。言《春秋》于齐鲁自胡毋生[6]，于赵自董仲舒。及窦太后崩，武安侯田蚡为丞相，绌黄老、刑名百家之言，延文学儒者数百人，而公孙弘以《春秋》白衣为天子三公，封以平津侯。[7]天下之学士靡然乡风矣[8]。

到了当今皇上即位，赵绾、王臧等人懂得儒学，而皇上也倾向儒学，于是征召方正贤良精通儒学的士人。从这以后，讲《诗》的在鲁地有申培公，在齐的有辕固生，在燕的有韩太傅。宣讲《尚书》的有济南人伏胜。宣讲《礼》的有鲁地人高堂。宣讲《易》的有菑川人田何。宣讲《春秋》的有在齐地、鲁地的胡毋先生，在赵地有董仲舒。等到窦太后逝世，武安侯田蚡出任丞相，罢黜黄、老、刑名等百家的学说，延请儒生几百人做官，而公孙弘由于精通《春秋》而从平民升为三公，被封为平津侯。天下的学者都顺着风气倾向儒学。

注释　**1** 今上：指汉武帝。　赵绾：大臣名，官至御史大夫。　王臧：大臣名，曾任郎中令。　乡：通“向”。　方正贤良文学：汉代选举科目之一。即选拔道术端正、德高望重、有才学之人。　**2** 申培公：姓申，名培，“公”是对人的敬称。鲁地人，今文《诗》学鲁派的开创者。　辕固生：姓辕，名固，齐地人，今文《诗》学齐派的开创者。生，犹今称“先生”，下同。　韩太傅：姓韩，名婴，景帝时曾为常山王太傅，燕地人，今文《诗》学韩派的创始人。　**3** 伏生：即伏胜，字子贱，济南人，今文《尚书》的最早传播者。　**4** 高堂生：

姓高，名堂，字伯，鲁地人，今文《礼》学的创始人。 5 菑川：汉郡国名，治所剧县，在今山东昌乐南。 田生：姓田，名何，传《易》学之大儒。 6 胡毋生：复姓胡毋，字子都，齐地人，治公羊《春秋》之今文经学大师。 7 延：聘请。 白衣：古代平民白衣素服，此代指平民。 8 靡然：随风倒向的样子。 乡风：向风，顺着风向。

公孙弘为学官，悼道之郁滞[1]，乃请曰："丞相御史言：制[2]曰'盖闻导民以礼，风[3]之以乐。婚姻者，居室之大伦也[4]。今礼废乐崩，朕甚愍[5]焉。故详[6]延天下方正博闻之士，咸登诸朝。其令礼官劝学，讲议洽闻[7]，兴礼，以为天下先。太常议，与博士弟子，崇乡里之化[8]，以广贤材焉'。谨与太常臧、博士平等议曰[9]：闻三代之道，乡里有教，夏曰校，殷曰序，周曰庠。其劝善也，显之朝廷；其惩恶也，加之刑罚。故教化之行也，建首善[10]自京师始，由

公孙弘当了学官，担心儒道滞结不通畅，于是奏请皇上说："丞相和御史说：诏书谈到'听说用礼来引导民众，用乐来教化百姓。婚姻，是夫妇的伦常大道。现在礼乐废坏，朕很忧愁。所以广泛地延请天下道术端正、见识广博的人士，让他们都到朝廷上来做官。应当命令礼官勤奋学习，宣讲议论要见闻广博，崇尚礼仪，以作为天下的表率。太常提议，给博士配备弟子，振兴民间的教育，来开拓培养贤才的道路'。我和太常孔臧、博士平等商议说：听说夏、商、周三朝的制度，乡村有教育机构，夏朝称为校，商朝称为序，周朝称为庠。劝勉人们为善，让他们在朝廷上显扬名声；惩戒作恶的人，给他们施加刑罚。所以政教风化的推行，树立好的榜样从京师开始，从内到外推广。如今陛下昭明崇高的德行，培养人们的智慧，与天地相配，以人伦为本，劝勉学习，研

内及外。今陛下昭至德，开大明，配天地，本人伦，劝学修礼，崇化厉贤，以风四方，太平之原也。[11]古者政教未洽[12]，不备其礼，请因旧官而兴焉。为博士官置弟子五十人，复[13]其身。太常择民年十八已上仪状[14]端正者，补博士弟子。郡国县道邑有好文学、敬长上、肃政教、顺乡里、出入不悖所闻者，令相长丞上属所二千石，二千石谨察可者，当与计偕，诣太常，得受业如弟子。[15]一岁皆辄试，能通一蓺以上，补文学掌故缺[16]；其高弟可以为郎中者，太常籍奏。[17]即有秀才[18]异等，辄以名闻。其不事学若下材及不能通一蓺，辄罢之，而请诸不称者罚。[19]臣谨案诏书律令下者，明天人

习礼仪，崇尚教化，奖励贤才，来教化四面八方的平民百姓，作为太平盛世的本源。古代政治教化没能普遍，礼制不完备，我们请求利用原有的学官来振兴教育。替博士官配置弟子五十人，免除他们的赋税徭役。太常选择十八岁以上、相貌仪表端正的人，充当博士弟子。各郡、各国、各县、各道、各邑有爱好经学、尊敬长辈和上级、严守政教、友爱乡里、出入言行都不违背所学的人，县令、侯国相、县长、县丞上报所属二千石官，二千石官谨慎考察认为可以的人，应当和上计吏一同到太常那里，可以像弟子一样参加学习。一年后都要考试，能精通一门经书以上的，可以补充文学掌故的官职。其中成绩名列前茅的可以担任郎中，太常造册上奏。如果有才能特别优秀的，就把名字上报。那些不认真学习或者才能低下以及不能通晓一种经书的，就开除他，并奏请惩罚那些举荐他们的不称职的官吏。臣推敲诏书法令下达的目的，在于明辨天道和人道的关系，贯通古今的道理，文辞雅正，教诲的言辞含义深刻丰富，恩泽十分优厚。下级官吏见识浅薄，不能深究宣传，晓谕天

分际,通古今之义,文章尔雅,训辞深厚,恩施甚美。[20] 小吏浅闻,不能究宣[21],无以明布谕下。治礼次治掌故,以文学礼义为官,迁留滞。[22] 请选择其秩比二百石以上,及吏百石通一蓺以上,补左右内史、大行卒史[23];比百石已下,补郡太守卒史:皆各二人,边郡一人。先用诵多者,若不足,乃择掌故补中二千石属,文学掌故补郡属,备员。[24] 请著功令。佗[25] 如律令。"制曰:"可。"自此以来,则公卿大夫士吏斌斌[26] 多文学之士矣。

下。现在要首先选拔研究礼制和研究历史典籍的人才,用懂文学礼义的人做官,提拔被积压的人才。请挑选那些品秩比同二百石以上的人,和百石以上通晓一种经学的小吏,升补左右内史、大行卒史;挑选比百石以下的人补郡太守卒史:各郡定员二人,边郡定员一人。优先表现好的人,如果人数不够,就选用掌故补中二千石的属吏,选用文学掌故补郡国的属吏,作为缺额充数。请把这些记入考选学官的法规。其他仍然依照律令。"皇上批示:"可行。"从这以后,公卿大夫和一般士吏中就有很多文质彬彬的经学儒生了。

注释 1 悼:恐惧,担心。 道:此指儒家之道。 郁滞:不通畅。 2 制:皇帝诏命。此制诏在元朔五年(前 124)。 3 风:风化,教化。 4 居室:夫妇同居。 大伦:伦常大道。 5 愍(mǐn):忧愁。 6 详:广泛地,普遍地。 7 洽闻:博闻广见。 8 崇:推崇,发展。 乡里之化:地方教化。 9 臧:即孔臧,孔子第十二代孙,孔安国堂兄,曾自请为太常主持教化。 平:人名,生平不详。 10 首善:首先施以教化并成为他人之榜样。 11 大明:日月之光辉。 本:寻究根源,以……为准则。 厉:鼓励。 原:根源。 12 洽:完善,普遍。 13 复:免除赋税徭役。 14 仪状:相貌仪表。 15 郡国县道邑:西汉地方行政分郡、县两级。国,指诸侯封国。

道,指在有少数民族聚居的郡内所设的县。邑,指封君、公主的汤沐邑以及侯爵封邑。 悖:违背。 所闻:所学。 令相长丞:县一级的各官吏。县官辖区万户以上者为"令",万户以下者为"长"。相,指侯国之相。丞,县之副手。 二千石:指官吏品秩,常指郡守及诸侯王国相。 计:指计吏,或上计吏,郡国每年十月向上报告各地政情文书的官吏。 偕:偕同。 **16** 文学:郡国所置之文学官职,如后世之教官。 掌故:官名,属太史令,掌礼乐制度中的旧制旧例,太史令属于太常,故又称太常掌故。 **17** 高弟:学业名次高。弟,同"第"。考试之等级、名次。 籍奏:编入名册上奏。 **18** 秀才:才能出众。 **19** 事学:专心学习。 请:奏请。 **20** 天人分际:上天和人间、自然和人事的联系与区别。 尔雅:近于雅正。 **21** 究宣:深入彻底地宣讲。 **22** 治礼次治掌故:《史记会注考证》:"《汉书》'治礼'上有'以'字,无'次治'二字。" 泷川资言按:"《汉书》'以'字衍,治礼、掌故,二官名。"掌故,汉朝官名,掌管礼乐制度等的故实。 迁:提拔。 留滞:此指积压的人才。 **23** 大行卒史:大行府中的办事人员。大行,官名,即大行令,掌接待宾客。卒史,属吏。 **24** 诵多者:表现好的,优点多的。诵,亦作"颂"。颂扬。此指优点。 备员:配备足员。 **25** 佗(tā):同"他"。其他的,别的。 **26** 斌斌:同"彬彬"。文质兼备貌。

申公者,鲁人也。高祖过鲁,申公以弟子从师入见高祖于鲁南宫[1]。吕太后时,申公游学长安,与刘郢[2]同师。已而郢为楚王,令申公傅[3]其太子戊。戊不好学,疾申公。及王郢卒,戊立为楚王,胥靡[4]申公。申公耻

申培公是鲁国人。高祖经过鲁国,申培公以弟子的身份跟随老师在鲁地的泮宫拜见高祖。吕太后时期,申公到长安游学,和刘郢同拜一个老师。不久,刘郢被立为楚王,让申公教导他的太子刘戊。刘戊不喜欢学习,憎恨申公。等到楚王刘郢死后,刘戊被立为楚王,对申公加以虐待。申

之，归鲁，退居家教，终身不出门，复谢绝宾客，独王命召之乃往。弟子自远方至受业者百余人。申公独以《诗》经为训以教，无传[5]，疑者则阙[6]不传。

公觉得羞耻，回到鲁地，退居家中教书，终身不出家门，又谢绝宾客交往，只有鲁王传令召见才去。从远方来学习的学生有一百多人。申公只用对《诗经》的文字解释来教授学生，没有更深入阐发，有疑义的地方就留下来不讲授。

注释 1 师：《史记索隐》："《汉书》云'申公少与楚元王俱事齐人浮丘伯，受《诗》'。" 鲁南宫：即学馆，鲁泮宫。《史记正义》引《括地志》云："泮宫在兖州曲阜县西南二百里鲁城内宫之内。郑云'泮之言半'也，其制半于天子之璧雍。" 2 刘郢：即楚元王刘交之子。 3 傅：辅佐教导。 4 胥靡：指被绳索牵连着强迫劳动的奴隶或刑徒，亦为刑罚名。此为虐待、惩罚义。 5 传(zhuàn)：阐述传注。 6 阙：缺。

兰陵王臧[1]既受《诗》，以事孝景帝为太子少傅，免去。今上初即位，臧乃上书宿卫[2]上，累迁，一岁中为郎中令。及代[3]赵绾亦尝受《诗》申公。绾为御史大夫。绾、臧请天子，欲立明堂以朝诸侯，不能就其事，乃言师申公。[4]于是天子使使束帛加璧安车驷马迎申公，弟子二

兰陵人王臧向申公学习《诗经》后，因侍奉景帝，任太子少傅，后来被免职。当今皇上刚登位，王臧就上书请求为皇上当宫禁中的值宿警卫，多次升迁，一年里就当了郎中令。而代国的赵绾也曾向申公学习《诗经》。赵绾任御史大夫。赵绾、王臧请求天子，想要修建明堂召集诸侯来朝会，没有能够办成这件事，就推荐老师申公。于是天子派使者带着束帛和玉璧，驾着四马所拉可以安坐的车，去迎接申公，赵、王二

人乘轺传从。[5]至，见天子。天子问治乱之事，申公时已八十余，老，对曰："为治者不在多言，顾力行何如耳[6]。"是时天子方好文词[7]，见申公对，默然。然已招致，则以为太中大夫，舍鲁邸[8]，议明堂事。太皇窦太后好老子言，不说儒术，得赵绾、王臧之过以让上，上因废明堂事，尽下赵绾、王臧吏，后皆自杀。[9]申公亦疾免以归，数年卒。

人乘着轻便车跟随申公。到了京师，申公拜见天子。天子问他国家安危的事，申公当时已经八十多岁，年纪太大，回答说："当政的人不在于多说话，只看他怎么身体力行。"这时天子正喜欢文章辞藻，看到申公这样回答，沉默不语。但已经把他召来，就任命他为太中大夫，让他住在鲁王在京城的公馆里，商讨建立明堂的事。窦太皇太后喜欢老子的学说，不喜欢儒学，她抓到赵绾、王臧的过失，借此来责备皇上，皇上于是停止了修建明堂的事，把赵绾、王臧都交给司法官吏，后来他们都自杀了。申公也因为生病免官回家，几年后去世。

注释 1 王臧：人名，生平不详。 2 宿卫：在宫中值宿，担任警卫。 3 代：即代郡。 4 明堂：古代帝王宣明政教的地方。 就：完成。 5 束帛：古代聘问、婚丧、馈赠朋友的礼品，因帛五匹为束，故称。 安车：一种可以乘坐的安稳之车。高官告老或征召有重望的人，往往赐乘安车，多用一马，礼尊者则用四马。 轺传(yáo zhuàn)：使者乘用的用一马或两马所拉的驿站之车。 6 顾：只，不过。 力行：身体力行。 7 文词：文章辞藻。 8 邸：古时候王侯或朝见皇帝的官员在京城的住所。 9 太皇窦太后：《史记考异》："当云'窦太皇太后'。" 说：通"悦"。 让：指责。

弟子为博士者十余人：孔安国至临淮太守，周霸至胶西内史，夏宽至城阳内史，砀鲁赐至东海太守，兰陵缪生至长沙内史，徐偃为胶西中尉，邹人阙门庆忌为胶东内史。其治官民皆有廉节，称其好学。学官弟子行虽不备[1]，而至于大夫、郎中、掌故以百数。言《诗》虽殊，多本于申公。[2]

申公的学生当博士的有十多人：孔安国官至临淮郡太守，周霸官至胶西国内史，夏宽官至城阳国内史，砀县鲁赐官至东海郡太守，兰陵人缪生官至长沙国内史，徐偃任胶西国中尉，邹人阙门庆忌任胶东国内史。他们治理官民都有廉洁的名声，人们称赞他们好学。其余学官弟子们，品行虽然不完美，但官至大夫、郎中、掌故的也有一百多人。他们对《诗经》的讲法虽然有所不同，但大多依据申公的见解。

注释 1 备：完善，完美。 2 殊：不同。 本：来源，根据。

清河王[1]太傅辕固生者，齐人也。以治《诗》，孝景时为博士。与黄生争论景帝前。黄生曰："汤武非受命，乃弑[2]也。"辕固生曰："不然。夫桀纣虐乱[3]，天下之心皆归汤武，汤武与天下之心而诛桀纣，桀纣之民不为之使而归汤武，汤武不得已而立，非受

清河王的太傅辕固生，是齐国人。他因为研究《诗经》，在景帝时任博士。有一次，他和黄生在景帝面前争论。黄生说："商汤、周武王不是秉承天命做天子，是弑君篡位。"辕固生说："不对。夏桀、商纣暴虐淫乱，天下人心都归向于商汤、周武王，商汤、周武王顺应天下人心而诛杀夏桀、商纣，夏桀、商纣的百姓不为他们所用而归顺商汤、周武王，商汤、周武王不得已而立为天

命为何?”黄生曰:“冠虽敝,必加于首;履虽新,必关于足。[4]何者?上下之分也。今桀纣虽失道,然君上也;汤武虽圣,臣下也。夫主有失行,臣下不能正言匡过以尊天子,反因过而诛之,代立践南面,非弑而何也?[5]”辕固生曰:“必若[6]所云,是高帝代秦即天子之位,非邪?”于是景帝曰:“食肉不食马肝[7],不为不知味;言学者无言汤武受命,不为愚。”遂罢。是后学者莫敢明受命放杀者[8]。

子,不是秉承天命是什么呢?”黄生说:“帽子虽然破,还得戴在头上;鞋子虽然新,还得穿在脚上。这是为什么呢?是因为上下的制度名分。如今夏桀、商纣虽然无道,但他们是君主;商汤、周武王虽然圣明,但他们是臣下。君主有错误行为,臣下不能够用正直的话匡正过失来尊奉天子,反而趁其有过失而诛杀他们,取而代之,南面称王,不是弑君是什么呢?”辕固生说:“按你所说,高祖代替秦帝登上天子之位,不对吗?”于是景帝说:“吃肉不吃马肝,不能算不知道味道;谈论学问的人不谈论商汤、周武王受命的事情,不能算是愚蠢。”于是他们停止了辩论。此后学者没人敢辨明是受命还是弑君这个问题。

注释 1 清河王:时清河王为汉景帝子刘乘。 2 弑(shì):古代称子杀父、臣杀君为弑。 3 虐乱:暴虐淫乱。 4 敝:破。 关:《汉书》作“贯”。二字古通。此四句见太公《六韬》。 5 正言:直言。 匡过:纠正过错。 践:继承帝位。 南面:面向南称君。 6 若:你,指黄生。 7 马肝:《史记正义》引《论衡》云:“气热而毒盛,故食马肝杀人。又盛夏马行多渴死,杀气为毒也。” 8 明:辨明。 放杀:放逐而杀戮。

窦太后好《老子》书，召辕固生问《老子》书。固曰："此是家人言[1]耳。"太后怒曰："安得司空城旦书[2]乎？"乃使固入圈刺豕[3]。景帝知太后怒而固直言无罪，乃假固利兵[4]，下圈刺豕，正中其心，一刺，豕应手而倒。太后默然，无以复罪[5]，罢之。居顷之[6]，景帝以固为廉直，拜为清河王太傅。久之，病免。

今上初即位，复以贤良征固。诸谀儒多疾毁固，曰"固老"，罢归之。时固已九十余矣。固之征也，薛人公孙弘亦征，侧目而视固。固曰："公孙子，务正学以言，无曲学以阿世！"[7]自是之后，齐言《诗》皆本辕固生也。诸齐人以《诗》显贵，皆固之弟子也。

窦太后喜欢《老子》一书，召来辕固生问《老子》书里的问题。辕固生说："这是普通人的言论罢了。"太后发怒说："去哪里找那些被秦始皇焚烧了的儒家学派的书呢？"于是让辕固生进入猪圈杀猪。景帝知道太后生气而辕固生是说话直率并无罪过，于是给辕固生锋利的兵器，到猪圈里杀猪，正好刺中猪的心脏，只一刺，猪随手倒地。太后默不作声，无法再加罪于他，就作罢了。过了不久，景帝认为辕固生廉洁正直，任命他为清河王的太傅。过了很长时间，他因病免官。

当今皇上刚即位，又以征召贤良的名义征召辕固生。那些谄谀的儒生大多嫉妒并诋毁辕固生，说"辕固生老了"，于是他被罢官回家。这时辕固生已经九十多岁了。辕固生被征召时，薛县人公孙弘也被征召，他斜着眼来看辕固生。辕固生说："公孙先生，务必以正直的学问来论事，不要用邪曲之说来迎合世俗！"从这以后，齐地谈论《诗经》都依循辕固生的见解。那些因研究《诗经》而显贵的齐人，都是辕固生的学生。

注释 1 家人言：庶民、奴仆的言论。这里一以讥《老子》懦弱，一以暗示太后出身平民，故触怒太后。 2 司空城旦书：狱吏刑徒之书。司空，主刑狱之官。城旦，本指秦汉时一种判罚四年苦役的刑名，白天戍边，夜晚修筑长城。此语亦有反讥公羊儒学之惨刻超过法家意。《史记集解》："骃案：《汉书音义》曰'道家以儒法为急，比之于律令'。" 3 豕：猪。 4 假：借。 兵：兵器。 5 复罪：再给定罪。 6 顷之：不久。 7 正学：正直的学问。 曲学阿世：司马迁借辕固生之语来揭示公羊学"谀儒"之本质。阿世，迎合世俗。

韩生者，燕人也。孝文帝时为博士，景帝时为常山王[1]太傅。韩生推《诗》之意而为内、外《传》数万言，其语颇与齐鲁间殊，然其归一也。[2]淮南贲生[3]受之。自是之后，而燕赵间言《诗》者由韩生。韩生孙商为今上博士。

韩生是燕国人。文帝时期任博士，景帝时期任常山王的太傅。韩生推究《诗经》的意旨而撰写《内传》《外传》几万字，书中的用语和齐、鲁地区解释《诗经》的语言很不同，但是宗旨是一致的。淮南国的贲先生向他学习。从这以后，燕、赵一带讲论《诗经》的人都出自韩生门下。韩生的孙子韩商是当今皇上的博士。

注释 1 常山王：时常山王为景帝子刘舜。 2 推：推究。 内、外《传》：即《韩诗内传》和《韩诗外传》，后仅存《韩诗外传》。 归：宗旨。 3 贲(Féi)生：姓贲的儒生，生平不详。

伏生者，济南人也。故为秦博士。孝文帝时，欲求能治《尚书》者，天下无有，

伏生是济南郡人。以前做过秦朝的博士。文帝时期，想找一个能够研究《尚书》的人，但没找

乃闻伏生能治，欲召之。是时伏生年九十余，老，不能行，于是乃诏太常使掌故朝错[1]往受之。秦时焚书，伏生壁藏[2]之。其后兵大起，流亡，汉定，伏生求其书，亡数十篇，独[3]得二十九篇，即以教于齐鲁之间。学者由是颇能言《尚书》，诸山东大师无不涉[4]《尚书》以教矣。

到，后来听说伏生能讲授，就征召他。这时伏生九十多岁，年纪太大，不能行走，于是就下诏令太常派掌故晁错去向他学习。秦朝焚烧儒书，伏生把《尚书》藏在墙壁里。后来战乱大起，人们四处流亡，汉朝平定天下，伏生寻找他的书，丢失了几十篇，只找到二十九篇，就拿这些在齐、鲁一带进行讲授。学者们从此大多能讲授《尚书》，那些崤山以东的经学大师无不教授《尚书》。

注释 1 朝错：即晁错。 2 壁藏：藏在墙壁中。 3 独：只。 4 涉：涉猎。

伏生教济南张生及欧阳生，欧阳生教千乘兒宽[1]。兒宽既通《尚书》，以文学应郡举，诣博士受业，受业孔安国。[2]兒宽贫无资用，常为弟子都养，及时时间行佣赁，以给衣食。[3]行常带经[4]，止息则诵习之。以试第次，

伏生教授济南人张生和欧阳生，欧阳生教授千乘人兒宽。兒宽通晓《尚书》后，以“文学”的名义被郡守推荐，到博士门下学习，师从于孔安国。兒宽家贫没有资财，时常当学生们的厨工，并且时时偷偷外出给人做工，来供给衣食。他外出时经常带着经书，休息时就朗读温习。依照考试成绩的名次，他补以廷尉史的缺官。这时张汤正心向儒学，让兒宽做

补廷尉史[5]。是时张汤方乡学,以为奏谳掾,以古法议决疑大狱,而爱幸宽。[6]宽为人温良,有廉智,自持,而善著书、书奏,敏于文,口不能发明也。[7]汤以为长者,数称誉之。及汤为御史大夫,以兒宽为掾[8],荐之天子。天子见问,说之。张汤死后六年,兒宽位至御史大夫。九年[9]而以官卒。宽在三公位,以和良承意从容得久,然无有所匡谏;[10]于官,官属易[11]之,不为尽力。张生亦为博士。而伏生孙以治《尚书》征,不能明也。

呈报案情的属官,根据古代律令论断判决疑难大案,因而宠爱兒宽。兒宽为人温和善良,清廉聪明,能坚持节操,而且擅长撰写著作、起草奏章,文思敏捷,但是不会口头阐述。张汤认为他是忠厚人,屡次称赞他。到张汤任御史大夫,让兒宽当属官,向天子举荐他。天子召见并询问他,很喜欢他。张汤死后六年,兒宽官位升到御史大夫。在职九年后死去。兒宽位列三公,因为和顺温良、顺从皇上心意、办事从容,得以长时间任职,但他从没有匡正劝谏皇上的过失;居官期间,属下轻视他,不为他尽力办事。伏生的另一个弟子张生也担任博士。而伏生的孙子因为研究《尚书》被征召,但对《尚书》不能阐述清楚。

注释 1 千乘:汉郡名,治所千乘,在今山东高青东北。 兒(ní)宽:亦作“倪宽”。大臣名。 2 郡举:郡一级的荐举。 受业:接受教育和学习。 3 都养:为众人做饭。 间行:暗中行动。 佣赁:受雇佣做工。 4 经:儒家经典。此主要指《尚书》。 5 廷尉史:廷尉之佐吏。 6 乡学:向慕儒学。乡,通“向”。 谳掾(yàn yuàn):主审官之佐吏。 狱:讼事,案件, 7 自持:自我克制,保持操守。 发明:阐明,表述。 8 掾:属官。 9 九年:依《汉书·百官公卿表》,兒宽于元封元年(前 110)为御史大夫,“八年卒”。兒宽在任当为八年。 10 和良:和顺温良。 承意:顺承人意。　匡谏:匡正诤谏。　**11** 易:轻视,小看。

自此之后,鲁周霸、孔安国,雒阳贾嘉,颇能言《尚书》事。[1]孔氏有古文《尚书》,而安国以今文读之,因以起其家。[2]逸《书》得十余篇,盖《尚书》滋多于是矣。[3]

此后,鲁地的周霸、孔安国,雒阳的贾嘉,都很擅长讲解《尚书》的内容。孔家有古文《尚书》,而孔安国用今文比较、对照着读古文《尚书》,因此兴起了"古文尚书"这一学说。古文《尚书》有十多篇散逸的篇章,《尚书》大概从这时起篇目逐渐增多了。

注释　**1** 周霸:鲁地人,生平不详。　贾嘉:贾谊之孙。　**2** 古文《尚书》:西汉时在孔子故宅的墙壁中发现了用先秦六国时文字写成的《尚书》,篇目比当时流行的《尚书》多十六篇。古文,秦汉以前的文字,一说为六国古文,一说即蝌蚪文。　今文:汉时通行的隶书。　起:兴起。　家:指古文尚书学说。　**3** 逸《书》:《尚书》中散佚的篇章。　于是:在这个时候。

诸学者多言《礼》,而鲁高堂生最本[1]。《礼》固自孔子时而其经不具,及至秦焚书,书散亡益多,于今独有《士礼》,高堂生能言之[2]。

很多学者讲论《礼》,而鲁地人高堂生最接近其根本。《礼》本来从孔子时起经书就不完整,到了秦朝焚书,该书散佚的篇目更多,如今只有《士礼》,高堂生能够讲出它的精义。

注释　**1** 高堂生:名高堂,鲁地人,生平不详。　本:本源,切近本意。**2**《士礼》:亦称《仪礼》。

而鲁徐生善为容[1]。孝文帝时，徐生以容为礼官大夫[2]。传子至孙徐延、徐襄。襄，其天姿善为容，不能通《礼经》；延颇能，未善也。襄以容为汉礼官大夫，至广陵[3]内史。延及徐氏弟子公户满意[4]、桓生、单次，皆尝为汉礼官大夫[4]。而瑕丘[5]萧奋以《礼》为淮阳太守。是后能言《礼》为容者，由徐氏焉。

鲁地人徐生善于演习礼仪。文帝时期，徐生因擅长礼仪任礼官大夫。他将礼仪传给儿子乃至孙子徐延、徐襄。徐襄，天性善于演习礼仪，但不懂《礼经》；徐延稍微懂《礼经》，但还不够精通。徐襄因擅长礼仪任汉朝的礼官大夫，官至广陵内史。徐延和徐家弟子公户满意、桓生、单次，都曾经任朝廷礼官大夫。而瑕丘人萧奋因为通晓《礼》而当了淮阳太守。这以后能够讲论《礼》来演习礼仪的人，都出自徐家门下。

注释　1 容：容仪，礼仪。　2 礼官大夫：官名，掌礼仪。　3 广陵：汉王国名，都广陵，在今江苏扬州西北。　4 公户满意：人名。复姓公户，名满意。　5 瑕丘：汉县名，在今山东济宁兖州区东北。

自鲁商瞿受《易》孔子，孔子卒，商瞿传《易》，六世至齐人田何，字子庄，而汉兴。[1]田何传东武人王同子仲[2]，子仲传菑川人杨何。何以《易》，元光元年征，官至中大夫。[3]齐人即墨成[4]以《易》至城阳相。广川人

鲁国人商瞿向孔子学习《易》，孔子死后，商瞿就教授《易》，历经六代而传到齐地人田何，田何字子庄，而这时汉朝建立。田何传授《易》给东武人王同子仲，王同子仲传授给菑川人杨何。杨何因为通晓《易》，元光元年被征召，官至中大夫。齐地人即墨成因为通晓《易》官至城阳国

孟但以《易》为太子门大夫[5]。鲁人周霸,莒人衡胡,临菑人主父偃,皆以《易》至二千石。然要言《易》者本于杨何[6]之家。

相。广川人孟但因为通晓《易》任太子门大夫。鲁地人周霸,莒地人衡胡,临菑人主父偃,都因为通晓《易》而官至二千石。但是总体来讲,解说《易》的,都源于杨何这一家。

注释 1 商瞿:姓商,名瞿,字子木。 传:注释解说,亦以教授。 子庄:《汉书·儒林传》此下有语"及秦禁学,《易》为筮卜之书,独不禁,故传受者不绝也"。 2 王同子仲:复姓王同,字子仲。 3 元光元年:即公元前134年。元光,武帝年号。 中大夫:《汉书》作"太中大夫"。 4 即墨成:生平不详。 5 太子门大夫:似即太子宫门大夫,掌东宫宫门管钥之长官。 6 杨何:《史记志疑》:"当依《汉传》作'田何'。"

董仲舒,广川人也。以治[1]《春秋》,孝景时为博士。下帷讲诵,弟子传以久次相受业,或莫见其面,盖三年董仲舒不观于舍园,其精如此。[2]进退容止[3],非礼不行,学士皆师尊之。今上即位,为江都相[4]。以《春秋》灾异之变推阴阳所以错行,故求雨闭诸阳,纵诸阴,其止雨反是。[5]行之一国,

董仲舒是广川人。他因为研究《春秋》,在景帝时期任博士。他放下帷幕讲授《春秋》,弟子们根据入学时间的长短来依次传授,有的甚至没见过他的面,他三年不到后园游玩,专心到这种程度。他出入时的仪容举止,不合礼仪的就不做,学者们都师法、尊敬他。当今皇上登位,董仲舒任江都国相。他依据《春秋》中自然灾害和特异现象的变化来推求阴阳交替运行的原因,因而求雨时就关闭各种阳气,放任各种阴气,要雨停止时的方法与此相反。在江都全国推

未尝不得所欲。中废为中大夫，居舍，著《灾异之记》。是时辽东高庙[6]灾，主父偃疾之，取其书奏之天子。天子召诸生示其书，有刺讥。董仲舒弟子吕步舒不知其师书，以为下愚。于是下董仲舒吏，当死，诏赦之。于是董仲舒竟[7]不敢复言灾异。

行，无不实现了预期的效果。他任职期间被贬为中大夫，住在家里，撰写《灾异之记》。这时辽东郡高帝庙发生火灾，主父偃嫉妒他，窃取他的《灾异之记》上奏天子。天子召集众儒生把书展示给他们看，书中有指责、讥讽的内容。董仲舒的弟子吕步舒不知道这是他老师的书，认为十分愚蠢。于是把董仲舒交给法司惩办，被判处死刑，皇帝下诏赦免了他。从此董仲舒不敢再谈论灾异。

注释 1 治：研习。 2 下帷：放下室内悬挂的帷幕，此指居家讲学。 传：读为转(zhuǎn)，谓转相受业。 以久次：根据时间长短。 或莫见其面：颜师古曰："言新学者但就其旧弟子受业，不必亲见仲舒。"或，有的。 舍园：居室旁的园圃。 3 容止：仪容举止。 4 江都相：江都王国国相。江都易王刘非，景帝子，武帝兄。见《五宗世家》。 5 错行：交错运行。 "故求雨闭诸阳"三句：《史记会注考证》颜师古曰："谓若闭南门禁举火，及开北门水洒之类，是也。"钱大昭曰："求雨止雨之法，详见《春秋繁露》。" 6 高庙：汉高祖刘邦的祠庙。 7 竟：终于。

董仲舒为人廉直。是时方外攘四夷，公孙弘治《春秋》不如董仲舒，而弘希世[1]用事，位至公卿。董仲舒以弘为从谀[2]。弘疾之[3]，

董仲舒为人廉洁正直。这时朝廷正好要排除四方外族的侵犯，公孙弘研究《春秋》比不上董仲舒，而公孙弘迎合世俗处理事情，官至公卿。董仲舒认为公孙弘为人阿谀逢迎。公孙弘憎恨他，就对皇上

乃言上曰："独董仲舒可使相胶西王。"胶西王素闻董仲舒有行，亦善待之。董仲舒恐久获罪，疾免居家。至卒，终不治产业，以修学著书为事。故汉兴至于五世之间，唯董仲舒名为明于《春秋》，其传公羊氏[4]也。

说："只有董仲舒可以派去做胶西王的国相。"胶西王平时听说董仲舒有德行，也很好地对待他。董仲舒害怕时间长了会获罪，很快就辞职回家。到去世为止，他始终不置办家产，专门从事研究学问、著书立说。所以自汉朝建立直到第五代君主，只有董仲舒以精通《春秋》出名，他阐述的是公羊《春秋》。

注释 1 希世：迎合世俗。 2 从谀：奉承阿谀。 3 弘疾之：《汉书·董仲舒传》此下有"胶西王亦上兄也，尤纵恣，数害吏二千石"语。梁玉绳以为"不言胶西之难相，则董之可相不明"，故此语"宜补"。 4 公羊氏：此指公羊《春秋》，为齐人公羊高所传。

胡毋生[1]，齐人也。孝景时为博士，以老归教授[2]。齐之言《春秋》者多受胡毋生，公孙弘亦颇受焉。

瑕丘江生为穀梁《春秋》[3]。自公孙弘得用，尝集比[4]其义，卒用董仲舒。

仲舒弟子遂者：兰陵褚大，广川殷忠，温吕步舒。[5]褚大至梁相。步舒至长史，持节使决淮南狱，

胡毋生是齐郡人。在景帝时任博士，因年纪大回家教授《春秋》。齐地讲论《春秋》的人大多受教于胡毋生，公孙弘也向他学习过许多。

瑕丘人江生研究穀梁《春秋》。自从公孙弘受到重用，他曾经收集、比较穀梁学和公羊学的经义，最后采用了董仲舒的解说。

董仲舒的弟子中有成就的有：兰陵人褚大，广川人殷忠，温县人吕步舒。褚大官至梁国国相。吕步舒官至长史，手持符节出使去判

于诸侯擅专断[6],不报,以《春秋》之义正之,天子皆以为是。弟子通者[7],至于命大夫;为郎谒者、掌故者以百数。而董仲舒子及孙皆以学至大官。

决淮南王谋反案,对诸侯王敢于自行裁决,而不加请示,根据《春秋》的义理来公正断案,天子都认为很对。弟子中官运通达的,做到了皇帝任命的大夫;担任郎官、谒者、掌故的有上百人。而董仲舒的儿子和孙子都因为精通儒学而做了高官。

注释 1 胡毋生:齐郡人。亦作胡母生,字子都。 2 教授:传授学业。其时始与公羊高之玄孙公羊寿将《春秋公羊传》"著于竹帛"。 3 穀梁《春秋》:指战国时鲁人穀梁赤所传《春秋》。 4 集比:收集、比较。 5 兰陵褚大:其下《汉传》有"东平嬴公",此缺。 殷忠:《史记集解》引徐广曰:"殷,一作'段'。"梁玉绳举多例互证,以为是。 温:汉县名,在今河南温县西南。 6 擅专断:敢于自行裁断。 7 通者:仕途通达者。

史记卷一百二十二

酷吏列传第六十二

原文

孔子曰："导之以政，齐之以刑，民免而无耻。导之以德，齐之以礼，有耻且格。"[1] 老氏称："上德不德，是以有德；下德不失德，是以无德。[2] 法令滋章，盗贼多有。[3]" 太史公曰：信哉是言也！法令者治之具，而非制治清浊之源也。[4] 昔天下之网尝密矣，然奸伪萌起，其极也，上下相遁，至于不振。[5] 当是之时，吏治若救火扬沸，非武

译文

孔子说："用政治法令来引导人民，用刑法来加以约束，那么人民就会免于犯罪，却没有羞耻之心。用道德来加以引导，用礼来加以约束，那么人民就会有羞耻之心，并且会自觉遵守。"老子说："具有高尚德性的人，不表现为形式上的德，因此实际上是有德的；德性低下的人执守形式上的德，因此实际上是没有德的。法令越严酷，盗贼就越多。"太史公说：这些话的确不错！法令是政治的工具，却不是政治清明或清除污浊的根本手段。从前天下的法网曾经很严密，可是奸邪欺诈不断发生，这种情况最严重的时候，官吏和百姓互相欺瞒，使得国家无法振作。这时，官吏的管理就像负薪救火、扬汤止沸一样无济于事，不用强有力而严酷的人，怎么能

健严酷，恶能胜其任而愉快乎！[6]言道德者，溺其职[7]矣。故曰“听讼，吾犹人也，必也使无讼乎”[8]，“下士闻道大笑之”[9]。非虚言也。汉兴，破觚而为圜，斫雕而为朴，网漏于吞舟之鱼，而吏治烝烝，不至于奸，黎民艾安。[10]由是观之，在彼不在此[11]。

胜任其职守而从容适意呢？宣扬道德的人，在这时一定会失职。所以孔子说“审判案件，我和别人差不多，但我能够使社会上不再有案件”，老子说“愚蠢浅陋的人听到谈论道德，就会大笑”。这些不是空话。汉朝建立，把方正有棱角的器物改为圆形，在法制上做了重大改变，就如把器物上雕刻的花纹削去而恢复它原来的形态，法律就像一张可以漏掉能吞下船的大鱼的网那样宽疏，可官吏的治绩纯一宽厚，不至于做出奸邪之事，百姓太平无事。从这些情况来看，国家政治的好坏，在于宽厚，而不在于酷刑。

注释　1 “导之以政”六句：此段文字引自《论语·为政》篇。引文和原文基本一致，只是“导”字原为“道”，在句中为“引导”义。　2 “上德不德”四句：出自《老子》第三十八章。老子以“道”为体，以“德”为用，道显现于物或作用于物即为德。“上德”实指因任自然，“上德无为而无以为，下德无为而有以为”。无为，顺应自然。以，有心，故意。为，作为。德之上下的区别在人的主观成分。　3 法令滋章，盗贼多有：出自《老子》第五十七章。原文“章”为“彰”。滋章，繁多严酷。　4 具：工具，手段。　制治：导致政治清明。　清浊：清除污浊。　5 网：法网。　密：严密。　遁：逃避，欺骗。　6 救火扬沸：抱薪救火，扬汤止沸，比喻无济于事。《史记索隐》：“言本弊不除，则其末难止。”　武健：勇武刚健。　恶(wū)：怎能。　愉快：从容适意。　7 溺其职：失职。　8 “听讼”三句：引自《论语·颜渊》。听讼，审理诉讼。吾犹人，我同别人差不多。无讼，意指完全消灭诉讼事件。 9 下士闻道大笑之：此句引自《老子》第四十一章。下士，愚蠢浅陋之人。 10 破觚(gū)而为圜：削去棱角，改方为圆。指刘邦反秦之政，除其严法，仅约三章。觚，棱角，方。圜，同“圆”。 斫(zhuó)：砍，削。 雕：刻镂。 朴：无饰，原本的状态。 烝烝：纯一宽厚。 艾(yì)安：太平无事。艾，通“乂”。 11 彼：指道德宽厚。 此：指刑罚严酷。

高后时，酷吏独有侯封，刻轹宗室，侵辱功臣。[1]吕氏已败，遂禽[2]侯封之家。孝景时，晁错以刻深颇用术辅其资[3]，而七国之乱，发怒于错，错卒以被戮。其后有郅都、宁成之属。

汉高祖吕皇后时，酷吏只有侯封，他残酷地欺凌皇族，侵犯、侮辱有功的大臣。吕氏失败后，朝廷就铲除了侯封一家。景帝时，晁错执法苛刻，还借此来展示自己的才能，而七国叛乱，把愤怒发泄于他，他因此被杀。那以后酷吏还有郅都、宁成等。

注释 1 高后：汉高祖皇后吕雉。 酷吏：施行严酷法令的官吏。 侯封：人名，高后时之酷吏。 刻轹(lì)：欺凌、践踏。 2 禽：《史记志疑》：“‘禽’当作‘夷’。”按：《汉书·酷吏传》作“夷”，颜师古注：“诛除也。”“禽”亦有“诛杀”之义。 3 刻深：苛刻、严峻。《史记会注考证》引王慎中曰：“错非酷吏比也，特借言刻者之不可为耳。” 术：方法，手段。 资：才能。

郅都者，杨[1]人也。以郎[2]事孝文帝。孝景时，都为中郎将，敢直谏，面折[3]大臣于朝。尝从入上林，贾姬如厕，野彘卒

郅都是杨县人。他以郎官的身份侍奉文帝。景帝时，郅都任中郎将，敢于直言进谏，在朝廷上当面指斥大臣。他曾经跟随皇上到上林苑，贾姬到厕所去，有野猪突然跑入厕所。皇

入厕。[4]上目[5]都，都不行。上欲自持兵救贾姬，都伏上前曰："亡一姬复一姬进，天下所少宁贾姬等乎？陛下纵自轻，柰宗庙太后何[6]！"上还，彘亦去。太后闻之，赐都金百斤，由此重郅都。

上用眼神示意郅都，郅都不肯行动。皇上想自己拿兵器去救贾姬，郅都跪在皇上面前说："失掉一个姬妾还有一个姬妾进宫，天下少的难道是贾姬这样的人吗？陛下即使看轻自己，怎么对得起祖宗和太后！"皇上回转身来，野猪也离去了。太后听说这件事，赏赐给郅都一百斤黄金，从此开始看重郅都。

注释 1 杨：汉县名，在今山西洪洞东南。 2 郎：郎官，执戟殿下，宿卫宫禁。 3 面折：当面指斥。 4 贾姬：汉景帝姬妾。 如：前往。 野彘(zhì)：野猪。 卒：同"猝"。突然。 5 目：以眼神示意。 6 柰宗庙太后何：怎么能对得起祖宗和太后。

济南瞯氏宗人三百余家，豪猾，二千石莫能制，于是景帝乃拜都为济南太守。[1]至则族灭瞯氏首恶，余皆股栗[2]。居岁余，郡中不拾遗。旁十余郡守畏都如大府[3]。

都为人勇，有气力，公廉，不发私书，问遗无所受，请寄无所听。[4]常自称曰："已倍亲而仕，身固当

济南姓瞯的族人有三百多家，强横奸猾，济南郡守没法管制，于是景帝就任命郅都为济南郡守。郅都一到任，就把姓瞯的为首作恶的人整个家族全部杀死，其余的人都吓得大腿打颤。过了一年多，济南郡中没有人捡拾他人在路上遗失的东西。附近十多个郡的郡守像害怕上级官吏一样害怕郅都。

郅都为人勇敢，有力气，公正而廉洁，因私事而来的信件不拆开看，一点都不接受送礼，不听私人的请

奉职死节[5]官下，终不顾妻子矣。”

郅都迁为中尉。丞相条侯至贵倨也[6]，而都揖丞相。是时民朴[7]，畏罪自重，而都独先严酷，致行法不避贵戚，列侯宗室见都侧目而视，号曰“苍鹰”。

托。他常常自己说：“已经背离父母来当官，自身就应该奉公尽职，为节操而死，无论如何不能挂念妻子儿女。”

郅都后来升任中尉。当时的丞相条侯周亚夫最尊贵而且傲慢，而郅都只是对他作揖而已。这时民风朴实，人们害怕犯罪而守法自重，可郅都却独自首先施行严酷的刑法，以致执法时不避讳帝王的内外亲戚，列侯和皇族看到郅都，都不敢正眼看他，称呼他为“苍鹰”。

注释　1 瞯(xián)氏：济南大姓。　豪猾：强横奸猾。　太守：《史记考异》曰：“据《汉表》，都自济南太守迁中尉，在景帝前七年，而郡守更名太守在中二年，则其时不得称太守也。‘太’字衍。”　2 股栗：大腿发抖，形容十分恐惧。　3 大府：指上级官府，或指丞相府。　4 发：拆，打开。　问遗(wèi)：馈赠。　请寄：私下请托。　5 死节：为守节义而死。　6 条侯：即周亚夫。　贵倨：尊贵、高傲。　7 民朴：民风淳朴。

临江王征诣中尉府对簿，临江王欲得刀笔为书谢上，而都禁吏不予。[1]魏其侯使人以间与临江王[2]。临江王既为书谢上，因自杀。窦太后闻之，怒，以危法中都[3]，都免归家。孝景帝乃使使持节拜都为雁门

临江王被召到中尉府来审问，他想要书写工具写信向皇上谢罪，可郅都告诉官吏不要给他。魏其侯派人在暗中把书写工具给了临江王。临江王写完信向皇上谢罪后，就自杀了。窦太后听说这件事，很生气，找了个理由来中伤郅都，郅都被免官回了家。景帝就派使者拿着符节去任命郅都为雁门太守，并且

太守，而便道之官，得以便宜从事。[4]匈奴素闻郅都节，居边，为引兵去，竟郅都死不近雁门。[5]匈奴至为偶人象郅都，令骑驰射，莫能中，见惮[6]如此。匈奴患之。窦太后乃竟[7]中都以汉法。景帝曰："都忠臣。"欲释之。窦太后曰："临江王独[8]非忠臣邪？"于是遂斩郅都。

让他从家直接取道赴任，能够自己随机处理事情，不必奏请。匈奴人平时听说过郅都的行事，得知他来守卫边境，就带军队离去，一直到郅都去世都不逼近雁门。匈奴甚至做了一个很像郅都的木偶人，让骑兵们奔跑射击，没有人能射中，他们害怕郅都到了这种程度。匈奴觉得郅都是个麻烦。窦太后却始终想用汉朝法律中伤郅都。景帝说："郅都是忠臣。"想释放他。窦太后说："临江王难道不是忠臣吗？"于是就处死了郅都。

注释　**1** 临江王：景帝太子刘荣，后被废为临江王。　对簿：接受审问和质讯。　刀笔：此指古代书写工具刀与笔。　谢上：向皇上谢罪。**2** 魏其侯：即窦婴。　间：私下，秘密地。　**3** 危法：严酷之法。　中(zhòng)：中伤。　**4** 便道之官：谓从家取道直接到官府，不须至京城致谢。　便(biàn)宜从事：可以因利乘便，随机处理，不必向朝廷请示。　**5** 节：泛指事项。　竟：一直到。　**6** 见惮：因郅都的威名而恐惧。　**7** 竟：自始至终。**8** 独：难道。

宁成者，穰[1]人也。以郎谒者事景帝。好气，为人小吏，必陵其长吏；[2]为人上，操下如束湿薪[3]。滑贼任威[4]。稍迁至济南

宁成是穰县人。做郎官、谒者来侍奉景帝。他好盛气凌人，做小官，一定要欺凌他的长官；做上级，控制下属就像捆绑湿柴一样使他们服从。为人狡猾凶残而任意使用威权。他渐渐升到济南都尉，而这时

都尉[5]，而郅都为守。始前数都尉皆步入府，因吏谒守如县令[6]，其畏郅都如此。及成往，直陵都出其上[7]。都素闻其声，于是善遇，与结欢。久之，郅都死，后长安左右宗室多暴犯法[8]，于是上召宁成为中尉。其治效郅都，其廉弗如，然宗室豪桀皆人人惴恐。

郅都是济南郡守。在这以前，几个都尉都是步行进入郡守府，通过属吏们的传达来参见郡守，就像县令见郡守一样，他们害怕郅都到这种程度。宁成去见郡守，径直越过郅都走到他的上位。郅都平时听说过他的名声，于是友好地对待他，和他结成朋友。过了很久，郅都去世，后来长安附近的皇族有很多人暴虐犯法，于是皇上召来宁成任中尉。他的治理方法仿效郅都，但他不如郅都廉洁，可皇族豪强人人都害怕他。

注释　1 穰：汉县名，在今河南邓州。　2 好气：好逞血勇之气，不屈人下。　陵：凌驾。　3 操下：控制下属。　束湿薪：指严厉使其服从。束湿薪须用力，否则干后会散落。　4 滑贼：奸猾残酷。　任威：任意使用威权。　5 都尉：官名，郡太守之副职，掌军事。　6 因：通过。　谒守：拜见郡太守。　7 直：径直。　陵：超越。　8 左右：周围，附近。杨树达疑谓天子之左右近臣。　暴：凶恶残酷。

武帝即位，徙为内史。外戚多毁成之短，抵罪髡钳[1]。是时九卿罪死即死，少被刑，而成极刑，自以为不复收，于是解脱，诈刻传

武帝即位后，宁成被调任为内史。外戚们都攻击宁成的缺点，他被判以剃发和用铁箍套脖子的刑罚。这时九卿犯了死罪就立即处死，很少活着受刑罚，而宁成却遭受这样的刑罚，他自己认为朝廷不会再录用他，等期满解开刑具，就伪刻了出关的证明，出了函谷关回到

出关归家。[2]称曰："仕不至二千石，贾不至千万，安可比人乎！"乃贳贷买陂田千余顷，假贫民，役使数千家。[3]数年，会赦。致产数千金，为任侠，持吏长短，出从数十骑。[4]其使民威重于郡守。

家。他说："当官不当到二千石，做买卖不挣到一千万，怎么可以和别人比呢！"他于是赊购了一千多顷可灌溉的田地，租给贫民耕种，役使几千户人家。几年后，适逢赦免罪行。他得到财产几千金，专好打抱不平，掌握官吏们的阴私，出门时有几十个骑马的人跟随。他驱使百姓的威力比郡守还大。

注释　1 抵罪：判罪。　髡钳：处以髡、钳之刑。髡，剃去头发。钳，以铁圈束颈并服苦役。　2 罪死即死：判处死罪立即处死。　极刑：处以极重的刑罚。《汉书》作"刑极"。《史记会注考证》引钱大昭曰："文帝深纳贾谊之言，养臣下有节，是后大臣有罪皆自杀。至武帝时，稍复入狱，自宁成始。"　收：收用，录用。　解脱：解下、脱掉刑具。　诈刻传(zhuàn)：假造出关之符。传，出入关卡之符印凭证。　3 贳(shì)：赊欠。　陂(bēi)田：山田。　假：租赁。　4 任侠：抑强扶弱，仗义行事。　持：掌握。

周阳由者，其父赵兼以淮南王舅父侯周阳[1]，故因姓周阳氏。由以宗家[2]任为郎，事孝文及景帝。景帝时，由为郡守。武帝即位，吏治尚循谨甚，然由居二千石中，最为暴酷骄恣。所爱者，挠法[3]活之；所憎者，曲

周阳由，他的父亲赵兼凭借淮南王舅父的身份当了周阳侯，所以就姓了周阳。周阳由以外戚的身份当了郎官，侍奉文帝和景帝。景帝时，周阳由当了郡守。武帝即位，官吏处理政事十分崇尚因循谨慎，可是周阳由在二千石的官员中，最暴虐残酷、骄横放纵。他喜欢的人，就枉法让他活下来；他憎恶的人，

法诛灭之。所居郡，必夷其豪。为守，视都尉如令；为都尉，必陵太守，夺之治[4]。与汲黯俱为忮，司马安之文恶，俱在二千石列，同车未尝敢均茵伏。[5]

就歪曲法律诛杀他。他在哪个郡当官，就一定铲除那个郡的豪强。他担任郡守，把都尉视同县令；他担任都尉，就必定欺凌郡守，侵夺郡守的权力。周阳由和汲黯都是强狠的人，还有司马安那种善于以法害人的人，他们同在二千石官员行列，但是汲黯、司马安和周阳由同车时，也从来不敢和他平起平坐。

由后为河东都尉，时与其守胜屠公[6]争权，相告言罪。胜屠公当抵罪，义不受刑，自杀，而由弃市。

周阳由后来担任河东都尉，当时与河东太守申屠公争夺权力，互相告发。申屠公被判处有罪，但他坚持道义，不肯受刑，自杀而死，而周阳由被处死示众。

自宁成、周阳由之后，事益多，民巧法[7]，大抵吏之治类多成、由等矣。

从宁成、周阳由以后，政事更加繁杂，百姓用奸诈手段对付法律，官吏处理案件的方法大都与宁成、周阳由相似。

注释　1 舅父：淮南王刘长之舅父，即《淮南衡山列传》言“厉王母弟赵兼”。　侯周阳：为周阳侯。周阳，汉邑名，在今山西绛县西南。2 宗家：《史记索隐》：“与国家有外戚姻属，比于宗室，故曰‘宗家’也。”3 挠法：枉法。挠，枉屈。　4 夺：侵夺，干预。　治：权力。　5 忮(zhì)：强狠。　文恶：玩弄法律条文害人。　茵：车垫。　伏：车轼，车厢前用作扶手的横木。或作“茯”。以皮覆轼。　6 胜屠公：即申屠公，复姓申屠。7 巧法：用巧诈的手段对付法律。

赵禹者，斄[1]人。以佐史补中都官，用廉为令史，事太尉亚夫。[2]亚夫为丞相，禹为丞相史，府中皆称其廉平。然亚夫弗任，曰："极知禹无害，然文深，不可以居大府。"[3]今上时，禹以刀笔吏积劳，稍迁为御史。[4]上以为能，至太中大夫[5]。与张汤论定诸律令，作见知，吏传得相监司。[6]用法益刻，盖自此始。

赵禹是斄县人。他以佐史的身份补任京城官署的吏员，因为廉洁公平而担任令史，侍奉太尉周亚夫。周亚夫任丞相，赵禹任丞相史，丞相府里的人都称赞赵禹的廉洁公平。可是周亚夫不重用他，说："我很清楚赵禹处事公平，但他执法森严苛刻，不可以在丞相府担当要职。"武帝时，赵禹因为任主办文案的官吏而积累功劳，逐渐升任御史。皇上认为他有才能，提升他任太中大夫。他和张汤制定各种法令，订立见知不告的惩办条例，让官吏互相监视，有罪连坐。汉朝法律日益严酷，差不多从这时开始。

注释　1 斄(tái)：汉县名，在今陕西武功西。　2 佐史：汉代地方官的属吏。　中都官：京师诸官府之吏。　用：因。　令史：掌管文书的官员。　3 无害：《史记索隐》引苏林云："言若无比也，盖云其公平也。"　文深：执法严苛。　大府：上层官府，或指丞相府。　4 刀笔吏：专门从事文案的官吏。　御史：官名，专司纠察弹劾，属御史大夫。　5 太中大夫：《汉书》作"中大夫"。　6 作见知：制定见知不告的法令。　吏传得相监司：官吏互相监督，有罪连坐。传读为转(zhuǎn)，司读为伺。

张汤者，杜[1]人也。其父为长安丞，出，汤为儿守舍。还而鼠盗肉，其父怒，笞汤。汤掘窟

张汤是杜县人。他的父亲任长安县丞，有一次他父亲出门，留下还是小孩的张汤在家里看守。他父亲回来看到老鼠偷了肉，很生气，用鞭子打了张

得盗鼠及余肉，劾鼠掠治，传爰书，讯鞫论报，并取鼠与肉，具狱，磔堂下。[2]其父见之，视其文辞如老狱吏，大惊，遂使书狱[3]。父死后，汤为长安吏，久之。

汤。张汤挖洞捉拿到偷肉的老鼠，得到剩下的肉，就审讯老鼠的罪状，拷打查问，记录下供词，穷究罪行，判决定罪，并且把老鼠和剩肉拿来，完成一切狱案手续后，把老鼠当堂碎尸处死。他父亲看到这些事，再看他那判决文书像老练的狱吏所写，十分吃惊，就让他学习刑狱文书。他父亲死后，张汤任长安的官员，做了很长时间。

周阳侯始为诸卿时，尝系长安，汤倾身为之。[4]及出为侯，大与汤交，遍见[5]汤贵人。汤给事内史，为宁成掾，以汤为无害，言大府，调为茂陵尉，治方中。[6]

周阳侯田胜开始做卿一级官员的时候，曾经因罪被关押在长安监狱，张汤竭尽全力加以解救。到田胜出狱被封为侯后，和张汤交往很密切，把张汤引见给各个权贵人物。张汤在内史府任职，担任宁成的属官，因为张汤处事公平，宁成将他推荐给丞相府，张汤被调任为茂陵尉，负责修陵工程。

注释　1 杜:《汉书》作“杜陵”。汉县名，在今陕西西安东南。《史记志疑》:“《汉书》本传赞曰‘冯商称汤之先与留侯同祖’，岂汤徙居杜陵遂为杜人乎？”　2 劾(hé):审讯。　掠治:拷打。　传(zhuàn):记载，记录。　爰书:记录犯人口供的文簿。　讯鞫(jū):审问查究。　论报:定罪判处。　具狱:完成一切狱案手续。　磔(zhé):碎尸。　3 书狱:学习刑狱律令。　4 周阳侯:即田胜，汉景帝王皇后之同母弟。　倾身:尽全身之力。　为之:为其解脱。　5 遍见:到处引见。　6 给事:供给。　掾:属官。　茂陵:汉武帝在生前建造的陵墓。　治方中:主持修陵。方中，天子预建之寿陵，讳称为方中。

武安侯为丞相，征汤为史，时荐言之天子，补御史，使案事。[1]治陈皇后蛊狱，深竟党与。[2]于是上以为能，稍迁至太中大夫。与赵禹共定诸律令，务在深文，拘守职之吏[3]。已而赵禹迁为中尉，徙为少府，而张汤为廷尉，两人交欢，而兄事[4]禹。禹为人廉倨[5]，为吏以来，舍毋食客。公卿相造请禹，禹终不报谢，务在绝知友宾客之请，孤立行一意而已。[6]见文法[7]辄取，亦不覆案，求官属阴罪。汤为人多诈，舞智[8]以御人。始为小吏，干没[9]，与长安富贾田甲、鱼翁叔之属交私。及列九卿，收接天下名士大夫，己心内虽不合，然阳浮慕之[10]。

武安侯田蚡任丞相，就征召张汤做佐官，时常向天子推荐他，天子任命他为御史，办理狱事。他主持处理陈皇后巫蛊案时，深入地追查同党。于是皇上认为他能干，提升他为太中大夫。张汤和赵禹一同制定各种法令，一味地追求法律条文的严苛，以此来束缚、管制各类在职的官员。不久赵禹升任中尉，又改任少府，而张汤任廷尉，两个人关系密切，张汤以对待兄长的礼节对待赵禹。赵禹为人廉洁傲慢，他当官以来，家中没有食客。朝廷高级官员登门拜访他，赵禹始终不答谢，务求断绝朋友和宾客的请托，做事一意孤行。看到供词符合法令条文的就取来，也不反复审查，还打探从属官员的隐秘罪行。张汤为人很狡诈，玩弄聪明来控制别人。他开始任小官，就侵害他人，贪图财利，和长安的富商田甲、鱼翁叔之流秘密交往。到他位列九卿时，便结交天下有才学的士子和官员，自己内心虽然同他们不合，但表面上却假装仰慕他们。

注释 1 史：佐官。 御史：《汉书》作“侍御史”，御史大夫属官，掌监察。 案事:查验处理狱事。 2 陈皇后蛊狱:即汉武帝之陈皇后失宠后,有人诬奏她埋木人诅咒皇帝而引发的巫蛊之狱。《汉书》“蛊”前有“巫”字。事在元光五年(前130)。 党与:同党,同伙。 3 拘:约束。 守职:在职。 4 兄事:像对待兄长一样侍奉。 5 廉倨:廉洁孤傲。 6 造:至,登门。 孤立:独自。 7 文法:符合法律条文。 8 舞智:玩弄聪明。 9 干没:侵害他人,贪图财利。 10 阳:表面。 浮:虚伪。

是时上方乡文学,汤决大狱,欲傅古义,乃请博士弟子治《尚书》《春秋》补廷尉史,亭疑法。[1]奏谳疑事,必豫先为上分别其原,上所是,受而著谳决法廷尉挈令,扬主之明。[2]奏事即[3]谴,汤应谢[4],乡上意所便,必引正、监、掾史贤者[5],曰:“固为臣议,如上责臣,臣弗用,愚抵于此。”[6]罪常释。闻[7]即奏事,上善之,曰:“臣非知为此奏,乃正、监、掾史某[8]为之。”其欲荐吏,扬人之善蔽人之过如此。

这时皇上正推崇儒家学说,张汤处理大案件,想附会儒家经书上的说法,于是请博士弟子们研究《尚书》《春秋》,让他们担任廷尉史,处理疑难案件。遇到可疑的事,向皇帝进呈,张汤就一定会预先给皇上分析事情的原委,皇上认为对的,他就接受并记录下来作为廷尉判案的法规,正式刻在木板上来颂扬皇上的圣明。上报的事情如果受到皇上的谴责,张汤就随机应变,认错谢罪,顺着皇上的心意,一定列举出廷尉正、左右监和贤能的属官,说:“他们本来向我建议过,就像皇上责备我的那样,我没有采纳,我愚蠢到这种地步。”因此他的罪常被皇上赦免。他有时向皇上呈奏章,皇上认为对的,他就说:“我不知道这个奏议,是廷尉正、左右监和属官们所写的。”他想推荐官吏,就这样称扬别人的好处,掩饰别人的过错。他所审理的案子如果是皇上想严办的,就让执法

所治即上意所欲罪，予监史深祸者[9]；即上意所欲释，与监史轻平者[10]。所治即豪，必舞文巧诋；[11]即下户羸弱，时口言，虽文致法，上财察。[12]于是往往释[13]汤所言。汤至于大吏，内行[14]修也。通宾客饮食。于故人子弟为吏及贫昆弟，调护[15]之尤厚。其造请[16]诸公，不避寒暑。是以汤虽文深意忌不专平[17]，然得此声誉。而刻深吏多为爪牙[18]用者，依于文学之士。丞相弘数称其美。及治淮南、衡山、江都反狱[19]，皆穷根本。严助[20]及伍被，上欲释之。汤争曰："伍被本画反谋，而助亲幸出入禁闼爪牙臣，乃交私诸侯，如此弗诛，后不可治。"[21]于是上可[22]论之。其治狱所排大臣

严酷的监史处理；如果是皇上想要释放的，就交给执法轻柔平和的监史处理。他所处理的如果是豪强，就一定舞弄法令条文，巧妙地进行攻击；如果是平民百姓和无权势的人，就常常亲口向皇上陈述，说按法律条文要判刑，但请皇上明察裁定。于是，皇上往往赦免了张汤所说的人。张汤当了大官，他显出很有修养的样子。与宾客交往，同他们饮酒吃饭。对于老朋友子弟当官的和贫穷的兄弟们，照顾得特别周到。他去登门进见三公，不会避让严寒酷暑。所以张汤虽然执法严酷，内心嫉妒，办事不完全公平，但得到了这样的好名声。而那些执法酷烈的官吏多被他用作属下，又都依从着儒学之士。丞相公孙弘屡次称赞张汤的美德。等到他处理淮南王、衡山王、江都王谋反的案件，都能穷追到底。严助和伍被，皇上想要释放他们。张汤争辩说："伍被本来是策划谋反的人，而严助是皇上亲宠的、出入宫廷禁门的护卫之臣，竟然暗中勾结诸侯，如果不诛杀，其他人的事就不好办理了。"于是皇上同意了张汤的意见。他处理案件排挤、打击大臣而邀功的事，大多如此。于是，

自为功，多此类。于是汤益尊任，迁为御史大夫[23]。

张汤更加受尊崇和信任，升任御史大夫。

注释 1 乡：通“向”。顺从。 文学：儒学。 傅：通“附”。附会。 亭：公平处理。 2 谳：审判定罪。 豫：通“预”。 是：肯定，认可。 著：写入。 决法：法规意见。 絜令：将法令刻在木板上。絜，通“契”。 3 即：如果，即使。 4 应谢：立即认错，谢罪改正。 5 正、监：即廷尉正、廷尉监，皆廷尉手下的官吏。廷尉正掌审理判决疑难案件，可代表廷尉参加诏狱会审，秩千石。廷尉监，掌收捕罪犯，亦审理疑难案件，有左、右二监，秩千石。 掾史：廷尉手下的一般属吏。 6 固：本来。 抵：至于，达到。 7 闻：使君主闻，指向君主报告。 8 某：其中的某个人。 9 予：给予，交付。 深祸：执法严酷。 10 与：给予。 轻平：轻柔平和。 11 豪：豪强。 巧诋：巧言诋毁。 12 下户：指平民百姓。 羸(léi)弱：指无权势的弱小者。 时：经常。 口言：口头报告。 文：法令。 财：通“裁”。裁决。 13 释：宽释，释免。 14 内行：自身行为。 15 调护：照顾。 16 造请：登门进见。 17 意忌：内心嫉妒。 专平：公平。 18 爪牙：得力助手。 19 淮南：指淮南王刘安。 衡山：指衡山王刘赐。 江都：指江都王刘建。 20 严助：本名庄助，因避明帝刘庄讳而改。曾任郡守，后留侍中，与淮南王往来密切。 21 画：策划。 禁闼：皇宫。 爪牙臣：护卫之臣。 22 可：同意。 23 御史大夫：张汤任御史大夫在元狩二年(前121)。

会浑邪等降，汉大兴兵伐匈奴，山东水旱，贫民流徙，皆仰给县官，县官空虚。[1]于是丞上指，请造

适逢匈奴浑邪王等人来投降，汉朝发动大军攻打匈奴，崤山以东发生水灾和旱灾，贫苦百姓流离失所，都依靠政府供给，官府仓库因而空虚。于是张汤顺从皇上的旨意，

白金及五铢钱，笼天下盐铁，排富商大贾，出告缗令，锄豪强并兼之家，舞文巧诋以辅法。[2] 汤每朝奏事，语国家用，日晏[3]，天子忘食。丞相取充位[4]，天下事皆决于汤。百姓不安其生，骚动，县官所兴，未获其利，奸吏并侵渔，于是痛绳以罪。[5] 则自公卿以下，至于庶人，咸指[6]汤。汤尝病，天子至自视病，其隆贵[7]如此。

请求铸造银钱和五铢钱，垄断天下的盐铁经营权，打击拥有大量钱财的商人，发布告缗令，铲除有权势、吞并他人田产的家族，玩弄法律条文，巧妙地诬陷别人，来辅助法律的推行。张汤每次上朝奏事，谈论国家的财用，一直谈到傍晚，天子也忘了吃饭。丞相虚有其位，天下事情都由张汤来决定。百姓无法安心生活，骚动不安，政府兴办的事情，未得到利益，而奸官污吏一起侵夺利益，于是张汤就彻底地以法惩办。从公卿以下，一直到平民，都指责张汤。张汤曾经生病，天子亲自去看望他，他尊贵到了这样的程度。

注释　1 浑邪：即匈奴浑邪王，元狩二年（前121）降汉。　仰给（jǐ）：依赖。　县官：官府，朝廷。　2 丞：通“承”。秉承，迎合。　笼：控制，垄断。　告缗令：武帝颁布的一种法令，指鼓励告发富户隐匿财产、逃漏税款的法令。　锄（chú）：诛灭，除去。《史记会注考证》引何焯曰：“盐铁出于弘羊，告缗出于杨可，然非倚汤不能取于天子，以酷虐助而成之。故恶皆归之汤。”　3 日晏：天已经很晚。晏，暮，晚。　4 丞相：《史记集解》引徐广曰：“时李蔡、庄青翟为丞相。”　充位：挂名，充数。　5 侵渔：侵夺而从中牟利。　痛：严酷。　绳：惩办。　6 指：指责。　7 隆贵：高贵。

匈奴来请和亲，群臣议上前。博士狄山曰："和亲便。"上问其便，山曰："兵者凶器，未易数动。[1]高帝欲伐匈奴，大困平城，乃遂结和亲。孝惠、高后时，天下安乐。及孝文帝欲事匈奴，北边萧然[2]苦兵矣。孝景时，吴楚七国反，景帝往来两宫间，寒心者数月。[3]吴楚已破，竟[4]景帝不言兵，天下富实。今自陛下举兵击匈奴，中国以空虚，边民大困贫。由此观之，不如和亲。"上问汤，汤曰："此愚儒，无知。"狄山曰："臣固愚忠，若御史大夫汤乃诈忠。若汤之治淮南、江都，以深文痛诋诸侯，别疏骨肉，使蕃臣不自安。[5]臣固知汤之为诈忠。"于是上作色[6]曰："吾使生居一郡，能无使虏入盗乎？"[7]曰："不能。"曰：

匈奴来请求和亲，大臣们在皇上面前讨论。博士狄山说："和亲有利。"皇上问他有利的道理，狄山说："战争是不祥的事，不要轻易地屡次动用。高祖要攻打匈奴，被围困在平城，于是就缔结和亲。惠帝、吕后时期，天下安定和乐。到文帝想要对付匈奴，北方边境骚乱不宁，人民苦于战争。景帝时，吴、楚等七国反叛，景帝在两宫之间往来商讨，几个月忧心忡忡。吴、楚被打败后，景帝到死都不再谈论战争，天下富裕充实。如今从陛下派兵攻打匈奴以来，中原地区物资匮乏，边境百姓十分窘困贫苦。由此看来，不如和亲。"皇上问张汤，张汤说："他是愚蠢的儒生，没有见识。"狄山说："我确实是愚忠，像御史大夫张汤却是诈忠。张汤处理淮南王、江都王的案件，用严酷的法律来放肆地诋毁诸侯王，离间、疏远皇上的至亲，因而使各封国国王感到不安。我原本就知道张汤是诈忠。"于是皇上变了脸色说："我派你驻守一个郡，能够不让胡虏进来掠夺吗？"狄山说："不能。"皇上说："驻守一个县呢？"狄山回答说："不能。"皇上又说："驻守一个

“居一县？”对曰：“不能。”复曰：“居一障[8]间？”山自度辩穷且下吏[9]，曰：“能。”于是上遣山乘[10]障。至月余，匈奴斩山头而去。自是以后，群臣震慑。

要塞城堡呢？”狄山估计再说不能将要被交给法司治罪，就说：“能。”于是皇上派狄山去驻守边塞的一个城堡。过了一个多月，匈奴人砍下狄山的头而离去。从这以后，大臣们震惊恐惧，不敢谈论和亲之事。

注释 1 兵：战争。 数(shuò)：屡次。 2 萧然：扰乱、骚动的样子。 3 两宫：指皇帝所居的未央宫和太后所居的长乐宫。 寒心：忧心。 4 竟：从始至终，至死。 5 别疏：分隔疏远。 蕃臣：即“藩臣”。拱卫王室之臣。 6 作色：改变脸色。 7 生：《汉书·张汤传》颜师古注：“博士之官，故呼为生也。” 虏：敌人，此指匈奴。 8 障：《史记正义》：“障谓塞上要险之处别筑城，置吏士守之，以捍寇盗也。” 9 度(duó)：估计。 下吏：交给法司判罪。 10 乘：防守。

汤之客田甲，虽贾人，有贤操。始汤为小吏时，与钱通，及汤为大吏，甲所以责汤行义过失，亦有烈士风。[1]

汤为御史大夫七岁，败。河东人李文尝与汤有郤，已而为御史中丞，恚，数从中文书事有可以伤汤者，不能为地。[2]汤有所爱

张汤的宾客田甲，虽然是商人，但有贤良的节操。当初张汤做小官时，和他以钱财相交，等到张汤当大官，田甲还能指责张汤在品行、道义方面的过错，也有忠义慷慨之士的风度。

张汤担任御史大夫七年后，倒台了。河东人李文曾经跟张汤有仇隙，后来担任了御史中丞，怨恨张汤，多次从宫廷的文书中发现可以用来伤害张汤的内容，不留余地，加

史鲁谒居，知汤不平，使人上蜚变告文奸事，事下汤，汤治论杀文，而汤心知谒居为之。[3]上问曰："言变事纵[4]迹安起？"汤详[5]惊曰："此殆文故人怨之。"谒居病卧闾里主人，汤自往视疾，为谒居摩足。赵国以冶铸为业，王数讼铁官事，汤常排赵王。[6]赵王求汤阴事[7]。谒居尝案赵王，赵王怨之，并上书告："汤，大臣也，史谒居有病，汤至为摩足，疑与为大奸。"事下廷尉，谒居病死，事连其弟，弟系导官[8]。汤亦治他囚导官，见谒居弟，欲阴为之，而详不省[9]。谒居弟弗知，怨汤，使人上书，告汤与谒居谋共变告李文。事下减宣[10]。宣尝与汤有郤，及得此事，

以利用。张汤有个喜欢的属吏叫鲁谒居，知道张汤对此愤愤不平，指使一个人呈上紧急奏章告发李文的非法之事，这事下交张汤处理，张汤审理判决杀掉了李文，而张汤心里知道是鲁谒居干的。皇上问："上书告发紧急事件的线索是怎样发生的？"张汤假装惊奇说："这大概是李文的熟人怨恨他。"后来鲁谒居患病躺在里巷房东家里，张汤亲自前往探望病情，替他按摩腿脚。赵国人以冶炼铸造为职业，赵王多次控告朝廷派出的铁官，张汤常常压制赵王。于是赵王留心寻找张汤的隐秘之事。鲁谒居曾经检举赵王，赵王怨恨他，于是一并上书告发："张汤是大臣，小吏鲁谒居有病，张汤竟然给他按摩腿脚，我怀疑他和鲁谒居一起干了大坏事。"这事下交廷尉处理，鲁谒居病死了，案件牵连到他的弟弟，他弟弟被押在导官署。张汤也到导官署处理别的囚犯，看见了鲁谒居的弟弟，想着暗地里帮他的忙，而假装不理睬他。鲁谒居的弟弟不了解情况，怨恨张汤，派人呈上报告，告发张汤和鲁谒居的密谋，说他们共同策划上呈紧急奏章告发李文。这事下交减宣处理。减宣曾经和张汤有隔阂，等到他接手这个案件，就深入追查此事，还

穷竟[11]其事,未奏也。会人有盗发孝文园瘗钱,丞相青翟朝,与汤约俱谢,至前,汤念独丞相以四时行园,当谢,汤无与也,不谢。[12]丞相谢,上使御史案其事。汤欲致其文丞相见知[13],丞相患之。三长史[14]皆害汤,欲陷之。

未上奏。恰逢有人偷挖汉文帝陵墓埋的殉葬钱,丞相庄青翟上朝,跟张汤约定一起请罪,到了皇上面前,张汤想到只有丞相按四季巡视陵园,应当请罪,与我张汤没有关系,因而不请罪。丞相请罪后,皇上派御史查办这件事。张汤要按知情故纵的条文处置丞相,丞相担忧这件事。丞相手下的三个长史都忌恨张汤,想要陷害他。

注释 1 钱通:有钱财上的交往。 烈士:有气节、有壮志的人。
2 卻:通“隙”。隔阂。 御史中丞:官名,御史的佐官。 中:宫禁中。 文书:公文案卷。 不能为地:充分利用,不能为他留有余地。 3 史:书吏。 蜚:通“飞”。指不书姓名的飞语。 变告:非寻常事而紧急告状,并越级直呈皇上。 4 纵:通“踪”。 5 详:通“佯”。假装。 6 冶铸:冶铁铸造。 数讼铁官事:多次上告负责专管冶铁的官吏。 赵王:即景帝子刘彭祖。 7 阴事:隐秘之事。 8 系:拘囚。 导官:官署名,属少府管辖,负责供应宫廷的米和酒,亦为待审罪犯的临时囚禁之处。
9 省:认识。 10 减宣:酷吏名,曾任御史中丞、内史等职。见下文。
11 穷竟:追查到底。 12 孝文园:汉文帝陵园。 瘗(yì)钱:殉葬的钱币。 四时:四季。 行园:巡视陵园。 无与:没有关系。
13 欲致其文丞相见知:想按条文给丞相施加见知不举之罪。文,条文。
14 三长史:三位长史,指朱买臣、王朝、边通。长史,官名,各级官署的掾属之长。

始，长史朱买臣，会稽人也，读《春秋》。庄助使人言买臣，买臣以《楚辞》与助俱幸，侍中，为太中大夫，用事[1]；而汤乃为小吏，跪伏使[2]买臣等前。已而汤为廷尉，治淮南狱，排挤庄助，买臣固心望[3]。及汤为御史大夫，买臣以会稽守为主爵都尉[4]，列于九卿。数年，坐法废，守[5]长史，见汤，汤坐床上，丞史遇买臣，弗为礼。买臣楚士，深怨，常欲死之。[6]王朝，齐人也，以术[7]至右内史。边通，学长短[8]，刚暴强人也。官再至济南相[9]。故皆居汤右，已而失官，守长史，诎体于汤。[10]汤数行丞相事，知此三长史素贵，常凌折[11]之。以故三长史合谋曰："始汤约与

起初，长史朱买臣是会稽人，攻读《春秋》。庄助让人向皇帝推荐朱买臣，朱买臣因为熟悉《楚辞》的缘故，同庄助都得到皇上的宠幸，从侍中升为太中大夫，很有权势；这时张汤只是小官，在朱买臣等人面前下跪听候差遣。不久，张汤当了廷尉，办理淮南王案件，排挤庄助，朱买臣心里怨恨张汤。等到张汤当了御史大夫，朱买臣从会稽太守的职位上调任为主爵都尉，同于九卿的待遇。几年后，朱买臣因犯法罢官，代理长史，去拜见张汤，张汤坐在日常所坐的椅子上接见朱买臣，他的丞史一类的属官遇到朱买臣，也不以礼相待。朱买臣有楚地士人的剽悍之气，非常怨恨张汤，常想把他整死。王朝是齐地人，他因为精通儒学当了右内史。边通学习纵横家的思想学说，性格刚毅，暴烈强悍。他两次担任济南王的丞相。从前，他们都比张汤的官大，不久丢了官，代理长史，对张汤行屈体跪拜之礼。张汤屡次担任丞相的职务，知道这三个长史原来地位很高，就常常欺凌、折辱他们。因此，三位长史合谋并对庄青翟说："开始张汤同您约定一起向皇上谢罪，紧接着就出卖了您；现在又用宗庙之事控告

君[12]谢，已而卖君；今欲劾君以宗庙事，此欲代君耳。吾知汤阴事。”使吏捕案汤左[13]田信等，曰：汤且欲奏请，信辄先知之，居物致富，与汤分之，及他奸事。[14]事辞颇闻。上问汤曰：“吾所为，贾人辄先知之，益居其物，是类有以吾谋告之者[15]。”汤不谢。汤又详惊曰：“固宜有。”减宣亦奏谒居等事。天子果以汤怀诈面欺，使使八辈簿责汤。[16]汤具自道无此，不服。于是上使赵禹责汤。禹至，让汤曰：“君何不知分[17]也。君所治夷灭者几何人矣[18]？今人言君皆有状，天子重致君狱，欲令君自为计[19]，何多以对簿为？”汤乃为书谢曰：“汤无尺寸功，起刀笔吏，陛下幸致为三公，无以塞责[20]。

您，这是想代替您的职位。我们知道张汤的隐秘之事。”于是他们就派属吏逮捕并审理张汤的同案犯田信等人，说：张汤将要向皇上奏请政事，田信就预先知道，然后囤积物资，发财致富，同张汤分赃，还有其他违法的事。有关此事的供词被皇上听到了。皇上问张汤说：“我所要做的事，商人就预先知道此事，越发囤积那些货物，好像有人把我的想法告诉了他们一样。”张汤并不谢罪。他还假装惊讶地说：“应该是有人这样做了。”这时减宣也上奏书报告张汤和鲁谒居的犯法之事。天子果然以为张汤心怀巧诈，当面欺骗自己，派八批使者按记录在案的罪证审问张汤。张汤自己说没有这些罪过，不招认。于是皇上派赵禹审问张汤。赵禹来了以后，责备张汤说：“你怎能不知道轻重呢？你办理案件时，被消灭家族的人有多少呢？如今人家告发你的罪状都有证据，天子难以处理你的案子，想让你自杀，你又何必对证辩白呢？”张汤就写信谢罪说：“张汤没有尺寸之功，起初只当文书小吏，陛下宠幸我，让我位列三公，我无法推卸罪责。然而设谋陷害张汤

然谋陷汤罪者，三长史也。"遂自杀。

的罪人，是三位长史。"张汤于是就自杀了。

注释 1 用事：当政，掌权。 2 使：听候差遣。 3 望：埋怨，责怪。 4 主爵都尉：官名，掌列侯。与执金吾（中尉）、内史在正九卿之外，准照九卿待遇，故后称"列于九卿"。 5 守：试职，代理。 6 楚士：此处言朱买臣的性格像楚人一样剽悍易怒，不甘受怠慢和委屈。 死之：使之死。 7 术：儒家之经术。 8 长短：即长短术，战国纵横家的学说。 9 济南相：《史记志疑》："景帝三年济南已除为郡矣，边通安得为之相乎？盖误。" 10 右：上。 诎体：降低身价。 11 凌折：欺侮而使其折服。 12 君：此指庄青翟。 13 左：佐证。 14 辄：总是。 居物：囤积货物。 15 有以吾谋告之者：有将我的计谋告诉他人的人。 16 面欺：当面欺骗。 辈：批。 簿责：按文状所列罪行责问、审理。 17 分(fèn)：轻重。 18 夷灭：消灭。 几何：多少。 19 自为计：自己为自己设计结局。 20 塞责：推卸罪责。

汤死，家产直不过五百金，皆所得奉赐，无他业。[1]昆弟诸子欲厚葬汤，汤母曰："汤为天子大臣，被污恶言而死，何厚葬乎！"载以牛车，有棺无椁[2]。天子闻之，曰："非此母不能生此子。"乃尽案诛三长史。丞相青翟自杀。出田信。

张汤死后，家里财产只不过值五百金，都是他所得的俸禄和皇上赏赐的，没有别的产业。他的兄弟和孩子想隆重地安葬他，他的母亲说："张汤作为天子的大臣，被恶意中伤的言语诬陷而死，怎么能厚葬呢！"就用牛车拉着棺材，没有外椁。天子听说这事，说："不是这样的母亲不能生出这样的儿子。"于是穷究此案，把三个长史都杀了。丞相庄青翟自杀。田信被释放出来。皇上怜惜张汤，逐渐提拔上惜汤，稍迁其子安世[3]。

了他的儿子张安世。

注释 1 直：通“值”。 奉赐：俸禄和赏赐。 2 椁：外棺。 3 稍：逐渐。 迁：提拔。

赵禹中废，已而为廷尉。始条侯以为禹贼深[1]，弗任。及禹为少府，比[2]九卿。禹酷急，至晚节，事益多，吏务为严峻，而禹治加缓，而名为平。[3]王温舒等后起，治酷于禹。禹以老，徙为燕相[4]。数岁，乱悖[5]有罪，免归。后汤十余年，以寿[6]卒于家。

赵禹中途被罢官，不久又任廷尉。起初，条侯周亚夫认为赵禹残酷狠毒，不重用。后来赵禹任少府，与九卿并列。赵禹做事严酷急躁，到了晚年，国家事情更多，官吏致力于施行严刑峻法，而赵禹却执法变得轻缓，被称为平和。王温舒等人都是后起的，执法比赵禹还严酷。赵禹因为年老，改任燕国丞相。几年后，犯有昏乱悖谬之罪，被罢官回家。张汤死后十多年，赵禹老死在家里。

注释 1 贼深：残酷狠毒。 2 比：并列。《汉书》无此字。 3 晚节：晚年。 加缓：逐渐宽缓。 4 燕相：武帝之子燕王刘旦的国相。 5 乱悖：昏乱悖谬。 6 寿：老死。

义纵者，河东人也。为少年时，尝与张次公俱攻剽为群盗[1]。纵有姊姁，以医幸王太后。[2]王太后问：“有子兄弟为官者乎？”

义纵是河东人。他在少年时，曾经和张次公一起抢劫，结伙为强盗。义纵有个姐姐叫姁，凭借医术得到王太后的宠幸。王太后问她说：“你有儿子或兄弟当官的吗？”他姐姐说：“有个弟弟没有品行，不可以

姊曰:“有弟无行,不可。”太后乃告上,拜义姁弟纵为中郎,补上党郡中令[3]。治敢行,少蕴藉,县无逋事,举为第一。[4]迁为长陵[5]及长安令,直法行治,不避贵戚。以捕案太后外孙修成君子仲[6],上以为能,迁为河内都尉。至则族灭其豪[7]穰氏之属,河内道不拾遗。而张次公亦为郎,以勇悍[8]从军,敢深入,有功,为岸头侯。

当官。”王太后就告诉皇上,皇上任命义姁的弟弟义纵当中郎,后来他补任上党郡中某县的县令。他处理政事严酷,很少宽厚包容,县里没有积压的公事,因此他被推举为第一。随后升任长陵和长安县令,依法办理政事,不回避权贵和皇亲。因为逮捕、审讯太后外孙修成君的儿子仲,皇上认为他能干,提升他当河内都尉。他一到那里就把穰氏一类的豪强之人全族铲除,河内郡里人们在路上不捡拾别人遗失的东西。而张次公也当上郎官,因为勇猛当了兵,敢于深入敌阵作战,有功劳,被封为岸头侯。

注释 1 张次公:卫青部将,击匈奴有功,封为岸头侯。 攻剽:抢劫、掠夺。 2 姁:音 xǔ。 王太后:汉武帝之母王娡。 3 上党郡中令:《史记索隐》:“谓补上党郡中之令,史失其县名。” 4 蕴藉:宽厚包容。 逋(bū)事:积压、拖延的公事。 5 长陵:汉高祖刘邦之陵墓,后置县,在今陕西咸阳东北。 6 修成君子仲:王太后之女号修成君,其子名仲。 7 豪:豪猾大户。 8 勇悍:勇敢凶悍。

宁成家居,上欲以为郡守。御史大夫弘曰:“臣居山东为小吏时,宁成为济南都尉,其治如狼牧

宁成在家里闲居,皇上想让他当郡守。御史大夫公孙弘说:“我在齐鲁一带当小官时,宁成任济南都尉,他处理政事就像狼放羊一样。这样

羊。成不可使治民。”上乃拜成为关都尉[1]。岁余，关东吏隶郡国出入关者，号曰“宁见乳虎，无值宁成之怒”。[2]义纵自河内迁为南阳太守，闻宁成家居南阳，及纵至关，宁成侧行送迎，然纵气盛，弗为礼。至郡，遂案宁氏，尽破碎其家。成坐有罪，及孔、暴之属皆奔亡，南阳吏民重足一迹。[3]而平氏朱彊、杜衍杜周为纵牙爪之吏，任用，迁为廷史。[4]军数出定襄[5]，定襄吏民乱败，于是徙纵为定襄太守。纵至，掩定襄狱中重罪轻系二百余人，及宾客昆弟私入相视亦二百余人。[6]纵一[7]捕鞫，曰“为死罪解脱”。是日皆报杀四百余人。其后郡中不寒而栗，猾民[8]佐吏为治。

的人不能当地方官。”皇上就任命宁成为函谷关都尉。一年多后，隶属于关东各郡国的官吏往来经过函谷关的，都放话说:“宁可看到哺乳期间的母虎，也不想碰上宁成发怒。”义纵从河内升任南阳太守，听说宁成家住在南阳，等到义纵到函谷关，宁成侧着身子随行，恭敬地迎送他，可是义纵盛气凌人，不以礼相待。到了郡里，义纵就追查宁家的罪行，使他们家破人亡。宁成也被牵连，和孔姓、暴姓之类的豪门一起逃走了，南阳的官员和百姓非常恐惧。而平氏人朱彊、杜衍人杜周作为义纵的助手，得到重用，升为廷史。朝廷军队屡次从定襄郡出发攻打匈奴，定襄郡的官员和百姓人心散乱，于是调义纵任定襄太守。义纵到任后，捕捉定襄狱中罪行严重和罪轻而被拘囚的犯人二百多人，以及私自入狱来探视的他们的宾客、兄弟也有二百多人。义纵将他们一概拘捕，定罪为“为死罪解脱”。这天总共有四百多人被判处死刑。从那以后郡中的人都不寒而栗，一向狡猾的人也开始协助官吏维持社会治安。

注释 1 关都尉:关口之都尉,此当指函谷关。 2 关东吏隶郡国:隶属于函谷关以东各郡国的官吏。 乳虎:哺育小虎之母虎。 值:遇。 3 孔、暴:南阳两大姓。 重足一迹:叠足而立只留一个脚印,形容恐惧至极。 4 平氏:汉县名,在今河南唐河东南。 杜衍:汉县名,在今河南南阳西南。 廷史:《汉书》作"廷尉史"。义同。 5 定襄:郡名,治所成乐,在今内蒙古和林格尔西北土城子。 6 掩:袭捕。 重罪轻系:罪重而被从轻处理。 相视:探监。 7 一:一起,全部。 8 猾民:刁猾狡诈的人。

是时赵禹、张汤以深刻为九卿矣,然其治尚宽,辅法而行,而纵以鹰击毛挚为治。[1]后会五铢钱白金起,民为奸,京师尤甚,乃以纵为右内史,王温舒为中尉。温舒至恶,其所为不先言纵,纵必以气凌之,败坏其功。其治,所诛杀甚多,然取为小治,奸益不胜,直指始出矣。[2]吏之治以斩杀缚束为务,阎奉以恶用矣[3]。纵廉,其治放[4]郅都。上幸鼎湖,病久,已而卒起幸甘泉,道多不治。[5]上怒曰:"纵

这时赵禹、张汤因为执法严峻、刻薄而位列九卿,可是他们处理案件还算宽松,依法律来处理,而义纵却用严酷凶悍的手段处理案件。后来适逢五铢钱、银钱起用,奸民私自铸钱,京城中尤其厉害,于是皇上任义纵为右内史,王温舒为中尉。王温舒最凶恶,他所做的事不预先告知义纵,义纵必定会以盛气欺凌他,破坏他的事情。他处理案件,杀的人很多,但是志趣只在琐细之事上,奸邪之事越发增多,皇帝直接特派的官员开始出现了。官吏处理案件以斩杀、束缚作为主要手段,阎奉因为凶狠而被任用。义纵廉洁,他处理案件仿效郅都。皇上巡行鼎湖,病了很长时间,病好后突然驾幸甘泉宫,沿途道路大多没有修整好。皇上发怒说:"义纵认为我不会再走这条路吗?"对义纵怀恨在心。到了冬天,杨

以我为不复行此道乎？”嗛[6]之。至冬，杨可方受告缗，纵以为此乱民，部吏捕其为可使者。[7]天子闻，使杜式治，以为废格沮事，弃纵市。[8]后一岁[9]，张汤亦死。

可正受命处理“告缗”案件，义纵认为这样会扰乱百姓，派遣官吏捉拿替杨可办事的人。天子听说了，派杜式去处理这事，认为义纵废弃了君主的诏令，阻碍了天子要办的事，将义纵处死示众。一年后，张汤也死了。

注释 1 深刻：严峻、苛刻。 鹰击毛挚：《史记集解》引徐广曰：“鸷鸟将击，必张羽毛也。”喻指酷烈凶狠。 2 取为小治：志在整治细小琐碎的问题。取，通“趋”。趋向。 奸益不胜：奸邪之事更加层出不尽。 直指：官名，亦称绣衣直指，朝廷直接派出的执法人员。 3 阎奉：人名，曾为水衡都尉。 以恶用：因严酷而被重用。 4 放：通“仿”。 5 鼎湖：地名，在今河南灵宝。一说为宫名，在今陕西蓝田境内。 已：病愈。 卒：同“猝”。突然。 甘泉：山名，亦为宫名，在今陕西淳化西北。 6 嗛(xián)：怀恨。 7 方受告缗：正受理告缗案。《史记志疑》：“此乃元狩五年之冬也，而《汉书·武纪》元鼎三年十一月令民告缗，何哉？” 部：派遣。 8 杜式：人名，官吏，生平不详。 废格：废止，搁置。 沮(jǔ)：败坏。 9 一岁：当作“二岁”。据《汉书·百官公卿表》，义纵以元狩五年(前118)弃市，张汤以元鼎二年(前115)死也。

王温舒者，阳陵[1]人也。少时椎埋[2]为奸。已而试补县亭长[3]，数废。为吏，以治狱至廷史。事张汤，迁为御史。督盗贼，杀伤甚多，稍迁至广平都

王温舒是阳陵县人。他年轻时做盗墓等坏事。不久被补任县里的亭长，屡次遭罢免。后来当官，因为处理案件有功而升到廷史。他侍奉张汤，升为御史。督捕盗贼，杀伤了很多人，逐渐升到广平郡都尉。王温舒选拔郡中才能出众、性格果敢

尉。择郡中豪敢任吏十余人,以为爪牙,皆把其阴重罪,而纵使督盗贼,快其意所欲得,此人虽有百罪,弗法;[4] 即有避,因其事夷之,亦灭宗。[5] 以其故齐赵之郊盗贼不敢近广平,广平声为道不拾遗。上闻,迁为河内太守。

的十多个人当属下,作为他的助手,并掌握了他们每个人暗中所犯的严重罪行,从而放手让他们去督捕盗贼,如果谁捕获到他想抓的盗贼,这个人即使有百种罪恶,也不加惩治;如果谁有所顾忌不尽心地做事,就依据他过去所犯的罪行杀死他,并且灭掉他的家族。因为这个缘故,齐地和赵地的盗贼不敢走近广平,广平有了道不拾遗的好名声。皇上听说了,提升王温舒任河内太守。

注释 1 阳陵:汉景帝陵墓名,后置为县,在今陕西咸阳东北。 2 椎埋:发冢,即盗墓。 3 亭长:汉时每十里为一亭,设亭长一人,掌治安、诉讼等事。 4 豪敢:才能出众、性格果敢。 把:掌握。 5 避:回避。 夷:灭。

素居广平时,皆知河内豪奸之家,及往,九月而至[1]。令郡具私马五十匹,为驿自河内至长安。[2] 部吏如居广平时方略,捕郡中豪猾,郡中豪猾相连坐千余家。上书请,大者至族,小者乃死,家尽没入偿臧[3]。奏行不过二三

王温舒以前在广平时,很了解河内豪强奸猾的人家,他九月到达河内上任。他下令郡府准备五十匹私马,在河内到长安的路上设置了驿站。部署手下的官吏就像在广平时所用的办法一样,捕捉郡中强横奸猾的人,郡中与强横奸猾的人连坐的有一千多家。王温舒上书向皇上请示,罪大的灭族,罪小的处死,家里财产全都没收,偿还以前所得的赃物。奏

日，得可事[4]。论报[5]，至流血十余里。河内皆怪其奏，以为神速。尽十二月，郡中毋声，毋敢夜行，野无犬吠之盗[6]。其颇不得失[7]，之旁郡国，黎来[8]，会春[9]，温舒顿足叹曰："嗟乎，令冬月益展[10]一月，足吾事矣！"其好杀伐行威不爱人如此。天子闻之，以为能，迁为中尉[11]。其治复放河内，徙诸名祸猾吏与从事，河内则杨皆、麻戊，关中杨赣、成信等。[12]义纵为内史，惮未敢恣治[13]。及纵死，张汤败后，徙为廷尉[14]，而尹齐为中尉。

书送走没过两三天，就得到皇上的批准。论罪处决犯人，竟至于血流了十多里。河内人都奇怪王温舒的奏书为什么这么神速。到十二月末，郡中没有人敢说话，没人敢夜间走路，野外没有引起狗吠的偷盗现象。那些少数没有抓到的罪犯，逃到附近的郡国，等把他们追捕抓获，正好春天到了，王温舒跺脚叹息说："唉，让冬天再延长一个月，就够我办完事了！"他喜欢杀伐、施展淫威以及不怜惜人民到这个地步。皇上听说了，认为他能干，提升他任中尉。他治理政事还是仿效在河内的做法，调来那些有名的祸害、奸猾的官吏和他共事，其中有河内的杨皆、麻戊，关中的杨赣、成信等。义纵任内史，王温舒有所惧怕，还不敢放纵施行暴政。等义纵死了，张汤倒台后，王温舒调任廷尉，而尹齐任中尉。

注释　1 九月而至：《汉书》作"以九月至"，即在九月到。　2 具：备办。　为驿：设置驿站。　3 家尽没入：家产完全被没收。　偿臧：偿还被抢夺的财产。臧，通"赃"。　4 得可事：得到皇帝的批准。　5 论报：论罪得到批准。　6 野无犬吠之盗：野地里没有招致狗吠的盗贼。
7 颇：稍微，略有。　失：通"逸"。逃亡。　8 黎来：比来，等到抓来。《汉书》作"追求"。　9 会春：适逢春天已经到来。按汉法，春季不执行死刑。

10 益展：延长。 **11** 迁为中尉：据《汉书·百官公卿表》，在元狩四年（前119）。 **12** 放：通“仿”。 名祸：害人出名者。 麻戊：人名，一作麻成。 **13** 恣治：放纵施酷刑治理。 **14** 徙为廷尉：据《汉书·百官公卿表》，在元鼎三年（前114），一年复为中尉。

尹齐者，东郡茌平人[1]。以刀笔稍迁至御史。事张汤，张汤数称以为廉武[2]，使督盗贼，所斩伐不避贵戚。迁为关内都尉，声甚于宁成。上以为能，迁为中尉，吏民益凋敝[3]。尹齐木强[4]少文，豪恶吏伏匿而善吏不能为治，以故事多废，抵罪。上复徙温舒为中尉，而杨仆以严酷为主爵都尉。

尹齐是东郡茌平人。从刀笔吏逐渐升到御史。他曾是张汤的下属，张汤屡次称赞他廉洁勇敢，让他督捕盗贼，他斩杀犯人不回避权贵和皇亲。尹齐升任关内都尉，名声超过了宁成。皇上认为他能干，提升他任中尉，而官吏和百姓更加困苦不堪。尹齐处事死板，不讲究礼仪，那些强暴凶恶的吏员躲藏起来，而老实的吏员又不能很好地处理政事，因而政事大多废弛了，尹齐因此被判了罪。皇上又调王温舒任中尉，而杨仆因为执法严酷而当上了主爵都尉。

注释 **1** 东郡：汉郡名，治所濮阳，在今河南濮阳西南。 茌(chí)平：汉东郡所属县名，在今山东茌平西南。 **2** 廉武：廉洁勇敢。一说，“武”字衍。 **3** 凋敝：此指生活困苦不堪。 **4** 木强：质朴倔强，处事呆板。

杨仆者，宜阳人也。以千夫[1]为吏。河南守案举以为能，迁为御史，使督

杨仆是宜阳县人。他以千夫的身份当了小官。河南太守认为他有才能，考察后推举给朝廷，升任御史，被派到关东督捕盗贼。他处

盗贼关东。[2]治放尹齐，以为敢挚行。[3]稍迁至主爵都尉，列九卿。天子以为能。南越反，拜为楼船将军，有功，封将梁侯。为荀彘所缚[4]。居久之，病死。

理政事仿效尹齐，被认为行事凶猛而有胆量。他逐渐升到主爵都尉，享受九卿的待遇。天子认为他有才能。南越反叛时，任命他为楼船将军，有功劳，被封为将梁侯。后来他被荀彘所囚缚。过了很久，杨仆病死。

注释 1 千夫：汉武帝所置武功爵第七级。 2 案举：考核并推荐给朝廷。 关东：函谷关以东地区。 3 放：通“仿”。 敢挚行：办事果敢凶猛，有胆识。 4 为荀彘所缚：在征伐朝鲜的战争中，因争功不和，而为左将军荀彘所囚缚。

而温舒复为中尉。为人少文，居廷惛惛不辩，至于中尉则心开。[1]督盗贼，素习关中俗，知豪恶吏，豪恶吏尽复为用，为方略[2]。吏苛察，盗贼恶少年投缿购告言奸，置伯格长以牧司奸盗贼。[3]温舒为人谄，善事有埶者；即无埶者，视之如奴。[4]有埶家，虽有奸如山，弗犯；无埶者，贵戚必侵辱。舞文巧诋下户之

而王温舒又当了中尉。他为人缺少礼仪，在朝廷上昏聩糊涂，不善辩论，到了当上中尉才办事精明了。他督捕盗贼，平时熟悉关中的习俗，了解当地强横凶恶的官吏，强横凶恶的官吏全都又被他任用，为他出谋划策。官吏严苛纠察，对待盗贼和凶恶少年，就用投书和检举箱的办法，来收买告发罪恶的情报，设置伯格长来督察奸邪的人和盗贼。王温舒为人谄媚，善于巴结有权势的人；如果没有权势，就把人家看作奴仆一样。有权势的人家，虽然奸邪的事堆积如山，他不去触犯；没有权势的人，就是高贵的皇亲，也一定要侵犯欺凌。他玩弄法律条文，巧

猾，以君[5]大豪。其治中尉如此。奸猾穷治，大抵尽靡烂狱中，行论无出者。[6]其爪牙吏虎而冠[7]。于是中尉部中中猾以下皆伏，有势者为游声誉，称治。[8]治数岁，其吏多以权富。

言诋毁狡猾的平民，来胁迫大的豪强。他当中尉时这样处理政事。奸邪狡猾的人，一定穷究其罪行，以致他们大多死在狱中，一旦被判决有罪，没有一个能出狱的。他的属下官吏虽然戴着帽子却像老虎一样残暴。于是在中尉管辖范围内的中等以下的奸猾之人都隐伏起来，有权势的人都替他说好话，称赞他的治绩。他治理了几年，他的属官大多利用职权而富裕了起来。

注释 1 惛惛：糊涂，不明。 心开：即心灵开悟。 2 为方略：出谋划策。 3 苛察：以烦琐苛刻为明察。 投缿(xiàng)：投入检举揭发材料。缿，器名，受投书之瓦器，入而不可出。 购告：诬陷，诬告。购，通“构”。构陷。 伯格长：《史记索隐》：“伯音阡陌，格音村落。言阡陌村落皆置长也。” 牧司：监督，伺察。司，通“伺”。侦察。 4 埶：同“势”。势力，权势。 即：如果。 5 焄(xūn)：同“熏”。熏炙。引申为威胁。 6 穷治：彻底追究。 靡烂：即“縻烂”。使犯人皮开肉绽。 行论：作出判决。 7 虎而冠：戴着人的帽子却如虎一样残暴。 8 部中：所辖范围内。 中猾：一般的奸猾之人。 游：游说，张扬。

温舒击东越还，议有不中意[1]者，坐小法抵罪免。是时天子方欲作通天台而未有人，温舒请覆中尉脱卒，得数万人作。[2]上

王温舒攻打东越回来后，有一次议事不合天子的心意，犯了小罪被免官。这时天子正想建造通天台，没有找到人主持这事，王温舒请求核查中尉下面逃避服徭役的士兵，找到了几万人可以用来服役。皇上

说，拜为少府。[3]徙为右内史，治如其故，奸邪少禁。坐法失官。复为右辅，行中尉事，如故操。[4]

高兴，任命他为少府。调任为右内史，处理政事和以前一样，奸邪之事稍稍被禁止。后来他犯法丢掉了官。其后又任右辅，代理中尉的职务，还像以前那样处理政事。

注释 1 不中意：指不符合天子之意。 2 通天台：台名，建在甘泉山。《三辅旧事》云："起甘泉通天台，高五十丈。" 覆：审查。 中尉脱卒：中尉部下漏服更卒徭役者。 3 说：通"悦"。 少府：官职名，掌管皇室财用收支、宫廷服务和手工业的高级官员。 4 右辅：即"右扶风"的别称，原亦称作"右内史"。 故操：过去的做法。

岁余，会宛军发，诏征豪吏，温舒匿其吏华成，及人有变告温舒受员骑钱，他奸利事，罪至族，自杀。[1]其时两弟及两婚家[2]亦各自坐他罪而族。光禄徐自为曰："悲夫，夫古有三族[3]，而王温舒罪至同时而五族乎！"

温舒死，家直[4]累千金。后数岁，尹齐亦以淮阳都尉病死，家直不满五十金。所诛灭淮阳甚多，及死，仇家欲烧其尸，

一年多后，适逢讨伐大宛的军队出发，皇上下诏征召有才干的官吏，王温舒把他的属吏华成隐藏起来，等到有人告发王温舒接受在册骑兵的赃款和其他的坏事时，他犯的罪行严重到应当灭族，王温舒就自杀了。他的两个弟弟以及两个姻亲之家，也各自因为犯了其他罪而被灭族。光禄勋徐自为说："可悲啊，古代有灭三族的事，而王温舒却被同时灭了五族！"

王温舒死时，家产累计有一千斤黄金。几年后，尹齐也在任淮阳都尉期间病死，家产不足五十斤黄金。他在淮阳杀的人很多，到他死时，仇恨他的人要烧他的尸体，于是他的

尸亡去归葬[5]。

家属偷偷把他的尸体运回去安葬。

注释 1 宛军:指武帝太初元年(前104)征伐大宛的军队。 华成:王温舒手下的官吏,生平不详。 员骑:在册的骑兵。 2 婚家:亲家。 3 三族:指父母、兄弟、妻子。 4 直:通“值”。 5 尸亡去归葬:将尸体偷运回去安葬。

自温舒等以恶为治,而郡守、都尉、诸侯二千石欲为治者,其治大抵尽放温舒,而吏民益轻犯法,盗贼滋起。[1]南阳有梅免、白政,楚有殷中、杜少,齐有徐勃,燕赵之间有坚卢、范生之属。大群至数千人,擅自号,攻城邑,取库兵,释死罪,缚辱郡太守、都尉,杀二千石,为檄告县趣具食[2];小群以百数,掠卤[3]乡里者不可胜数也。于是天子始使御史中丞、丞相长史督之。犹弗能禁也,乃使光禄大夫范昆、诸辅都尉及故九卿张德等衣绣衣,持节,虎符发兵以兴

自从王温舒等人用严酷凶恶的手段处理政事后,郡守、都尉、诸侯和二千石的官员要处理政事,大多仿效王温舒,而官吏和百姓更加轻率地犯法,盗贼不断兴起。南阳有梅免、白政,楚地有殷中、杜少,齐地有徐勃,燕、赵一带有坚卢、范生一批人。大的团伙有几千人,随意自立名号,攻打城镇,夺取武库中的兵器,放走死囚犯人,捆绑、侮辱郡太守、都尉,杀死二千石官员,发布檄文,让各县为他们准备粮食;小的团伙有几百人,抢劫乡村的事多得数不过来。于是天子开始派御史中丞、丞相长史督理缉捕事务。但还是不能禁绝,就派光禄大夫范昆、各辅都尉和原九卿张德等人穿着朝服,拿着符节和虎符,发动军队,以军兴法调兵攻打他们,有的大团伙被斩首的人竟达到了一万多人,并依法杀

击，斩首大部或至万余级，及以法诛通饮食，坐连诸郡，甚者数千人。[4]数岁，乃颇得其渠率[5]。散卒失亡，复聚党阻山川[6]者，往往而群居，无可柰何。于是作"沈命法"，曰群盗起不发觉，发觉而捕弗满品者，二千石以下至小吏主者皆死。[7]其后小吏畏诛，虽有盗不敢发，恐不能得，坐课[8]累府，府亦使其不言。故盗贼浸[9]多，上下相为匿，以文辞避法焉。

死那些供给他们饮食的人，株连几郡，多的达到几千人。几年后，才逐渐捉到了几个大首领。但是走散的士卒逃跑了，又聚集成团伙，倚仗山川险阻抗击官兵，他们往往群居一处，官府对他们无可奈何。于是朝廷颁行"沈命法"，说群盗产生而官吏没发现，或者发现而没有捕捉到规定数额的，二千石以下至小官员，凡负责此事的都要被处死。那以后小官怕被杀，即使有盗贼也不敢上报，害怕捉不到，犯法被判刑又连累上级官府，上级官府也让他们不要上报。因此盗贼更加多了，官府上下互相隐匿，玩弄法律条文，逃避法律制裁。

注释　1 自温舒等以恶为治：梁玉绳认为此下全段是"《汉书·减宣传》末尾之语，后人妄入《史记》"。　放：通"仿"。　滋：滋长，增加。 2 檄：即檄文，古代用来征召、声讨、晓谕的文书。　趣：催促。　具：备办。 3 卤：通"掳"。 4 光禄大夫：光禄勋之属官，掌顾问。　诸辅：即左冯翊、京兆尹、右扶风三辅。　绣衣：此指朝服。　兴击：以军兴之法派兵进击。兴，军兴，如同军事动员。　通饮食：供给盗贼饮食者。饮，音 yìn。食，音 sì。 5 渠率：首领。 6 阻山川：凭借山川为险阻。 7 沈命法：惩办捕盗不力和藏匿、纵容盗贼的官员的法令。沈，同"沉"。　品：规定的标准。 8 坐课：因犯罪而处以刑罚。 9 浸：逐渐。

减宣者，杨人也。以佐史无害给事河东守府[1]。卫将军青使买马河东，见宣无害，言上，征为大厩丞[2]。官事辨，稍迁至御史及中丞。使治主父偃及治淮南反狱，所以微文深诋杀者甚众，称为敢决疑。[3]数废数起，为御史及中丞者几[4]二十岁。王温舒免中尉，而宣为左内史。[5]其治米盐，事大小皆关其手，自部署县名曹实物，官吏令丞不得擅摇，痛以重法绳之。[6]居官数年，一切郡中为小治辨，然独宣以小致大，能因力行之，难以为经。[7]中废[8]。为右扶风，坐怨成信，信亡藏上林中，宣使郿令格杀信，吏卒格信时，射中上林苑门，宣下吏诋罪，以为大逆，当族，自杀。[9]而杜周任用。

减宣是杨县人。他因为当佐史很能干，被调到河东太守府任职。卫青将军派人到河东买马，看到减宣很能干，报告给皇上，他因而被征召任大厩丞。他当官做事得力，逐渐升到御史和中丞。皇上派他去处理主父偃和淮南王造反的案件，他用隐微的条文极力诬陷并且杀死了很多人，被称赞为敢于判决疑难案件。他屡次被免官又屡次被起用，担任御史和中丞差不多有二十年。王温舒被免去中尉，而减宣任左内史。他管理事情琐碎，事情无论大小都要亲自经手，自己安排县中各具体部门的财产器物，官吏中县令、县丞也不能擅自改动，甚至用重法来管制他们。当官几年，其他各郡都办好了一些小事而已，唯独减宣能从小事办到大事，能凭借他的能力加以推行，当然他的办法难以当作常规。他中途被罢官。后来当了右扶风，因为怨恨成信，成信逃走藏在上林苑中，减宣派郿县县令击杀成信，官吏和士兵杀成信时，弓箭射中了上林苑的门，减宣因此被交给法司，判了大逆不道的罪，罪当灭族，减宣就自杀了。而杜周得到任用。

注释 1 佐史:地方官的属吏。 守府:太守衙门。 2 大厩丞:大厩令的属官,掌管马厩。 3 辨:通"办"。办理。 微文:隐微的条文。 深诋:极力诋毁。 4 几(jī):几乎,差不多。 5 据《汉书·百官公卿表》,王温舒免中尉,在元鼎六年(前111);减宣为左内史,在元封元年(前110)。 6 米盐:谓细碎。 关:通过。 名曹:命名、安排下属官吏。 实物:财产器物。 擅摇:擅自改变。 痛:甚,非常。 7 治辨:即"治办"。处理事务合宜。 经:规则,常法。 8 中废:《史记会注考证》引王先谦曰:"据《公卿表》,元封六年,宣免,太初元年,为右扶风,中废不过数月。" 9 成信:人名,减宣手下之官吏。 郿:汉县名,属右扶风,在今陕西眉县东。 格杀:击杀。 诋:通"抵"。抵偿。 当:判处。

杜周者,南阳杜衍人。义纵为南阳守,以为爪牙,举为廷尉史。事张汤,汤数言其无害,至御史。使案边失亡[1],所论杀甚众。奏事中上意,任用,与减宣相编[2],更为中丞十余岁。

其治与宣相放,然重迟,外宽,内深次骨。[3]宣为左内史,周为廷尉,其治大放张汤而善候伺[4]。上所欲挤者,因而陷之;上所欲释者,久系待问而微见其冤状[5]。客有让周曰:"君

杜周是南阳杜衍人。义纵任南阳太守时,把杜周当作助手,举荐他担任廷尉史。他侍奉张汤,张汤屡次向皇上说他很能干,于是他被升为御史。皇上派他调查边境人口、士卒、财产被寇略而损失的事,结果被判死刑的很多。他上奏事情符合皇上的心意,被任用,和减宣互相接替,轮流任中丞十多年。

他处理政事和减宣相仿佛,但处事慎重,决断迟缓,表面宽松,实际上极其严酷。减宣任左内史,杜周任廷尉,他处理政事很像张汤,但善于窥测皇上的意图。皇上想排挤的人,就趁机陷害;皇上想宽释的人,就长期囚禁待审,暗中显

为天子决平，不循三尺法，专以人主意指为狱。[6]狱者固如是乎？”周曰：“三尺安出哉？前主所是著为律，后主所是疏为令。[7]当时[8]为是，何古之法乎！”

露他的冤情。门客中有人责备杜周说：“你替皇上断案，不遵循三尺法律，专门以皇上的旨意来断案。决狱官难道是这样吗？”杜周说：“三尺法律是怎样产生的呢？以前的国君认为对的就写下来成为法律，后来的国君认为对的就说出来作为法令，适合当时实际情况的就对，何必要遵循古代法律呢！”

注释 1 案：立案审理。 边：边塞。 失亡：指被寇略而损失人口、士卒、财产等事。 2 相编：互相接替。 3 重迟：稳重迟缓。 外宽：表面宽和。 内深次骨：内心严酷，深至刻骨。次，至也。 4 候伺：侦探，窥测。 5 微：暗中，秘密地。 见：显现。 冤状：冤屈之情状。 6 决平：公平判决。 三尺法：汉代法律因书写在三尺竹简上，故称。 意指：意图。 7 前主：以前的君主。 所是：认为正确的。 疏：陈述。 8 当时：合乎当世。

至周为廷尉，诏狱[1]亦益多矣。二千石系者新故相因[2]，不减百余人。郡吏大府举之廷尉，一岁至千余章。[3]章大者连逮证案数百[4]，小者数十人；远者数千，近者数百里。会狱，吏因责如章告劾，不服，以笞掠定之。[5]于

到杜周当了廷尉，皇上命令办的案子越发多了。二千石官员被拘捕的一个接一个，估计有上百人。郡国官员和上级官府送给廷尉办的案子，一年中达到一千多份奏章。每份奏章所举报的案子，大的要牵连、逮捕有关证人几百人，小的也有几十人；远的要几千里，近的也有几百里。案犯被押到京师对证，官吏就要求犯人像奏章所说的那样来招供，如不服，就用刑

是闻有逮，皆亡匿。狱久者至更数赦十有余岁而相告言，大抵尽诋以不道，以上廷尉及中都官，诏狱逮至六七万人，吏所增加十万余人。[6]

具拷打定案。于是一听到要逮捕谁的消息，那人就立刻逃亡了。案件拖得久的，甚至经过几次赦免，十多年后仍被告发，大多数都以大逆不道的罪名加以诬陷，上告给廷尉以及京城各官府，他们奉诏办案所逮捕的人多达六七万，属官所捕又要增加十多万人。

注释 1 诏狱：由皇帝诏令下达的案件。 2 新故：新旧。 因：连。 3 举：递交。 章：揭发、控告的奏章。 4 连逮：牵连拘捕。 证案：与案件有牵连的证人。 5 会狱：前往对证。 责：要求。 笞掠：用鞭、杖拷打。 6 更：经过。 大抵：大都，大概。 不道：即“无道”。汉刑律之名目。凡杀一家三人，肢解人，或以毒药人，或借鬼神杀人，均属不道。 中都官：指京师诸官府。

周中废，后为执金吾。[1]逐盗，捕治桑弘羊、卫皇后昆弟子刻深，天子以为尽力无私，迁为御史大夫。家两子，夹河为守[2]。其治暴酷皆甚于王温舒等矣。杜周初征为廷史，有一马，且不全[3]；及身久任事，至三公列，子孙尊官，家訾[4]累数巨万矣。

杜周中途被罢官，后来当了执金吾。追捕盗贼，逮捕查办桑弘羊、卫皇后兄弟的儿子，严苛酷烈，天子认为他尽职而不偏私，提升他任御史大夫。他家有两个儿子，分别当了河内太守和河南太守。他处理政事残暴酷烈比王温舒等人都厉害。杜周刚被征召任廷史时，只有一匹马，而且配备不齐全；后来他长期为官，位列三公，子孙都当了高官，家里的钱财累积丰厚。

注释 1 周中废:《史记志疑》梁玉绳依“《史》讫太初”之由,认为“此下乃后人增入而谬者也”。 执金吾:官名,即原中尉,汉武帝太初元年(前104)改称,列于九卿。 2 夹河为守:杜周长子任河内太守,次子任河南太守。 3 不全:装备不齐全。 4 訾:通“资”。钱财。

太史公曰:自郅都、杜周十人者,此皆以酷烈为声。然郅都伉直,引是非,争天下大体。[1]张汤以知阴阳[2],人主与俱上下,时数辩当否,国家赖其便。赵禹时据法守正。杜周从谀,以少言为重。自张汤死后,网密,多诋严,官事浸以秏废[3]。九卿碌碌奉其官,救过不赡,何暇论绳墨之外乎![4]然此十人中,其廉者足以为仪表,其污者足以为戒,方略教导,禁奸止邪,一切亦皆彬彬质有其文武焉[5]。虽惨酷,斯[6]称其位矣。至若蜀守冯当暴挫,广汉李贞擅磔人,东郡弥仆锯项,天水骆璧推咸,河东褚广妄

太史公说:从郅都到杜周这十人,都以严酷暴烈而出名。可是郅都刚直,他争论的是非,关乎国家大体。张汤因为懂得看皇上脸色行事,皇上和他上下配合,当时他屡次辩论国家大事的得失,国家靠他而获益。赵禹时常依据法律坚守正义。杜周怂恿奉承,以少说话为重要原则。自从张汤死后,法网严密,诋毁诬陷的事愈加增多,政事逐渐废弛败坏。九卿平庸无能,他们防止发生过错尚且来不及,哪有时间研究法律以外的事情呢!但这十人中,有廉洁的足以成为人们的表率,有污浊的足以成为人们的鉴戒,出谋划策,教导人民,禁止奸诈邪恶,一切作为也都斯文有礼,恩威有度。执法虽然严酷,但这与他们的官职相称。至于像蜀郡太守冯当凶暴摧残人,广汉郡李贞擅自肢解人,东郡弥仆锯断人的脖子,天水骆璧严刑逼供定案,河东褚广胡乱杀人,京兆

杀，京兆无忌、冯翊殷周蝮鸷，水衡阎奉朴击卖请，何足数哉！[7] 何足数哉！

无忌、冯翊殷周的凶狠，水衡都尉阎奉逼迫、拷打犯人让他们出钱买得宽恕，这种事实在太多，哪里能说得完呢！哪里能说得完呢！

注释 1 伉直：刚直。 引是非：以是非来论证。 大体：大礼，原则。 2 阴阳：此指看皇帝脸色办事。 3 秏(hào)废：废弛，败坏。 4 碌碌：平庸无能。 救过：防止过失发生。 不赡：不给，来不及。 绳墨：本指木工取直画线的工具，此引申为规矩法度。 5 彬彬：文雅有礼的样子。 文：恩德。 武：刑威。 6 斯：此。 7 暴挫：凶暴摧残。 磔(zhé)：分裂人肢体的酷刑。 锯项：用锯子锯人的脖子。 推咸：即"椎成"。《史记索隐》："一作'成'，是也。谓椎击之以成狱也。" 京兆：即京兆尹，三辅之一，辖区在今陕西西安东南一带。 冯翊(píng yì)：即左冯翊，三辅之一，辖区在今陕西西安西北一带。三辅治所均在都城长安。 蝮鸷：像蝮蛇、鸷鸟一般狠毒、凶恶。 水衡：即水衡都尉，官名，管理上林苑及皇室财政收入。 朴击：以棒击人。 卖请：以贿赂请求赦免。 数：数说，一一叙述。

史记卷一百二十三

大宛列传第六十三

原文

大宛[1]之迹，见自张骞。张骞，汉中[2]人。建元中为郎[3]。是时天子问匈奴降者，皆言匈奴破月氏王，以其头为饮器，月氏遁逃而常怨仇匈奴，无与共击之。[4]汉方欲事[5]灭胡，闻此言，因欲通使。道必更[6]匈奴中，乃募能使者。骞以郎应募，使月氏，与堂邑氏胡奴甘父俱出陇西[7]。经匈奴，匈奴得之，传诣单于[8]。单于留之，曰："月氏在吾北，汉何以得往

译文

大宛的地理位置，是张骞发现的。张骞是汉中人。汉武帝建元年间任郎官。那时，武帝问投降的匈奴人，他们都说匈奴击破了月氏，用月氏王的头颅当作饮酒的器皿，月氏人逃亡远去，心里仇恨匈奴，但没有人和他们一道攻打匈奴。汉朝正打算灭掉匈奴，听到了这话，于是想派使者和月氏联系。但是，去月氏的途中一定要经过匈奴境内，朝廷就招募能够充当使者的人。张骞以郎官的身份响应招募，被派去出使月氏，同堂邑氏的胡奴甘父一起从陇西出发。在经过匈奴境内的时候，被匈奴人抓住，送往单于那里。单于扣留了他们，说："月氏在我的北面，汉朝怎么能派使者去呢？我想派人出使越地，汉朝能听任

使？吾欲使越，汉肯听我乎？”留骞十余岁，与妻，有子，然骞持汉节[9]不失。

我这样做吗？”匈奴把张骞扣留了十多年，让他娶了妻子，生了儿子，但张骞仍然手持汉朝的符节，没有投降。

注释 1 大宛(yuān)：古西域国名，都贵山城，都城故址在今塔吉克斯坦的苦盏。 2 汉中：郡名，治所西城，在今陕西安康西北。张骞为该郡成固(今陕西城固东北)人。 3 建元：汉武帝年号(前140—前135)。 郎：官名，皇帝的侍从官员。 4 月氏(yuè zhī)：原为我国西北的一个部族，活动于敦煌、祁连山一带，后西迁。 饮器：一说为饮酒器，一说为便溺器。 5 事：从事。 6 更：经过。 7 堂邑氏：姓。 甘父：胡奴名。 8 传：用驿车送到。 单于：匈奴最高首领的称号。 9 汉节：汉朝的符节。

居匈奴中，益宽[1]，骞因与其属亡，乡月氏西走数十日，至大宛。大宛闻汉之饶财，欲通不得，见骞，喜，问曰：“若欲何之？”骞曰：“为汉使月氏，而为匈奴所闭道。今亡，唯[2]王使人导送我。诚得至，反汉，汉之赂遗王财物不可胜言。[3]”大宛以为然，遣骞，为发导绎，抵康居，康居传致大

在匈奴居留期间，匈奴对张骞的戒备越来越宽松了，他趁机和随从逃走，朝西向月氏的方向走了几十天，来到大宛。大宛王早就听说汉朝物产富饶，想要交好，但没能实现，见了张骞，心里很高兴，问道：“你要到哪里去？”张骞说：“我为汉朝出使月氏，却被匈奴人扣留。现在逃出来，希望您派人引导送我去月氏。我如果能到那里，返回汉朝后，汉朝一定会送很多礼物给您。”大宛王觉得有理，就派向导和翻译一路送他们抵达康居，康居又辗转送他们到大月氏。当时，

月氏。[4]大月氏王已为胡所杀，立其太子为王。既臣大夏而居，地肥饶，少寇，志安乐，又自以远汉，殊无报胡之心。[5]骞从月氏至大夏，竟不能得月氏要领[6]。

大月氏王已被匈奴所杀，他的太子被立为王。他们已经征服大夏，占领了大夏的领土，那里土地肥沃，物产丰富，少有寇贼，所以大月氏王耽于安乐，又自以为远离汉朝，一点都没有对匈奴的复仇之意。张骞从月氏到大夏，最终没弄清月氏人的态度。

注释　1 益宽：渐渐地宽缓。 2 唯：希望。 3 诚：假如。 反：返回。 赂遗(wèi)：赠送。 4 导绎：向导和翻译。绎，通“译”。 康居(qú)：西域国名，王都卑阗城，在今哈萨克斯坦中南部及乌兹别克斯坦中东部一带。 传(zhuàn)：驿车。此处为名词作动词。 大月氏：西域国名。月氏为匈奴侵害所迫，大部西迁至塞种地区(今新疆伊犁河流域及其以西一带)。西迁的月氏人称大月氏，少数没有西迁的入南山(今祁连山)，与羌人杂居，称小月氏。 5 臣：臣服。 大夏：西域国名，活动于妫(guī)水(今阿姆河)上游(即今阿富汗北部)。 远汉：远离汉朝。 6 竟：最终。 要领：主旨，明确态度。

留岁余，还，并南山，欲从羌中归，复为匈奴所得。[1]留岁余，单于死，左谷蠡王[2]攻其太子自立，国内乱，骞与胡妻及堂邑父俱亡归汉。汉拜骞为太中大夫，堂邑父为奉使君。[3]

张骞在月氏待了一年多，然后回国，他沿着昆仑山、阿尔金山的北麓东行，想从羌人地区经过而回到长安，又被匈奴人抓住。被扣留了一年多，单于去世，左谷蠡王攻打单于的太子而自立为单于，匈奴内乱，张骞和他的匈奴妻子以及堂邑父一同逃回汉朝。汉朝任命张

骞为太中大夫,堂邑父为奉使君。

骞为人强力,宽大信人,蛮夷爱之。[4]堂邑父故胡人,善射,穷急射禽兽给食。初,骞行时百余人,去十三岁,唯二人得还。

张骞为人坚强有毅力,宽厚且以诚信待人,外族人都喜欢他。堂邑父本是匈奴人,擅长射箭,窘困时就射猎禽兽来供给食物。起初,张骞出发的时候有一百多人,在外十三年,只有他和堂邑父两人得以活着回来。

注释 1 並(bàng):通"傍"。依傍,沿着。 南山:指今昆仑山、阿尔金山、祁连山。 羌:古族名。主要分布在今甘肃、青海一带。 2 左谷蠡王:即匈奴军臣单于的弟弟伊稚斜。 3 太中大夫:郎中令之属官,掌议论。 奉使君:《史记索隐》云:"堂邑父之官号。"似皇帝特赐的名号。 4 强力:坚强而有毅力。 信人:对人诚实。

骞身所至大宛、大月氏、大夏、康居,而传闻其旁大国五六,具[1]为天子言之。曰:

大宛在匈奴西南,在汉正西,去汉可万里[2]。其俗土著[3],耕田,田稻麦。有蒲陶酒[4]。多善马,马汗血[5],其先天马子也。有城郭屋室。其属邑大小七十余城,众可数十万。其兵弓矛骑射。其北则康居,西则大月氏,西南则大夏,东北则乌

张骞亲身到过的地方有大宛、大月氏、大夏、康居,并且还从传闻中听到它们附近的五六个大国的情况,他把这些向天子报告了。张骞说:

大宛在匈奴的西南方,在汉朝的正西方,离汉朝约有一万里远。那里的人民安土重迁,从事农耕,种植稻和麦。生产葡萄酒。盛产良马,马出汗如血,它的祖先是天马的儿子。有城镇和房屋。有大大小小七十多座城附属于大宛,人口约有几十万。那里的兵

孙，东则扜罙、于窴。[6]于窴之西，则水皆西流，注西海[7]；其东水东流，注盐泽[8]。盐泽潜行地下，其南则河源[9]出焉。多玉石，河注中国。而楼兰、姑师邑有城郭[10]，临盐泽。盐泽去长安可五千里。匈奴右方居盐泽以东，至陇西长城，南接羌，鬲[11]汉道焉。

器是弓和矛，人们骑马射箭。大宛的北边是康居，西面是大月氏，西南边是大夏，东北边是乌孙，东面是扜罙、于窴。于窴的西边，水都向西流，注入西海；于窴东边的河水都向东流，注入盐泽，盐泽的水潜流于地下，其南边是黄河的发源地。那儿盛产玉石，黄河水流入中原。楼兰、姑师都有城郭，靠近盐泽。盐泽距离长安约有五千里。匈奴的右边位于盐泽以东，一直到陇西的长城，南边紧连着羌地，隔断了汉朝通往西域各国的道路。

注释　**1** 具：详细。　**2** 去：距离。　可：约。　**3** 土著：世代定居于一地。　**4** 蒲陶酒：即“葡萄酒”。　**5** 马汗血：马出汗如血。　**6** 乌孙：西域国名，原居甘肃西北，后为匈奴所迫西迁。都赤谷城，地处约当今吉尔吉斯斯坦中东部、哈萨克斯坦东南角及我国新疆阿拉山口西南之边界一带。　扜罙(wū mí)：又作“拘弥”。西域国名，在今新疆于田里雅河东古拘弥城遗址一带。《史记集解》引徐广曰：“《汉纪》曰拘弥国去于窴三百里。”　于窴：又作“于阗”“于寘”。西域国名，在今新疆和田一带。　**7** 西海：古湖名，当指今新疆境内之博斯腾湖。一说即指今青海湖。　**8** 盐泽：即蒲昌海，今罗布泊。　**9** 河源：黄河源头。　**10** 楼兰：西域国名，后改名为鄯善，故址在今新疆若羌罗布泊西北楼兰故城。　姑师：西域国名，后改名为车师。汉宣帝时，分其地为车师前后两部，前部治交河城，在今新疆吐鲁番西交河古城遗址；后部治务涂谷，在今新疆吉木萨尔南山中。　**11** 鬲：通“隔”。

乌孙在大宛东北可二千里，行国[1]，随畜，与匈奴同俗。控弦[2]者数万，敢战。故服匈奴，及盛，取其羁属，不肯往朝会焉。[3]

乌孙在大宛东北约两千里远，人民不定居，游牧，和匈奴的风俗相同。能拉弓射箭的士兵有几万人，他们作战勇敢。曾臣服于匈奴，国力强盛起来后，就要回在匈奴做人质的亲属，不肯再朝拜匈奴了。

康居在大宛西北可二千里，行国，与月氏大同俗。控弦者八九万人。与大宛邻国。国小，南羁事月氏，东羁事匈奴。

康居在大宛的西北边大约两千里，人民不定居，和大月氏的风俗大多相同。能拉弓射箭的士兵有八九万人。和大宛国相邻。国家很小，南边臣服于月氏，东边臣服于匈奴。

奄蔡[4]在康居西北可二千里，行国，与康居大同俗。控弦者十余万。临大泽，无崖，盖乃北海云。[5]

奄蔡在康居西北边大约两千里，人民不定居，和康居的风俗大多相同。能拉弓射箭的士兵有十多万人。紧靠着一片无边无际的大泽，那大概是北海吧。

注释　1 行国：游牧不定居之国。 2 控弦：拉弓。 3 羁属：羁縻从属，此指被束缚的亲属人质。羁，被控制、束缚。下文的“羁事”，意即受制而臣服。　朝会：朝拜盟会。 4 奄蔡：西域国名，约在今咸海至里海一带。 5 崖：边。　盖：大概。　北海：即今里海。

大月氏在大宛西可二三千里，居妫水[1]北。其南则大夏，西则安息[2]，北则康居。行国也，随畜

大月氏在大宛西边二三千里，居住在妫水的北面。它的南边是大夏，西边是安息，北边是康居。人民不定居，游牧迁徙，和匈奴风俗相

移徙，与匈奴同俗。控弦者可一二十万。故时强，轻匈奴，及冒顿立，攻破月氏，至匈奴老上单于，杀月氏王，以其头为饮器。始月氏居敦煌、祁连间，及为匈奴所败，乃远去，过宛，西击大夏而臣之，遂都妫水北为王庭[3]。其余小众不能去者，保南山羌[4]，号小月氏。

同。能拉弓射箭的士兵有一二十万人。以前强大时，轻视匈奴，到了冒顿立为单于，打败了月氏，到匈奴老上单于时，杀死了月氏王，拿他的头颅作为饮酒器。开始时，月氏居住在敦煌、祁连一带，被匈奴打败后，就向远处迁徙，经过宛，向西攻打大夏并使它臣服，于是在妫水的北面建都并设置了王庭。那些留下来没能离去的一部分百姓，守卫着南山和羌人居住的地方，被称为小月氏。

注释　**1** 妫(guī)水：即今阿姆河，流入咸海。　**2** 安息：西域国名，约在今伊朗一带。　**3** 王庭：古代北方各族君长设幕立朝之所。　**4** 保：保全，占有。　南山：此处指祁连山。

安息在大月氏西可数千里。其俗土著，耕田，田稻麦，蒲陶酒。城邑如大宛。其属小大数百城，地方数千里，最为大国。临妫水，有市，民商贾用车及船，行旁国或数千里。以银为钱，钱如其王面[1]，王死辄更钱，

安息在大月氏西边约几千里。那里民俗安土重迁，从事农耕，种植稻和麦，生产葡萄酒。它的城镇如同大宛一样。它附属有大大小小几百座城镇，国土纵横有几千里，是那一带最大的国家。紧靠着妫水，有集市，人民做买卖依靠车和船只，运载货物到附近国家，有的达到几千里以外的地方。用银作钱币，钱币的图案就是国王的面貌，国王死了就更换钱币，再铸成新

效王面焉。画革旁行以为书记[2]。其西则条枝,北有奄蔡、黎轩。[3]

国王的面貌。在皮革上横着写有文字。它的西边是条枝,北边有奄蔡、黎轩。

注释 1 王面:君王的面貌。 2 画革:在皮革上画符号。 旁行:横写。 书记:记载之书。 3 条枝:西域国名,约在今伊拉克一带。 黎轩:又称大秦,即古罗马帝国。

条枝在安息西数千里,临西海。暑湿[1]。耕田,田稻。有大鸟[2],卵如瓮。人众甚多,往往有小君长,而安息役属之,以为外国。国善眩[3]。安息长老传闻条枝有弱水、西王母[4],而未尝见。

条枝在安息的西面有几千里,紧挨着西海。天气炎热潮湿。从事农耕,种植水稻。那里有鸵鸟,产的蛋像酒瓮一样大。人口很多,到处设有小酋长,而安息役使、管辖他们,把他们的领地当作附属国家。条枝国人精通幻术。安息的老年人听说条枝有弱水、西王母,可是从没有见过。

注释 1 暑湿:炎热潮湿。 2 大鸟:鸵鸟。班昭有《大鸟赋》,见《全后汉文》卷九十六,鸵鸟之记载始于此时,鸵鸟作为图画题材,始于唐乾陵雕刻。 3 眩(huàn):通“幻”。幻术,魔术。 4 弱水:传说中的古水名。 西王母:中国古代神话传说中的女神,即王母娘娘。

大夏在大宛西南二千余里妫水南。其俗土著,有城屋,与大宛同俗。无

大夏在大宛西南面两千余里妫水的南边。那儿的人过着定居生活,有城郭、房屋,和大宛的风俗

大君长,往往城邑置小长。其兵弱,畏战。善贾市[1]。及大月氏西徙,攻败之,皆臣畜[2]大夏。大夏民多,可百余万。其都曰蓝市城[3],有市贩贾诸物。其东南有身毒国[4]。

相同。没有大酋长,所到之处每个城镇设置小酋长。这个国家军队软弱,害怕打仗。人民善于做买卖。大月氏西迁的时候,打败了它,统治了整个大夏。大夏百姓很多,有一百多万。它的国都叫蓝市城,有集市,贩卖各种货物。大夏东南边有身毒国。

注释 1 贾市:做买卖。 2 臣畜(chù):臣服如畜。 3 蓝市城:在今阿富汗之巴尔赫附近。 4 身毒(yuān dú)国:也叫天毒、天竺,即古印度。

骞曰:"臣在大夏时,见邛竹杖、蜀布[1]。问曰:'安得此?'大夏国人曰:'吾贾人往市之身毒[2]。身毒在大夏东南可数千里。其俗土著,大与大夏同,而卑[3]湿暑热云。其人民乘象以战。其国临大水[4]焉。'以骞度之,大夏去汉万二千里,居汉西南。[5]今身毒国又居[6]大夏东南数千里,有蜀物,此其去蜀不远矣。今使大夏,从羌中,险,羌人恶[7]之;少[8]北,则

张骞说:"我在大夏的时候,看到邛地的竹杖、蜀地产的细布。我问他们:'在什么地方得到这些东西的呢?'大夏国人说:'我们的商人去身毒买的。身毒在大夏东南约几千里。那儿的人过着定居生活,和大夏风俗大体相同,但地势低,天气潮湿炎热。那里的人民骑大象来作战。他们国家临近大片水域。'根据我的推测,大夏距离汉朝一万二千里,位于汉朝的西南。现在身毒国又位于大夏东南几千里,那里有蜀地的物产,那它离蜀郡不远了。如今出使大夏,从羌人居住区经过,地势险要,羌人讨厌外族人;要是稍微向北走,就会被匈奴人

为匈奴所得；从蜀宜径[9]，又无寇。”

俘获；从蜀郡走应该最近，又没有寇害。”

注释 1 邛竹杖：用四川邛崃山所产的竹制成的杖。邛崃山位于四川西部，该地出产的竹子竹节高，中实不空，宜为杖。 蜀布：蜀地出产的细布。 2 市：做买卖。 之：到……去。 3 卑：地势低。 4 大水：此应指印度洋。 5 度(duó)：估计，推测。 去：距离。 6 居：处，处在。 7 恶(wù)：讨厌。 8 少：稍微。 9 宜：应当。 径：直，最近。

天子既闻大宛及大夏、安息之属皆大国，多奇物，土著，颇与中国同业，而兵弱，贵汉财物；其北有大月氏、康居之属，兵强，可以赂遗设利朝也[1]。且诚得而以义属之，则广地万里，重九译，致殊俗，威德遍于四海。[2]天子欣然，以骞言为然，乃令骞因蜀犍为发间使[3]，四道并出：出駹，出冉，出徙，出邛、僰，皆各行一二千里。[4]其北方闭氐、筰，南方闭巂、昆明。[5]昆明之属无

天子听说大宛和大夏、安息之类都是大国，有很多奇珍异宝，人民定居，与汉朝人的生活很相似，而且兵力薄弱，看重汉朝的财物；北边有大月氏、康居之类的国家，军队强大，可以用财物来疏通，给它们好处，使它们来朝见。况且如果真能用道义来使它们归附，就能够扩大万里的土地，经过多次翻译，招来不同风俗的人们，汉朝天子的声威和恩德就会遍及四海。天子非常高兴，认为张骞的话很对，于是命令张骞从蜀地的犍为郡派遣秘密行动的使者，分四路同时出发：一路从駹出发，一路从冉出发，一路由徙启程，一路由邛、僰启程，都各自行走一两千里。结果北方那一路被氐、筰阻拦，南方那一路被巂、昆明隔绝。昆明之类的部族没有酋长，善于抢劫，常常杀害、掠夺

君长，善寇盗，辄[6]杀略汉使，终莫得通。然闻其西可千余里有乘象国，名曰滇越，而蜀贾奸出物者或至焉，于是汉以求大夏道始通滇国。[7]初，汉欲通西南夷，费多，道不通，罢之。及张骞言可以通大夏，乃复事西南夷。

汉朝的使者，汉朝使者最终没能通过。但是，听说昆明西边一千多里有个人们都骑象的国家，名叫滇越，而蜀地的商人偷运出境的物品，有的到过那里，于是汉朝为了寻找通往大夏的道路，开始和滇越国往来。当初，汉朝想和西南夷交好，因花费太多，道路不畅通，所以作罢了。等到张骞说从这里可以沟通大夏时，汉朝就又重新开始开辟西南夷的工作。

注释 1 设利：施之以利。 朝：使之朝见。 2 诚：如果。 以义属之：用道义使之归属。 重(chóng)九译：经过多次辗转翻译。重，辗转。九，多次。 致：招致，招徕。 3 因：凭借，从。 间使：秘密行动的使者。 4 駹(máng)：即冉駹夷，羌族的一支，活动在今四川茂县一带。 冉：与“駹”实为一地。《汉书》无“出冉”二字。 徙(sī)：部族名，活动于今四川天全一带。 邛：部族名，活动于今四川峨眉山西北方一带。 僰(bó)：部族名，活动于今四川宜宾西南一带。 5 氐：氐族，活动于今四川松潘一带。 筰(zuó)：部族名，活动于今四川峨眉山以南一带。 巂(xī)：部族名，活动于今云南保山北一带。 昆明：部族名，活动于今云南大理一带。 6 辄：总是。 7 滇越：部族名，活动于今云南腾冲一带。 奸出物：私自贩卖物品。奸，秘密，悄悄。

骞以校尉从大将军[1]击匈奴，知水草处，军得以不乏，乃封骞为博望侯。是岁元朔六年[2]也。其明年，

张骞以校尉的身份跟随大将军卫青攻打匈奴，他知道哪里有水草，因而军队能够不受困乏，于是封张骞为博望侯。这一年是元朔

骞为卫尉，与李将军俱出右北平击匈奴。[3]匈奴围李将军，军失亡多；而骞后期[4]当斩，赎为庶人。是岁汉遣骠骑破匈奴西域数万人[5]，至祁连山。其明年，浑邪王率其民降汉，而金城、河西西並南山至盐泽空无匈奴。[6]匈奴时有候者到，而希矣。[7]其后二年，汉击走单于于幕[8]北。

六年。第二年，张骞任卫尉，和李广将军一同从右北平出发去攻打匈奴。匈奴军队包围了李广，李广的军队损失惨重；而张骞的军队耽误了时间，他被判为斩刑，花钱赎罪成为平民。这一年汉朝派骠骑将军霍去病在西边打败了匈奴军队几万人，来到祁连山下。第二年，浑邪王率领属下民众向汉朝投降，从此金城、河西的西边沿着南山一直到盐泽一带，再也没有匈奴人了。匈奴有时派侦察兵来，但也很少。又过了两年，汉朝军队把匈奴单于击退至大漠以北。

注释　**1** 大将军：指卫青。　**2** 元朔六年：公元前123年。　**3** 其明年：《史记志疑》："当依《汉书·骞传》作'后二年'。"　卫尉：官名，掌管宫禁宿卫。　李将军：李广。　右北平：汉郡名，治所平刚，在今内蒙古宁城西南。　**4** 后期：误了约定的期限。　**5** 骠骑：即骠骑将军霍去病。　西域：《汉书》作"西边"。　**6** 其明年：《史记志疑》："浑邪之降即在元狩二年，当依《汉书·骞传》作'其秋'。"　金城：汉郡名，治所允吾，在今甘肃永靖西北。　河西：应指今兰州以北的黄河西岸地区。　**7** 候者：侦察兵。　希："稀"之古字。　**8** 幕：通"漠"。大漠。

是后天子数问骞大夏之属。骞既失侯，因言曰："臣居匈奴中，闻乌孙

这以后，天子屡次问张骞大夏之类的事。张骞已经失去侯爵，于是说："臣居留在匈奴时，听说乌孙王叫昆

王号昆莫，昆莫之父，匈奴西边小国也。匈奴攻杀其父[1]，而昆莫生，弃于野。乌嗛肉蜚其上[2]，狼往乳之。单于怪以为神，而收长之。及壮，使将兵，数有功，单于复以其父之民予昆莫，令长守于西域。昆莫收养其民，攻旁小邑，控弦数万，习攻战。单于死，昆莫乃率其众远徙，中立[3]，不肯朝会匈奴。匈奴遣奇兵击，不胜，以为神而远之，因羁属之，不大攻。今单于新困于汉，而故浑邪地空无人。蛮夷俗贪汉财物，今诚以此时而厚币赂乌孙，招以益东，居故浑邪之地，与汉结昆弟，其势宜听，听则是断匈奴右臂也。[4]既连乌孙，自其西大夏之属皆可招来而为外臣。”天子以为然，拜骞

莫，昆莫的父亲，是匈奴西边一个小国的国王。匈奴人攻打并杀死了他的父亲，而昆莫出生后，被扔在野地里。乌鸦叼着肉在他上面飞行，狼去哺乳他。匈奴单于觉得奇怪，认为他是神，把他收养了，抚养他长大。到他成年后，让他带兵打仗，屡有战功，单于又将昆莫父亲属下的百姓交付给他，让他长期在西边守卫。昆莫聚集了西边的百姓，带他们攻打附近的小城镇，他手下能拉弓射箭的士兵有几万人，他们熟习作战。匈奴单于死后，昆莫就率领他的人民向远处迁移，保持中立，不愿去朝拜匈奴。匈奴派遣出奇制胜的军队去攻打，没有获胜，认为昆莫是神人而远远避开他，对他采取约束、牵制的办法，不经常攻打。如今匈奴单于刚被汉朝打得很疲惫，而以前浑邪王的领地又没人守卫。蛮夷的习俗是贪图汉朝的财物，现在如果趁这个时机把丰厚的礼物赠送给乌孙王，招引他再向东迁，居住在原浑邪王所居之地，和汉朝结为兄弟，根据情势来看，乌孙会这样做，这样就是把匈奴右边的一只臂膀斩断了。汉朝联合了乌孙以后，乌孙西边的大夏等国都可以招引来

为中郎将，将三百人，马各二匹，牛羊以万数，赍金币帛直数千巨万[5]，多持节副使，道可使，使遗之他旁国。

从而作为汉朝的外臣。”天子认为很对，任命张骞为中郎将，率领三百人，每人两匹马，牛羊几万只，携带钱财布帛，价值几千万万，还配备了多名持节杖的副使，如果道路可通，就派他们到附近的国家去。

注释 1 匈奴攻杀其父：依《汉书·张骞传》，“匈奴”当作“大月氏”。 2 嗛：同“衔”。用嘴含物。 蜚：通“飞”。 3 中立：独立。 4 益东：更加靠近东方。 昆弟：兄弟。 5 赍(jī)：携带。 币帛：古人用以赠送的礼品。 直：通“值”。 巨万：万万。

骞既至乌孙，乌孙王昆莫见汉使如单于礼，骞大惭[1]，知蛮夷贪，乃曰：“天子致赐，王不拜则还赐。”昆莫起拜赐，其他如故。骞谕使指曰：“乌孙能东居浑邪地，则汉遣翁主[2]为昆莫夫人。”乌孙国分，王老，而远汉，未知其大小，素服属匈奴日久矣，且又近之，其大臣皆畏胡，不欲移徙，王不能专制[3]。骞不得其要领。昆

张骞到了乌孙后，乌孙王昆莫用拜见匈奴单于的礼节来接见汉朝使者，张骞感到很羞愧，知道蛮夷禀性贪婪，于是说：“天子赠送礼物，大王不拜谢，就把礼物退回来。”昆莫就起身拜谢赏赐，其他做法照旧。张骞把自己出使的意图告诉昆莫说：“乌孙若能够东迁至原浑邪王的土地上，那么汉朝就送一位诸侯的女儿给昆莫国王您做夫人。”这时乌孙国已经分裂，国王年纪大，又离汉朝太远，不知道汉朝的大小，而且乌孙过去臣服于匈奴已经很长时间了，更何况又接近匈奴，大臣们都害怕匈奴，不想迁走，国王不能独自作出决定。张骞因

莫有十余子，其中子曰大禄，强，善将众，将众别居万余骑。大禄兄为太子，太子有子曰岑娶，而太子蚤死，临死谓其父昆莫曰："必以岑娶为太子，无令他人代之。"昆莫哀而许之，卒以岑娶为太子。大禄怒其不得代太子也，乃收其诸昆弟，将其众畔，谋攻岑娶及昆莫。昆莫老，常恐大禄杀岑娶，予岑娶万余骑别居，而昆莫有万余骑自备，国众分为三，而其大总[4]取羁属昆莫，昆莫亦以此不敢专约于骞。

骞因分遣副使使大宛、康居、大月氏、大夏、安息、身毒、于窴、扜罙及诸旁国。乌孙发导译送骞还，骞与乌孙遣使数十人，马数十匹报谢，因令窥汉，知其广大。

骞还到，拜为大行[5]，

而没能得到昆莫的明确表态。昆莫有十多个儿子，中间有个儿子叫大禄，很强悍，善于指挥军队，带领军队在别处居住，有一万多骑兵。大禄的哥哥是太子，太子有个儿子叫岑娶，而太子很早就去世了，他临死的时候对父亲昆莫说："一定要把岑娶立为太子，不要让别人替代他。"昆莫哀伤地答应了他，最终就把岑娶立为太子。大禄为自己不能取代太子而发怒，于是纠集他的兄弟们，率领军队造反，计划攻打岑娶和昆莫。昆莫年老，总是担心大禄杀了岑娶，就给岑娶一万多骑兵，让他在别处居住，而昆莫有一万多骑兵用来自卫，这样国家民众一分为三，而大体上仍是归属于昆莫，昆莫也因此不敢自作主张与张骞定约。

张骞于是分别派出副使出使大宛、康居、大月氏、大夏、安息、身毒、于窴、扜罙和旁边的国家。乌孙国派出向导和翻译送张骞回国，张骞陪同乌孙派出的使者几十人，马几十匹，一同去汉朝，答谢汉朝天子，顺便让使者窥探汉朝，了解汉朝的广大。

张骞回到朝廷，被任命为大行

列于九卿。岁余,卒。

令,官位在九卿之列。一年多后,张骞去世。

注释 1 惭:羞愧。 2 翁主:诸侯王之女。 3 专制:独自决断。 4 大总:大体。 5 大行:即大行令,武帝太初元年(前104)更名为大鸿胪,掌管外交及处理国内边远民族事务。九卿之一。据《汉书·百官公卿表》,中郎将张骞为太行令,在元鼎二年(前115),三年卒,非下文"岁余,卒"。

乌孙使既见汉人众富厚,归报其国,其国乃益重汉。其后岁余,骞所遣使通大夏之属者皆颇[1]与其人俱来,于是西北国始通于汉矣。然张骞凿空,其后使往者皆称博望侯,以为质于外国,外国由此信之。[2]

乌孙的使者看到汉朝人口众多,财物丰足后,回去向他们的国王报告,他们的国王于是更重视汉朝。那以后一年多,张骞派出去沟通大夏等国的使者,大多和所去国家的人一同回来,于是西北各国开始和汉朝有了交往。然而这种交往是张骞开创的,那以后出使西域的人都号称为博望侯,以此来取信于外国,外国也因此而信任他们。

注释 1 颇:大多。 2 凿空:凿开孔道,即开辟了通道。空,通"孔"。 质:取信。

自博望侯骞死后,匈奴闻汉通乌孙,怒,欲击之。及汉使乌孙,若出其南,抵大宛、大月氏相属,

自从博望侯张骞死后,匈奴听说汉朝和乌孙交往,很生气,想攻打乌孙。等到汉朝出使乌孙,那些使者从它南边出使到大宛、大月氏的接连不断,乌孙就感到害怕,派使者

乌孙乃恐,使使献马,愿得尚汉女翁主,为昆弟。[1]天子问群臣议计,皆曰“必先纳聘[2],然后乃遣女”。初,天子发[3]书《易》,云“神马当从西北来”。得乌孙马好,名曰“天马”。及得大宛汗血马,益壮,更名乌孙马曰“西极”,名大宛马曰“天马”云。而汉始筑令居[4]以西,初置酒泉郡以通西北国。因益发使抵安息、奄蔡、黎轩、条枝、身毒国。而天子好宛马,使者相望于道。诸使外国一辈大者数百,少者百余人,人所赍操大放博望侯时。[5]其后益习而衰[6]少焉。汉率[7]一岁中使多者十余,少者五六辈。远者八九岁,近者数岁而反。

向汉朝进献马匹,希望能够迎娶汉朝诸侯的女儿,同汉朝结为兄弟。天子向大臣们征求意见,大臣都说:“一定要先让他们送上聘礼,然后才把诸侯的女儿嫁过去。”先前,天子打开《易》占卜,卜辞说“神马应当从西北来”。得到乌孙的好马后,就命名为“天马”。等到得到了大宛的汗血马,比天马更健壮,就把乌孙马改名为“西极”,把大宛马命名为“天马”。这时汉朝开始修筑令居以西的长城,并设置酒泉郡来和西北各国交往。于是加派使者到安息、奄蔡、黎轩、条枝、身毒各国。而天子喜欢大宛马,出使大宛的使者更是络绎不绝。那些出使外国的使团大的有几百人,小的有一百多人,人们所携带的东西与博望侯时大致相同。那以后出使之事习以为常,人数逐渐减少。汉朝通常一年中要派出的使者,多的有十多次,少的有五六次。远的地方,使者八九年才能回来;近的地方,使者几年就回来了。

注释 1 若:代指汉使。一说即“及”。 尚:仰攀婚姻。 2 聘:聘礼。 3 发:打开,翻看。 4 令(lián)居:汉县名,在今甘肃永登西北。 5 辈:批。 赍操:携带的礼品。 6 衰(cuī):减少。 7 率:通常,大概。

是时汉既灭越，而蜀、西南夷皆震，请吏入朝。于是置益州、越巂、牂柯、沈黎、汶山郡，欲地接以前通大夏。乃遣使柏始昌、吕越人等岁十余辈，出此初郡抵大夏，皆复闭昆明，为所杀，夺币财，终莫能通至大夏焉。于是汉发三辅罪人，因巴蜀士数万人，遣两将军郭昌、卫广等往击昆明之遮汉使者，斩首虏数万人而去。[1]其后遣使，昆明复为寇，竟莫能得通。而北道酒泉抵大夏，使者既多，而外国益厌汉币[2]，不贵其物。

这时汉朝已经消灭了南越，蜀、西南夷都很害怕，请求派遣官吏入京拜见天子。汉朝于是设置益州、越巂、牂柯、沈黎、汶山郡，希望土地连成一片，向前通往大夏。于是汉朝一年内就派使者柏始昌、吕越人等十几批，从这几个刚设置的郡出发到大夏，但又都被昆明阻拦，使者被杀，钱物被抢，终究没能够到达大夏。于是汉朝派遣三辅的犯人，再加上巴蜀士兵几万人，派郭昌、卫广两位将军前去攻打昆明那里阻拦汉朝使者的人，斩杀几万人后就离去。那以后派出使者，昆明又进行抢劫杀戮，终究没能够通过。而北边从酒泉到大夏的使者已经很多，外国对汉朝的礼物渐渐感到厌恶，不再看重了。

注释　1 三辅：即京城周围的三个行政区，分别是京兆尹、左冯翊、右扶风。　遮：拦劫。　2 厌：厌恶，不看重。　币：此处代指礼物。

自博望侯开外国道以尊贵，其后从吏卒皆争上书言外国奇怪利害，求使[1]。天子为其绝远，非人所乐往，听其言，予

自从博望侯因为开通和外国的交往道路而获得尊贵，那以后跟随出使的官吏和士兵都争着上书，陈述外国稀奇之物、怪异之事和便利之情，请求当使者。天子认为外国非常遥

节，募吏民毋问所从来，为具备人众遣之，以广其道。来还不能毋侵盗币物，及使失指，天子为其习之，辄覆案致重罪，以激怒令赎，复求使。[2]使端[3]无穷，而轻犯法。其吏卒亦辄复盛推外国所有，言大者予节，言小者为副，故妄言无行之徒皆争效之。其使皆贫人子，私县官赍物，欲贱市以私其利外国。[4]外国亦厌汉使人人有言轻重[5]，度汉兵远不能至，而禁其食物以苦汉使。汉使乏绝积怨，至相攻击。而楼兰、姑师小国耳，当空道[6]，攻劫汉使王恢等尤甚。而匈奴奇兵时时遮击使西国者。使者争遍言外国灾害，皆有城邑，兵弱易击。于是天子以故遣从骠侯破奴将属国骑及郡

远，不是人人都乐于前往，就接受他们的要求，颁给他们符节，招募官吏和百姓而不问他们的出身，为他们配备好随行人员而送他们出发，来拓宽沟通外国的道路。出使归来的人难免出现侵吞布帛财物的情况，还有使者违背天子旨意的事情，天子认为他们熟悉西域情况，常常深究他们的罪行，来激怒他们，让他们出钱赎罪，再次要求充任使者。出使的事端层出不穷，因而他们也就轻率犯法。那些官吏、士卒也常常极力夸赞外国的东西，说话夸张的人被授予正使，说得不精彩的人被授予副使，所以那些胡说八道、没有品行的人都争着来仿效。那些出使的人都是贫穷人家的孩子，把官府赠送给外国的礼物占为己有，想通过低价收购货物在外国获取私利。外国人也讨厌汉朝的使者每人说的都不一样，考虑到汉朝军队离得远，不能过来，因而断绝汉朝使者的食物，使他们遭受困苦。汉朝使者的生活困乏，食物断绝，因而对西域各国产生了积怨，以至于相互攻击。楼兰、姑师是小国，处于交通要道，攻击、劫掠汉朝使者王恢等使团的尤其厉害。而匈奴也经常派出突

兵数万，至匈河水，欲以击胡，胡皆去。[7]其明年，击姑师，破奴与轻骑七百余先至，虏楼兰王，遂破姑师。因举兵威以困乌孙、大宛之属。还，封破奴为浞野侯。王恢数使，为楼兰所苦，言天子，天子发兵令恢佐破奴击破之，封恢为浩侯。于是酒泉列亭障[8]至玉门矣。

乌孙以千匹马聘汉女，汉遣宗室女江都翁主[9]往妻乌孙，乌孙王昆莫以为右夫人。匈奴亦遣女妻昆莫，昆莫以为左夫人。昆莫曰"我老"，乃令其孙岑娶妻翁主。乌孙多马，其富人至有四五千匹马。

袭的军队拦截出使西域的人。使者们争相谈论在外国发生的灾祸，说那里都有城镇且兵力薄弱，容易攻打。天子因此派遣从骠侯赵破奴率领属国骑兵和各郡士兵几万人，来到匈河水，想要攻打匈奴，匈奴军队都离去了。第二年，攻打姑师，赵破奴和轻骑兵七百多人先到达，俘虏了楼兰王，攻陷了姑师。凭借胜利的军威围困了乌孙、大宛等国。回汉朝后，封赵破奴为浞野侯。王恢屡次出使，被楼兰侵扰得很苦，他跟天子说起这些，天子派军队让王恢辅佐赵破奴打败了楼兰，王恢被封为浩侯。于是，汉朝在酒泉修筑亭鄣，直修到玉门关。

乌孙用一千匹马来聘娶汉朝姑娘，汉朝将皇族江都王刘建的女儿嫁给乌孙王做妻子，乌孙王昆莫让她做右夫人。匈奴也派遣女子嫁给昆莫，昆莫让她做左夫人。昆莫说，"我年纪大了"，于是让他的孙子岑娶娶翁主为妻。乌孙盛产马匹，那里富人家的马多至四五千匹。

注释 1 从：跟随。 奇怪：稀奇、怪异的事物。 2 失指：违背皇帝的旨意。 覆案：立案审查。 3 使端：出使的缘由。 4 私：私下占有。 县官:官府。 贱市:低价购物。 私其利外国:在国外谋求私利。 5 有言轻重:说话轻率不实在。 6 当空道:处在交通要道上。空,孔。 7 破奴:即汉朝将领赵破奴,曾被封为从骠侯。《史记志疑》:“破奴时已坐酎金失侯,不得云‘从骠侯’也。” 属国:指西域各归属汉朝的国家。 郡兵:地方武装力量。 匈河水:古水名,位置不详。 8 亭障:在险要处设置的城堡。 9 江都翁主:江都王刘建之女刘细君。

初,汉使至安息,安息王令将二万骑迎于东界。东界去王都数千里。行比至[1],过数十城,人民相属甚多。汉使还,而后发使随汉使来观汉广大,以大鸟卵及黎轩善眩人献于汉。及宛西小国驩潜、大益,宛东姑师、扜罙、苏薤[2]之属,皆随汉使献见天子。天子大悦。

而汉使穷河源[3],河源出于寘,其山多玉石,采来,天子案古图书,名河所出山曰昆仑云。

起初,汉朝使者到安息,安息王命令有关人员率领两万骑兵到东部边界上来迎接。东部边界距离国都有几千里远。从动身到走到国都,要经过几十座城镇,百姓相连,人口很多。汉朝使者回国时,安息就接着派使者跟随汉使者来见识汉朝领土的广大,把大鸟蛋和黎轩善变魔术的人献给汉朝。至于大宛西边的小国驩潜、大益,大宛东边的姑师、扜罙、苏薤等国,都跟随汉使者来献贡品和拜见天子。天子很高兴。

汉朝使者寻到了黄河源头,黄河的河源在于寘,那里的山盛产玉石,使者们采运回来,天子考查古代的图书,将黄河发源的山命名为昆仑山。

注释 1 行比至:从动身直至到达。 2 苏薤(xiè):西域小国。 3 穷:穷尽,探求。 河源:黄河之源头。

是时上方数巡狩海上，乃悉从外国客，大都多人则过之，散财帛以赏赐，厚具以饶给之，以览示汉富厚焉。[1] 于是大觳抵，出奇戏诸怪物，多聚观者，行赏赐，酒池肉林，令外国客遍观各仓库府藏之积，见汉之广大，倾骇之。[2] 及加其眩者之工[3]，而觳抵奇戏岁增变，甚盛益兴，自此始。

这时，天子正屡次到沿海一带视察，每次都让外国客人跟随，人多的大城市就经过，并且散发财物、布帛来赏赐他们，用丰厚的酒肴盛情款待他们，来展示汉朝的富有。所到之处总要举行摔跤比赛，演出奇妙的节目，展示奇异的东西，围观的人很多，天子便进行赏赐，聚酒成池，挂肉成林，让外国客人遍观各地仓库的储藏物资，表现汉朝的广大，使他们倾慕、吃惊。魔术的技艺更加精巧，角抵和奇戏每年都有新变化，各种戏法更加兴盛，就从这时开始。

注释 1 巡狩：天子视察各地。 大都：大都市。 多人：人口集中的地方。 具：饭食，酒肴。 饶给：丰富的供给，即热情款待。 览示：展示。 2 觳(jué)抵：徒手搏斗的游戏，似今之摔跤。觳，通“角”。抵，抵触。 倾骇之：使之倾慕、惊骇。 3 工：功夫，技艺。

西北外国使，更[1] 来更去。宛以西，皆自以远，尚骄恣晏然，未可诎以礼羁縻而使也。[2] 自乌孙以西至安息，以近匈奴，匈奴困月氏也，匈奴使持单于一信，则国国传送食，不敢

西北地区的外国使者，此去彼回，往来不断。大宛以西的国家，都自认为离汉朝远，就骄傲放纵，安逸自适，汉朝还不能用礼节来使它们屈服，笼络它们与汉朝通使。从乌孙以西到安息，因为靠近匈奴，匈奴使月氏处于困扰之中，匈奴使者拿着单于的一封信，那么各国都供给

留苦；[3]及至汉使，非出币帛不得食，不市畜不得骑用。所以然者，远汉，而汉多财物，故必市乃得所欲，然以畏匈奴于汉使焉[4]。宛左右以蒲陶为酒，富人藏酒至万余石，久者数十岁不败。俗嗜酒，马嗜苜蓿[5]。汉使取其实[6]来，于是天子始种苜蓿、蒲陶肥饶地。及天马多，外国使来众，则离宫别观旁尽种蒲陶、苜蓿极望[7]。自大宛以西至安息，国虽颇异言，然大同俗，相知言[8]。其人皆深眼，多须髯，善市贾，争分铢[9]。俗贵女子，女子所言而丈夫乃决正[10]。其地皆无丝漆，不知铸钱器。及汉使亡卒降，教铸作他兵器。得汉黄白金，辄以为器，不用为币。

他食物，不敢阻留而使其受苦；至于汉朝使者，不拿出钱物就无法得到食物，不买牲口就不能得到坐骑。之所以这样，是因为西域各国离汉朝远，并且知道汉朝财物丰足，所以一定要汉使出钱购买才能得到想要的东西，但也是因为他们怕匈奴使者甚于汉朝使者的缘故。大宛附近的国家都用葡萄酿酒，富人家里储藏的酒多至一万多石，年代久的几十年都不坏。那里的风俗是人们喜欢饮酒，马喜欢吃苜蓿。汉朝使者把苜蓿的种子拿回来，于是天子开始在肥沃的土地上种植苜蓿、葡萄。等到得到的天马多了，外国使者来得多了，离宫别苑旁边都种了葡萄、苜蓿，一望无尽。从大宛以西到安息，各国虽然语言大不相同，可是风俗大多相似，彼此可以相互沟通。那里的人都深眼窝，多留胡须，善于做买卖，连一分一钱都要争执。当地风俗尊重女子，女子说的话，丈夫就绝对照办。那里都没有丝和漆，不懂得铸造钱币和器皿。等到汉朝使者和逃亡士卒投降了他们后，才教他们制作另外的兵器和器皿。他们得到了汉朝的黄金、白银，常常用来做器皿，不用来做钱币。

注释 1 更:换。 2 晏然:安逸的样子。 诎:屈服,折服。
3 国国:各国。 传送食:相递供给食物。 留苦:阻留使其受苦。
4 畏匈奴于汉使焉:和汉使相比更害怕匈奴。 5 苜蓿:亦称紫花苜蓿,原产西域,可作饲料或肥料,亦可食用。 6 实:果实,此指种子。
7 极望:一眼望不到边。 8 相知言:互相了解而知道对方说些什么。
9 分铢:一分和一铢,这里指很少一点钱。分,古代货币单位,十分为一角。铢,古代重量单位,二十四铢为一两。 10 决正:绝对不可偏离。

而汉使者往既多,其少从率多进熟于天子[1],言曰:"宛有善马在贰师城[2],匿不肯与汉使。"天子既好宛马,闻之甘心,使壮士车令等持千金及金马以请宛王贰师城善马。[3]宛国饶汉物,相与谋曰:"汉去我远,而盐水[4]中数败,出其北有胡寇,出其南乏水草。又且往往而绝邑,乏食者多。汉使数百人为辈来,而常乏食,死者过半,是安能致大军乎?无柰我何。且贰师马,宛宝马也。"遂不肯予汉使。汉使怒,

汉朝使者出使西域的多了以后,那些自少年时就随从出使国外的人,大多向天子汇报自己熟悉的情况,说:"大宛有好马在贰师城,他们藏着不肯给汉使者。"天子喜欢上了大宛马,听了心里很快意,就派壮士车令等人拿着千金和金马,来向大宛王换取贰师城的好马。大宛国已经有很多汉朝的东西,大宛王和大臣商议说:"汉朝离我们很远,而经过盐泽来我国屡有死亡之事发生,若从北边来又会有匈奴侵扰,从南边来又缺少水草之地。而且往来没有城邑,饮食很缺乏。汉朝使者每批几百人来,却常常因为缺乏食物,死亡之人超过半数,这样怎么能有大部队前来呢?他们对我们无可奈何。况且贰师城的马,是大宛的宝马。"于是大宛王不肯把马给汉使者。汉使者生气,指责大宛王,

妄言，椎金马而去。[5]宛贵人[6]怒曰："汉使至轻我！"遣汉使去，令其东边郁成[7]遮攻，杀汉使，取其财物。于是天子大怒。诸尝使宛姚定汉等言宛兵弱，诚以汉兵不过三千人，强弩射之，即尽虏破宛矣。天子已尝使浞野侯攻楼兰，以七百骑先至，虏其王，以定汉等言为然，而欲侯宠姬李氏，拜李广利为贰师将军，发属国六千骑，及郡国恶少年数万人，以往伐宛。[8]期至贰师城取善马，故号"贰师将军"。赵始成为军正，故浩侯王恢使导军，而李哆为校尉，制军事。[9]是岁太初元年也。而关东蝗大起，蜚西至敦煌。

击打着金马然后离去。大宛的贵族官员发怒说："汉使者太轻视我们了！"遣送汉使者离去，命令大宛东边的属地郁成王拦击，杀死汉使者，夺取他们的财物。于是天子十分愤怒。几位曾经出使过大宛的人，如姚定汉等说大宛兵力薄弱，如果用汉朝军队，不超过三千人，用强弓劲弩射击他们，就能全部俘获大宛的军队。因为天子曾经派浞野侯攻打过楼兰，浞野侯率领七百名骑兵先到了楼兰，俘虏了楼兰王，所以天子认为姚定汉等的话不错，并且想封宠姬李夫人的兄弟为侯，就任命李广利为贰师将军，调发属国六千名骑兵，以及各郡国品行恶劣的少年几万人，前往攻打大宛。因为是希望到贰师城获取好马，所以号为"贰师将军"。赵始成任军正，原来的浩侯王恢当军队的向导，而李哆任校尉，掌管军中大事。这一年是太初元年。这时函谷关以东地区蝗虫为害严重，向西飞到了敦煌。

注释 1 少从：少年时跟随出使。 率多：大多。 进：进言。 熟：熟悉的情况。 2 贰师城：大宛城名，约在今吉尔吉斯斯坦西南部的马尔哈马特。 3 甘心：快意。 请：换取。 4 盐水：指盐泽，即罗布泊。

5 妄言:指责。 椎:击打,敲打。 6 贵人:地位显贵者。 7 郁成,大宛所属地名,在其东边。 8 浞野侯:即赵破奴。 侯:封侯。 李氏:指李夫人之兄弟。李夫人为协律都尉李延年之妹,李广利为其长兄。 9 赵始成:人名。 军正:军中执法官员。 导军:为军队作向导。 制:掌握。

贰师将军军既西过盐水,当道小国恐,各坚城守,不肯给食。攻之不能下。下者得食,不下者数日则去。比至郁成,士至者不过数千,皆饥罢[1]。攻郁成,郁成大破之,所杀伤甚众。贰师将军与哆、始成等计:"至郁成尚不能举,况至其王都乎?"[2]引兵而还。往来二岁。还至敦煌,士不过什一二[3]。使使上书言:"道远,多乏食;且士卒不患战,患饥。人少,不足以拔宛。愿且罢兵[4],益发而复往。"天子闻之,大怒,而使使遮玉门,曰:"军有敢入者辄斩之!"贰师恐,因留敦煌。

贰师将军李广利的军队已经向西渡过了盐水,沿途的小国都很恐慌,各自坚守城池,不肯供给食物。汉军攻打它们,没能攻下。攻下城来才能得到食物,攻不下的,过几天就赶紧离去。等到了郁成,抵达那里的士兵不超过几千人,都饥饿疲惫。汉军攻打郁成王,郁成王军队大败汉军,汉军死伤众多。贰师将军李广利和李哆、赵始成等人商议:"我们连郁成都攻不下,又怎么能攻下他们的国都呢?"就率领军队返回。一去一回花了两年。他们回到敦煌,剩下的士兵已经不超过十分之一二。李广利派使者向天子报告说:"道路遥远,又常常缺少食物;况且士兵不怕战斗,只怕饥饿。人数少,不足以攻取大宛。希望暂且退兵,增派军队后再前去。"天子听后,十分生气,派使者到玉门关阻拦,说:"军队有胆敢进入玉门关的,就斩杀!"贰师将军李广利害怕,于是就驻扎在敦煌。

注释 1 罢:通"疲"。 2 举:攻下。 王都:大宛王所在的都城贵山城。 3 什一二:十分之一二。 4 愿:希望。 且:暂且。

其夏,汉亡浞野之兵二万余于匈奴。公卿及议者皆愿罢击宛军,专力攻胡。天子已业诛宛,宛小国而不能下,则大夏之属轻汉,而宛善马绝不来,乌孙、仑头易苦汉使矣,为外国笑。[1]乃案言伐宛尤不便者邓光等,赦囚徒材官,益发恶少年及边骑,岁余而出敦煌者六万人,负私从者不与。[2]牛十万,马三万余匹,驴骡橐它[3]以万数。多赍粮,兵弩甚设,天下骚动,传相奉伐宛,凡五十余校尉。[4]宛王城中无井,皆汲城外流水,于是乃遣水工徙其城下水空以空其城。[5]益发戍甲卒十八万酒泉、张掖北,置居延、休

那年夏天,汉朝在匈奴损失了浞野侯的军队两万多人。公卿和议事的大臣都希望停止攻打大宛,集中力量攻打匈奴。天子认为汉朝已经开始攻打大宛,大宛这样的小国不能攻下,那大夏等国就会轻视汉朝,而大宛的良马也绝不会得到,乌孙、仑头就会轻易地让汉使者受困苦了,这会被外国耻笑。天子于是惩罚了说攻打大宛不利的邓光等人,赦免了囚犯和勇敢的犯了罪的士兵,更多地征发品行恶劣的少年及边地骑兵,一年多时间派到敦煌的达六万人,这还不包括自带衣食随军的人。这些士兵携带牛十万头,马三万多匹,驴、骡、骆驼数以万计。他们还带了很多粮食,兵器、弓弩都设置齐备,当时天下为之骚动,为了保证进攻大宛的人力物力,军队总共设有五十多名校尉。大宛都城中没有水井,都要汲取城外的流水,汉军于是派遣水工改变了城边的水道,使城内无水可用。又增调了十八万甲兵,到酒泉、张掖北边,设置居延、

屠以卫酒泉，而发天下七科適，及载糒给贰师。[6]转车[7]人徒相连属至敦煌。而拜习马者二人为执驱校尉，备破宛择取其善马云。[8]

休屠两个县来护卫酒泉，还征发全国七种地位低下的人，载运干粮供给贰师将军的军队。转运物资的人沿途络绎不绝，直到敦煌。又任命两位熟识马匹的人做执驱校尉，准备攻下大宛后选取他们的良马。

注释 1 已业：已经决定。 仑头：即轮台，西域小国名。一云活动在轮台西南的小国，为李广利所灭，置使者校尉，屯田于此，在今新疆轮台东南。 易：轻易。 2 案：立案审查。 材官：汉所置的一种地方预备兵兵种。 负私从者不与：以私人装备而从军者不在其中。 3 橐它：即骆驼。 4 甚设：设置很齐全。 传相：相继。 奉：供奉，供应。 5 汲：取水。 水空：水孔，水道。 空其城：令城中绝水而渴乏。 6 七科：七种社会地位低的阶层，即有罪之官吏、逃亡的罪犯、赘婿、商人、曾经做过买卖的人、父母做过买卖的人，祖父母做过买卖的人。 適：通"谪"。 糒(bèi)：干粮。 7 转车：用车运输。 8 习马：熟识马且善驭马。 二人：颜师古以为一人为执马校尉，一人为驱马校尉。 备：准备。

于是贰师后复行，兵多，而所至小国莫不迎，出食给军。至仑头，仑头不下，攻数日，屠之。自此而西，平行[1]至宛城，汉兵到者三万人。宛兵迎击汉兵，汉兵射败之，宛走入葆乘其城[2]。贰师兵欲

于是贰师将军李广利后来又一次出征，士兵很多，所到的小国没有不迎接的，都拿出食物供给军队。汉军到了仑头，仑头不肯投降，攻打了几天，血洗仑头。从这往西，汉军没有受到阻拦而顺利到达大宛王城，汉军到达那里的有三万人。大宛军队迎击汉军，汉军一阵乱箭将他们逼回城中，大宛军队进入城里凭借

行攻郁成，恐留行而令宛益生诈，乃先至宛，决其水源，移之，则宛固已忧困。[3]围其城，攻之四十余日，其外城坏，虏宛贵人勇将煎靡[4]。宛大恐，走入中城。宛贵人相与谋曰："汉所为攻宛，以王毋寡[5]匿善马而杀汉使。今杀王毋寡而出善马，汉兵宜解[6]；即不解，乃力战而死，未晚也。"宛贵人皆以为然，共杀其王毋寡，持其头遣贵人使贰师，约曰："汉毋攻我。我尽出善马，恣所取，而给汉军食。即不听，我尽杀善马，而康居之救且至。至，我居内，康居居外，与汉军战。汉军熟计之，何从？"是时康居候视汉兵，汉兵尚盛，不敢进。贰师与赵始成、李哆等计："闻宛城中新得秦人[7]，知穿井，而

城墙守卫。贰师将军的军队要前去攻打郁成，恐怕滞留行军而让大宛越发做出诡诈之事，于是先到了大宛，断绝了王城的水源，改变水道，大宛就已经深受困苦了。汉军包围了大宛城，攻打了四十多天，外围城墙被毁坏，俘虏了高级官员中的勇将煎靡。大宛人十分害怕，都逃入内城中。大宛的高级官员们互相商量对策说："汉朝攻打大宛的原因，是大宛王毋寡藏匿良马而且杀死汉使者。如今杀了大宛王毋寡而献出良马，汉军的围攻应该会解除；如果不解除，就再奋力战斗而死，也不为迟。"大宛的高官们都认为不错，就一同杀死了他们的国王毋寡，拿着他的头，派高级官员出使到贰师将军那儿，和他商谈说："汉军不要攻打我们。我们把良马全都献出，任由你们选取，并且供给汉军食物。如果不答应，我们就把良马全部杀掉，而康居的救兵快要到了。救兵来到，我们在里面，康居军队在外面，我们和康居将两面夹击汉军。希望汉军仔细考虑，应该怎么办？"这时康居的侦察兵察看了汉军，认为汉军还强盛，不敢前进。贰师将军和赵始成、李哆等人商量说："听说大宛

其内食尚多。所为来，诛首恶者毋寡。毋寡头已至，如此而不许解兵，则坚守，而康居候汉罢而来救宛，破汉军必矣。"军吏皆以为然，许宛之约。宛乃出其善马，令汉自择之，而多出食食给汉军[8]。汉军取其善马数十匹，中马以下牡牝三千余匹，而立宛贵人之故待遇汉使善者名昧蔡以为宛王，与盟而罢兵。[9]终不得入中城，乃罢而引归。

城内刚找到了大秦人，懂得挖井，并且他们城内的粮食还很多。我们来这里的原因，是诛杀罪大恶极的毋寡。毋寡的头已送来了，这样还不撤去军队，那么他们如果顽强守卫，而康居的军队等到汉军疲乏时来援救大宛，就一定会打败汉军。"汉军军官都认为很对，就答应了大宛的要求。大宛于是献出他们的良马，让汉军自己来挑选，并且拿出很多食物来供给汉军。汉军取走了几十匹良马，以及中等以下的公马和母马三千多匹，又扶立了以前善待汉使者的大宛贵人昧蔡为大宛王，和他订立盟约后撤兵。汉军最终没能进入大宛的内城，就撤军回到汉朝。

注释　1 平行：顺利行进。　2 葆：通"堡"。城堡。　乘：凭借，依靠。　3 行攻：行进中攻下。　留行：滞留而不得进军。　4 煎靡：人名，大宛将领。　5 毋寡：大宛国王名。　6 解：解围撤兵。　7 秦人：秦统一中国后，北方和西方的邻国往往称中国人为秦人，直至汉、晋。　8 多出食(shí)食(sì)给汉军：拿出很多食物供给汉军吃。　9 牡牝：雄雌。　昧(mò)蔡：大宛贵人。

初，贰师起敦煌西，以为人多，道上国不能食，乃分为数军，从南北道。校尉

当初，贰师将军从敦煌西边出发，认为人员太多，沿途的国家无法供给食物，就把军队分为几支，

王申生、故鸿胪壶充国等千余人,别到郁成。[1]郁成城守,不肯给食其军。王申生去大军二百里,偩而轻之[2],责郁成。郁成食不肯出,窥知申生军日少[3],晨用三千人攻,戮杀申生等,军破,数人脱亡,走贰师。贰师令搜粟都尉[4]上官桀往攻破郁成。郁成王亡走康居,桀追至康居。康居闻汉已破宛,乃出郁成王予桀,桀令四骑士缚守诣大将军。[5]四人相谓曰:"郁成王汉国所毒,今生将去,卒失大事。"[6]欲杀,莫敢先击。上邽骑士赵弟最少,拔剑击之,斩郁成王,赍头。弟、桀等逐及大将军。

从南、北两路前进。校尉王申生、原鸿胪壶充国等率领一千多人,从另一条路到了郁成。郁成人坚守城池,不肯向汉军供给食物。王申生离开大部队两百里远,认为有所依仗而轻视郁成,向郁成索取粮食。郁成人不肯献出粮食,探知王申生的军队粮食每天减少,就在一天早晨用三千人攻打汉军,杀死了王申生等人,汉军被打败,只有几个人逃到贰师将军那里。贰师将军命令搜粟都尉上官桀前去打败了郁成人。郁成王逃亡到康居,上官桀追击到康居。康居听说汉军已经攻下了大宛,就把郁成王献给上官桀,上官桀命令四名骑兵把郁成王捆绑看管,押解到贰师将军那里。四名骑兵互相商议说:"郁成王是汉朝痛恨的人,如今活着送去,突然发生意外就耽误大事了。"想要杀了他,没人敢先动手。来自上邽的骑兵赵弟年纪最小,拔出剑来砍去,杀了郁成王,带上他的人头。赵弟、上官桀等人追赶上了贰师将军的大部队。

注释 1 鸿胪:官名,掌宾赞和外交。 别:另外。 2 偩(fù)而轻之:依仗大军的势力而轻视对方。偩,自恃,依靠。 3 日少:粮食一天天减少。 4 搜粟都尉:武帝所置官名,属大司农,职掌农耕及屯田事宜。 5 出:

献出。 缚守:绑缚、看管。 诣:到……去。 6 毒:痛恨,憎恶。 生:活着。 将:送。 卒:同“猝”。突然。此指发生意外。

初,贰师后行[1],天子使使告乌孙,大发兵并力击宛。乌孙发二千骑往,持两端[2],不肯前。贰师将军之东,诸所过小国闻宛破,皆使其子弟从军入献,见天子,因以为质焉。[3]贰师之伐宛也,而军正赵始成力战,功最多;及上官桀敢深入,李哆为谋计,军入玉门者万余人,军马千余匹。贰师后行,军非乏食,战死不能多,而将吏贪,多不爱士卒,侵牟之,以此物故众。[4]天子为万里而伐宛,不录过,封广利为海西侯。[5]又封身斩郁成王者骑士赵弟为新畤[6]侯。军正赵始成为光禄大夫,上官桀为少府,李哆为上党太守。军官吏为九卿者三人,诸

贰师将军第二次出兵之初,天子派使者告诉乌孙,要求他们多派兵和汉军联合进攻大宛。乌孙派了两千名骑兵前往,却采取左右观望的态度,不肯前进。贰师将军胜利东归,那些经过的沿途小国听说大宛被攻破,都派他们的子侄跟随汉军到汉朝进贡,拜见天子,顺便留在汉朝做人质。贰师将军攻打大宛,军正赵始成奋力作战,功劳最大;至于上官桀勇敢地深入作战,李哆出谋划策,使军队进入到玉门关的有一万多人,战马有一千多匹。贰师将军第二次出兵,军队并非缺乏粮食,战死的人也不能算多,但他手下官吏贪婪,大多不爱惜士兵,侵吞军饷,以致士卒大量死亡。天子因为他们是万里远征而攻打大宛,不追究他们的过失,封李广利为海西侯。又封亲自斩杀郁成王的骑兵赵弟为新畤侯。任命军正赵始成为光禄大夫,上官桀为少府,李哆为上党太守。军官中位列九卿的有三人,任诸侯丞

侯相、郡守、二千石者百余人，千石以下千余人。奋行者官过其望，以適过行者皆绌其劳。[7]士卒赐直四万金。伐宛再反[8]，凡四岁而得罢焉。

相、郡守、二千石的有一百多人，任千石以下的有一千多人。自愿参军的人，所封的官位都超过他们自己的期望，因犯罪受惩罚去当兵的人都被赦免，不计功劳。对士卒的赏赐价值四万金。两次攻打大宛，总共花了四年才得以结束。

注释 1 后行：后一次行军。 2 持两端：观望，左右不定。 3 之：往。 质：人质。 4 侵牟：侵夺。牟，谋求。 物故：死亡。 5 录：追究审查。 海西：梁玉绳以为“即《汉志》东海之海曲县，‘曲’乃‘西’之误，海曲属琅邪”，则海西为县名，在今江苏滨海西。 6 新畤：梁玉绳云“无考，《汉表》云在齐”。 7 奋行者：自告奋勇从军者。 以適过行者：因受惩罚而从军的人。適，通“谪”。 绌其劳：赦免其罪过，不计功劳。 8 再返：第二次返回。

汉已伐宛，立昧蔡为宛王而去。岁余，宛贵人以为昧蔡善谀，使我国遇屠，乃相与杀昧蔡，立毋寡昆弟曰蝉封为宛王，而遣其子入质于汉。汉因使使赂赐以镇抚之。

汉军讨伐大宛后，扶立昧蔡做大宛王之后离去。一年多后，大宛的贵族官员认为昧蔡善于阿谀，使自己的国家遭受大屠杀，于是一起杀死了昧蔡，扶立毋寡的兄弟蝉封为大宛王，然后派他的儿子到汉朝做人质。汉朝于是派使者赠送礼物来安抚大宛。

而汉发使十余辈至宛西诸外国，求奇物，因风览[1]以伐宛之威德。

汉朝派遣使者十几批到大宛以西的那些国家，搜求奇珍异宝，趁机委婉地展示汉天子征伐大宛的威风和德行。在敦煌设置酒泉都尉；一直到西而敦煌置酒泉都尉；西至盐水，往往有亭。而仑头有田卒[2]数百人，因置使者护田积粟，以给使外国者。

边的盐水，路上常常有亭鄣。而仑头有屯田士卒几百人，于是汉朝在那里设置使者，以保护田地，积蓄粮食，来供给出使外国的人。

注释　1 风览：以委婉的方式展示。　2 田卒：《史记新证》陈直按："盖汉代戍边之人民，统称为戍卒，至戍所后，因职守之不同，而卒之名称亦异。以居延、敦煌全部木简考查，有戍卒、田卒、河渠卒、鄣卒、守谷卒五种名称。"

太史公曰：《禹本纪》[1]言"河出昆仑。昆仑其高二千五百余里，日月所相避隐为光明也[2]。其上有醴泉、瑶池[3]"。今自张骞使大夏之后也，穷河源，恶[4]睹《本纪》所谓昆仑者乎？故言九州山川，《尚书》近之矣。至《禹本纪》《山海经》所有怪物，余不敢言之也。

太史公说：《禹本纪》说"黄河发源于昆仑山。昆仑山高达两千五百多里，是太阳、月亮交相隐蔽、放出光明的地方。山上有醴泉、瑶池"。如今自从张骞出使大夏后，探寻到黄河的源头，哪里有《本纪》上所说的昆仑山呢？所以谈论九州山川，《尚书》的说法接近事实。至于《禹本纪》《山海经》所记载的奇怪之物，我不敢去谈论。

注释　1《禹本纪》：中国最古老的帝王传记。司马迁曾据此文献写书，后失传。　2 相：交相，交替。　避隐：隐蔽。　光明：发光照明。
3 醴泉：甜美的泉水。　瑶池：古代传说中昆仑山上的池名，西王母所居。
4 恶（wū）：哪里。

史记卷一百二十四

游侠列传第六十四

原文

韩子[1]曰："儒以文乱法，而侠以武犯禁。"[2]二者皆讥，而学士多称于世云。[3]至如以术取宰相卿大夫，辅翼其世主，功名俱著于春秋，固无可言者。[4]及若季次、原宪，闾巷人也，读书怀独行君子之德，义不苟合当世，当世亦笑之。[5]故季次、原宪终身空室蓬户，褐衣疏食不厌。[6]死而已四百余年，而弟子志之不倦[7]。今游侠，其行虽不轨于正义，然其言必信，其行必

译文

韩非子说："儒生舞文弄墨扰乱法治，而游侠凭借武力触犯禁令。"这两种人都被韩非子批评，但儒生却多被世人称赞。至于那些用权术来谋取职位的宰相、卿大夫，辅助当世的君主，功名都被记载在史书中，本来没有什么可说的。至于像季次、原宪，是平民百姓，用功读书，怀有特立独行的君子品德，有义气而不与当世之人同流合污，当世之人也嘲笑他们。所以季次、原宪一生一贫如洗，住在草屋中，穿着粗布衣服，吃粗劣的食物还不能吃饱。他们死了四百多年，而他们的弟子却仍然称道他们。如今的游侠，他们的行为虽然不依循于道德法律的准则，但他们说话一定守信用，做事一定

果，已诺必诚，不爱其躯，赴士之阸困，既已存亡死生矣，而不矜其能，羞伐其德，盖亦有足多者焉。[8]

坚决，已经答应的事一定诚实去做，不爱惜自己的身躯，去救助别人的困急，经历了出生入死的考验，却不夸耀自己的才能，羞于炫耀自己的功德，大概也有值得称赞的地方吧。

注释 1 韩子：即韩非。战国末期的思想家，法家集大成者。 2 "儒以文乱法"二句：出自《韩非子·五蠹》。 3 讥：责难，指责。 学士：此指儒生。 4 世主：当世之君主。 春秋：此泛指史书。 5 季次：公皙哀，字季次，孔子弟子，未曾出仕。 原宪：字子思，孔子弟子。 闾巷：里巷，指民间。 独行：志节高尚，不随世俗沉浮。 6 蓬户：用蓬蒿编成的门户。 厌：饱，满足。 7 志：铭记，怀念。 倦：停止。 8 轨：依循。 果：果敢，坚决。 诚：忠实地兑现。 阸：同"厄"。困厄。 伐：夸耀。 足：值得。 多：称赞。

且缓急[1]，人之所时有也。太史公曰：昔者虞舜窘于井廪，伊尹负于鼎俎，傅说匿于傅险，吕尚困于棘津，夷吾桎梏，百里饭牛，仲尼畏匡，菜色陈、蔡。[2]此皆学士所谓有道仁人也，犹然遭此灾，况以中材而涉乱世之末流乎[3]？其遇害何可胜道哉！

况且危急之事，是人们常会遇到的。太史公说：从前虞舜在挖井和修粮仓时遇到危急，伊尹背着鼎和砧板当厨师，傅说藏身在傅险当苦力，吕尚在棘津遭遇困厄，管仲戴过脚镣和手铐，百里奚喂过牛，孔子在匡地被围困，在陈、蔡两国饿得面黄肌瘦。这些都是儒生所说的有道德的仁人，也还是遭到这样的灾难，何况那些只有中等才能而又生活在乱世末期的普通人呢？他们遭遇的灾害怎么可以说得完呢！

注释 1 缓急:偏义复词,重在"急",急迫。 2 虞舜窘于井廪:舜曾窘迫于廪上和井下。《五帝本纪》载,舜父和其后妻之子象,常欲杀舜,曾"使舜上涂廪",而"从下纵火焚廪";"又使舜穿井",而"共下土实井"。舜都得以逃脱。 伊尹负于鼎俎:伊尹曾背过做饭的鼎和切肉的砧板。《殷本纪》载,伊尹曾"负鼎俎,以滋味说汤,致于王道"。 傅说匿于傅险:傅说曾服苦役,"筑于傅险",而"见于武丁",使"殷国大治"。《殷本纪》有记载。 吕尚困于棘津:姜太公吕尚受困于棘津。《齐太公世家》载,吕尚"盖尝穷困",《史记索隐》引谯周曰:"吕望尝屠牛于朝歌,卖饮于孟津。" 夷吾桎梏:齐相管仲曾为阶下囚。《齐太公世家》载,管仲原为公子纠之臣,公子纠被小白(齐桓公)打败,管仲被押解回齐国,后才用以为相。夷吾,管仲的字。桎梏,刑具,脚镣和手铐。 百里饭牛:秦穆公的贤臣百里奚曾以牧牛为生。《孟子·万章》《管子·小问》《盐铁论》等文中有记载。 仲尼畏匡,菜色陈、蔡:孔子周游列国,在过匡地时被人误认为是阳虎而加以围困;在过陈国和蔡国时绝粮,面有菜色。见《孔子世家》。
3 中材:一般的才能。材,通"才"。 末流:末期。

鄙人[1]有言曰:"何知仁义,已飨[2]其利者为有德。"故伯夷丑周,饿死首阳山,而文武不以其故贬王;[3]跖、蹻暴戾,其徒诵义无穷。[4]由此观之,"窃钩[5]者诛,窃国者侯,侯之门,仁义存",非虚言也。

乡野之人说:"什么叫仁和义,给我好处的,我就说他有道德。"所以伯夷以吃周粟为可耻,饿死在首阳山,可文王、武王不因为这个原因而损害贤王的声誉;盗跖、庄蹻凶暴残忍,而他们的党徒却长久地称赞他们的义气。由此可见,"偷衣带钩的人要杀头,偷国家政权的人被封侯,被封侯的人家,就有仁义",这不是假话。

注释 1 鄙人:乡野之人。 2 飨:通"享"。享受。 3 伯夷丑周,饿死首阳山:伯夷、叔齐俱为殷时贤臣,他们认为周武王伐纣是"以臣弑君",所以劝谏反对。后周平天下,二人又"义不食周粟",饿死于首阳山(在今山西永济南)下。详见《伯夷列传》。丑,羞耻。 贬王:降低他们贤王的声誉。 **4** 跖(zhí)、蹻(qiāo):即盗跖、庄蹻,古代传说中的两位大盗(实为奴隶起义领袖)。 暴戾:凶暴残忍。 诵义:称颂其大义。 **5** 钩:指衣带钩等小物件。

今拘学或抱咫尺之义,久孤于世,岂若卑论侪俗,与世沈浮而取荣名哉![1]而布衣之徒,设取予然诺,千里诵义,为死不顾世,此亦有所长,非苟而已也。[2]故士穷窘而得委命,此岂非人之所谓贤豪间者邪?[3]诚使乡曲之侠,予季次、原宪比权量力,效功于当世,不同日而论矣。[4]要以功见言信,侠客之义又曷可少哉![5]

现在,拘泥于片面的道理、抱着狭隘的理论、长久地孤立在世俗以外的人,哪里比得上降低论调、迁就世俗、与世俗同流合污而取得荣耀名声的人啊!而平民中的游侠,如果能谨慎对待取予,认真履行承诺,到千里以外去伸张正义,为道义而死却不顾世俗,这也是他们的长处,不是随便就能做到的。所以读书人在穷困窘急的时候能够安心向学而正视命运,这难道不是人们所说的贤人豪侠一类的杰出人物吗?如果让民间的游侠,和季次、原宪比较权势的大小,较量才能的高下,比量对社会的贡献,就不能相提并论了。总之,从办事的效果和说话的诚信来看,侠客的正义行为又怎么能缺少呢!

注释 **1** 拘学:拘泥于所学。 咫尺:形容微小、短浅。咫,八寸为咫。 卑论:降低论调。 侪(chái)俗:迁就世俗。 **2** 设:假如。 取予:获取、给予。 然诺:履行诺言。 **3** 委命:听从命运支配。 间(jiàn)

者:即"间气所钟"的人,杰出的人物。间气,上应星象而本于天地的特殊之气。 **4** 诚:假如。 乡曲:乡里,民间。 予:介词,同。 比权量力:比较其权威和影响力。 同日而论:相提并论。 **5** 要(yào):总之。 曷:何。

古布衣之侠,靡得而闻已。[1]近世延陵、孟尝、春申、平原、信陵之徒,皆因王者亲属,借于有土卿相之富厚,招天下贤者,显名诸侯,不可谓不贤者矣。[2]比如顺风而呼,声非加疾,其埶激也。[3]至如闾巷之侠,修行砥名,声施于天下,莫不称贤,是为难耳。[4]然儒、墨皆排摈不载[5]。自秦以前,匹夫之侠,湮灭不见,余甚恨之。[6]以余所闻,汉兴有朱家、田仲、王公、剧孟、郭解之徒,虽时捍当世之文罔,然其私义廉洁退让,有足称者。[7]名不虚立,士不虚附。至如朋党宗强比周[8],设财

古代平民中的侠客,没有听说过。近代延陵季子、孟尝君、春申君、平原君、信陵君这些人,都因为是君王的亲属,依靠着封地和卿相之位的财富雄厚,招揽天下的贤人,在诸侯中显扬名声,不能说他们不是贤才。就比如顺风呼喊,声音没有加快,传播速度快是风势激荡所致。至于闾巷中的侠客,修养品德,砥行立名,名声遍及天下,没有不称赞他们贤能的,这是难以做到的。可是儒家、墨家都对他们排斥、摈弃而不加记载。从秦代以前,平民侠客,被埋没而无法见于史册,我十分遗憾。根据我所听到的,汉朝兴起以来有朱家、田仲、王公、剧孟、郭解这些人,虽然时常触犯当朝的法律,但他们个人的行为符合道义,廉洁而懂谦让,有值得称扬的地方。名声不会凭空树立,人们不会虚假地附和。至于结成帮派的豪强互相勾结,用钱财来役使贫苦人,凭借权势来欺凌势孤力弱的人,随心

役贫,豪暴侵凌孤弱,恣欲自快,游侠亦丑之。余悲世俗不察其意,而猥以朱家、郭解等令与暴豪之徒同类而共笑之也。[9]

所欲地来满足自己的欲求,这也是游侠认为可耻的。我感慨世俗之人不明白这两种人的区别,却错误地把朱家、郭解等人和土豪恶霸视为同类而一起加以耻笑。

注释 1 布衣:百姓。 靡:无,不。 2 延陵:即春秋吴国季札,因封于延陵,故称延陵季子。事见《吴世家》。《汉传》无此二字,梁玉绳疑衍。 孟尝:战国时齐贵族田文。详见《孟尝君列传》。 春申:战国时楚贵族黄歇。详见《春申君列传》。 平原:战国时赵贵族赵胜。详见《平原君虞卿列传》。 信陵:战国时魏贵族魏无忌。详见《魏公子列传》。 土:封土。 3 疾:急速,快。 埶:同"势"。 激:激励,激荡。 4 砥名:砥行立名。磨炼品行,建立功名。砥,磨刀石,此引申为磨炼。 施(yì):蔓延,遍及。 5 排:排斥。 摈:摈弃。 6 湮(yān):埋没。 恨:遗憾。 7 王公:即下文之王孟。 捍:违背,触犯。 文罔:法律、禁令。罔,同"网"。 8 宗强:豪强,豪族。 比周:结伙营私。 9 猥(wěi):错误地。 令:使。

鲁朱家者,与高祖同时。鲁人皆以儒教,而朱家用侠闻。所藏活豪士以百数,其余庸人不可胜言。然终不伐其能,歆其德,诸所尝施,唯恐见之。[1]振[2]人不赡,

鲁地的朱家,和高祖是同时代的人。鲁人都以儒家思想进行教育,可朱家却因为侠义而闻名。他所隐藏和救活的知名人士数以百计,其他的普通人则不计其数。但他始终不夸耀自己的本领,不为自己的德行沾沾自喜,对那些他曾给予过恩惠的人,他唯恐再见到他们。他救济不富足的人,先从贫贱人

先从贫贱始。家无余财，衣不完采，食不重味，乘不过軥牛。[3]专趋人之急，甚己之私。既阴脱季布将军之阸，及布尊贵，终身不见也。[4]自关以东，莫不延颈[5]愿交焉。

家开始。他家里没有剩余的钱财，衣服破旧得没有完整的花纹，吃饭没有两样以上的荤菜，乘坐的不过是用小牛驾的车子。把救助别人的危急看得比处理自己的私事还重要。他暗中使季布将军摆脱困境，等到季布尊贵时，他却终身不见季布。从函谷关向东的地区，没有人不希望和他结交。

注释　1 伐：夸耀。　歆：欣喜，沾沾自喜。　尝施：曾施以恩惠。2 振：通“赈”。救济。　3 衣不完采：衣服没有完整的花纹，喻其破旧。　重味：两样以上的荤菜。　軥(qú)牛：挽軥的小牛。軥，马车套牲口的横木两端下弯夹马颈的部分。　4 阴脱：暗中解脱。　季布：原为项羽部将，汉建立后被刘邦悬赏捕捉，朱家将其藏匿，并说动刘邦，使季布获免。详见《季布栾布列传》。　5 延颈：伸长脖子，表示仰慕、渴望。

楚田仲以侠闻，喜剑，父事[1]朱家，自以为行弗及。田仲已死，而雒阳有剧孟。周人[2]以商贾为资，而剧孟以任侠显诸侯。吴楚反时，条侯[3]为太尉，乘传车[4]将至河南，得剧孟，喜曰：“吴楚举大事而不求孟，吾知其无能为已矣。”天

楚国的田仲因为任侠而闻名，喜欢剑术，像对待父亲一样服侍朱家，自己认为行为比不上朱家。田仲死后，雒阳出了个剧孟。雒阳人以做买卖为生，而剧孟以任侠之士的身份在诸侯中扬名。吴、楚等七国反叛时，条侯任太尉，他乘坐着驿站的车将要到河南，找到了剧孟，高兴地说：“吴、楚等七国发动叛乱而不求助于剧孟，我断定他们不会有什么作为。”天下动乱，条侯得到他就像是得到一个敌对的国家一

下骚动，宰相得之若得一敌国云。剧孟行大类朱家，而好博[5]，多少年之戏。然剧孟母死，自远方送丧盖千乘。及剧孟死，家无余十金之财。而符离人王孟亦以侠称江淮之间。

样。剧孟的行为很像朱家，但喜欢博戏，所做的多为少年人的游戏。可是剧孟的母亲去世时，从远方来送丧的，大概有上千辆车子。到剧孟去世时，家里没有超过值十金的财物。而符离人王孟这时也以任侠闻名于长江、淮河一带。

是时济南瞯氏、陈周庸亦以豪闻，景帝闻之，使使尽诛此属。[6]其后代诸白、梁韩无辟、阳翟薛兄[7]、陕韩孺纷纷复出焉。

这时济南郡姓瞯的人家、陈县的周庸也因为豪侠而闻名，景帝听说后，派使者把这些人全杀死了。那以后，代郡的白氏、梁国的韩无辟、阳翟的薛兄、陕县的韩孺，又纷纷出现了。

注释　1 父事：像对待父亲一样侍奉。　2 周人：此指雒阳一带人。因为春秋末至战国，这一带为宗周、成周所在地。　3 条侯：即周亚夫，平定七国之乱的统兵主将。　4 传车：驿车。　5 博：古代的一种棋类游戏。　6 瞯：音 xián。　陈：汉县名，在今河南淮阳。　7 兄：《史记索隐》："音况。"

郭解，轵[1]人也，字翁伯，善相人者许负外孙也。解父以任侠，孝文时诛死。解为人短小精悍，不饮酒。少时阴贼[2]，慨不快意，身所杀甚众。以

郭解是轵县人，字翁伯，是善于给人相面的许负的外孙。郭解的父亲因为任侠而在文帝时被杀死。郭解身材短小而为人精明强干，不饮酒。他年少时阴险狠毒，心中愤慨而不高兴时，亲手杀死了很多人。他不惜性命去为朋友报仇，藏匿亡命的人

躯借交报仇，藏命作奸，剽攻不休，及铸钱掘冢，固不可胜数。[3]适有天幸，窘急常得脱，若遇赦。[4]及解年长，更折节为俭，以德报怨，厚施而薄望。[5]然其自喜为侠益甚[6]。既已振人之命，不矜其功，其阴贼著于心，卒发于睚眦如故云。[7]而少年慕其行，亦辄为报仇，不使知也。解姊子负解之势，与人饮，使之嚼。[8]非其任，强必灌之。人怒，拔刀刺杀解姊子，亡去[9]。解姊怒曰："以翁伯之义，人杀吾子，贼不得。"弃其尸于道，弗葬，欲以辱解。解使人微知[10]贼处。贼窘自归，具以实告解。解曰："公杀之固当，吾儿不直[11]。"遂去其贼，罪其姊子，乃收而葬之。诸公闻之，皆多[12]解之义，

而犯法，抢劫不止，私自铸钱、盗掘坟墓，做的这些事已经数不完了。恰好得到上天保佑，在危急中常常能解脱出来，或者是犯法遇到了赦免。等郭解年纪大后，就改变操行，约束自己，用恩惠来报答怨恨自己的人，给予别人的多而不求从别人那里得到什么。但他行侠的个性却更加突出。救了别人性命，不夸耀自己的功劳，可他的内心仍然阴险狠毒，会像以前一样因为小的怨恨而行凶杀人。当时的少年仰慕他的行为，也常常为他报仇，不让他知道。郭解姐姐的儿子依仗郭解的威势，和别人饮酒，劝别人喝尽。人家不胜酒力，他就强灌人家。那人生气，拔出刀来刺杀了郭解姐姐的儿子，并逃跑了。郭解的姐姐生气地说："凭着郭翁伯的义气，人家杀了我的儿子，却捉不到凶手。"郭解的姐姐把尸体扔在路上，不加以埋葬，想借此来羞辱郭解。郭解派人暗中打听到凶手的去处。凶手走投无路，来向郭解自首，并把实情全部告诉郭解。郭解说："你杀他是应该的，是我们的孩子不讲道理。"于是放走那凶手，把罪责归于他姐姐的儿子，收尸埋葬了他。人们听说了这事，都称赞郭解的道义，依附

益附焉。

他的人越来越多了。

注释 1 轵(zhǐ):汉县名,在今河南济源南。 2 阴贼:阴毒残忍。 3 借交:借与友人。《史记新证》:"直按:以躯借交,谓如以聂政之躯,因报仇借于严仲子也。" 藏命:藏匿亡命之人。 作奸:犯法。 剽攻:抢劫。 4 适:恰好。 若:或。 5 折节:改变往日的行为。 俭:约束,不放纵。 薄望:很少怨恨。 6 益甚:更加坚定。 7 振:通"赈"。救济,挽救。 矜:夸耀。 卒:同"猝"。突然。 睚眦(yá zì):怒目而视。引申为小的仇恨。 8 负:依仗。 嚼(jiáo):干杯,喝尽。 9 亡去:逃亡。 10 微知:暗中打听到。 11 不直:不正,没有道理。 12 多:称赞。

解出入,人皆避之。有一人独箕倨[1]视之,解遣人问其名姓。客欲杀之。解曰:"居邑屋至不见敬[2],是吾德不修也,彼何罪!"乃阴属尉史曰:"是人,吾所急也,至践更时脱之。"[3]每至践更,数过,吏弗求。[4]怪之,问其故,乃解使脱之。箕踞者乃肉袒[5]谢罪。少年闻之,愈益慕解之行。

郭解每次外出或归来,人们都躲避他。有一个人傲慢地叉开双腿坐着看郭解,郭解派人去问他的姓名。郭解的门客想杀了那人。郭解说:"在家乡居住,竟至不被人尊敬,这是我的德行不好,他有什么罪过呢!"于是暗中嘱咐尉史说:"这个人,是我很关心的,轮到他应役时,就免除他的徭役。"以后多次轮到这个人去应役时,县吏都没有要求他去。这个人觉得奇怪,问其中原因,才知道是郭解使他免除徭役的。这个傲慢的人就袒衣露体向郭解谢罪。年轻人听到这事,越发仰慕郭解的德行。

注释 1 箕倨:坐时两腿伸直叉开,形似簸箕。此姿势往往表示对人无礼、傲慢。倨,通"踞"。 2 邑屋:乡里,街巷。 见:被。 3 属(zhǔ):嘱托。 尉史:县尉手下的书吏,掌管征发徭役等事。 急:重视,关注。 践更:汉徭役有卒更、过更、践更之别。贫者得钱,代替当值应征者为卒,称践更。 4 过:经过,轮到。 求:要求,征召。 5 肉袒:袒衣露体。古时祭祀或谢罪时常以此表示尊敬和诚服。

雒阳人有相仇者,邑中贤豪居间[1]者以十数,终不听。客乃见郭解。解夜见仇家,仇家曲听[2]解。解乃谓仇家曰:"吾闻雒阳诸公在此间,多不听者。今子幸而听解,解柰何乃从他县夺人邑中贤大夫权乎!"乃夜去,不使人知,曰:"且无用[3],待我去,令雒阳豪居其间,乃听之。"

解执恭敬,不敢乘车入其县廷。[4]之旁郡国,为人请求事,事可出,出之;[5]不可者,各厌[6]其意,然后乃敢尝酒食。诸公以故严重[7]之,争为用。邑中少年及旁近县

雒阳有两个相互结仇的人,城中十几个贤士豪杰从中调解,他们始终不听。门客就来拜见郭解,说明情况。郭解连夜去会见结仇的人家,仇家才勉强接受了郭解的调解。郭解于是对仇家说:"我听说雒阳很多有名望的人都来调解过,你们都不肯听。如今你们听从了我的话,我怎么能从别的县跑来夺取这些贤士的权力呢!"郭解于是连夜离去,不让别人知道,说:"暂且不要按我的话去做,等我离去后,让雒阳的豪杰从中调解,你们就听他们的。"

郭解谨守谦恭礼敬,不敢坐车进入县衙的办公地方。他到附近的郡和王国,替别人办事,事情可以解决的,就解决;不能解决的,就让各方满意,然后才敢尝人家的酒饭。大家因此十分尊敬他,争着为他效劳。城中的年轻人和附近县的贤士豪杰,半夜来拜访郭解的常常有十多辆车,请求把郭

贤豪,夜半过门[8]常十余车,请得解客舍养之。

解庇护的人带到自己家里去供养。

注释 1 居间:从中调解。 2 曲听:(为尊重对方)而委曲地听从。 3 无用:指先别按我的话去缓解怨仇。 4 执恭敬:谨守谦恭礼敬。 县廷:县衙。 5 之:到……去。 请求:走门路,通关节。 出:解决,处理。 6 厌:满足。 7 严重:十分敬重。 8 过门:登门拜访。

及徙豪富茂陵也,解家贫,不中訾,吏恐,不敢不徙。[1]卫将军为言:"郭解家贫不中徙。"上曰:"布衣权至使将军为言,此其家不贫。"解家遂徙。诸公送者出千余万。轵人杨季主子为县掾,举徙解。[2]解兄子断杨掾头。由此杨氏与郭氏为仇。

到了迁徙各郡国有钱有势的人家到茂陵居住时,郭解家里贫困,不够迁徙的资财标准,但迁徙名单中有他,官吏害怕,不敢不将他迁徙。卫青将军替郭解向皇上说:"郭解家里贫困,不够迁徙标准。"皇上说:"平民的权势使得将军替他讲话,这说明他家不穷。"于是郭解家就被迁徙了。人们出资一千多万为郭解送行。轵县人杨季主的儿子任县掾,是他提出要迁徙郭解的。郭解哥哥的儿子砍掉了杨县掾的头。从此杨家和郭家结了仇。

注释 1 茂陵:本为汉武帝陵墓名,后置为县,在今陕西兴平东北。 中訾:资财达到等级。訾,通"资"。当时规定家资在三百万以上者要被迁徙,此在元朔二年(前127)。 2 杨季主:人名。 举:提出。

解入关，关中贤豪知与不知，闻其声，争交欢[1]解。解为人短小，不饮酒，出未尝有骑。已又杀杨季主。杨季主家上书，人又杀之阙下[2]。上闻，乃下吏捕解。解亡，置其母家室夏阳，身至临晋。临晋籍少公素不知解，解冒[3]，因求出关。籍少公已出解，解转入太原，所过辄告主人家。吏逐之，迹[4]至籍少公。少公自杀，口绝。久之，乃得解。穷治[5]所犯，为解所杀，皆在赦前。轵有儒生侍[6]使者坐，客誉郭解，生曰："郭解专以奸犯公法，何谓贤！"解客闻，杀此生，断其舌。吏以此责解，解实不知杀者。杀者亦竟绝[7]，莫知为谁。吏奏解无罪。御史大夫公

郭解迁到关中以后，关中的贤士豪杰知道和不知道他的，听到他的名声，都争着和他结交。郭解身材矮小而为人精悍，不饮酒，出门从未骑过马。后来又杀死了杨季主。杨季主的家人上书告状，有人又把告状的人杀死在宫门下。皇上听说后，就下令捉拿郭解。郭解逃走，把他母亲一家安置在夏阳，自己来到临晋。临晋人籍少公与郭解素不相识，郭解贸然来投奔，要求籍少公帮助自己出关。籍少公把郭解送出关后，郭解辗转到了太原，所到之处，常常把自己的情况告诉留他居住的人家。官吏追赶他，追寻踪迹到了籍少公家里。籍少公自杀，线索因此断绝了。过了很久，官府才抓到郭解。官府彻底查办郭解所犯的罪行，发现被郭解所杀的人，都在被赦免之前。轵县有个儒生陪同来查办郭解案件的使者谈话，其中有人称赞郭解，那儒生说："郭解专门用狡诈来触犯国法，怎么可以称为贤人！"郭解的门客听说了这件事，就杀了这个儒生，割断他的舌头。官吏拿这事责问郭解，郭解真的不知道杀人的是谁。行凶的人也始终没查出来，没有人知道是谁。官吏向皇帝上书说郭解没有罪。御史

孙弘议曰："解布衣为任侠行权，以睚眦杀人，解虽弗知，此罪甚于解杀之。当大逆无道[8]。"遂族郭解翁伯[9]。

大夫公孙弘议论说："郭解以平民身份行侠，敢于触犯法律，门客因为小怨恨而杀人，尽管他不知道，但这罪过比他自己杀人还严重。该判大逆无道罪。"于是郭解全家被诛杀。

注释 1 交欢：结交为友。 2 阙下：宫阙之下。 3 冒：贸然相投。 4 迹：追踪。 5 穷治：彻底查办。 6 侍：奉陪。 7 竟绝：自始至终找不到线索。 8 当：判决。 大逆无道：罪大恶极。 9 郭解翁伯：《史记志疑》引王孝廉曰："'翁伯'二字衍，是处何必复表其字耶？"

自是之后，为侠者极众，敖而无足数者[1]。然关中长安樊仲子，槐里赵王孙，长陵高公子，西河郭公仲，太原卤公孺，临淮兒长卿，东阳田君孺，虽为侠而逡逡有退让君子之风。[2]至若北道姚氏，西道诸杜，南道仇景，东道赵他、羽公子，南阳赵调之徒，此盗跖居民间者耳，曷足道哉！[3]此乃乡者[4]朱家之羞也。

从这以后，行侠的人特别多，但都傲慢而不值得称道。可是关中长安的樊仲子，槐里县的赵王孙，长陵县的高公子，西河郡的郭公仲，太原郡的卤公孺，临淮郡的兒长卿，东阳县的田君孺，虽然行侠，却恭敬谦让，有君子风范。至于像北道的姚氏，西道的一些姓杜的，南道的仇景，东道的赵他、羽公子，南阳郡的赵调这些人，都是居于民间的盗贼罢了，哪里值得一提呢！这些都是从前朱家瞧不起的人。

注释 1 敖：通"傲"。傲慢。 足：值得。 数：称引，称述。 2 长陵：原高祖刘邦陵墓名，后置县，在今陕西咸阳东北。 兒：姓。 逡逡(qūn qūn)：

恭敬谨慎状。 3 北道、西道、南道、东道:即京师长安四郊四出之道。 仇(qiú):姓。 4 乡者:即“向者”。从前。乡,通“向”。

太史公曰:吾视郭解,状貌不及中人,言语不足采者。[1]然天下无贤与不肖,知与不知,皆慕其声,言侠者皆引以为名。[2]谚曰:“人貌荣名,岂有既乎!”[3]於戏[4],惜哉!

太史公说:我见过郭解,相貌比不上中等人,语言也没有可取的地方。但天下不论是贤人还是不贤的人,认识还是不认识他的人,都仰慕他的名声,自称为游侠的人都借郭解来提高自己的名声。谚语说:“人们要是能用荣誉和声名作为自己的容貌,那容貌哪会衰老呢!”唉,可惜呀!

注释 1 中人:一般人。 采:采纳。 2 无:无论。 知:了解。 3 人貌荣名:《史记集解》引徐广曰:“人以颜状为貌者,则貌有衰落矣;唯用荣名为饰表,则称誉无极也。”貌,修饰。 既:穷尽。 4 於(wū)戏:同“呜呼”。

史记卷一百二十五

佞幸列传第六十五

原文

谚曰"力田不如逢年,善仕不如遇合"[1],固无虚言。非独女以色媚[2],而士宦亦有之。

昔以色幸者多矣。至汉兴,高祖至暴抗也,然籍孺以佞幸;[3]孝惠[4]时有闳孺。此两人非有材能,徒以婉佞贵幸,与上卧起,公卿皆因关说。[5]故孝惠时郎、侍中皆冠鵔鸃,贝带,傅脂粉,化闳、籍之属也。[6]两人徙家安陵[7]。

孝文时中宠臣,士人

译文

俗话说"尽力耕田,不如恰逢一个好年景;好好当官,不如遇到一个赏识自己的君王",这不是没有根据的空话。不仅仅是女子要用美色来讨好人,就是士人和宦者也需要讨好人。

从前因为有美色得到宠幸的人很多。到了汉朝兴起,高祖的性格特别暴猛抗直,然而籍孺因为谄媚得到宠幸;惠帝时有个闳孺也是这样。这两个人不是有才能,仅仅是因为柔顺谄媚而得到了显贵和宠幸,能和皇上同起同卧,公卿们都要经由他们疏通关节、说人情。所以惠帝时的郎官和侍中都戴着用锦鸡羽毛装饰的帽子,佩着用贝壳装饰的衣带,脸上搽着香粉,效法着闳孺、籍孺一类的人。这

则邓通，宦者则赵同、北宫伯子[8]。北宫伯子以爱人[9]长者；而赵同以星气幸，常为文帝参乘；[10]邓通无伎能[11]。

两个人都把家迁徙到了安陵。

文帝时宫中的宠臣，士人有邓通，宦者有赵同、北宫伯子。北宫伯子受到宠幸是因为他是位仁爱的长者；而赵同是因为善于占星望气而受到宠幸，常常做文帝的陪乘；邓通没有任何本领。

注释 1 力田：尽力耕田。 逢年：遇到好年景。 遇合：指遇到赏识自己的君王。 2 独：仅仅。 色：容色，美色。 3 暴抗：暴猛抗直。 籍孺：人名。籍，名也。孺，幼小也。下文“闳孺”同此。 佞幸：因谄媚而得宠幸。 4 孝惠：即汉惠帝刘盈。 5 材能：即“才能”。 徒：只，仅仅。 婉佞：柔顺谄媚。 关说：代人通关节、说好话。 6 郎、侍中：各种郎官和在皇帝左右侍奉的人。 鵕䴊(jùn yí)：即锦鸡。文中指用锦鸡羽毛装饰的冠。 贝带：用贝壳装饰的腰带。 傅：涂搽。 化：效法。 7 安陵：汉惠帝陵墓，后置为县，在今陕西咸阳东北。 8 赵同：《史记索隐》：“《汉书》作‘赵谈’，此云‘同’者，避太史公父名也。” 北宫伯子：姓北宫，名伯子。一说伯子为名，北宫之宦者。 9 爱人：待人仁爱。 10 星气：占星望气之术。 参乘：陪乘。 11 伎能：技能。伎，通“技”。

邓通，蜀郡南安人也，以濯船为黄头郎[1]。孝文帝梦欲上天，不能，有一黄头郎从后推之上天，顾见其衣裻带后穿[2]。觉而之渐台[3]，以梦中阴目求推者郎，即见邓通，其衣后穿，

邓通是蜀郡南安县人，因为会划船，做了名黄头郎。文帝梦见自己想上天，上不去，有一个黄头郎从身后把他推上了天，回过头来看见这个人穿着后背中间开缝的衣服并用衣带向后打了个结。醒过来后就到渐台去，凭借梦中人的形象暗中寻找推他上天的人，就看见了邓通，

梦中所见也。召问其名姓，姓邓氏，名通，文帝说焉，尊幸之日异。通亦愿谨，不好外交，虽赐洗沐，不欲出。[4] 于是文帝赏赐通巨万以十数，官至上大夫[5]。文帝时时如[6]邓通家游戏。然邓通无他能，不能有所荐士，独自谨其身以媚上而已。上使善相者相通，曰"当贫饿死"。文帝曰:"能富通者在我也。何谓贫乎?"于是赐邓通蜀严道[7]铜山，得自铸钱，"邓氏钱"布天下。其富如此。

他穿着后背中间开缝的衣服，就是梦中所见到的样子。于是文帝把他召来问姓名，他说姓邓名通，文帝非常高兴，从此对他越来越宠爱。邓通也老实谨慎，不喜欢和外界交往，虽说赐给他休假，也不想出宫。于是文帝赏赐给邓通很多钱，他的官位达到了上大夫。文帝常常前往邓通家里游玩戏耍。然而邓通没有其他才能，不能推荐士人，只是自己谨慎行事以谄媚皇上罢了。皇上派善于相面的人给邓通看相，说他"应当会贫穷到饿死"。文帝说:"能够让邓通富起来的是我。怎么说他会贫穷呢?"于是赐给邓通蜀郡严道的铜山，允许他自行铸造钱币，"邓氏钱"布满了天下。他的富足到了这样的程度。

注释　1 濯(zhào)船:用桨划船。濯，通"棹(櫂)"。船桨。一说即洗船意。　黄头郎:汉代掌管船舶行驶的吏员，后泛指船夫。　2 顾:回头看。　裻(dū):衣背中缝。　带:衣带。　穿:打结。　3 之:到……去。　渐台:《史记正义》引《括地志》云:"渐台在长安故城中。《关中记》云未央宫西有苍池，池中有渐台，王莽死于此台。"　4 愿谨:老实谨慎。　洗沐:休假。汉制，官吏五日一洗沐。　5 上大夫:汉代以六百石以上为下大夫，以二千石当古之上大夫。　6 如:到，往。　7 严道:汉道名，在今四川荥经县。汉代有少数民族的县称"道"。

文帝尝病痈，邓通常为帝唶吮之。[1] 文帝不乐，从容[2]问通曰："天下谁最爱我者乎？"通曰："宜莫如太子。"太子入问病，文帝使唶痈，唶痈而色难之[3]。已而闻邓通常为帝唶吮之，心惭，由此怨通矣。及文帝崩，景帝立，邓通免，家居。居无何，人有告邓通盗出徼外铸钱，下吏验问，颇有之，遂竟案，尽没入邓通家，尚负责数巨万。[4] 长公主赐邓通，吏辄随没入之，一簪不得著身。[5] 于是长公主乃令假[6]衣食。竟不得名[7]一钱，寄死人家。

文帝曾经得了痈疽病，邓通常常替文帝吮吸脓血。文帝不高兴，绕着弯子问邓通说："天下是哪一个最爱护我呢？"邓通说："应该没有谁比得上太子。"太子进宫问候病情，文帝让他吮吸痈疽，太子吮吸了痈疽但面露厌恶的神色。后来太子听说邓通经常替皇帝吮吸脓血，心里惭愧，从此就怨恨邓通。等到文帝去世，景帝继位，邓通被免官，躲在家中。没过多久，有人奏告邓通把铸造的钱偷盗到边界以外，景帝把这件事交给法司查办，法司查出确实有这样的事，就结了案，没收了邓通的全部家产后，他还欠了巨额债务。长公主刘嫖赏赐邓通钱财，官吏随即就把钱财没收了，一只簪子也不让他在身上插着。于是长公主就下令手下人借给邓通衣食费用。邓通最终不能拥有一文钱，在别人家中死去。

注释　1 痈：痈疽，一种毒疮。　唶(zé)吮：吸吮。唶，吸吮之声。2 从容：周旋，绕着弯儿。　3 色：脸色。　难：厌恶。　4 无何：不久。　徼(jiào)：边界。　竟案：结案。　责：同"债"。　5 长公主：指景帝姊刘嫖。　辄：就。　著：附着，藏。　6 假：借。　7 名：占有。

孝景帝时中无宠臣，然独郎中令周文仁，仁宠最过庸，乃不甚笃。[1]

景帝时宫中没有宠幸的臣子，但有一个郎中令周文仁，所受宠幸超过一般人，却也不怎么深。

注释 1 周文仁：《史记索隐》："《汉书》称'周仁'，此上称'周文'，今兼'文''仁'，恐后人加耳。案：仁字文。" 庸：常人。 笃：深厚。

今天子中宠臣，士人则韩王孙嫣[1]，宦者则李延年。嫣者，弓高侯孽孙[2]也。今上为胶东王时[3]，嫣与上学书相爱。及上为太子，愈益亲嫣。嫣善骑射，善佞。上即位，欲事伐匈奴，而嫣先习胡兵[4]，以故益尊贵，官至上大夫，赏赐拟于邓通。时嫣常与上卧起。江都王[5]入朝，有诏得从入猎上林中。天子车驾跸道未行，而先使嫣乘副车，从数十百骑，骛驰视兽。[6]江都王望见，以为天子，辟从者，

当今天子宫中的宠臣，士人有韩王的重孙韩嫣，宦官有李延年。韩嫣是弓高侯韩颓当的孙子。当今皇上做胶东王的时候，韩嫣和皇上一起学习，两人关系好。等到皇上当了太子，更加亲近韩嫣。韩嫣很会骑马射箭，善于谄媚。皇上登位，想讨伐匈奴，韩嫣早先就学过匈奴的战术，所以他更加受到皇上赏识，官位做到了上大夫，得到的赏赐可以和邓通相比。当时韩嫣常常和皇上同起同卧。江都王刘非进京朝见，有诏令他可以随从皇上进入上林苑中射猎。天子的车驾还没有在禁止通行的道路上行进，就先派韩嫣驾着随从车辆，后面跟着几十近百名骑兵，急速奔驰去观察野兽的情况。江都王望见了，认为是天子来了，屏退随从人员，伏在道路旁边拜见。韩嫣驱马而过不下车拜见他。韩嫣经过以

伏谒道傍。[7]嫣驱不见[8]。既过，江都王怒，为皇太后泣曰："请得归国入宿卫，比韩嫣。"[9]太后由此嗛[10]嫣。嫣侍上，出入永巷[11]不禁，以奸闻皇太后。皇太后怒，使使赐嫣死。上为谢[12]，终不能得，嫣遂死。而案道侯韩说[13]，其弟也，亦佞幸。

后，江都王发怒，对皇太后哭着说："请求能够归还封国进入宫中值宿禁卫，和韩嫣一样。"太后因为这件事开始怀恨韩嫣。韩嫣侍奉皇上，在永巷进进出出不加禁止，因为有奸情让皇太后听说了。皇太后发怒，派人赐韩嫣自杀。皇上替韩嫣说情，最终不能达到目的，韩嫣就自杀了。而案道侯韩说是他的弟弟，也由于谄媚受到宠幸。

注释　1 韩王孙嫣：即韩嫣，因是韩王信之重孙，祖父是弓高侯韩颓当，故称。　2 孽孙：妃妾所生之孙。　3 胶东：汉王国名，都即墨，在今山东平度东南。汉武帝曾为胶东王。　4 胡兵：匈奴的兵器、阵法。《史记新证》陈直按："《百官公卿表》：'长水校尉，掌长水宣曲胡骑。'又有胡骑校尉，掌池阳胡骑，不常置。韩嫣所习，当为长水胡兵。"　5 江都王：汉武帝异母兄刘非。　6 跸道：禁止通行的道路。　副车：从车。　骛(wù)驰：急驰。骛，急。　7 辟：屏退。　伏谒：伏地拜见。　8 驱：驱马而过。　见：拜见。　9 皇太后：武帝母王太后。　归国：归还封国。　宿卫：在宫中值宿禁卫。　比：并列。　10 嗛(xián)：怀恨。《汉书》作"衔"，义同。　11 永巷：宫中长巷。此泛指皇宫中妃嫔居住之处。　12 谢：谢罪，说情。　13 韩说(yuè)：韩嫣弟，曾被封为案道侯。

李延年，中山[1]人也。父母及身兄弟及女，皆故倡也。[2]延年坐法腐，给

李延年是中山国人。他父母、兄弟、姊妹和他自己，原来都是歌舞艺人。李延年因为犯法受了腐刑，在

事狗中。[3]而平阳公主言延年女弟善舞[4],上见,心说之,及入永巷,而召贵延年。延年善歌,为变新声,而上方兴天地祠,欲造乐诗歌弦之。[5]延年善承意,弦次初诗[6]。其女弟亦幸,有子男[7]。延年佩二千石印,号协声律[8]。与上卧起,甚贵幸,埒[9]如韩嫣也。久之,浸与中人乱[10],出入骄恣。及其女弟李夫人卒后,爱弛,则禽诛延年昆弟也。[11]

自是之后,内宠嬖臣大底外戚之家,然不足数也。[12]卫青、霍去病亦以外戚贵幸,然颇[13]用材能自进。

皇宫饲养猎犬之所供职。平阳公主向武帝说起李延年的妹妹擅长歌舞,皇上召见,心里喜欢她,等到她进入了永巷,就召李延年进宫让他显贵起来。李延年擅长歌唱,对音乐进行革新,皇上这时正在兴建天地神庙,想谱写一些歌词配上乐曲歌唱。李延年善于承奉意旨,创作了配乐的新诗。他妹妹也得到武帝的宠幸,生了儿子。李延年佩带上二千石的印绶,号"协声律"。他和皇上同起同卧,特别尊贵,深受宠幸,达到了和韩嫣同等的程度。过了很久,他和宫女淫乱,进出宫廷骄横放纵。等到他妹妹李夫人去世以后,皇上对他逐渐冷淡,后来就诛杀了李延年和他的兄弟。

从这以后,宫中受宠爱的臣子大部分都是外戚,然而他们不值得称述。卫青、霍去病也是因为外戚身份得到荣宠的,但主要是靠自己的才能而得到了提拔。

注释 1 中山:西汉封国名,都卢奴,在今河北定州。 2 身:自身。 女:姐妹。 倡:歌舞艺人。 3 腐:腐刑,宫刑。 给事:供职。 狗中:狗监,饲养皇帝猎犬之所。《汉书》作"狗监中"。 4 平阳公主:汉景帝王皇后长女,武帝姐。初嫁平阳侯曹寿,故称平阳公主。 女弟:妹妹。

5 变新声:创新音乐。 天地祠:天地神庙。 歌弦:配乐歌唱。 6 弦次:配乐。 初诗:新创作的乐诗。 7 子男:儿子。 8 协声律:《外戚世家》作“协律”。均当依《汉书》作官名“协律都尉”,掌音乐。 9 埒(liè):等同。10 浸(jìn):逐渐。 中人:官女。《史记志疑》:“徐广一作‘坐弟季与中人乱’,是也。” 11 卒:死。 弛:松弛,冷漠。 禽:通“擒”。 12 嬖(bì)臣:受宠爱之臣。 大底:大抵。底,通“抵”。 数:称述。13 颇:基本上。

太史公曰:甚哉爱憎之时[1]! 弥子瑕[2]之行,足以观后人佞幸矣。虽百世可知也。

太史公说:被帝王宠爱和憎恨的时机太关键了! 弥子瑕的遭遇,足以使人看出一个佞人的处境。再过一百世,也将是这样。

注释 1 甚:严重。 爱憎之时:指统治者爱憎的时机。 2 弥子瑕:春秋时卫灵公的宠臣。其得幸时,曾因母病私驾君王马车回家,卫君称赞其孝,又吃桃甚感味美,留一半献给卫君,卫君亦深感满意。失宠后,这一切都成为罪过。见《老子韩非列传》,并《左传·定公六年》《韩非子·说难》。

史记卷一百二十六

滑稽列传第六十六

原文

孔子曰:“六蓺于治一也[1]。《礼》以节人,《乐》以发和,《书》以道事,《诗》以达意,《易》以神化,《春秋》以义。[2]”太史公曰:天道恢恢[3],岂不大哉!谈言微中[4],亦可以解纷。

译文

孔子说:“六艺对于治理国家来说功效是一样的。《礼》用来节制人的行为,《乐》用来促进人们和睦,《书》用来记载史事,《诗》用来表达人们的情意,《易》用来阐发宇宙间万事万物的神奇变化,《春秋》用来表明褒贬是非的义理。”太史公说:天道广阔无边,难道不是大得很吗?说话委婉而中肯,也可以解决问题。

注释 1 六蓺:即“六艺”。指儒家的六部经典《诗》《书》《礼》《乐》《易》《春秋》。 治:治理国家。 一:指作用一致。 2 节:节制,规范。 发和:促进和谐。 道事:记载旧事旧制。 达意:通达感情、意念。 神化:神妙地潜移默化。 义:义理,道义。 3 恢恢:广阔无边。 4 微中:微妙而切中要害。

淳于髡者，齐之赘婿也。[1]长不满七尺，滑稽[2]多辩，数使诸侯，未尝屈辱。齐威王之时喜隐[3]，好为淫乐长夜之饮，沈湎不治，委政卿大夫。百官荒乱，诸侯并侵，国且危亡，在于旦暮，左右莫敢谏。[4]淳于髡说[5]之以隐曰："国中有大鸟，止王之庭，三年不蜚又不鸣，王知此鸟何也？[6]"王曰："此鸟不飞则已，一飞冲天；不鸣则已，一鸣惊人。"于是乃朝诸县令长七十二人[7]，赏一人，诛一人，奋兵而出。诸侯振惊，皆还齐侵地。[8]威行三十六年。语在《田完世家》[9]中。

淳于髡是齐国的一位入赘女婿。身高不到七尺，言辞流利，很有论辩的才能，多次出使诸侯国，不曾屈节辱命。齐威王在位的时候，喜好隐语，爱好放纵嬉乐而通宵达旦宴饮，沉湎在酒色之中，国家政事不能治理，把政事交托给卿大夫去处理。百官也荒唐混乱，诸侯各国都来侵犯，国家危险到将要灭亡，只在于旦夕，齐威王周围的大臣没有谁敢于进谏。淳于髡拿隐语来向齐威王游说道："国内有一只大鸟，停驻在大王的庭院中，三年之内不飞又不鸣叫，您知道这只鸟为什么这样呢？"齐威王说："这只鸟不飞也就罢了，一飞就会冲上云天；不鸣叫也就罢了，一鸣叫就会惊动世人。"于是就让各个县令、县长共七十二人来朝廷述职，他奖赏了一位政绩最佳的，诛杀了一位治事最乱的，整顿军队出国作战。诸侯们被他的举动震惊了，都把曾经侵占的齐国土地归还。齐威王凭借声威执政了三十六年。他的事迹详细地记载在《田敬仲完世家》中。

注释　1 淳于髡(kūn)：人名，复姓淳于，名髡。　赘婿：入赘于女家的女婿。在古代社会地位极低，极受歧视。　2 滑(gǔ)稽：本指古代的一种酒器，腹大嘴小，转注吐酒，终日不已。后指能言善辩、言辞流利、滔滔不绝的人。 3齐威王：战国时齐国国君，公元前356—前320年在位。 隐：隐语。 4荒乱：放纵混乱。 并：一块，都。 5说(shuì)：游说，劝说。 6蜚：通“飞”。《史记志疑》：“大鸟之语，髡盖祖楚伍氏谏庄王故智耳。” 7朝：使……朝拜。 县令长：县级行政长官。万户以上的县称“令”，万户以下的县称“长”。 8振：通“震”。 侵地：被侵夺之地。9《田完世家》：即《田敬仲完世家》。《史记志疑》：“《世家》无隐谏一节，疑是后人删之。或谓此传虚述，乃史公不精之咎，恐不然也。”

威王八年，楚大发兵加齐。[1]齐王使淳于髡之赵请救兵，赍金百斤，车马十驷。[2]淳于髡仰天大笑，冠缨索绝[3]。王曰：“先生少之乎？”髡曰：“何敢！”王曰：“笑岂有说乎？”髡曰：“今者臣从东方来，见道傍有禳田[4]者，操一豚[5]蹄，酒一盂[6]，祝曰：‘瓯窭满篝，污邪满车，五谷蕃熟，穰穰满家。’[7]臣见其所持者狭而所欲者奢[8]，故笑之。”于是齐威王乃益赍黄金千溢，白璧十双，车马百

齐威王八年，楚国大举出兵进攻齐国。齐威王派淳于髡前往赵国请求救兵，让他携带黄金百斤，四马所拉的车十驾。淳于髡仰着头朝天大笑，系帽子的丝带全都断了。齐王说：“先生嫌携带的礼物少了吗？”淳于髡说：“哪里敢呢！”齐王说：“这样笑难道有什么说法吗？”淳于髡说：“今日臣从东方来的时候，看到路边有个祈祷田神以求丰收的人，他拿着一只猪蹄，一小盂酒，祝祷着说：‘请求狭小的高地能收满竹笼，低洼的土地能收满一车，五谷长得茂盛而获得丰收，让粮食堆满全家。’臣看到他所拿的祭品很少，但祈求的却很多，所以我就大笑起来。”于是齐威王就增加礼品，让他多带黄金一千镒，白色璧玉十双，四马拉的车

驷。[9]髡辞而行，至赵，赵王与之精兵十万，革车[10]千乘。楚闻之，夜引兵而去。

一百辆。淳于髡辞别后出发了，到达赵国，赵王给了他精锐兵卒十万人，裹有皮革的重战车一千辆。楚国听说了，连夜带领军队撤走了。

注释 1 威王八年：公元前 349 年。据《史记·六国年表》为公元前 371 年。 加：施加。 2 赍(jī)：携带。 驷(sì)：古代一车四马为一驷。 3 冠缨：帽带。 索：尽。 绝：断。 4 禳(ráng)田：祈祷田神以求丰收。禳，古代以祈祷来消灾的迷信活动。 5 豚(tún)：小猪，也泛指猪。 6 盂(yú)：盛液体的器皿。 7 瓯窭(ōu lóu)：亦作"瓯楼"。狭小的高地。 篝：竹笼。 污邪：低洼地。 蕃：茂盛。 穰穰(ráng ráng)：丰盛的样子。 8 狭：少。 奢：多。 9 溢：通"镒"。重量单位，二十两或二十四两为一镒。 璧：玉制礼器，扁而圆，中心有孔。 10 革车：裹有皮革的重战车。

威王大说，置酒后宫，召髡赐之酒。问曰："先生能饮几何而醉？"对曰："臣饮一斗亦醉，一石[1]亦醉。"威王曰："先生饮一斗而醉，恶[2]能饮一石哉！其说可得闻乎？"髡曰："赐酒大王之前，执法在傍，御史在后，髡恐惧俯伏而饮，不过

齐威王非常高兴，在后宫设置酒宴，召来淳于髡赐给他酒喝。齐威王问他说："先生能饮多少酒才会醉？"淳于髡回答说："臣饮酒一斗也可以醉，一石也可以醉。"齐威王说："先生饮一斗酒就醉了，怎么能饮一石酒呢！这当中的道理可以说出来让我听听吗？"淳于髡说："在大王面前喝酒，执法的官员站在旁边，掌记事的御史站在后边，我恐惧地弯腰伏地饮酒，喝不过一斗就醉了。假若父亲请来尊客，我卷起衣袖，加上臂套，躬身小跪着，在他们前面侍奉，客

一斗径醉矣。[3]若亲有严客，髡帣鞲鞠𦜕，侍酒于前，时赐余沥，奉觞上寿，数起，饮不过二斗径醉矣。[4]若朋友交游，久不相见，卒然相睹[5]，欢然道故，私情相语，饮可五六斗径醉矣。若乃州闾之会，男女杂坐，行酒稽留，六博投壶，相引为曹，握手无罚，目眙不禁，前有堕珥，后有遗簪，髡窃乐此，饮可八斗而醉二参。[6]日暮酒阑，合尊促坐，男女同席，履舄交错，杯盘狼藉，堂上烛灭，主人留髡而送客，罗襦襟解，微闻芗泽，当此之时，髡心最欢，能饮一石。[7]故曰酒极则乱，乐极则悲；万事尽然。”言不可极，极之而衰，以讽谏[8]焉。齐王曰：“善。”乃罢长夜之

人时不时赐给我酒喝，我时不时捧着酒杯敬酒，如此反复，喝不过二斗就醉了。假若朋友们相交游玩，因为彼此很久没有见面，突然见到了，高高兴兴地述说往昔，互相谈论彼此的情义，喝五六斗也就醉了。假若乡里集会，男男女女杂坐在一起，不时停下来相互敬酒，进行六博游戏、投壶比赛，互相引领，结双成对，握手欢好而不受处罚，直视传情而不加禁止，前面丢落有耳环，后面遗留下发簪，这般情景让我暗自高兴，饮酒大约八斗可以有二三分的醉意。太阳落山了，酒也喝尽了，把剩下的酒合并在一起，大家互相挤坐，男男女女同在一张席上，鞋子、木屐混杂不分，酒杯、果盘散落满地，堂上的蜡烛熄灭了，主人家留下我而送走了所有客人，女人解开了绫罗短衣，可以微微地闻到她们的香脂气味，正当这个时候，我心里是最欢快的，就能饮下一石酒。所以说饮酒过度就容易出乱子，欢乐过度会产生悲伤；万事都是这样。”这是说做任何事都不要走向极端，到了极端就会走向衰败，用这番话来进行讽喻劝谏。齐威王说：“好。”从此废除了通宵达旦的宴饮，任用淳于髡负责迎送宾客的事务。王室宗亲

饮,以髡为诸侯主客[9]。宗室置酒,髡尝[10]在侧。

其后百余年,楚有优孟[11]。

设置酒宴,淳于髡常常在旁边。

这以后一百多年,楚国有了个优孟。

注释 1石:十斗为一石。 2恶(wū):怎么。 3执法:此指执法官员。 御史:此指掌记事之官员。 径:直接,就。 4亲:父亲。 严客:尊客,贵客。 帣韝(juǎn gōu):卷束衣袖并加臂套。帣,卷束衣袖。韝,皮制臂套,缚于两臂束住衣袖以便动作。 鞠䠄(jì):躬身小跪。䠄,同"跽"。上身挺直,双膝着地,即小跪。 余沥:剩余之酒。 上寿:敬酒祝福。 5卒(cù)然:突然。卒,同"猝"。 睹:见。 6州闾:乡里。 稽留:停留。 六博:古代一种掷采下棋的比赛游戏。共十二个棋子,黑白各六,故名。 投壶:一种将箭投入特制的壶里的游戏,投中多者为胜。 曹:侪,辈。文中引申为伙伴、朋友。 眙(chì):直视,瞪着眼。 堕珥:坠落在地下的耳环。 遗簪:遗失在地的发簪。 二参(sān):二三分。 7阑:尽。 尊:即"樽"。盛酒器。 促坐:挤在一起坐。 履舄(xì)交错:男女的鞋子错杂在一块儿。履,鞋。舄,木屐。 狼藉:形容乱七八糟的样子。 罗襦(rú):绫罗短衣。 芗泽:同"香泽"。香脂之气。芗,五谷的香气,亦泛指香。 8讽谏:讽喻劝谏。 9主客:战国齐官名,掌迎送宾客事务。 10尝:副词,表示频度,相当于"常"。 11优孟:优人字孟。优,演戏的人。《史记志疑》:"孟在楚庄王时,髡在齐威王时。楚庄元年至齐威末年凡二百七十一年,何云孟后髡百余年哉,《史通》辨其误矣。"

优孟者,故楚之乐人[1]也。长八尺,多辩,常以谈笑[2]讽谏。楚庄王之时,有所爱马,衣以

优孟是从前楚国的歌舞艺人。身高八尺,多有论辩才能,常常利用说笑进行讽喻劝谏。楚庄王的时候,庄王有一匹爱马,给它穿上刺绣华美的衣服,安置在有雕梁画栋的屋舍中,用

文绣，置之华屋之下，席以露床，啖以枣脯。[3]马病肥死，使群臣丧之，欲以棺椁大夫礼葬之。[4]左右争之，以为不可。王下令曰："有敢以马谏者，罪至死。"优孟闻之，入殿门，仰天大哭。王惊而问其故。优孟曰："马者王之所爱也，以楚国堂堂之大，何求不得，而以大夫礼葬之，薄[5]，请以人君礼葬之。"王曰："何如？"对曰："臣请以雕玉为棺，文梓为椁，楩枫豫章为题凑，发甲卒为穿圹，老弱负土，齐赵陪位于前，韩魏翼卫其后，庙食太牢，奉以万户之邑。[6]诸侯闻之，皆知大王贱人而贵马也[7]。"王曰："寡人之过一[8]至此乎！为之奈何？"优孟曰："请为大王六畜葬之，以垄灶为椁，铜历为棺，赍以姜枣，荐以木兰，祭以粳稻，

露床给它当垫子，拿干枣来喂它。马因为过于肥胖病死了，庄王让各位大臣替它治丧，想装在棺椁里并用对待大夫的礼仪安葬它。左右的大臣加以争辩，认为不可以这样做。庄王下达命令说："有敢于拿安葬马的事来进谏的，处以死罪。"优孟听说了，进入宫殿大门，仰头朝天大声哭叫。庄王受到惊动来问他哭的缘故。优孟说："这匹马是您所心爱的，凭借楚国这样的大国，要什么不能得到，而只是用大夫的礼仪来安葬它，太不丰厚了，我请求用国君的礼仪安葬它。"庄王说："那是怎样的葬法？"优孟回答说："臣请求用雕花的玉做成棺，用有纹理的梓木做成椁，用楩木、枫香木、乌樟木做题凑，出动穿着铠甲的士兵来挖墓穴，其余老弱背土堆坟，让齐国、赵国的使臣在前面陪祭，让韩国、魏国的使臣在后面护卫，建立祠庙用太牢祭祀，封给万户之邑加以供奉。诸侯各国听说您这样做，都知道大王是轻视人而重视马匹了。"庄王说："寡人的过错竟到了这种程度！该怎么办呢？"优孟说："请求大王就像对待六畜一样安葬它，用

衣以火光，葬之于人腹肠。”[9] 于是王乃使以马属太官[10]，无令天下久闻也。

垄灶做椁，铜锅做棺，用姜枣做调剂，加进木兰，用粳粮来祭奠，让它接受火焚，把它安葬到人的腹肠中去。”于是庄王就派人把死马交给太官，不让天下人再提这件事了。

注释 1 乐人：指能歌善舞的艺人。 2 谈笑：谈言笑语，此指说话方式。 3 楚庄王：春秋时楚国国君，公元前613—前591年在位，时为五霸之一。 华屋：雕梁画栋之屋。 露床：没有帷帐的床。 啖(dàn)：喂。4 丧之：为其治丧。 棺椁(guǒ)：内棺和外棺两层棺木。椁，外棺。5 薄：不丰厚。 6 文梓：有纹理的梓木。 楩(pián)：南方大木，质地坚密，为建筑良材。 枫：即枫香树，其质地坚而细腻。 豫：木名，又名乌樟。 章：通“樟”。 题凑：古代天子的椁制，也赐用于大臣。椁室用大木累积而成，木头皆内向为棺盖，上尖下方，犹如屋檐四垂，谓之“题凑”。 穿圹(kuàng)：挖掘墓穴。 赵、韩、魏：楚庄王时尚无此三国。《史记索隐》：“此辨说者之词，后人所增饰之矣。” 陪位：列于从祭之位。 翼卫：护卫。 庙：为马建立祠庙。 太牢：祭祀最高的礼节，以牛、羊、猪各一头为牲品。 7 贱人：以人为贱。 贵马：以马为贵。 8 一：乃，竟。9 六畜：指马、牛、羊、鸡、犬、猪。 垄灶：以土堆成的灶。 铜历：铜锅。历，即“鬲”。三足锅。 赍：通“剂”。调剂。 荐：加进。 10 属(zhǔ)：交付。 太官：官名，掌管皇帝饮食。

楚相孙叔敖[1]知其贤人也，善待之。病且死，属其子曰：“我死，汝必贫困。若[2]往见优孟，言我孙叔敖之子也。”居

楚国宰相孙叔敖知道优孟是位贤人，很友善地对待他。孙叔敖重病将要死去，嘱咐他儿子说：“我死了，你一定会贫穷困苦。你前去拜见优孟，说‘我是孙叔敖的儿子’。”过了几年，他儿子穷困得背着柴薪出售，

数年，其子穷困负薪，逢优孟，与言曰："我，孙叔敖子也。父且死时，属我贫困往见优孟。"优孟曰："若无远有所之[3]。"即为孙叔敖衣冠，抵掌[4]谈语。岁余，像孙叔敖，楚王及左右不能别也。庄王置酒，优孟前为寿。庄王大惊，以为孙叔敖复生也，欲以为相。优孟曰："请归与妇计之，三日而为相。"庄王许之。三日后，优孟复来。王曰："妇言谓何？"孟曰："妇言慎[5]无为，楚相不足为也。如孙叔敖之为楚相，尽忠为廉以治楚，楚王得以霸。今死，其子无立锥之地，贫困负薪以自饮食。必如孙叔敖，不如自杀。"因歌曰[6]："山居耕田苦，难以得食。起而为吏，身贪鄙者余财，不顾耻辱。

遇见了优孟，和优孟谈话说起："我是孙叔敖的儿子。父亲将要死的时候，嘱咐我贫穷困苦时去拜见您。"优孟说："你不要到太远的地方去。"优孟就缝制了和孙叔敖的穿戴一样的衣帽，学着孙叔敖击掌谈论叙说时的神态。一年多后，他的模样就活像孙叔敖，楚王和左右的大臣不能将他和真的孙叔敖加以区别。庄王设置酒宴，优孟向前去祝酒。庄王非常惊讶，认为是孙叔敖又复活了，想任用他当宰相。优孟说："请求让我回家和妻子商议一下，三日以后来当宰相。"庄王答应了。三日以后，优孟再次前来。庄王说："你妻子怎么说？"优孟说："我妻子说千万不要做宰相，楚国的宰相是不值得当的。像孙叔敖做了楚国宰相，竭尽忠心、做事廉洁来治理楚国，楚国因此能够称霸。如今他死了，他儿子连插把锥子的立身之处都没有，贫穷困苦到背柴薪出售来供给自己的饮食。你非要像孙叔敖那样，不如自杀算了。"乘机歌唱道："住在山野耕田辛苦，也难以得到食物。离家去做官吏，自身贪污鄙陋的可以余留下财产，却不顾耻辱。自身死了让家族富有，又恐怕因为接受贿赂违

身死家室富，又恐受赇[7]枉法，为奸触大罪，身死而家灭。贪吏安可为也！念为廉吏，奉法守职，竟死不敢为非。廉吏安可为也！楚相孙叔敖持廉至死，方今妻子穷困负薪而食，不足为也！”于是庄王谢优孟，乃召孙叔敖子，封之寝丘四百户，以奉其祀。[8]后十世不绝。此知可以言时矣[9]。

其后二百余年，秦有优旃。[10]

背了法律，做坏事触犯法律形成大罪，身死了家也灭了。贪污的官吏怎么可以去当呢！心想去当廉洁的清官，遵奉法律，谨守职分，一直到死也不敢干坏事。清官怎么可以去当呢！楚国宰相孙叔敖秉持廉洁直到死亡，如今妻子儿女却穷困得靠背柴出售来维持衣食，清官不值得做呀！”于是庄王向优孟认错，就召来孙叔敖的儿子，把寝丘这个地方的四百户封给了他，让他供奉祖先的祭祀。一直传了十代都没有断绝。优孟的这种才智，可以说是懂得说话的时机。

这以后两百多年，秦国出了个优旃。

注释　1 孙叔敖：楚国国相。详见《循吏列传》。　2 若：你。下同。3 无：不，不要。　远有所之：到其他远的地方。　4 抵掌：击掌。5 慎：表示告诫，犹今语“千万”。　6 因歌曰：《史记志疑》：“优孟之事，决不可信，所谓滑稽也。《隶释·延熹碑》述优孟事与《史》不同，而所载优孟歌亦异。歌曰：‘贪吏而可为而不可为，廉吏而可为而不可为。贪吏而不可为者，当时有污名；而可为者，子孙以家成。廉吏而可为者，当时有清名；而不可为者，子孙困穷披褐而卖薪。贪吏常苦富，廉吏常苦贫。独不见楚相孙叔敖，廉洁不受钱。’《梁溪漫志》谓‘愤世疾邪，哀怨过于恸哭，比《史记》所书远甚’。”　7 赇(qiú)：贿赂。　8 谢：认错。　寝丘：楚邑名，在今安徽临泉。　9 知：通“智”。　言时：恰中时机。　10 二百余年:《史记志疑》:“旃(zhān)在始皇时,汉初乃卒,则自楚庄即位至秦灭四百八年,何止二百余哉?” 优旃:优人,字旃。

优旃者,秦倡侏儒也[1]。善为笑言,然合于大道[2]。秦始皇时,置酒而天雨,陛楯者皆沾寒[3]。优旃见而哀之,谓之曰:“汝欲休乎?”陛楯者皆曰:“幸甚[4]。”优旃曰:“我即呼汝,汝疾应曰诺。”[5]居有顷,殿上上寿[6]呼万岁。优旃临槛大呼曰:“陛楯郎!”郎曰:“诺。”优旃曰:“汝虽长,何益,幸[7]雨立。我虽短也,幸休居。”于是始皇使陛楯者得半相代[8]。

始皇尝议欲大苑囿,东至函谷关,西至雍、陈仓。优旃曰:“善。多纵禽兽于其中,寇从东方来,令麋鹿触之足矣。[9]”始皇以故辍止[10]。

优旃是侏儒,在秦国宫廷里做表演歌舞的艺人。他擅长说笑话,然而所说的符合大道理。秦始皇的时候,摆设酒宴时正好天下着雨,在宫殿前台阶下拿着兵器的武士都受着风寒。优旃看见了就哀怜他们,对他们说:“你们想休息吗?”阶下武士都说:“非常想。”优旃说:“我如果呼喊你们,你们就尽快回答说在。”过了一会儿,殿上敬酒祝福,呼喊万岁。优旃临近栏杆大声呼喊说:“阶下武士!”武士们说:“在。”优旃说:“你们虽然长得高,有什么好处,可怜只能在雨中站立。我虽然长得矮,却有幸在殿里休息。”于是始皇帝让阶下的武士分成两批轮流值岗。

始皇帝曾经和大臣商议扩大皇宫苑囿,东边到达函谷关,西边到达雍县、陈仓。优旃说:“好。多放养些飞禽走兽在苑囿里,敌寇从东方来的话,让麋鹿用角去顶他们就行了。”始皇帝因此而停止了扩大苑囿的计划。

注释 1 倡(chāng):表演歌舞的艺人。 侏儒:矮子。 2 大道:大的原则、道理。 3 陛楯者:在殿前阶下持兵器的武士。陛,台阶。楯,通“盾”。 沾寒:受寒。 4 幸甚:希望不过的事,再好不过。 5 即:如果。 疾:迅速。 6 上寿:敬酒祝福。 7 幸:哀怜。 8 半相代:一半一半互相接替。 9 纵:放养。 触:抵触,击。 10 辍(chuò)止:停止。

二世立,又欲漆其城。[1]优旃曰:“善。主上虽无言,臣固将请之[2]。漆城虽于百姓愁费[3],然佳哉!漆城荡荡[4],寇来不能上。即欲就之,易为漆耳,顾难为荫室。[5]”于是二世笑之,以其故止。居无何[6],二世杀死,优旃归汉,数年而卒。

秦二世继位,又想用漆来涂饰城墙。优旃说:“好。主上虽然不发话,臣本来也将请求这样做。用漆涂饰城墙虽然对百姓来说会为耗费而愁苦,然而却是美事!城墙涂饰得光亮明净,敌寇来了爬不上来。我想马上完成它,给城墙涂上漆容易,只是难得建造这么大的荫室来阴干它。”于是二世笑了起来,因此而停止了用漆涂城墙的计划。过了不久,二世被杀死,优旃归顺汉朝,几年后去世了。

注释 1 二世:秦二世胡亥,公元前210—前207年在位。 漆:以漆涂饰。 2 固:本来。 请之:请求这样做。 3 愁费:为耗费而愁苦。 4 荡荡:光亮明净貌。 5 就:成就,完成。 为漆:涂上漆。 顾:但是。 荫室:遮蔽太阳、阴干漆器的棚屋。 6 无何:不久。

太史公曰:淳于髡仰天大笑,齐威王横行[1]。优孟摇头而歌,负薪者以封[2]。优旃临槛疾呼,陛

太史公说:淳于髡仰头大笑,齐威王因而称雄一时。优孟摇着头歌唱,背着柴薪出售的人因而获得封邑。优旃临近栏杆大声呼喊,阶下的武士就

楯得以半更。岂不亦伟哉!

能分成两批轮流值岗。他们三人难道不是奇伟的人吗?

注释 1 横行:称雄一时。 2 封:获得封邑。

褚先生曰:臣幸得以经术为郎,而好读外家传语。[1]窃不逊让,复作故事滑稽之语六章,编之于左。[2]可以览观扬意,以示后世好事者读之,以游心骇耳,以附益上方太史公之三章。[3]

褚先生说:我有幸凭借经学儒术当了郎官,但我也喜好读儒家以外的史传杂说。我不谦逊,又写了与滑稽故事一样的文字六篇,编辑在下方。可以凭借它们浏览观察,宣扬旨意,将它们留给后世有爱好的人去阅读,以便引人联想、动人听闻,特将它们附载在上面太史公所写的三段之后。

注释 1 经术:经学儒术。 外家传语:儒家经典以外的史传杂说。 2 逊让:谦逊退让。 左:左方,今之"下方"。古人写字皆为竖行、由右向左,故云。 3 扬意:宣扬意旨。 游心骇耳:愉悦心怀,耸动视听。 上方:前面。《史记志疑》:"少孙续传六章,惟郭舍人、东方生、东郭先生、王先生四章为类。但方朔虽杂诙谐,颇能直言切谏,安可与齐赘优伶比。……若夫西门豹,古之循吏也,而列于滑稽,尤为不伦。然叙次特妙,非他所续之芜弱。董份疑为旧文,褚生取而编之耳。"

武帝时有所幸倡郭舍人[1]者,发言陈辞虽不合大道,然令人主和说。武帝

武帝时有一位所宠幸的歌舞艺人郭舍人,发表谈论、陈述言辞虽然不符合大的道理,然而能让君主听了高兴。武帝小时候,东武侯的母

少时，东武侯母[2]常养帝，帝壮时，号之曰“大乳母”。率一月再朝[3]。朝奏入，有诏使幸臣马游卿以帛五十匹赐乳母，又奉饮糒飧养乳母[4]。乳母上书曰：“某所有公田，愿得假倩[5]之。”帝曰：“乳母欲得之乎？”以赐乳母。乳母所言，未尝不听。有诏得令乳母乘车行驰道[6]中。当此之时，公卿大臣皆敬重乳母。乳母家子孙奴从者横暴长安中，当道掣顿人车马，夺人衣服。[7]闻于中[8]，不忍致之法。有司请徙乳母家室，处之于边。奏可。乳母当入至前，面见辞[9]。乳母先见郭舍人，为下泣。舍人曰：“即入见辞去，疾步数还顾[10]。”乳母如其言，谢去，疾步数还顾。郭舍人疾言骂之曰：“咄[11]！老女子！何不疾行！陛下已壮矣，

亲曾经哺养他，武帝壮年的时候，称她为“大乳母”。她一般是一个月进宫两次。朝见的奏报送到宫中，武帝就下诏书派宠幸的大臣马游卿将五十匹帛赐给乳母，又奉送浆水、汤汁、干粮、熟食等供养乳母。乳母呈上奏书说：“某个地方有片公田，希望能借用它。”武帝说：“乳母想得到它吗？”就把这块地赐给乳母。乳母所说的话，武帝不曾不听从。武帝还下达诏书让乳母乘车在御道中行进。这时，公卿大臣们都敬重乳母。乳母家里的子孙和奴仆、随从在长安城内横行施暴，在大道上硬拉走人家的车马，强夺人家的衣服。事情传到武帝耳朵里，他不忍心对他们依法处罚。主管官府请求迁徙乳母的家室，把他们安置到边疆去。奏报被批准。乳母应当进宫面见皇帝，当面告辞。乳母先见到郭舍人，对他下拜哭泣。郭舍人说：“你一会儿进去拜见皇帝后就离开，快步走出时还要多次回过头来看。”乳母按照他的话做，告辞离开，快步走出还多次回过头来看。郭舍人大声骂着说：“啐！老婆子！为什么不快走！陛下已经长大了，难道还等

宁尚须汝乳而活邪[12]？尚何还顾！”于是人主怜焉悲之，乃下诏止无徙乳母，罚谪谮之者[13]。

着靠你喂奶才能活命吗？你为什么老是回过头看！”这时候武帝可怜起她来，就下诏不要迁徙乳母，还处罚、贬谪了说乳母坏话的人。

注释 1 舍人：王公贵人私府的吏员。一说指具有某种技艺的人。 2 东武侯母：《史记索隐》："东武，县名；侯，乳母姓。"一说指东武侯郭它的母亲。 3 率：一般。 再朝：入朝两次。 4 奉：奉送。 饮：浆水、汤汁。 糒(bèi)：干粮。 飧(sūn)：熟食。 5 假倩(qìng)：借用。实为讨要。假，借。倩，请。 6 驰道：御道。帝王车马行走之道。 7 奴从：奴仆、随从。 掣(chè)顿：硬拉，强夺。 8 中：禁中，宫中。 9 面见辞：当面告辞。 10 疾步数还顾：快步走，多次地回头看。 11 咄(duō)：呵斥声。 12 须：等待。 邪：语气助词。 13 谪(zhé)：降职或流放。 谮(zèn)：说坏话诬陷别人。

武帝时，齐人有东方生[1]名朔，以好古传书，爱经术，多所博观外家之语。朔初入长安，至公车上书，凡用三千奏牍。[2]公车令两人共持举其书，仅然能胜之。[3]人主从上方读之，止，辄乙[4]其处，读之二月乃尽。诏拜以为郎，常在侧侍中。数召

武帝的时候，齐地人中有位东方先生名叫朔，因为爱好古代流传下来的书籍，喜爱经学儒术，又广泛阅览儒家以外的书籍。东方朔初次进入长安，就到公车府呈上了奏书，这奏书总共用了三千片木牍。公车府派两个人共同抬着这捆奏书，才刚能抬得起来。武帝从开头读起，中途停止，就在停止的地方打钩，读了两个月才读完。于是下诏任命东方朔做郎官，让他常在皇帝身边侍奉。武

至前谈语，人主未尝不说也。时诏赐之食于前。饭已，尽怀其余肉持去，衣尽污。数赐缣帛，檐揭而去。[5]徒用所赐钱帛，取少妇于长安中好女。[6]率取妇一岁所[7]者即弃去，更取妇。所赐钱财尽索[8]之于女子。人主左右诸郎半呼之“狂人”。人主闻之，曰：“令朔在事无为是行者，若等安能及之哉！”[9]朔任其子为郎，又为侍谒者[10]，常持节出使。朔行殿中，郎谓之曰：“人皆以先生为狂。”朔曰：“如朔等，所谓避世于朝廷间者也。古之人，乃避世于深山中。”时坐席中，酒酣，据地[11]歌曰：“陆沉于俗，避世金马门。[12]宫殿中可以避世全身，何必深山之中，蒿庐[13]之下。”金马门者，宦者署门也，门傍有铜马，故谓之曰“金马门”。

帝多次召他到跟前来谈话，没有一次谈得不开心。有一次武帝赏赐东方朔上前吃饭。他吃完了饭，把剩下的肉全部装在怀里拿走，衣服全都弄脏了。武帝多次赐给他缣帛，他肩挑着取走了。他只用所赐给的钱财缣帛，就从长安城内的美女中娶来年轻的妻子。一般娶一个妻子一年多就抛弃了她，又再娶一个妻子。所赐给的钱财全用在聘娶女人身上。君主身边的很多郎官称呼他为“狂人”。君主听说了，说：“假如让东方朔当官任事而没有这些行为，你们这些人怎么能赶得上他呢！”东方朔保举他儿子做郎官，又升做侍中谒者，经常拿着符节外出办事。东方朔从宫殿中经过，郎官们对他说：“人们都认为先生是位狂人。”东方朔说：“像我东方朔这一类人，就是所说的在朝廷中间隐居避世的人。古代的人，是到深山中去隐居避世。”他时常坐在酒席当中，酒兴浓时，就用手撑在地上唱着歌：“沦落在世俗中，避世在金马门。宫殿中可以避世而保全自身，何必一定要躲在深山之中，茅屋之下。”金马门就是宦者衙署之门，门旁边有座铜马，所以称它为“金马门”。

注释 1 东方生：东方先生。东方，复姓。 2 公车上书：汉制，吏民上书言事，均由公车令接待。上书人多有因此而被大用者。公车，官署名，为卫尉的下属机构，设公车令，掌管宫殿司马门的警卫。所有上书及征召等事宜，经由此处受理。 奏牍：上奏之简牍。 3 持举：抬着。 仅然：仅仅，刚刚。 4 乙：旧时在书上画"乙"字形符号，打钩，表示阅读中止处。 5 缣帛：绸绢的统称。 檐(dān)揭：肩挑。 6 徒：仅，只。 取：通"娶"。 7 所：左右。 8 索：聘娶。 9 令：假如。 在事：在官任事。 无为是行：没有这些行为。 若等：你们这些人。 及：赶得上。 10 侍谒者：侍中的谒者，掌管内廷传达。 11 据地：以手按着地。 12 陆沉：地陷，此喻沦落。 金马门：汉武帝得大宛宝马，以铜铸像，立于宦者署门，故因以为名。 13 蒿庐：草庐茅屋。

时会聚宫下博士诸先生与论议，共难[1]之曰："苏秦、张仪一当万乘之主，而都卿相之位，泽及后世。[2]今子大夫修先王之术，慕圣人之义，讽诵[3]《诗》《书》百家之言，不可胜数。著于竹帛[4]，自以为海内无双，即可谓博闻辩智矣。然悉力尽忠以事圣帝，旷日持久，积数十年，官不过侍郎，位不过执戟，意者尚有遗行邪？[5]其故何也？"东方生

当时正碰上朝廷聚集学宫里的诸位博士先生们参与论议，大家共同诘难东方朔说："苏秦、张仪一遇上赏识他们的国君，就立刻取得卿相的职位，恩惠遍及后世。如今先生研习了先王治国御民的理论，仰慕着圣人立身处世的道义，记诵的《诗》《书》以及诸子百家的言论，多得数也数不清。您还把自己的学识写在竹帛上，自认为天下第一，可以称得上是见闻广博、智谋善辩的了。然而您竭尽忠诚来侍奉圣明的皇帝，经历了很长的时间，加起来有几十年，官衔只不过是侍郎，职位只不过是执戟，您

曰："是固非子之所能备[6]也。彼一时也，此一时也，岂可同哉！夫张仪、苏秦之时，周室大坏，诸侯不朝，力政争权，相禽以兵，并为十二国，未有雌雄，得士者强，失士者亡，故说听行通，身处尊位，泽及后世，子孙长荣。[7]今非然也。圣帝在上，德流天下，诸侯宾服，威振四夷，连四海之外以为席，安于覆盂，天下平均，合为一家，动发举事，犹如运之掌中。[8]贤与不肖，何以异哉？方今以天下之大，士民之众，竭精驰说，并进辐凑[9]者，不可胜数。悉力慕义，困于衣食，或失门户。[10]使张仪、苏秦与仆并生于今之世，曾不能得掌故，安敢望常侍侍郎乎！[11]

莫非有什么不检点的行为才会这样？"东方朔说："这本来就不是你们所能知悉的，那是一个时期，这是一个时期，难道可以相提并论吗？再说张仪、苏秦的时期，周王室极其衰微，诸侯国不朝拜，而是从事征伐争夺权势，动用军队互相侵害，兼并成为十二个大国，分不出胜负，能得到士人拥护的就强大，失去士人拥护的就灭亡，所以他们二人的言论被采纳，行事畅通无阻，自身处于尊贵的地位，恩泽延及后代，子子孙孙都跟着沾光。如今不是这样的情况。圣明的皇帝在上掌管朝政，德政流布于整个天下，诸侯都归顺服从，声威震慑四方夷狄，四海内外连接起来像是一张坐席，安稳得如同一个倒置的盆，天下安定和睦，像一家人，想要办什么事，容易得像是在手掌上转动。贤能和不贤能，凭什么来区别差异呢？当今天下广大，士民众多，竭尽精力游说，并行进取如同车辐朝向中心一般到京城来的人，数也数不过来。他们倾尽全力仰慕道义，仍然不免被衣食所困，有的人也就失掉了进身的门路。让张仪、苏秦和我同时生活在当今的社会，他们甚至连掌故这样的小官职也不能得到，怎么敢期望做常侍侍郎

传曰：'天下无害灾，虽有圣人，无所施其才；上下和同，虽有贤者，无所立功。'故曰时异则事异。虽然，安可以不务修身乎？[12]《诗》曰：'鼓钟于宫，声闻于外。'[13]'鹤鸣九皋，声闻于天。'[14]苟能修身，何患不荣！太公躬行仁义七十二年，逢文王，得行其说，封于齐，七百岁而不绝。[15]此士之所以日夜孜孜[16]，修学行道，不敢止也。今世之处士，时虽不用，崛然独立，块然独处，上观许由，下察接舆，策同范蠡，忠合子胥，天下和平，与义相扶，寡偶少徒，固其常也。[17]子何疑于余哉！"于是诸先生默然无以应也。

呢？书传上说：'天下没有灾害，即使出了圣人，也没有地方施展才能；天下太平，即使出了贤能的人，也没有地方立功。'所以说时代不同则事态也不同。即使是这样，怎么可以不致力于修养自身呢？《诗经》里说：'宫廷里面敲大钟，钟声总要传出宫。''沼泽曲折白鹤叫，鸣声嘹亮传四郊。'假若能够修养自身，哪里还怕不显荣！姜太公亲自践行仁义七十二年，遇见了周文王，才得以实行他的学说，后被封在齐国，七百年祭祀也没断绝。这就是士人日日夜夜、孜孜不倦地研究学问，而不敢停下来的原因。如今社会上的隐居之士，即使不能被任用，却仍然高洁自立，孤寂独处，学习许由、接舆，他们有范蠡那样的谋略，有伍子胥那样的忠诚，但在当今的太平年代无从施展才能，只好谨守忠义，独立不群，这是很自然的事。你们为什么要怀疑我呢！"这时各位先生沉默起来，无以应答。

注释 1 难：诘难。 2 当：遇，碰到。 都：居。 3 讽诵：背诵，熟习。 4 竹帛：竹简和缣帛。 5 侍郎：宿卫侍从皇帝的郎官，秩四百石。 执戟：

侍卫皇帝的武官。 意者:恐怕,或许。表示推测。 遗行:不检点的行为。 **6** 备:知悉,了解。 **7** 力政:武力征伐。政,通“征”。 禽:通“擒”。 说听行通:言论得以采纳,行事畅通无阻。 **8** 席:坐垫。 覆盂:倒置之盆。此比喻安稳。 **9** 辐凑:车辐凑集于中心圆木。此谓聚集。 **10** 悉力:尽力。 慕义:倾慕仁义。 门户:此指进入仕宦的门路。 **11** 仆:谦词,指自己。 掌故:官名。掌管礼乐典章故事,以备咨询,秩百石。 **12** 虽然:即使这样。 安:怎么。 **13** 鼓钟于宫,声闻于外:此二句引自《诗经·小雅·白华》。 **14** 鹤鸣九皋,声闻于天:此二句引自《诗经·小雅·鹤鸣》。九皋,曲折深远的沼泽。 **15** 太公:即姜太公吕望。 文王:周文王。 **16** 孜孜:勤奋不倦的样子。 **17** 处士:隐居不仕之士。 崛然:高起、突出的样子。 块然:孤独的样子。 许由:传说中的隐士。见《伯夷列传》。 接舆:春秋时楚国隐士、狂人。 范蠡:春秋末期越国之大臣。 子胥:即伍子胥,春秋末吴国忠臣。详见《伍子胥列传》。 扶:持守。 寡偶少徒:很少有伴侣、门徒。

建章宫后阁重栎中有物出焉[1],其状似麋。以闻,武帝往临视之。问左右群臣习事通经术者,莫能知。诏东方朔视之。朔曰:“臣知之,愿赐美酒粱饭大飧臣[2],臣乃言。”诏曰:“可。”已飧,又曰:“某所有公田鱼池蒲苇[3]数顷,陛下以赐臣,臣朔乃言。”诏曰:“可。”于是朔乃肯言,曰:

建章宫后便殿的双重栏杆中有动物跑出来,它的形状好似麋鹿。奏报给皇上,武帝前去观看。询问近侍群臣中熟悉事物、通晓经术的人,没有人知道是什么动物。诏令东方朔来观看。东方朔说:“臣知道那是什么,希望赐给我美酒、精米饭,丰盛地宴请臣,臣东方朔才说。”诏令说:“可以。”已经吃完了宴席,他又说:“某地方有公田、鱼池、芦苇占地几顷,陛下将它赐给臣,臣东方朔才说。”诏令说:“可以。”于是东

“所谓驺牙[4]者也。远方当来归义[5],而驺牙先见。其齿前后若一,齐等无牙[6],故谓之驺牙。”其后一岁所[7],匈奴混邪王果将十万众来降汉。乃复赐东方生钱财甚多。

方朔才肯讲话,说:“这是所说的驺牙。远方异族应当会来归顺朝廷,那么驺牙就会先期出现。它的牙齿前后一样,门牙齐等而没有臼齿,所以把它称作驺牙。”过了一年左右,匈奴浑邪王果然统领十万兵众来投降汉朝。武帝就又赐给东方先生很多钱财。

注释　1 建章宫:汉武帝所建宫殿。　重栎(lì):双重栏杆。　2 粱饭:精米饭。粱,精米。　大飧(sūn):丰盛宴请。　3 蒲苇:芦苇。　4 驺(zōu)牙:兽名。即驺虞,传说中的义兽名。　5 归义:归服大义,即归顺。　6 齐等无牙:门牙齐等相同而没有臼齿。古代“牙”指大牙、臼齿。　7 所:左右。

至老,朔且死时,谏曰:“《诗》云‘营营青蝇,止于蕃。恺悌君子,无信谗言。谗言罔极,交乱四国’[1]。愿陛下远巧佞[2],退谗言。”帝曰:“今顾[3]东方朔多善言?”怪之。居无几何,朔果病死。传曰:“鸟之将死,其鸣也哀;人之将死,其言也善。”[4]此之谓也。

到了晚年,东方朔临死时,劝谏道:“《诗经》说‘苍蝇飞舞声营营,飞上篱笆把身停。平易近人的君子,害人谗言您莫听。谗人说话没定准,搅乱各国不太平’。希望陛下远离机巧谄媚的人,斥退说人坏话的人。”武帝说:“现在东方朔为什么反而说出这么多善意的言论?”对此感到奇怪。过了没多久,东方朔终于重病去世。书传上说:“鸟将要死的时候,它的叫声是悲哀的;人将要死的时候,他说的话是善意的。”说的就是这种情况吧。

注释 1 此六句出自《诗经·小雅·青蝇》。其中前四句在首章,后二句在中间一章,并不相连。原文中“蕃”为“樊”,“恺悌”为“岂弟”。营营,象声词。蕃,通“藩”。篱笆。恺悌,和乐近人。罔极,没有止境。交乱,构成混乱。四国,四邻之国。按:此六句译文,据程俊英《诗经译注》,上海古籍出版社,1985年2月版。 2 巧佞:机巧谄媚。 3 顾:反而。 4 此四句引自《论语·泰伯》。

武帝时,大将军卫青者,卫后兄也[1],封为长平侯。从军击匈奴,至余吾水[2]上而还,斩首捕虏,有功来归,诏赐金千斤。将军出宫门,齐人东郭先生以方士待诏公车,当道遮[3]卫将军车,拜谒曰:“愿白事[4]。”将军止车前,东郭先生旁[5]车言曰:“王夫人新得幸于上,家贫。今将军得金千斤,诚以其半赐王夫人之亲[6],人主闻之必喜。此所谓奇策便计也。”卫将军谢之曰:“先生幸告之以便计,请奉

武帝的时候,大将军卫青是卫皇后的兄弟,封为长平侯。他统领大军出击匈奴,直杀到余吾水边才撤回军队,斩敌首,捕俘虏,建立了功劳回到京城,诏令赐给他黄金一千斤。将军带着赏赐走出宫廷大门,这时齐地人东郭先生以方士身份在公车府等待诏令任命,他在大路上拦住卫将军的马车,拜见说:“希望能向您禀报事情。”将军停在车子前面,东郭先生倚靠着车子说:“王夫人新近得到皇上宠幸,但她家里贫穷。如今将军得到了千斤黄金的赏赐,如果能拿出其中的一半赐赠给王夫人的父母,皇上听说了必定会高兴。这就叫作奇妙而简易的计策。”卫将军感谢说:“承蒙先生指教这条计策,我一定遵从。”于是卫将军就拿出五百斤黄金向王夫人的父母问安。王夫人把这事告诉武帝。武帝说:“大将军不会想出这样的主意。”武帝询问卫青从哪里接受的这个计策,

教。”于是卫将军乃以五百金为王夫人之亲寿。王夫人以闻武帝。帝曰:“大将军不知为此。”问之安所[7]受计策,对曰:“受之待诏者东郭先生。”诏召东郭先生,拜以为郡都尉。东郭先生久待诏公车,贫困饥寒,衣敝[8],履不完。行雪中,履有上无下,足尽践地。道中人笑之,东郭先生应之曰:“谁能履行[9]雪中,令人视之,其上履也,其履下处乃似人足者乎?”及其拜为二千石,佩青䯄[10]出宫门,行谢主人。故所以同官待诏者,等比祖道于都门外[11]。荣华道路,立名当世。此所谓衣褐怀宝者也[12]。当其贫困时,人莫省视[13];至其贵也,乃争附之。谚曰:“相马失[14]之瘦,相士失之贫。”其此之谓邪?

卫青回答说:“从等待诏书任命的东郭先生那里接受的。”诏令召见东郭先生,任命他做郡都尉。东郭先生长期在公车府等待诏书任命,贫困饥寒,衣服破旧,连鞋都不完整。在雪中行走,鞋有上面却没有下底,脚全踩在地面上。路上的人笑话他,他应答说:“谁能做到穿着鞋在雪地行走,让人看起来,脚上面是鞋,鞋子底下踩过的地方却像是人的脚印的呢?”等到他被任命做二千石级别的官,佩带紫青色的系印丝带走出宫门,前去辞谢他的房东主人,曾经和他一起在公车府等待诏令任命的人,一同在都城门外的道路上为他饯行。道路上的盛况,使他名震一时。这就是所说的穿着破旧衣服、身上却藏着珍宝的事例吧。当他贫穷困苦的时候,没有人去探望他;等到他高贵了,人们就争着去依附他。俗话说:“相马常因为马瘦而错失好马,相人常因为人穷而遗漏了贤才。”说的就是东郭先生这种情况吧?

注释 1 卫后:汉武帝皇后卫子夫。卫青系其弟,而不是兄。 2 余吾水:古水名,即今蒙古人民共和国之土拉河。 3 遮:拦。 4 白事:有事禀告。白,下对上陈述。《史记集解》引徐广曰:“《卫青传》云甯乘说青而拜为东海都尉。”《史记志疑》:“说卫青者《青传》是甯乘,此云东郭先生,岂东郭即乘耶?” 5 旁(bàng):通“傍”。依傍。 6 诚:如果。 亲:父母。 7 安所:在什么地方,在哪里。 8 敝:破旧。 9 履行:穿鞋行走。 10 青緺(guā):青绶。紫青色的系印丝带。 11 等比:共同。 祖道:古代为出行者祭祀路神,并饮宴送行。 12 衣褐怀宝:穿着破旧衣服但怀藏珍宝。比喻出身贫寒但实有才华之人。褐,粗布短衣。
13 省(xǐng)视:探望。 14 失:失误,错看。

王夫人病甚,人主至自往问之曰:“子当为王,欲安所置[1]之?”对曰:“愿居洛阳。”人主曰:“不可。洛阳有武库、敖仓[2],当关口,天下咽喉。自先帝以来,传[3]不为置王。然关东国莫大于齐,可以为齐王。”王夫人以手击头,呼“幸甚”。王夫人死,号曰“齐王太后薨”。

王夫人病得很严重,武帝前来亲自问候说:“你儿子应当封王,你想让他去哪里?”王夫人回答说:“希望封他在洛阳。”武帝说:“不可以。洛阳境内有武库和敖仓,正当着关卡要冲,是天下的咽喉。从先帝以来,世代的惯例不在这里封王。然而关东各个封国没有哪个比齐国还大,可以封他做齐王。”王夫人用手击打着头,大声说“非常荣幸”。王夫人死时,称呼为“齐王太后薨”。

注释 1 置:安排。 2 敖仓:秦汉时的国家大粮仓,在今河南荥阳东北敖山上。 3 传:沿袭,传为惯例。

昔者，齐王使淳于髡献鹄于楚[1]。出邑门[2]，道飞其鹄，徒揭[3]空笼，造诈成辞[4]，往见楚王曰："齐王使臣来献鹄，过于水上，不忍鹄之渴，出而饮之，去我飞亡。吾欲刺腹绞颈而死，恐人之议吾王以鸟兽之故令士自伤杀也。鹄，毛物，多相类者，吾欲买而代之，是不信而欺吾王也。欲赴佗[5]国奔亡，痛吾两主使不通。故来服过，叩头受罪[6]大王。"楚王曰："善，齐王有信士若此哉！"厚赐之，财倍鹄在[7]也。

从前，齐王派淳于髡把一只天鹅献给楚王。出了国都门，在路上天鹅飞走了，他只提着空笼子，编造了一套欺诈的话语，前往拜见楚王说："齐王派我来献天鹅，经过一条河时，我不忍心看着天鹅口渴，就让它出笼子饮水，它却飞走了。我想刺穿肚肠、用绳子勒住脖子去死，又担心人家会议论大王因为鸟兽的缘故而让士人自杀。天鹅，是羽毛类的动物，有很多相像的，我想买一只来替代它，可这样做又不诚信，是欺骗大王。我想逃到其他国家去，又痛惜失去了一次齐国问候楚国的机会。所以我前来承认过错，叩头接受大王的处罚。"楚王说："好，齐王有像你这样诚信的士人呀！"给他很多赏赐，钱财比送到那只天鹅所得的要多得多。

注释　1 鹄(hú)：鸟名，天鹅。《史记志疑》："淳于髡已见本《传》，复劖入献鹄一节，殊失之赘。况《说苑·奉使》称魏文侯使舍人无择献鹄于齐，《韩诗外传》十称齐使献鸿于楚，《初学记》二十、《御览》九百十六并引鲁连子云展无所为鲁君遗齐襄君鸿。所载各异，皆不说髡，毋乃谬欤？"
2 邑门：城邑之门。　3 揭：举。　4 造诈成辞：编造出一套欺诈的话语。
5 佗(tuō)：其他的，别的。　6 受罪：接受罪罚。　7 在：表示性状所及。

武帝时，征北海太守诣行在所[1]。有文学卒史[2]王先生者，自请与太守俱："吾有益于君，君许之。"诸府掾功曹白云[3]："王先生嗜酒，多言少实，恐不可与俱。"太守曰："先生意欲行，不可逆[4]。"遂与俱。行至宫下，待诏宫府门。王先生徒怀钱沽酒，与卫卒仆射饮，日醉，不视其太守。[5]太守入跪拜。王先生谓户郎[6]曰："幸为我呼吾君至门内遥语[7]。"户郎为呼太守。太守来，望见王先生。王先生曰："天子即问君何以治北海令无盗贼，君对曰何哉？"对曰："选择贤材，各任之以其能，赏异等，罚不肖。"[8]王先生曰："对如是，是自誉自伐[9]功，不可也。愿君对言'非臣之力，尽陛下神灵威武所变化也'。"太守曰："诺。"

武帝的时候，征召北海太守到皇帝所在地来。有掌管文书的小吏王先生，请求同太守一道前往，说："我对您是会有帮助的，请您同意吧。"太守府中各个下属官员对太守说："王先生嗜好饮酒，话说得多却很少干出实事，恐怕不应该带他一起前往。"太守说："他想去，不好拒绝。"就同王先生一起前去。来到了皇宫前，在皇宫门口等待下诏传令进见。王先生只是身上带着钱买酒，和守卫士兵的长官一起喝，每日都喝醉，也不去看看他的太守。太守要进宫去跪拜天子。王先生对侍卫郎官说："麻烦您替我叫我的主人到宫门内来远远地对话。"侍卫郎官替他叫来太守。太守来了，远远地望见王先生。王先生说："天子如果问您用什么办法治理好了北海郡，使得那里没有盗贼，您怎么回答呢？"太守回答说："选拔贤能的人才，根据他们各自的能力来任用，奖赏治绩特别优秀的，惩罚不贤能的。"王先生说："这样回答，这是自我称赞、自我夸耀功绩，不可以。希望您回答说'不是臣下的力量做到的，全都是

召入，至于殿下，有诏问之曰："何以治北海，令盗贼不起？"叩头对言："非臣之力，尽陛下神灵威武之所变化也。"武帝大笑，曰："於呼[10]！安得长者之语而称之！安所受之？"对曰："受之文学卒史。"帝曰："今安在？"对曰："在宫府门外。"有诏召拜王先生为水衡丞，以北海太守为水衡都尉。[11]传曰："美言可以市，尊行可以加人。[12]君子相送以言，小人相送以财。"

陛下的神灵威武所感化的'。"太守说："好。"征召进宫，到了殿廷之下，武帝诏令询问说："你用什么方法治理北海郡，使盗贼没有兴起？"太守叩头回答说："不是臣下的力量做到的，全都是陛下的神灵威武所感化的。"武帝大笑起来，说："哎呀！哪里得来的贤者的话语而这样说呢！受了谁的指点？"太守回答说："从掌管文书的小吏那里接受的指点。"武帝说："他现在在哪里？"太守回答说："在宫府门的外面。"下达诏书任命王先生为水衡都尉手下的佐吏，任命北海太守为水衡都尉。书传上说："美好的言辞有价值，高尚的品行可以换来高官。君子互相赠送的是言论，小人互相赠送的是钱财。"

注释　1 征：征召。　北海：汉郡名，治所营陵，在今山东昌乐东南。《史记索隐》："《汉书》宣帝征渤海太守龚遂，非武帝时，此褚先生记谬耳。"　诣：到。　行在所：简称"行在"。天子所在的地方。　2 文学卒史：掌管文书的小吏。　3 府掾(yuàn)：太守府中的属官。掾，属官。　功曹：官名。汉朝地方官府置，职掌选举，兼参诸曹事务。　4 逆：违背，拒绝。5 沽：买。　卫卒仆射(yè)：负责守卫士卒之长官。仆射，汉时为侍中、尚书、博士、郎等诸官之长。　6 户郎：侍卫郎官。　7 遥语：远距离对话。8 异等：不同寻常的。　不肖：不贤。　9 伐：夸耀。　10 於(wū)呼：同"呜呼"。表示惊讶。　11 水衡丞：水衡都尉手下的佐吏。　水衡都尉：汉武帝时始置,为管理上林苑、皇室财政收入的高级官员,秩二千石。 12 市:卖,指有价值。 加人:加于别人之上,即高出他人。

魏文侯时,西门豹为邺令。[1]豹往到邺,会长老[2],问之民所疾苦。长老曰:"苦为河伯[3]娶妇,以故贫。"豹问其故,对曰:"邺三老、廷掾常岁赋敛百姓,收取其钱得数百万,用其二三十万为河伯娶妇,与祝巫共分其余钱持归。[4]当其时,巫行视小家女好者,云是当为河伯妇,即娉取。[5]洗沐之,为治新缯绮縠衣,闲居斋戒;[6]为治斋宫河上,张缇绛帷[7],女居其中。为具[8]牛酒饭食,行十余日。共粉饰之,如嫁女床席[9],令女居其上,浮之河中。始浮,行数十里乃没。其人家有好女者,恐大巫祝为河伯取之,以故多持女远逃亡。以故城中益

魏文侯的时候,西门豹被任命做邺县县令。西门豹前去邺县,会见有名望的长者,询问民众所感到痛苦的事。长者说:"最痛苦的是替河神娶妻,为此百姓都很穷。"西门豹询问其中的原因,长者回答说:"邺县掌教化的乡官、县府的属官常常每年搜刮百姓的赋税,收取得到的钱有几百万,其中的二三十万用来替河神娶妻,和祭神祷鬼的巫祝共同瓜分余下的钱财拿回家中。当要举行这种活动的时候,巫师走访观察普通人家长得漂亮的女子,说这个女子应当做河神的媳妇,就下聘把她娶走。让她沐浴,替她缝制新的有花纹、有皱纹的丝织品衣服,单独居住进行斋戒;又在河面上建造一座斋宫,张挂起橘红、深红色的丝质帷帐,让女子居住在当中。备办起牛、酒和饭食,这样做十几日。大家给女子装饰打扮,准备像嫁女子一样的床帐枕席,让女子坐在上面,并使她漂浮在河面上。开始时是浮着的,经过几十里就沉没了。那些有漂亮女子的人家,恐怕大巫祝替

空无人，又困贫，所从来久远矣。民人俗语曰‘即不为河伯娶妇，水来漂没，溺其人民’云。”西门豹曰：“至为河伯娶妇时，愿三老、巫祝、父老送女河上，幸[10]来告语之，吾亦往送女。”皆曰：“诺。”

河神娶走女儿，因此都带着女儿逃走了。由于这个缘故县城里更加空空无人，更加困苦贫穷，这种情况持续很久了。民众的俗语说‘如果不替河神娶媳妇，就会有大水来淹没这里，淹死这里的民众’。”西门豹说：“到了替河神娶媳妇的时候，希望在掌教化的乡官、祭神祷鬼的巫祝、乡里父老们送女子到河边时，请人来告诉我，我也前去送女子。”大家都说：“好。”

注释　1 魏文侯：战国时魏国国君，公元前445—前396年在位。 邺令：邺县县令。 2 长老：民间年高有德望之人。 3 河伯：河神。 4 三老：古代掌教化的乡官。 廷掾：县府属官。 祝巫：以祭祀、祈祷鬼神而消解他人灾祸为职业的人。 5 行视：巡视。 好：漂亮。 娉(pìn)取：下聘娶走。娉，通“聘”。取，通“娶”。 6 治：缝制。 缯(zēng)：丝织品的总称。 绮(qǐ)：有花纹的丝织品。 縠(hú)：有皱纹的纱。 闲居：单独居住。 7 张：张挂。 缇(tí)：橘红色。 绛：深红色的。 8 具：备办。 9 床席：嫁女的床帐枕席之类。 10 幸：表示希望。

至其时，西门豹往会之河上。三老、官属、豪长者、里父老皆会[1]，以人民往观之者三二千人。其巫，老女子也，已年七十。从弟子女十人所[2]，皆衣缯

到了替河神娶媳妇的时候，西门豹前往河边参加集会。掌教化的乡官、县府官员、地方豪绅、乡里父老都来了，连同民众前往观看的有两三千人。那个巫师，是个老年女子，已经七十岁了。跟随的女弟子有十人左右，都穿着丝质单衣，站在

单衣，立大巫后。西门豹曰："呼河伯妇来，视其好丑。"即将女出帷中，来至前。豹视之，顾谓三老、巫祝、父老曰："是女子不好，烦大巫妪[3]为入报河伯，得更求好女，后日送之。"即使[4]吏卒共抱大巫妪投之河中。有顷，曰："巫妪何久也？弟子趣[5]之！"复以弟子一人投河中。有顷，曰："弟子何久也？复使一人趣之！"复投一弟子河中。凡投三弟子。西门豹曰："巫妪、弟子是女子也，不能白事，烦三老为入白之。"复投三老河中。西门豹簪笔磬折[6]，向河立待良久。长老、吏傍观者皆惊恐。西门豹顾曰："巫妪、三老不来还，柰之何？"欲复使廷掾与豪长者一人入趣之。皆叩头，叩头且破，额血流地，

大巫师的后面。西门豹说："叫河神的媳妇过来，看看她长得是美还是丑。"随即让女子从帷帐中走出，来到西门豹面前。西门豹一看，回过头对掌教化的乡官、祭神祷鬼的巫祝、乡里父老说："这个女子不漂亮，劳烦大巫师到河中去报告河神，待我另外找个漂亮女子，改天送给他。"就派官吏士兵一起抱着大巫师投到河中去。过了一会儿，说："巫师为什么耽搁这么久还不回来？弟子去催促一下！"再把一个弟子投到河里面。过了一会儿，说："弟子为什么耽搁这么久？再派一个人去催促一下！"又扔一个弟子到河里面去。总共扔下去三个弟子。西门豹说："巫师和弟子都是些女人，不会禀告事情，烦劳掌教化的乡官到河里去禀报一下。"又把掌教化的乡官扔到河里面。西门豹帽子上插着簪子，弯着身子，面对着河站着等待了很长时间。在旁边观看的乡里的长老、官吏都惊慌恐惧。西门豹回过头说："巫师、乡官不回来，怎么办？"想再让县府属官和一位豪绅到河里去催促。他们都磕头求饶，把头都磕破了，额头上的血流在地上，面色像死灰一样。西

色如死灰。西门豹曰:“诺,且留待之须臾。”须臾,豹曰:“廷掾起矣。状河伯留客之久,若皆罢去归矣。[7]”邺吏民大惊恐,从是以后,不敢复言为河伯娶妇。

门豹说:“行,暂且等待片刻。”过了一会儿,西门豹说:“县府属官起来吧。看样子河神要留客人多待一会儿,你们都回家吧。”邺县的官吏、民众特别惊慌恐惧,从此以后,人们都不敢再提替河神娶媳妇的事。

注释 1 豪长:地方豪绅。 里:乡里。 2 从弟子女:跟随的女弟子。 所:左右。 3 妪(yù):老年妇女的通称。 4 即使:立刻让。 5 趣(cù):催促。 6 簪笔:帽子上插着的类似毛笔的簪子。 磬折:像石磬一样弯着腰。 7 状:看情形,看样子。 若:你,你们。

西门豹即发民凿十二渠[1],引河水灌民田,田皆溉。当其时,民治渠少烦苦,不欲也。豹曰:“民可以乐成,不可与虑始。[2]今父老子弟虽患苦[3]我,然百岁后期令父老子孙思我言。”至今皆得水利,民人以给足富,十二渠经绝驰道,到汉之立,而长吏以为十二渠桥绝驰道,相比近,不可。[4]欲合渠水,且至驰道合三

西门豹随即征发民众开凿十二条渠道,引漳河水浇灌民众的农田,使田地都得到了灌溉。正当征发的时候,民众修渠稍有劳苦,就不想参加。西门豹说:“民众乐于享受成果,不可以和他们事先谋划。如今父老子弟们虽然会讨厌我让大家辛苦,然而百年以后子孙后代会想起我的话。”邺县的人一直到现在都享受着西门豹治水带来的好处,当地的民众因此富裕起来。十二条渠道阻断了驰道,到汉朝建立,地方官吏认为十二条渠道阻断了驰道,彼此距离又相近,不行。想把渠道水合起来,在

渠为一桥。邺民人父老不肯听长吏,以为西门君所为也,贤君之法式不可更也。长吏终听置[5]之。故西门豹为邺令,名闻天下,泽流后世,无绝已时,幾可谓非贤大夫哉![6]

将到驰道的地方把三条渠合起来架上一座桥。邺地的民众父老们不肯听从地方官吏,认为是西门豹所开凿的,贤能长官确定的规范不可以更改。地方官吏最终听从而放弃了合渠的想法。所以西门豹担任邺县县令,声名闻于天下,恩泽流传后代,没有断绝的时候,难道能说他不是贤大夫吗!

注释 1 发:征发。 凿十二渠:《史记正义》引《括地志》云:"按:横渠首接漳水,盖西门豹、史起所凿之渠也。《沟洫志》云'魏文侯时,西门豹为邺令,有令名。至文侯曾孙襄王,与群臣饮,祝曰:"令吾臣皆如西门豹之为人臣也。"史起进曰:"魏氏之行田也以百亩,邺独二百亩,是田恶也。漳水在其傍,西门不知用,是不智;知而不兴,是不仁。仁智豹未之尽,何足法也!"于是史起为邺令,遂引漳水溉邺,以富魏之河内'。左思《魏都赋》云'西门溉其前,史起濯其后'也。" 2 乐成:乐于享受成果。 虑始:谋划事情的开始。 3 患苦:憎恨,厌恶。 4 经绝:截断。 比近:靠近。 5 置:搁置。 6 绝:断绝。 已:完了。 幾:通"岂"。难道。

传曰:"子产[1]治郑,民不能欺;子贱治单父[2],民不忍欺;西门豹治邺,民不敢欺。"三子之才能谁最贤哉?辨治者当能别之[3]。

书传上说:"子产治理郑国,民众不能欺骗他;子贱治理单父,民众不忍心欺骗他;西门豹治理邺县,民众不敢欺骗他。"这三个人的才能哪个最高呢?研究治理办法的人当然能辨别出来。

注释 1 子产:春秋时期郑国贤相公孙侨,字子产。见《循吏列传》。

2 子贱：春秋时鲁国人宓不齐，字子贱。曾任单父宰，施政清净而爱人。 单父(shàn fǔ)：邑名，在今山东单县。 3 别之：《史记索隐》："此三不欺自古传记先达共所称述，今褚先生因记西门豹而称之以成说也。《循吏传》记子产相郑，仁而且明，故人不能欺之也。子贱为政清净，唯弹琴，三年不下堂而化，是人见思，故不忍欺之。豹以威化御俗，故人不敢欺。"儒家以仁治为上。

史记卷一百二十七

日者列传第六十七

原文

自古受命而王，王者之兴何尝不以卜筮[1]决于天命哉！其于周尤甚，及秦可见。代王之入，任于卜者。[2]太卜之起，由汉兴而有。[3]

译文

自古以来接受天命在天下称王的人，当他们开始兴起之时，何尝不是运用卜筮的手段来揣度天意呢！这种情况在周代最多，到秦朝也还可以见到。代王刘恒能够进入京城，是听从了占卜者的意见。太卜官职的设置，就是从汉朝开始的。

注释 1 卜筮(shì)：占卜。卜，指用龟甲占卜。筮，指用蓍草占卜。2 代王：此指汉文帝刘恒，即位前曾封为代王。 任：听从。 3 太卜：官名，掌管为帝王占卜之事。《史记索隐》："《周礼》有太卜之官。此云由汉兴者，谓汉自文帝卜大横之后，其卜官更兴盛焉。"

司马季主者，楚人[1]也。卜于长安东市[2]。

宋忠为中大夫，贾谊为博士，同日俱出洗沐，相从

司马季主是楚地人。他在长安城的东市给人算卦。

宋忠是中大夫，贾谊是博士，有一天，他们趁假日结伴出

论议，诵易先王圣人之道术，究遍人情，相视而叹。[3]贾谊曰："吾闻古之圣人，不居朝廷，必在卜医之中。今吾已见三公九卿朝[4]士大夫，皆可知矣。试之卜数中以观采[5]。"二人即同舆而之市，游于卜肆中。[6]天新雨，道少人，司马季主闲坐，弟子三四人侍，方辩天地之道，日月之运，阴阳吉凶之本。[7]二大夫再拜谒。司马季主视其状貌，如类有知者，即礼之，使弟子延之坐。[8]坐定，司马季主复理前语，分别天地之终始，日月星辰之纪，差次仁义之际，列吉凶之符，语数千言，莫不顺理。[9]

行，边走边谈，他们谈论先王圣人的治国方法，并联系到现实中的世故人情，不禁看着对方感慨不已。贾谊说："我听说古代的圣人，不处在朝廷当中，就一定是在占卜人和医生的行列里面。如今我已经见过了三公九卿和朝廷上的士大夫，可以了解到这些人的情况。我们试着去看看那些从事占卜的人的风采吧。"两个人随即坐同一辆车到了市集上，在占卜人的店铺之间游逛。天刚刚下过雨，道路上行人很少，司马季主悠闲地坐着，有三四个弟子在身边侍奉，他们正在辩论天地的规律，日月的运行，阴阳和吉凶的本原。两位大夫对他拜了两拜。司马季主看他们的形貌，觉得他们像是有见识的人，就对他们以礼相待，让弟子邀请二人入座。坐下以后，司马季主重新讨论前面所讲的话题，分析天地的开始和终结，日月和星辰的运行规律，还不时将仁义与天道结合起来，叙述吉凶祸福的征兆，说了好几千字的话，没有不合情合理的。

注释　1 楚人:《史记索隐》:"云楚人而太史公不序其系，盖楚相司马子期、子反后，芈姓也。季主见《列仙传》。"　2 卜:算卦，卖卦。　东市:

东市场。 3 洗沐:休假。 诵易:交替称颂。此指谈论。 4 朝:在朝中。 5 卜数:占卜等类术数。 观采:观察其风采。 6 舆:车。 肆:店铺。 7 道:规律。 运:运行。 本:本原。 8 如类:好像是。 知:见识。 延:邀请。 9 差次:区别等次。此引申为分析、探究。 符:征兆。

宋忠、贾谊瞿然[1]而悟,猎缨正襟危坐[2],曰:"吾望先生之状,听先生之辞,小子窃观于世,未尝见也。今何居之卑,何行之污?"

司马季主捧腹大笑曰:"观大夫类[3]有道术者,今何言之陋也,何辞之野也!今夫子所贤者何也?所高者谁也?今何以卑污[4]长者?"

二君曰:"尊官厚禄,世之所高也,贤才处之。今所处非其地,故谓之卑。言不信,行不验,取不当,故谓之污。夫卜筮者,世俗之所贱简[5]也。世皆言曰:'夫卜者多言

宋忠、贾谊惊讶不已,猛然醒悟过来,赶紧整理好冠带衣襟,端正地坐着,说:"我们望见先生的仪态,听到先生的言辞,像您这样的人,在当世,我们还不曾看见过。如今您为什么处在这么卑微的地位,从事这么低贱的职业?"

司马季主捧着肚子大笑起来,说:"你们看起来好像是有学问修养的人,怎么会说出这么鄙陋、这么粗野的话呢!如今你们所称的贤能指什么?你们所说的高尚指什么呢?现在你们为什么轻视、污辱我?"

两位大夫说:"尊贵的官位,丰厚的俸禄,社会上认为是高尚的,有贤能才智的人应处在这样的地位。如今您所处的不是这种地位,所以叫作卑微。言谈不能兑现,行为经不起检验,索取不算恰当,所以叫作低贱。卜筮的人,是被世俗的人们轻视的。世俗的人们都说:'那些占卜的人多

夸严以得人情，虚高人禄命以说人志，擅言祸灾以伤人心，矫言鬼神以尽人财，厚求拜谢以私于己。'[6]此吾之所耻，故谓之卑污也。"

半是说话夸大而荒诞，用来赢得人们的信任，虚伪地抬高人的福禄寿命来取悦人，随意编造些灾祸来使人们担忧，假托鬼神的言论来让人们花光钱财，厚重地求得感谢来使自己获得私利。'这些是我们所感到羞耻的，所以称它为卑鄙低贱。"

注释　1 瞿然:惊异的样子。　2 猎缨:收揽冠带，表示恭敬严肃。　危坐:端正地坐着。　3 类:好像。　4 卑污:轻视、污辱。　5 贱简:轻视，简慢。　6 夸严:虚夸、荒诞。　虚高:虚伪地抬高。　说:通"悦"。　尽:全部用完。

司马季主曰:"公且安坐。公见夫被[1]发童子乎？日月照之则行，不照则止，问之日月疵瑕[2]吉凶，则不能理。由是观之，能知别[3]贤与不肖者寡矣。

"贤之行也，直道以正谏[4]，三谏不听则退。其誉人也不望其报，恶人也不顾其怨，以便国家利众为务。[5]故官非其任不处也[6]，禄非其功不受也；见

司马季主说:"二位暂且坐好。二位见过那披散着头发的童子吗？日月有光辉照射就行动，没有光辉照射就静止，问他们日食、月食和所表现的吉凶，就说不清楚。从这点来看，能够知道辨别贤能和不贤能的人是很少的。

"贤能的行为，遵循正道来直言劝谏，多次劝谏不听从就辞官引退。他们称赞别人不希望得到报偿，厌恶他人不顾忌遭到怨恨，以便利国家和民众为追求的目标。所以官职不是他能承担的就不担任，禄位不是他功劳应得的就不接受；见到别

人不正,虽贵不敬也;见人有污,虽尊不下也;得不为喜,去不为恨[7];非其罪也,虽累辱而不愧也[8]。

人不正直,虽然他处于高位也不敬重;见到人家有污浊的行为,虽然他的地位尊贵也不屈就;得到荣华富贵也不欢喜,失去了荣华富贵也不悔恨;不是他应有的罪过,即使捆绑受辱也不感到羞愧。

注释 1 被:通"披"。 2 日月疵瑕:即日食、月食。 3 知别:知晓区别。 4 直道:遵循正道。 正谏:直言劝谏。 5 恶(wù):厌恶。 便:便利。 务:指追求的目标。 6 任:承担。 处:担任。 7 去:离开,失去。 恨:遗憾。 8 累:通"缧"。捆绑。

"今公所谓贤者,皆可为羞矣。卑疵而前,孅趋而言;[1] 相引以势,相导以利;比周宾正,以求尊誉,以受公奉;[2] 事私利,枉主法,猎农民;[3] 以官为威,以法为机,求利逆暴[4]:譬无异于操白刃劫人者也。初试官时,倍力为巧诈,饰虚功执空文以誷主上,用居上为右;[5] 试官不让贤陈功,见伪

"如今二位所说的贤者,我都替他们感到羞耻。低三下四地在前引路,巧佞谄媚地说话;在权势上互相勾结,在财利上互相关照;结党营私,排斥正直的人,来求得尊贵的声誉,从而接受国家俸禄;从事利己活动,歪曲君主法令,掠夺种田人和平民;拿官位逞威风,拿法网当手段,追求财利,背德而暴虐:这与拿着刀子抢劫他人的人没有什么两样。当他们刚担任官职的时候,极力奸巧欺诈,依靠虚夸功劳和华而不实的文书去欺骗君主,把居于高位当作显贵;担任了官职就不肯让贤人陈述功劳,见到有可以作伪的地方就粉饰成真的,把没有的说成是有,把很少的说成是很多,来追求更便

增实[6],以无为有,以少为多,以求便势尊位;食饮驱驰[7],从姬歌儿[8],不顾于亲,犯法害民,虚公家:此夫为盗不操矛弧者也,攻而不用弦刃者也,欺父母未有罪而弑君未伐者也,何以为高贤才乎?[9]

利的形势,更尊贵的地位;吃饱喝足了就驱赶车马四处游玩,随从有美女和能歌善舞的童仆,不顾及父母的教诲,触犯法令,危害民众,任意挥霍,使公家虚耗:这就是一些做强盗但不拿长矛和木弓的人,攻夺却不用弓弦和刀刃的人,欺骗父母不加处罚且弑杀君王不被讨伐的人,怎么可以将他们看作是高明贤能的人呢?

注释 1 卑疵:低三下四的样子。 孅(qiān)趋:巧佞谄媚。 2 比周:结党营私。 宾正:排斥正人君子。宾,通"摈"。 公奉:朝廷的俸禄。奉,通"俸"。 3 枉:歪曲。 猎:猎取,掠夺。 农民:种田人与平民。 4 逆暴:背德而暴虐。 5 倍力:竭力,拼命。 詷:欺骗。 右:尊贵,显贵。 6 伪:虚假之处。 增实:指不择手段变为真实。 7 驱驰:驱车驰马。指四处游玩。 8 姬:指美女。 歌儿:歌童,能歌善舞的儿童。此指古代供官僚们取乐的歌舞童仆。 9 弧:木弓。 伐:声讨。 高贤才:高明和贤能之才。

"盗贼发不能禁,夷貊不服不能摄,奸邪起不能塞,官秏乱不能治,四时不和不能调,岁谷不孰不能适。[1]才贤不为[2],是不忠也;才不贤而托官位,利上奉[3],妨

"盗贼兴起而不能够禁绝,夷貊部族不顺服而不能够威慑,奸邪的事发生而不能够阻止,官场混乱而不能够治理,四季不和顺而不能够协调,年成不丰收而不能够调节。有才德贤能却不去处理政事,这样的人不是忠臣;才德不贤能却占着官位,贪图皇上的俸禄,妨碍贤者来任职,这是窃据了官位;有

贤者处，是窃位也；有人者进，有财者礼，是伪也。[4]子独不见鸱枭之与凤皇翔乎[5]？兰芷芎䓖弃于广野，蒿萧成林，使君子退而不显众，公等是也。[6]

后台的人就进用，有钱财的人就对他礼遇，这是一种诈伪。你们难道没有见到鸱枭在和凤凰一起飞翔吗？兰芷芎䓖这样的香草被抛弃在空旷的原野，低贱的蒿类植物丛生聚集，让有德的君子隐退而不能在众人前显扬名声，是你们这些人造成的。

注释 1 夷貊(mò)：泛指周边部族或国家。 摄：通“慑”。使其畏惧、慑服。 塞：堵塞，禁止。 秏(mào)乱：混乱。秏，通“眊”。昏乱不明。 调：协调。 孰：“熟”的古字。丰收。 适：调节。 2 才贤：有才智贤德。 不为：不去有所作为。 3 利上奉：贪图皇上的俸禄。 4 有人者：有后台、有势力的人。 进：进用，提拔。 礼：礼遇，巴结。 5 鸱枭(chī xiāo)：俗称猫头鹰。常用来比喻贪婪奸恶之人。 皇：“凰”的本字。 6 兰芷(zhǐ)：兰草和白芷，皆香草。 芎䓖(xiōng qióng)：多年生草本植物，有香气，可入药。 蒿萧：泛指蒿类植物。

“述而不作[1]，君子义也。今夫卜者，必法天地，象四时，顺于仁义，分策定卦，旋式正棋[2]，然后言天地之利害，事之成败。昔先王之定国家，必先龟策日月，而后乃敢代；[3]正时日，乃后入家[4]；产子必先占吉凶，后乃

“只记述而不创作，这是君子的原则。如今的占卜之人，一定效法天地，模拟四季的变化，顺从仁义，分辨筮策，判定卦象，象天法地规正卜卦，然后据以谈论天地间的利与害，事势发展的成与败。从前先王平定国家后，一定要先占卜个好日子，然后才敢代天治政；订正时日，然后才入都城主掌国家；生孩子一定要先占卜吉凶，然后才能

有[5]之。自伏羲作八卦，周文王演三百八十四爻而天下治。[6]越王句践放[7]文王八卦以破敌国，霸天下。由是言之，卜筮有何负[8]哉！

生养。自从伏羲氏制作八卦，周文王推演成三百八十四爻，然后天下得到治理。越王句践仿效周文王的八卦理政以致打败了敌国，称霸天下。从这些事例来看，卜筮有什么对不起人的地方呢！

注释 1 述而不作：此句出自《论语·述而》。述，记述。作，创作。 2 旋式正棋：《史记索隐》："式即栻也。旋，转也。栻之形上圆象天，下方法地，用之则转天纲加地之辰，故云旋式。棋者，筮之状。正棋，盖谓卜以作卦也。" 3 龟策日月：占卜日月。龟策，占卜用的龟甲和蓍草。 代：代天治政。 4 家：此指国家。 5 有：保有。此指生养。 6 伏羲：神话传说中的人类始祖，据说是伏羲创制了八卦。 演：推演。 三百八十四爻：八卦中每两卦相重，可得六十四卦；每卦六爻，即得三百八十四爻。 7 放：通"仿"。 8 负：负理，亏理。

"且夫卜筮者，埽除设坐[1]，正其冠带，然后乃言事，此有礼也。言而鬼神或以飨，忠臣以事其上，孝子以养其亲，慈父以畜其子，此有德者也。[2]而以义置[3]数十百钱，病者或以愈，且[4]死或以生，患或以免，事或以成，嫁子娶妇或

"再说卜筮的人，打扫清洁，摆好座位，端正好衣冠，然后才谈论世事，这是有礼仪的。谈论开来，使得鬼神有的可以享用祭品，使忠实臣子能侍奉君王，使孝顺的儿子能供养他的父母，使慈祥的父亲能养育他的子女，这是有道德的行为。而问卜的人出于道义放下几十上百的钱，使得有病的人可以痊愈，将死的人有的可以存活，祸患有的因此而

以养生:此之为德,岂直数十百钱哉!此夫老子所谓‘上德不德,是以有德’[5]。今夫卜筮者利大而谢[6]少,老子之云岂异于是乎?

避免,事业有的因此而成功,嫁女娶亲可以因此生儿育女:这种事作为一种功德,难道只值几十上百的钱吗?这正是老子所说的‘具有至高德性的人并不以有德自居,因此他才有德’。如今从事卜筮的人对社会的好处大而所得的报酬少,老子所说的话难道和我们的表现有什么不同吗?

注释 1 埽(sǎo):古同“扫”。 坐:座位。 2 飨:通“享”。享用。 畜(xù):畜养,养育。 3 置:放下。 4 且:将。 5 上德不德,是以有德:此二句出自《老子》第三十八章。意即具有至高德性的人并不以有德自居,因此才有德。 6 谢:酬谢。

“庄子曰:‘君子内无饥寒之患,外无劫夺之忧,居上而敬,居下不为害,君子之道也。’今夫卜筮者之为业也,积之无委聚,藏之不用府库,徙之不用辎车,负装之不重,止而用之无尽索之时。[1]持不尽索之物,游于无穷之世,虽庄氏之行未能增于是也,子何故而云不可卜哉?天不足[2]西北,星辰西北移;地不足东南,以海为池;日中[3]必移,月满

“庄子说:‘君子在内没有饥寒的祸患,在外没有被劫夺的忧虑,处在高位会表现出审慎严肃,处在低位不会妒忌他人,这是君子的原则。’如今卜筮者从事这一职业,积累无须聚成堆,收藏不需要府库,搬迁用不着辎车,背负的行装不重,但我们住在哪里,财物用起来就没有完结的时候。携带着用不完的财物,遨游在无穷的世界,即使是庄子也没我们自在,你们为什么说占卜这一行不能干呢?天西北部下陷,星辰就向西北移动;地东南部下陷,东南成了海洋;太阳

必亏;先王之道,乍[4]存乍亡。公责卜者言必信,不亦惑乎!

到了正午必定西移,月亮圆满以后一定亏缺;先王的道术,忽存忽亡。而你们却要求占卜者的言语一定兑现,这不是很矛盾吗?

注释 1 委聚:积聚成堆。 尽索:完结。 2 足:完备。 3 日中:太阳到了正中。 4 乍:忽然。

"公见夫谈士辩人[1]乎?虑事定计,必是人也,然不能以一言说[2]人主意,故言必称先王,语必道上古;虑事定计,饰[3]先王之成功,语其败害,以恐喜人主之志,以求其欲。多言夸严,莫大于此矣。然欲强国成功,尽忠于上,非此不立。今夫卜者,导惑教愚也。夫愚惑之人,岂能以一言而知之哉!言不厌多。

"二位见过能言善辩的人士吗?考虑事情并确定计谋的必定是这些人,然而他们不能拿片言只语取悦君主,所以言谈一定称引先王,话语一定叙述远古;考虑事情,确定计谋,夸饰地讲到先王的成功,又谈及他们的失败、祸害,来使君主感到喜悦或恐惧,从而实现自己的愿望。话语很多并且夸大事实,没有比这种情况更严重的了。然而想要使国家强盛,事业成功,对国君竭尽忠诚,不这样做不行。如今的占卜者,是在教导那些愚昧的人。那些愚昧的人,难道能用片言只语就让他们聪明起来吗?所以说话不厌其多。

注释 1 谈士辩人:能言善辩之士。 2 说:通"悦"。 3 饰:夸饰。

“故骐骥不能与罢驴为驷[1]，而凤皇不与燕雀为群，而贤者亦不与不肖者同列。故君子处卑隐以辟众，自匿以辟伦，微见德顺以除群害，以明天性，助上养下，多其功利，不求尊誉。[2]公之等喁喁[3]者也，何知长者之道乎！”

“所以宝马不能和疲驴同驾一辆车，而凤凰不和燕雀混为一群，贤能的人也不和不贤能的人站在同一行列。所以君子处在卑贱隐蔽的地位来避开世人，自己藏匿起来以避开人伦的束缚，暗中察明道德顺畅的时机来消除种种祸害，来表明上天的本性是善的，帮助君主，养育万民，他们的功劳很多，却不追求尊贵和赞誉。你们这些人如此啰啰唆唆，哪里知晓长者的道理呢？”

注释 1 骐骥：宝马。 罢：通“疲”。 2 辟：通“避”。 伦：人伦。 微见：暗中察明。 3 喁喁（yú yú）：人语声。

宋忠、贾谊忽而自失，芒乎无色，怅然噤口不能言。[1]于是摄衣而起，再拜而辞。行洋洋也，出门仅能自上车，伏轼低头，卒不能出气。[2]

宋忠、贾谊听了，忽然内心若有所失，茫茫然面无人色，惆怅地闭着嘴不知说什么好。于是提起衣襟从座位上站起，拜了两拜就告辞了。他们走起路来像是没有依托的模样，出了门口勉强能自己登上车，趴在车前横木上低着头，心中憋闷得半天透不过气来。

注释 1 自失：内心空虚若有所失。 芒乎：犹茫然。 怅然：伤感、失意的样子。 噤口：闭口。 2 洋洋：无所依归的样子。 轼：车厢前用作扶手的横木。 卒：始终，最终。

居三日，宋忠见贾谊于殿门外，乃相引屏语相谓自叹曰[1]："道高益安，势高益危。居赫赫[2]之势，失身且有日矣。夫卜而有不审，不见夺糈；[3]为人主计而不审，身无所处[4]。此相去远矣，犹天冠地屦[5]也。此老子之所谓'无名者万物之始'[6]也。天地旷旷，物之熙熙，或安或危，莫知居之。[7]我与若，何足预彼哉！[8]彼久而愈安，虽曾氏[9]之义未有以异也。"

过了三天，宋忠在宫殿门外见到了贾谊，两人相互招引着躲开旁人，相互叹息道："道德高尚更加安宁，权势越高更加危险。处在显赫的地位，那丧失性命就指日可待了。要说从事占卜如果有不精确的地方，不会被剥夺应得的报酬；替君主谋划要是不审慎，就没有立身之处。这两者之间的距离是很远的，犹如上天之冠与大地之鞋。这是老子所说的'无是产生天地万物的起始'呀。天地广阔无际，万物兴盛繁多，有的安宁，有的危险，不知道会处在什么境地。我和你，哪里值得去参与他们的活动呢？他们经过的时日越久就越发安全，即使是庄子的主张也没有和他们不同的地方。"

注释　1 引：招引。　屏（bǐng）：避开他人。　2 赫赫：显著盛大的样子。　3 审：周密。　见：被。　糈（xǔ）：粮饷。此指报酬。　4 身无所处：没有安排自身的地方。　5 天冠地屦：上天之冠、大地之鞋。指天壤之别。　6 无名者万物之始：此引文出自《老子》第一章，原文为"无名天地之始"。　7 旷旷：空旷无垠。　熙熙：众多的样子。　8 若：你，你们。　预：参与。　9 曾氏：当为"庄氏"。

久之，宋忠使匈奴，不至而还，抵罪[1]。而贾

过了很久，宋忠出使匈奴，没有到达匈奴王庭就回来了，被判有罪。

谊为梁怀王傅，王堕马薨，谊不食，毒恨而死。[2]此务华绝根者也[3]。

而贾谊做了梁怀王的太傅，梁怀王从马上摔下来死了，贾谊从此吃不下饭，悔恨过度也死去了。这两人都是因醉心于功名而送掉了性命啊。

太史公曰[4]：古者卜人所以不载者，多不见于篇。及至司马季主，余志[5]而著之。

太史公说：我没记载古时候占卜之人的事迹，是因为没看到有关他们的文献。当世有占卜者司马季主，我就把他的事记在书中。

注释 1 抵罪：因犯罪而受到惩罚。 2 傅：太傅，辅导帝王的官。 毒恨：悔恨。 3 务：追求。 华：浮华。 绝根：此指断绝性命。 4 太史公曰：依张晏说此为缺篇，则“太史公”当为托名。 5 志：记述。

褚先生曰[1]：臣为郎时，游观长安中，见卜筮之贤大夫，观其起居行步，坐起自动，誓正其衣冠而当乡人也，有君子之风。[2]见性好解妇来卜，对之颜色严振，未尝见齿而笑也。[3]从古以来，贤者避世，有居止舞泽者，有居民间闭口不言，有隐居卜筮间以全身者。[4]夫司马季主者，楚贤大夫，游学长安，通《易经》，术[5]黄帝、老子，博闻

褚先生说：我做郎官的时候，在长安城中游览，看到从事卜筮的贤大夫，观察他们的日常生活和行动，见他们起坐自然，认真地端正衣帽来接待乡下人，有君子的风采。看到喜好疑问被解答的妇女前来询问和占卦，对她们面部表情严肃，从来不曾露出牙齿嬉笑。自古以来，贤能的人逃避世俗，有生活在荒芜的沼泽地的，有居住在民间轻易不说话的，有隐藏在从事卜筮的人中间来保全自身的。要说司马季主，是楚地的贤能大夫，到长安来游学，他通晓《易经》，能够陈述黄帝、老子的

远见。观其对二大夫贵人之谈言，称引古明王圣人道，固非浅闻小数[6]之能。及卜筮立名声千里者，各往往而在。传曰："富为上，贵次之；既贵各各学一伎能立其身[7]。"黄直，丈夫也；陈君夫，妇人也：以相马立名天下。齐张仲、曲成侯以善击刺学用剑，立名天下。留长孺以相彘立名。荥阳褚氏以相牛立名。能以伎能立名者甚多，皆有高世绝人[8]之风，何可胜言。故曰："非其地，树[9]之不生；非其意，教之不成。"夫家之教子孙，当视其所以好，好含苟生活之道，因而成之。[10]故曰："制宅命子[11]，足以观士；子有处所[12]，可谓贤人。"

主张，见识博，看得远。看他与贾谊、宋忠的谈话，能援引、称述古代贤明君王及圣人的道术，确实不是只有浅陋见闻、雕虫小技之辈。至于靠卜筮在千里之内树立名声的，到处都有。书传上说："富裕算上等，高贵算其次；已经高贵了还必须各自学一门技能在社会上站住脚。"黄直是男子，陈君夫是妇人：他们凭着相马在天下扬名。齐地张仲、曲成侯凭借善于击刺和钻研剑术，在天下扬名。留长孺凭借相猪出名。荥阳姓褚的人凭借相牛出名。能够凭借技能出名的人特别多，他们都有高出世俗、超出常人的风采，哪里可以说得尽。所以说："不是合适的土地，进行种植就不会生长；不符合人的意趣，进行教育也不会成功。"因而家中教导子孙，应该观察他喜好什么，他的喜好中所包含的假若有生活的道理，就根据他的喜好去加以造就。所以说："建造住宅，给子女取名，足以看出士人的志趣；能让自己的子女在社会上立足，这样的父母才算贤能。"

注释　1 褚先生曰：《史记志疑》："褚复缀四百余字，更为蛇足。"　2 自动：自然而动。　正：端正。　乡人：乡下人。　3 解：解答。　来卜：

前来询问和卜卦。 颜色：面容表情。 严振：严肃。 见(xiàn)齿：露出牙齿。 4 居止：居住，生活。 舞泽：荒芜之沼泽。舞，通“芜”。 5 术：通“述”。陈述。 6 小数：小的技艺。 7 各各：各自。 伎：通“技”。 8 绝人：超出常人。 9 树：种植。 10 所以好：喜好什么。 含：包括，包容。 11 制宅：建筑住宅。 命子：给子女取名字。 12 处所：职业。

臣为郎时，与太卜待诏为郎者同署[1]，言曰：“孝武帝时，聚会占家问之，某日可取[2]妇乎？五行家曰可，堪舆家曰不可，建除家曰不吉，从辰家曰大凶，历家曰小凶，天人家曰小吉，太一家曰大吉。[3]辩讼不决，以状闻[4]。制[5]曰：‘避诸死忌[6]，以五行为主。’”人取于五行者也。

我在做郎官的时候，与太卜中等待诏书任命当郎官的人同在一个衙门办事，他们说道：“武帝的时候，聚集占卜师来询问，某一天可以娶亲吗？五行家说可以，堪舆家说不可以，建除家说不吉利，丛辰家说大凶，历家说小凶，天人家说小吉利，太一家说大吉利。他们辩论争执，意见不一，这种情况被奏报给武帝。武帝下旨说：‘避开各种僵化的忌讳，以五行家的意见为准。’”这就是人们采用五行家意见的缘由。

注释 1 署：官署，衙门，即官吏办公的地方。 2 取：通“娶”。 3 五行家：遵循金、木、水、火、土阴阳五行学说的士人。 堪舆家：相宅地、墓地，看风水的职业者。 建除家：以十二辰定日之吉凶的术数家。 丛辰家：以分辨十二辰所随属为善或恶的算命者。 历家：研究历法、历术的专门家。 天人家：研究天道和人的关系的星卜者。 太一家：即道家。 4 闻：指奏闻于皇帝。 5 制：皇帝的命令。 6 避诸死忌：避开各种僵化的忌讳。

史记卷一百二十八

龟策列传第六十八

原文

太史公曰：自古圣王将建国受命，兴动事业，何尝不宝卜筮以助善？[1]唐虞以上，不可记已[2]。自三代之兴，各据祯祥。[3]涂山之兆从而夏启世，飞燕之卜顺故殷兴，百谷之筮吉故周王。[4]王者决定诸疑，参以卜筮，断以蓍龟，不易之道也。

蛮夷氐羌虽无君臣之序，亦有决疑之卜。或以金石，或以草木，国不同俗。然皆

译文

太史公说：自古以来，圣明君王将要建立国家并承受天命，开创各种功业，何曾不重视利用龟甲、蓍草占卜来帮助自己获得好运呢？唐尧、虞舜以上的历史，无法记载了。夏、商、周三代的兴起，各自都依据了卜筮的祥瑞。依据娶涂山氏女的吉兆，夏启登上王位；吞食玄鸟卵的卜兆顺吉，所以殷商就建立了；后稷教百姓种植百谷的蓍筮吉利，所以周朝得以在天下称王。帝王们判定各种疑问，都用卜筮作为参考，依靠蓍草、龟甲下决断，这是一直不可改变的准则。

蛮夷氐羌各部族，虽然没有君臣的等级序列，也有解决疑难的占卜。有的利用金石，有的利用草木，各国有不同习俗。然而都可以依据推断的吉凶来决定征战出兵的时机，推测战争形势来争取

可以战伐攻击，推兵[5]求胜，各信其神，以知来事。

胜利，他们各自相信各自的神灵，依靠神灵预知未来之事。

注释 1 事业：事情与功业。 宝：珍视。 2 已：语气助词。 3 三代：即夏、商、周三代。 祯祥：吉兆。 4 涂山：即涂山氏，一说为部落，一说为国名。 兆：吉兆。指所传禹娶涂山氏女为妻，生子启。 世：建立起相传的世代。 飞燕之卜顺：指所传帝喾之妃简狄吞玄鸟卵而生商之始祖契。玄鸟，即燕子。 百谷之筮吉：后稷（名弃）教民种百谷，其事吉利。相传帝喾元妃姜原踩巨人脚印而生弃，弃为周之始祖。以上传说分别见《夏本纪》《殷本纪》《周本纪》。 5 推兵：推测战争形势。

略闻夏殷欲卜者，乃取蓍龟，已则弃去之，以为龟藏则不灵，蓍久则不神。至周室之卜官，常宝藏蓍龟；又其大小先后，各有所尚，要其归等耳[1]。或以为圣王遭事无不定，决疑无不见，其设稽神求问之道者，以为后世衰微，愚不师智，人各自安，化分为百室，道散而无垠，故推归之至微，要洁于精神也。[2]或以为

我大略听说夏朝、殷朝想要求卜，就取用蓍草、龟甲，占卜完就弃去不用，认为龟甲收藏久了就不灵验，蓍草收藏久了就不神通。直到周王室的卜官们，才经常珍视、收藏着蓍草、龟甲；另外对蓍草、龟甲的大小，使用时间的先后，各自的崇尚有所不同，总之运用它们的目的是相同的。有人认为圣明的帝王遇到重要的事没有不能断定的，决断疑难不会没有自己的见解，他们之所以安排求神问卜这套办法，是认为后世会衰败，愚昧的人不会拜智慧的人为师，人们各自追求安乐，教化分化成百家学派，大道消散殆尽，所以将大道推演到极其微妙的地步，在本质上探求简洁的方式。有人认为灵龟所擅长的，圣人也

昆虫[3]之所长，圣人不能与争。其处吉凶，别然否，多中于人。[4]至高祖时，因秦太卜官。天下始定，兵革[5]未息。及孝惠享国日少，吕后女主，孝文、孝景因袭掌故，未遑讲试，虽父子畴官，世世相传，其精微深妙，多所遗失。[6]至今上即位，博开艺能之路，悉延百端之学，通一伎之士咸得自效，绝伦超奇者为右，无所阿私，数年之间，太卜大集。[7]会上欲击匈奴，西攘大宛，南收百越，卜筮至预见表象，先图其利。[8]及猛将推锋执节，获胜于彼，而蓍龟时日亦有力于此。[9]上尤加意[10]，赏赐至或数千万。如丘子明之属，富溢贵宠，倾于朝廷。[11]至以卜筮射蛊道，巫蛊

无法和它相争。它判断吉与凶，辨别是与非，多半比人准确。到了高祖的时候，沿袭秦代设有太卜官。天下刚刚安定，战争还没有平息。到了惠帝，在位时间短，吕后以女子身份主政，文帝、景帝沿袭已有的做法，没有闲工夫对占卜一事讲究、考校，这个时期，虽然有人专掌天文历算，世世代代相递传习，但他们精微深妙的学识，大多遗失。等到当今皇上登位，广泛地开通有技艺、才能之人的上进之路，将百家的学说全都引入，通晓一技之长的士人都能献出自己的能力，具有超乎寻常的能力的人受到推崇，对谁也不加偏私，几年之内，太卜官中集聚了很多人才。恰巧碰上皇上想出击匈奴，向西攻打大宛，往南收服百越，卜筮最能预测事情的变化，先期谋划好有利的情势。到后来猛将摧垮敌军锋芒、拿取敌将符节，在战场上获取胜利，占卜的人也有很大的功劳。皇上特别重视，对有些人的赏赐甚至达到了几千万。像丘子明一类人，财富暴增，尊贵得宠，超过了朝廷中的大部分人。至于用占卜猜度诅咒的办法来进行巫蛊活动，有的很准确。对于平素和他们有小怨小仇的人，占卜家借用朝廷名义

时或颇中。[12]素有眦睚不快，因公行诛，恣意所伤，以破族灭门者，不可胜数。[13]百僚[14]荡恐，皆曰龟策能言。后事觉奸穷，亦诛三族。[15]

肆意诛杀，随意加以伤害，以至于被毁宗族、灭家门的，多得数也数不清。各级官吏恐惧不安，都说龟甲、蓍草非常灵验。后来事情被发觉，奸谋败露，也被诛灭了三族。

注释 **1** 要:总之。 归:宗旨，目的。 等:一致的，相同的。 **2** 定:断定。 见:见解。 稽神:了解神意。 师:学习，效法。 化:教化，说教。 室:家，派。 至微:极其微妙。 要:探求。 **3** 昆虫:此指龟。 **4** 然否:是与非。 中:适合，恰当。 **5** 兵革:战争。 **6** 享国:在位。 遑:闲暇。 畴官:古代天文历算之学，有专人执掌，父子世代相传为业，称为“畴人”。 **7** 艺能:技艺、才能。 延:引入，接纳。 百端:各个方面。 伎:通“技”。 自效:愿为别人献出自己的能力。 右:古代崇右。此指尊贵。 **8** 会:碰上，恰逢。 攘(rǎng):排斥，攻伐。 至:最，最能。 表象:表现的各种征象。 **9** 推锋:摧挫敌人的锋芒。泛指进兵。 蓍龟时日:用蓍、龟占测时日。此处代指占卜的人。《史记新证》:“《汉书·西域传》引武帝诏略云:‘古者卿大夫与谋，参以蓍龟，不吉不行。’又云:‘《易》之卦得大过，爻在九五，方士太史，治星望气，及太卜龟筮，皆以为吉，匈奴必破，时不可再得也。’与传文正合。” **10** 尤:特别。 加意:留意，重视。 **11** 丘子明:汉武帝时的卜者。 倾:压倒，超过。 **12** 射:猜度。 蛊(gǔ)道:巫祝诅咒骗人之术。 时或颇中:有时推测得相当准确。 **13** 眦睚(zì yá):亦作“睚眦”。本指怒目而视，常引申为小仇小怨。 因公:借用朝廷名义。 **14** 百僚:各级官吏。 **15** 奸穷:奸谋败露。 三族:一般指父族、母族、妻族。

夫撸策定数，灼龟观兆，变化无穷，是以择贤而用占焉，可谓圣人重事者乎！[1]周公卜三龟，而武王有瘳。[2]纣为暴虐，而元龟[3]不占。晋文将定襄王之位，卜得黄帝之兆，卒受彤弓之命。[4]献公贪骊姬之色，卜而兆有口象，其祸竟流五世。[5]楚灵将背周室，卜而龟逆，终被乾溪之败。[6]兆应[7]信诚于内，而时人明察见之于外，可不谓两合者哉！君子谓夫轻卜筮，无神明者，悖；[8]背人道[9]，信祯祥者，鬼神不得其正。故《书》建稽疑，五谋而卜筮居其二，五占从其多，明有而不专之道也。[10]

要说手持蓍草确定气数，灼烤龟甲观测征兆，这些行为具有无穷的变化，因此选择贤人来进行占卜，可以说是圣人的重要事务！周公用龟甲卜了三次，武王的病就痊愈了。商纣为政暴虐，即使用大龟也得不到吉兆。晋文公将要恢复周襄王的天子之位，占卜时得到了黄帝战于阪泉之野的吉兆，终于接受了赐予彤弓的策命。晋献公贪恋骊姬的美色，占卜时得到的是谗言会挑起患难的口之形状，它的祸乱最终波及五位君王。楚灵王将要背离周王室，占卜的征兆是不吉利，最终遭受乾溪败亡。龟兆预应的是内心的诚信，而当时人们明确观察的是外部的表现，能不说这是两相符合吗？君子称那些轻视卜筮、认为没有神灵的人，是糊涂；背弃人谋的常道，只相信吉兆的人，鬼神也不能让他得到应有的对待。所以《尚书》提出解决疑难的方法，五种谋略中卜和筮占有两种，五人占卜，若结果不一致，依从多数，这表明虽用占卜却不专断的道理。

注释　1 撸(féng)策：两手持蓍占卜。撸，通“捧”。两手托物。　数：气数，命运。　灼龟观兆：灼烤龟甲以观察其裂纹显现的征兆。　2 卜三龟：

三次卜以龟甲。 瘳(chōu):病愈。 3 元龟:大龟。 4 “晋文将定襄王之位”三句:晋文公准备帮助出逃在外的周襄王复位,采取行动之前曾“使卜偃卜之,曰‘吉,遇黄帝战于阪泉之兆’”。于是出兵,定周襄王之位。后晋文公称霸,周襄王策命晋文公为侯伯,赐彤弓。晋文公遂有“卒受彤弓之命”之记载。(事见《晋世家》。原据《左传》之“僖公二十五年”至“僖公二十八年”。)晋文,即晋文公重耳。襄王,即周襄王姬郑。彤弓,红色的弓,天子赐彤弓于诸侯,诸侯就有了代天子征伐之大权。 5 “献公贪骊姬之色”三句:晋献公征伐骊戎时,使卜官史苏占卜:“遇兆,挟以衔骨,齿牙为猾,戎、夏交捽。交捽,是交胜也,臣故云。且惧有口,携民,国移心焉。”晋献公仍然伐骊戎,得骊姬。骊姬以色媚献公,致使申生被害死,重耳、夷吾出亡,献公亦死。国乱,诸公子争位,历经奚齐、悼子、惠公、怀公、文公五君,国家才得以安定。事见《国语·晋语》。 6 “楚灵将背周室”三句:楚灵王将要背叛周王室,占卜的结果不吉利,但仍大骂天子,终于遭受了乾溪之败。楚灵,即楚灵王芈围。逆,不吉。乾溪,邑名,在今安徽亳州东南。事见《史记·楚世家》。 7 兆应:征兆应验。 8 轻:轻视。 无神明:认为没有神灵。 9 人道:人谋之常道。 10《书》:《尚书》。 建稽疑:提出的解决疑难的方法。 五谋而卜筮居其二:五种方法中而卜、筮占有其二。《尚书·洪范》中云:“汝则有大疑,谋及乃心,谋及卿士,谋及庶人,谋及卜筮。”

余至江南,观其行事,问其长老,云龟千岁乃游莲叶之上,蓍百茎共一根。[1]又其所生,兽无虎狼,草无毒螫[2]。江傍[3]家人常畜龟饮食之,以为

我到江南,观察龟策占卜的事,询问那里的老人,说龟活到一千岁就能在莲叶上走动,蓍草一百条茎长在一个根上。而且它们所生活的地方,没有虎狼等野兽,没有毒草。江边人家常常畜养着龟来供应饮食,认为食用了龟能导引躯体增长

能导引致气,有益于助衰养老,岂不信哉!

元气,对于防止衰老、延年益寿有好处,这些话难道不可信吗!

注释 1 行事:做事,办事。 百茎共一根:一个根生出一百条茎。 2 草无毒螫:没有毒草。螫,毒害。 3 傍:通"旁"。

褚先生曰:臣以通经术,受业博士,治《春秋》,以高第为郎,幸得宿卫,出入宫殿中十有余年。[1]窃好《太史公传》[2]。《太史公之传》曰:"三王不同龟,四夷各异卜,然各以决吉凶,略窥其要,故作《龟策列传》。"[3]臣往来长安中,求《龟策列传》不能得,故之太卜官,问掌故文学长老习事者,写取龟策卜事,编于下方。[4]

褚先生说:我因为通习经学,做博士弟子接受学业,研习《春秋》,因为成绩名列前茅,荣幸地能够进宫值宿警卫,在宫殿中进出了十多年。我私下喜好《太史公传》。《太史公之传》说:"夏、商、周三代有不同的龟卜方法,四方夷族各有不同的占卜方法,然而各种方法都通过占卜来决定吉凶,大致地了解占卜的要义,所以写成了《龟策列传》。"我来往于长安城中,寻求《龟策列传》没有找到,所以前往太卜官处,询问精通掌故文学的长老中熟悉占卜之事的人,写下了用龟策进行占卜之事,编列在下面。

注释 1 高第:考试名列前茅。 有:通"又"。 2 《太史公传》:即司马迁之《史记》。 3 窥:探究,了解。 要:要义,要点。引语见《太史公自序》。 4 之:到……去。 习事:熟悉占卜之事。

闻古五帝、三王发动举事，必先决蓍龟。传[1]曰："下有伏灵，上有兔丝；上有捣蓍，下有神龟。"[2]所谓伏灵者，在兔丝之下，状似飞鸟之形。新雨已，天清静无风，以夜捎兔丝去之，即以篝烛此地，烛之火灭，即记其处，以新布四丈环置之，明即掘取之，入四尺至七尺，得矣，过七尺不可得。[3]伏灵者，千岁松根也，食之不死。闻蓍生满百茎者，其下必有神龟守之，其上常有青云覆之。传曰："天下和平，王道得，而蓍茎长丈，其丛生满百茎。"方今世取蓍者，不能中[4]古法度，不能得满百茎长丈者，取八十茎已上，蓍长八尺，即难得也。人民好用卦者，取满六十茎已上，长满六尺者，即可用矣。记曰："能得名龟者，

听说古代的五帝、三王将要有所行动和举办大事，一定要先用蓍草、龟甲预卜吉凶。书传上说："地下有伏灵，地上就长着兔丝；上面长出丛生的蓍草，它下面就有神龟。"所说的伏灵，它长在兔丝下面，形状像一只飞鸟。刚刚下过雨，天空清澈、宁静没有刮风，在夜晚把兔丝割除，然后点燃篝火在这块地面烧起来，火灭了，就记下这块地方，用四丈新布围绕着放在那里，天亮了就在这个地方挖掘来获取伏灵，挖四尺到七尺深，就能得到，超过七尺就不会有了。伏灵是千年松树的根，吃了它可以长生不死。听说蓍草长满一百条茎的，它下面一定有神龟守护着，它上面常常有青色云雾覆盖着。书传上说："天下和乐安定，王道实施，蓍草的茎可长到一丈高，丛生在一起可达一百条。"当今世上用蓍草占卜，不能够符合古代的规范，不能够用长满百茎高一丈的，用八十条茎以上，蓍草高八尺的，就是难得了。民众有喜好用它占卦的，选取满六十条茎，高满六尺的，就可以用了。有记载说："能够得到名龟的，财物就会聚积

财物归之，家必大富至千万。”一曰“北斗龟”，二曰“南辰龟”，三曰“五星龟”，四曰“八风龟”，五曰“二十八宿龟”，六曰“日月龟”，七曰“九州龟”，八曰“玉龟”：凡八名龟。龟图各有文[5]在腹下，文云云者，此某之龟也。略记其大指，不写其图。[6]取此龟不必满尺二寸，民人得长七八寸，可宝[7]矣。今夫珠玉宝器，虽有所深藏，必见其光，必出其神明，其此之谓乎！故玉处于山而木润，渊生珠而岸不枯者，润泽之所加也。明月之珠出于江海，藏于蚌中，蚗[8]龙伏之。王者得之，长有天下，四夷宾服。能得百茎蓍，并得其下龟以卜者，百言百当[9]，足以决吉凶。

到他家，他家必定会特别富裕，财产能达到千万。”名龟的第一种称“北斗龟”，第二种称“南辰龟”，第三种称“五星龟”，第四种称“八风龟”，第五种称“二十八宿龟”，第六种称“日月龟”，第七种称“九州龟”，第八种称“玉龟”：总共八种名龟。古书上的龟图各自有文字画在腹下，文字说明什么，指的就是某一种龟。我这里只简略记下大意，不画出它们的图。用这种龟不一定要长到一尺二寸的，一般民众得到长七八寸的，就可以视作宝贝。如今有些珠玉宝器，即使藏得很深，也一定会显示出它的光辉，一定会透露出它的神明，说的就是像名龟一样的情况吧！所以美玉蕴藏在深山，山上的树木就会茂盛，深渊当中出产珍珠，岸上的草木就不会枯竭，这是美玉、珍珠施加滋润的缘故。明月珠出产在江海，深藏在蚌壳中，蛟龙趴在它上面。做帝王的人得到了它，会长期主宰天下，四方夷族都会来归顺。能够得到百条茎的蓍草，并且得到它下面的龟来进行占卜的，就能说百句话应验百句，足以决定吉凶。

注释 1 传:此指太卜官所收藏的古代讲占龟的文献。 2伏灵:即“茯苓”。菌类植物名。寄生于山林松根,呈不规则块状或球形。中医用以入药。 兔丝:即“菟丝”。寄生的蔓草,常缠在别的植物上。种子可以入药。 擣蓍:丛生的蓍草。《史记索隐》:“擣是古‘稠’字也。” 3已:止。 以:在。 掮:割除。 篝烛:《史记集解》引徐广曰:“篝,笼也。盖然火而笼罩其上也。音沟。《陈涉世家》曰‘夜篝火’也。” 4中:符合。 5文:文字。 6大指:大概意思。 写:画。 7可宝:可以视作宝贝。 8蚗(jué):通“蛟”。 9百言百当:说百句话应验百句。当,应验。

神龟出于江水中,庐江郡常岁时生龟长尺二寸者二十枚输太卜官,太卜官因以吉日剔取其腹下甲。[1] 龟千岁乃满尺二寸。王者发军行将,必钻龟庙堂之上,以决吉凶。[2] 今高庙中有龟室,藏内以为神宝。[3]

神龟出产在长江水中,庐江郡经常每年按时生擒长一尺二寸的龟二十只供给太卜官,太卜官就选择吉日剔取龟腹下的甲片。龟活一千年才能长满一尺二寸。帝王调兵遣将,一定要在太庙的明堂钻灼龟甲占卜,来预测吉凶。如今高祖庙宇中有龟室,收藏这些龟甲当作神圣的宝物。

注释 1 庐江郡:郡名,治所舒县,在今安徽庐江西南。 岁时:每年按时。 2 发军行将:调兵遣将。 庙堂:太庙之明堂。 3 高庙:祭祀汉高祖刘邦的庙宇。 内:同“纳”。收藏。

传曰:“取前足臑[1]骨穿佩之,取龟置室西北隅悬之,以入深山大林中,不惑。”臣为郎时,见《万

书传上说:“拿龟前足的臑骨穿起来佩带在身上,又把龟放在屋里的西北角悬挂起来,这样进入深山大林中,不会迷路。”我做郎官的时

毕石朱方》[2]，传曰："有神龟在江南嘉[3]林中。嘉林者，兽无虎狼，鸟无鸱枭，草无毒螫，野火不及，斧斤[4]不至，是为嘉林。龟在其中，常巢于芳莲之上[5]。左胁[6]书文曰：'甲子重光，得我者匹夫为人君，有土正，诸侯得我为帝王。'[7]求之于白蛇蟠杅林中者，斋戒以待，譺然，状如有人来告之，因以醮酒佗发，求之三宿而得。[8]"由是观之，岂不伟哉！故龟可不敬欤？

候，见过《万毕石朱方》这册书，书上说："有神龟生长在江南的嘉林中。所谓嘉林，没有虎狼之类的猛兽，没有鸱枭之类的恶鸟，没有毒草，野火烧不到这里，没有人来砍伐，这就是嘉林。龟生活在这里，常常在芳洁的莲花上筑巢。龟的左胸侧面写有文字说：'甲子日再放光明，得到我的，平民会成为国君，当上有封地的官长，诸侯得到我的会成为帝王。'到白蛇盘绕的林中去寻找龟，进行斋戒以后就开始等待，保持庄重恭敬的神态，神情就好像有人来通知什么事，于是拿酒浇地祭奠鬼神，披散着头发祈祷，连续三天三夜就可以得到。"由此来看，这难道不奇异吗？所以对龟能够不敬重吗？

注释　1 臑(nào)：动物的前肢。　2《万毕石朱方》：《史记索隐》："《万毕术》中有《石朱方》，方中说嘉林中，故云传曰。"　3 嘉：善，美。　4 斤：斧子一类的工具。　5 巢：筑巢。　芳莲：芳洁之莲花。　6 胁：胸之两侧。　7 甲子：甲子日。　重光：再放光明。　土正：《史记集解》引徐广曰："正，长也。为有土之官长。"　8 白蛇蟠杅(wū)林：《史记索隐》："林名白蛇蟠杅林，龟藏其中。杅音乌。谓白蛇尝蟠杅此林中也。"蟠杅，即盘绕。　譺(yí)然：庄重恭敬的样子。　醮(jiào)酒：以酒浇地，祭奠鬼神。　佗(tuō)发：披发。佗，通"拖"。

南方老人用龟支床足，行二十余岁，老人死，移床，龟尚生不死。龟能行气导引[1]。问者曰："龟至神若此，然太卜官得生龟，何为辄杀取其甲乎[2]？"近世江上人有得名龟，畜[3]置之，家因大富。与人议，欲遣去[4]。人教杀之勿遣，遣之破人家。龟见梦[5]曰："送我水中，无杀吾也。"其家终杀之。杀之后，身死，家不利。人民与君王者异道[6]。人民得名龟，其状类不宜杀也[7]。以往古故事言之，古明王圣主皆杀而用之。

南方的老人用龟来支撑床脚，经过二十多年，老人死了，移开床，龟还活着没有死。龟能运气导引躯体。有人发问说："龟如此神奇，但太卜官得到活龟，为什么总是杀死它而取它的腹甲呢？"近代长江岸边有人得到名龟，把它养起来，家里因此特别富足。这人与他人商议，想把龟放生。有人教他杀掉龟不要放生，放生了家里就会破败。龟给主人托梦说："送我到水里去，不要杀了我。"这家人最后还是杀了龟。杀了龟以后，这人就死了，家里也倒了霉。平民和君王的目的与手段不同。一般民众得到名龟，看样子像是不应该杀的。拿古时发生的事来说明，古代的英明帝王、圣贤君主都是杀了龟来占卜的。

注释 1 行气导引：道家所谓修身养性之术。 2 辄：总是。 甲：腹甲。 3 畜：畜养。 4 遣去：放掉。 5 见梦：托梦。 6 异道：目的与手段不同。 7 状：情形。 类：像。

宋元王[1]时得龟，亦杀而用之。谨连其事于左方，令好事者观择其中焉。[2]

宋元王的时候得到了神龟，也杀了它用来占卜。我只是把这件事连缀在下面，让那些感兴趣的人从中阅览参考。

注释 1 宋元王:《庄子·外物》为“宋元君”。《史记索隐》亦认为为“宋元君”。宋元君,即宋元公,春秋时宋国国君,公元前531—前517年在位。2 左方:古时行文之左方,如今之下方。 好事:对此事有兴趣。

宋元王二年,江使神龟使于河,至于泉阳,渔者豫且举网得而囚之,置之笼中。[1]夜半,龟来见梦于宋元王曰:“我为江使于河,而幕网当吾路[2]。泉阳豫且得我,我不能去。身在患中,莫可告语。王有德义,故来告诉。”元王惕然而悟[3]。乃召博士卫平而问之曰:“今寡人梦见一丈夫,延颈而长头,衣玄绣之衣而乘辎车[4],来见梦于寡人曰:‘我为江使于河,而幕网当吾路。泉阳豫且得我,我不能去。身在患中,莫可告语。王有德义,故来告诉。’是何物也?”卫平乃援式而起,仰天而视月之光,观斗所指,定日

宋元王二年,长江之神派遣神龟出使黄河,到了泉阳,打鱼人豫且撒网获得神龟并将它囚禁起来,放置在笼子里。半夜,神龟给宋元王托梦说:“我作为长江的使者出使黄河,但是罩网挡住了我的路。泉阳的豫且得到了我,我不能脱身。身处在患难当中,没有谁可以告诉。您有德有义,所以来告诉您。”元王被这个梦惊醒。他于是召来博士卫平询问说:“刚才我梦见一个男子,长长的脖子又是长脑袋,穿着黑色的绣花衣,乘着有帷盖的车子,来托梦给我说:‘我作为长江的使者出使黄河,但是罩网挡住了我的路。泉阳的豫且得到了我,我不能脱身。身处在患难当中,没有谁可以告诉。您有德有义,所以来告诉您。’这来托梦的是什么东西呢?”卫平就旋转起占时日的仪器,仰头察看月的光亮,观察北斗七星所指的方向,确定太阳的位置来辨察方向。东、西二方作为辅助,南、北二方加以

处乡。[5]规矩为辅，副以权衡。[6]四维已定，八卦相望。[7]视其吉凶，介虫先见[8]。乃对元王曰："今昔壬子，宿在牵牛。[9]河水大会，鬼神相谋。汉正南北，江河固期，南风新至，江使先来。[10]白云壅汉，万物尽留。[11]斗柄指日[12]，使者当囚。玄服而乘辎车，其名为龟。王急使人问而求之。"王曰："善。"

配合。随后东南、西南、西北、东北得以测定，因而八卦的位置就都遥遥相望。观测其中的吉凶，神龟就预先显现出来。于是对元王说："昨夜壬日子时，太阳行至牵牛宿。正是黄河水会聚，鬼神互相计议的时候。银河正处在南北走向，长江、黄河之神本来已经约定期限，南风开始吹拂，长江的使者就先来到。天象中白云密集遮蔽了银河，万物都被羁留。北斗的斗柄指向了太阳所在的星宿，使者应当会被囚禁。穿着黑色衣服并乘着有帷盖的车子，它的名字就是龟。您赶紧派人去询问并且把它找来。"元王说："好。"

注释　**1** 江：长江。　河：黄河。　泉阳：应为春秋时宋国的县名，具体所在不详。　**2** 幕网：罩网。幕，罩，笼罩。　当：挡住。　**3** 惕然：警觉省悟貌。　悟：通"寤"。睡醒。　**4** 玄：黑色。　辎车：一种有帷盖的车子。　**5** 援式：即"援栻"。旋转占时日的仪器。　斗：北斗。　乡：通"向"。**6** 规：古代画圆形的工具。　矩：矩尺，古时画直角和方形的工具。　副：配合。　权：秤锤。　衡：秤杆。　此处规矩借指东、西二方，权衡借指南、北二方。　**7** 四维：指东南、东北、西南、西北四隅。　八卦：即乾、坤、震、巽、坎、离、艮、兑八种卦象。　**8** 介虫：长有甲壳之虫。此指龟。　先见：预先显现。　**9** 昔：夜，夜晚。《史记索隐》："今昔犹昨夜也。以今日言之，谓昨夜为今昔。"　壬子：壬日子时。　宿(sù)：停留。　牵牛：二十八宿之一，亦名牛宿。　**10** 汉：银河。　固期：固定的期约。　**11** 壅：堵塞，遮蔽。 留：被挽留。 **12** 斗柄指日：北斗七星的斗柄指向太阳。

于是王乃使人驰而往问泉阳令曰："渔者几何[1]家？名谁为豫且？豫且得龟，见梦于王，王故使我求之。"泉阳令乃使吏案籍视图[2]，水上渔者五十五家，上流之庐，名为豫且。泉阳令曰："诺。"乃与使者驰而问豫且曰："今昔汝渔何得？"豫且曰："夜半时举网得龟。"使者曰："今龟安在？"曰："在笼中。"使者曰："王知子得龟，故使我求之。"豫且曰："诺。"即系龟而出之笼中，献使者。

于是宋元王派人急驰前往询问泉阳令说："打鱼的有多少人家？什么人名叫豫且？豫且捕得了龟，龟托梦给君王，君王因此派我来找龟。"泉阳令就派官员查阅名册对照地图，水上打鱼的有五十五家，住在上游房舍中的，名字叫豫且。泉阳令说："行。"就和使者急驰而来询问豫且说："昨夜你打鱼捕获了什么？"豫且说："夜半时候撒网捕得了龟。"使者说："龟现在在哪儿？"豫且说："在笼子里。"使者说："君王知道您捕获了龟，所以派我来寻找。"豫且说："行。"就用绳拴住了龟从笼中取出来，献给使者。

注释 **1** 几何：多少。 **2** 案：查阅。 籍：户口册。

使者载行[1]，出于泉阳之门。正昼无见，风雨晦冥。[2]云盖其上，五采青黄；雷雨并起，风将[3]而行。入于端门，见于东箱。[4]身

使者把龟放在车上行进，从泉阳城门口出来。大白天看不见东西，刮风下雨，天色昏暗。浮云覆盖在上空，五彩中显出青黄；雷雨交加，一路有风送他们行进。进入宫殿的正门，元王在东厢房中见到了神

如流水,润泽有光。望见元王,延颈而前,三步而止,缩颈而却,复其故处。元王见而怪之,问卫平曰:“龟见寡人,延颈而前,以何望也?缩颈而复,是何当也?”卫平对曰:“龟在患中,而终昔[5]囚,王有德义,使人活之。今延颈而前,以当谢也,缩颈而却,欲亟[6]去也。”元王曰:“善哉!神至如此乎,不可久留;趣[7]驾送龟,勿令失期。”

龟。龟身上像流水一样,润泽而有光亮。龟望见元王,伸长脖子往前,爬了三步停下来,缩起脖子又退回去,重新回到原来的地方。元王见到后觉得奇怪,询问卫平说:“龟见到了我,伸长脖子往前,它有什么期望吗?缩回脖子又到原地,这是表示什么意思?”卫平回答说:“龟处在患难当中,整个晚上被关着,您有德有义,派人把它救活了。刚才伸长脖子往前,表示应当感谢,缩脖子退回去,是想赶快离去。”元王说:“好呀!神灵到这个程度,不可以长时间留下;赶紧派车运送龟,不要让它耽误规定的期限。”

注释 1 载行:载龟而行。 2 正昼:大白天。 晦冥:昏暗。 3 将(jiāng):送行。 4 端门:宫殿之正门。 箱:正房两边的房子。后作“厢”。 5 终昔:整夜。 6 亟(jí):急。 7 趣(cù):赶快。

卫平对曰:“龟者是天下之宝也,先得此龟者为天子,且十言十当,十战十胜。生于深渊,长于黄土。知天之道,明于上古。游三千岁,不出其域。安平

卫平回答说:“神龟,这是天下的宝物,先获得这种龟的要当天子,而且用它来占卜,十次预言十次应验,十次争战十次获胜。它生在深渊里面,成长在黄土地上。知晓上天的大道,明白上古的事宜。游动三千年,不会走出它的生活环境。

静正，动不用力。寿蔽[1]天地，莫知其极。与物变化，四时变色。居而自匿，伏而不食。春仓[2]夏黄，秋白冬黑。明于阴阳，审于刑德[3]。先知利害，察于祸福。以言而当，以战而胜，王能宝之，诸侯尽服。王勿遣也，以安社稷。"

安静平和，恬淡纯正，活动不用气力。它寿命超越天地，谁也不知道极限。它随着事物变化，随着四时改换颜色。居处时自己隐藏起来，长眠而不饮食。春天青色，夏天黄色，秋天白色，冬天黑色。它明察阴阳义理，精通刑德转化。预先知道事情的利弊，明察吉凶祸福。用它的预言去做事必定应验，用它占卜战争就会获胜，您若能够把它当作宝物珍藏起来，诸侯会都来归顺。您不要放了它，要用它来安定国家。"

注释 1 蔽：遮盖。此引申为超过。 2 仓：通"苍"。青色。 3 审：明了，知晓。 刑德：古人以刑为阴克，以德为阳生，附会五行生克之说。

元王曰："龟甚神灵，降于上天，陷于深渊，在患难中，以我为贤。德厚而忠信，故来告寡人。寡人若不遣也，是渔者也。渔者利其肉，寡人贪其力[1]，下为不仁，上为无德。君臣无礼，何从有福？寡人不忍，奈何[2]勿遣！"

元王说："龟特别神灵，从上天降生下来，陷落在深渊，处在患难的境况中，认为我是贤君，功德深厚并且忠诚信实，所以托梦来告诉我。我要是不把它送走，这就是打鱼人的行为。打鱼人取食它的肉，我贪求它的神力，在百姓而言是不仁义，在君主而言是无德泽。君臣都不遵守礼法，哪里来的福报呢？我不忍心，怎么可以不把它送走！"

注释 1 力：神力。 2 奈何：怎么。

卫平对曰:“不然。臣闻盛德不报,重寄不归[1];天与[2]不受,天夺之宝。今龟周流天下,还复其所,上至苍天,下薄泥涂[3]。还[4]遍九州,未尝愧辱,无所稽留。今至泉阳,渔者辱而囚之。王虽遣之,江河必怒,务求报仇。自以为侵,因神与谋。[5]淫雨不霁[6],水不可治。若为枯旱,风而扬埃,蝗虫暴生,百姓失时。[7]王行仁义,其罚必来。此无佗[8]故,其祟在龟。后虽悔之,岂有及哉!王勿遣也。”

卫平回答说:“不是这样。我听说盛大的恩德不会得到回报,重大的托付不会得到归还;上天把宝物赐给了您,您却不接受,上天就会夺走这个宝物。如今神龟周游天下,要回到居住地去,往上可到苍天,往下就迫近稀泥。它环绕着游遍了九州,不曾受到羞辱,没有在什么地方滞留过。如今到了泉阳,打鱼人折辱并囚禁它。您即使把它送走了,江河之神必定发怒,一定会报仇。龟自认为受到了伤害,会和神灵谋划。那样会导致久雨不晴,发生洪水而不能治理。如果是降下干旱,大风扬起尘埃,蝗虫突发,百姓错过了农时。您要践行仁义,受到的惩罚一定会到来。这没有其他缘故,作祟的是神龟。以后即使后悔,难道还来得及吗!您不要把它送走。”

注释　1 重寄不归:重大的托付不必归还。　2 与:给予。　3 薄:迫近。　泥涂:稀泥。　4 还:同“环”。环绕。　5 侵:侵害。　与:参与。　6 霁(jì):雨雪停而天晴。　7 埃:尘埃。　暴:突然。　失时:错过农时。　8 佗(tuō):其他的,别的。

元王慨然而叹曰："夫逆[1]人之使，绝人之谋，是不暴乎？取人之有，以自为宝[2]，是不强乎？寡人闻之，暴得者必暴亡，强取者必后无功。桀纣暴强，身死国亡。今我听子，是无仁义之名而有暴强之道。江河为汤武，我为桀纣。未见其利，恐离其咎[3]。寡人狐疑[4]，安事此宝，趣驾送龟，勿令久留。"

元王很有感慨地叹息着说："要说阻止人家的使者，杜绝人家的谋划，这不算凶暴吗？夺取人家已经有的，把它当作自己的财宝，这不算强横吗？我听说，靠暴力得来的东西必定会被人用暴力抢走，强横夺取的东西最后必定让人一无所获。夏桀、商纣因为凶暴强横，结果自身被杀，国家灭亡。如今我听从您的话，这样做就没有仁义的名声，并且所用的是凶暴强横的手段。江河之神就像是商汤、周武王，我就像是夏桀、商纣王。没有见到好处，恐怕会遭遇灾祸。我有些疑惑，怎么能侍奉好这个宝物，赶快派车送走神龟，不让它久留。"

注释 1 逆：阻止。 2 以自为宝：以其为自己之财宝。 3 离：通"罹"。遭遇。 咎：灾祸。 4 狐疑：疑惑。

卫平对曰："不然，王其[1]无患。天地之间，累石为山。高而不坏[2]，地得为安。故云物或危而顾[3]安，或轻而不可迁；人或忠信而不如诞谩[4]，或丑恶而宜大官，或美好

卫平回答说："不是这样，您还是不要忧虑。天地之间，石头累积成山。高耸但不坍塌，大地得以平安。所以说事物有的看似危险实则安全，有的看似很轻但不能移动它；人有的忠诚信实却不如荒诞欺诈，有的面貌丑陋却适宜做大官，有的是长得漂亮的丽人却成了众人的祸患。不是神和圣

佳丽而为众人患。非神圣人，莫能尽言。春秋冬夏，或暑或寒。寒暑不和，贼气相奸[5]。同岁异节，其时使然。[6]故令春生夏长，秋收冬藏。或为仁义，或为暴强。暴强有乡[7]，仁义有时。万物尽然，不可胜治。大王听臣，臣请悉言之。天出五色，以辨白黑。地生五谷，以知善恶。人民莫知辨也，与禽兽相若。谷居而穴处，不知田作。[8]天下祸乱，阴阳相错。匆匆疾疾，通而不相择。[9]妖孽数见，传为单薄。[10]圣人别其生，使无相获[11]。禽兽有牝牡[12]，置之山原；鸟有雌雄，布之林泽；有介之虫，置之溪谷。故牧人民，为之城郭，内经闾术，外为阡陌。[13]夫妻男女，赋[14]之田宅，列其室屋。为之图

人，谁也说不清楚。春夏秋冬，有时热有时冷，寒暑不协调，邪气就会侵扰。同一年有不同的节气，这是四季的变化引起的。所以造成春生夏长，秋收冬藏。有的人行仁义，有的人施强暴。施强暴有目的，行仁义有时机。万事万物都是这样，想治理也治理不完。大王听从我的意见，我请求讲清其中道理。上天产生五色，用它来辨别白天黑夜。土地出产五谷，用它来了解植物好坏。民众还不知道分辨的时候，与禽兽是相像的。生活居住在山谷和洞穴中，不知道耕种。天下产生了祸乱，阴阳互相错位。人们急急忙忙，男女交媾而不加选择。祸患多次出现，传下的后代不繁盛。圣人区别事物的生存条件，使他们不相互侵害。禽兽分出公母，安置在山谷原野；鸟类分出雌雄，散布在树林沼泽；有甲壳的爬虫，分配在溪水山沟。由于要管理民众，就替他们建造城郭，在城内规划出闾里街道，在城外开辟出农田阡陌。夫妻男女，给他们田地住宅，布列出家室房屋。给他们编制图册名籍，区别姓氏家族。设置官吏，用爵禄制度加以鼓励。种麻桑来做衣穿，植五谷来作奉养。耕种、整治

籍，别其名族。立官置吏，劝[15]以爵禄。衣以桑麻，养以五谷。耕之耰之，锄之耨之。[16]口得所嗜，目得所美，身受其利。以是观之，非强不至。故曰田者不强，囷[17]仓不盈；商贾不强，不得其赢；妇女不强，布帛不精；官御[18]不强，其势不成；大将不强，卒不使令[19]；侯王不强，没世无名。故云强者，事之始也，分之理也，物之纪也。[20]所求于强，无不有也。王以为不然，王独不闻玉椟只雉，出于昆山；明月之珠，出于四海；镌石拌蚌，传卖于市：圣人得之，以为大宝。[21]大宝所在，乃为天子。今王自以为暴，不如拌蚌于海也；自以为强，不过[22]镌石于昆山也。取者无咎，宝者[23]无患。今龟使来抵网，而遭渔者得之，见梦自言，是国之宝也，王何忧焉。”

田地，松土锄草。口中得到喜爱吃的东西，眼睛看到认为美的事物，亲身享受实利。由这样看起来，不强横不能达到目的。所以说种田人不强横，仓廪装不满；生意人不强横，不能获得盈利；妇女不强横，布帛不会精细；官吏不强横，权势不能形成；主帅不强横，士兵不听指挥和命令；诸侯、君王不强横，死后没有名声。所以说强横是事理的开始，名分的根据，万物的规律。以强横去追求事物，没有什么不可得到。您认为不是这样，您难道没有听说，带有野鸡雕饰的玉匣，出产在昆仑山；明月之珠，出产在四海；凿开石块、剖分蚌壳，把宝玉、明珠传送到市集上贩卖：圣人得到了，认为是珍贵的宝物。得到了珍宝的，才能做天子。如今您自认为留下龟是残暴，还比不上在海中剖蚌取珠残暴；自认为留下龟是强横，还没超过在昆仑山凿石取玉的强横。取得的人没有过错，拥有宝物的人没有忧虑。如今神龟出使而碰到了渔网，被打鱼人捕获了，托梦传话，这是国家的宝物，您担心什么呢？”

注释 1 其:将,可。 2 坏:坍塌。 3 顾:却,反而。 4 诞谩:欺诈而荒诞。 5 贼气:邪气,有害之气。 奸:侵扰。 6 同岁异节:一年之中节气不同。 时:时节,季节。 7 乡:通"向"。此指目的,企图。 8 谷居:在山谷居住。 田作:耕作。 9 匆匆疾疾:急急忙忙。匆,急速。 通:男女交媾。 10 蘖(niè):同"孽"。 数:多次。 单薄:不繁盛。 11 使无相获:让他们不再互相攻夺、侵害。 12 牝:雌。 牡:雄。 13 牧:统治。 闾术:里闾之街道。 阡陌:田野之道路。 14 赋:给予。 15 劝:鼓励。 16 耰(yōu):古代用以捣碎土块、平整土地的农具。句中用为动词。 耨(nòu):锄草。 17 囷(qūn):圆形的谷仓。 18 官御:官吏。 19 卒不使令:士卒不听从命令。 20 分之理:合乎名分的道理。分,名分。 物之纪:事物的规律。 21 玉椟:玉匣。 雉:野鸡。 昆山:即昆仑山。 镌石:凿石。 拌:通"判"。分开。 传卖:贩卖。 22 不过:不能超过。 23 宝者:宝藏者。

元王曰:"不然。寡人闻之,谏者福也,谀者贼也。人主听谀,是愚惑也。虽然,祸不妄至,福不徒来。[1]天地合气,以生百财。阴阳有分,不离四时,十有二月,日至为期。[2]圣人彻[3]焉,身乃无灾。明王用之,人莫敢欺。故云福之至也,人自生之;祸之至

元王说:"不是这样。我听说,劝谏的人是国家的福分,谄谀的人是国家的奸贼。国君听从奉承的话,这是愚昧昏乱。即使这样,祸患不会无根由地到来,幸福不会白白地前来。天地交合产生气息,依据它生发出各种财富。阴阳各有分界,不偏离四时,一年十二个月,经历夏至、冬至是一个周期。圣人通晓这个道理,自身就没有灾祸。英明的君王运用这个道理,没有谁敢欺侮他。所以说福分的到来,是人自己招来的;祸患的降临,是人自己造成的。祸患和福佑同在,刑罚和

也，人自成之。祸与福同，刑与德双。圣人察之，以知吉凶。桀纣之时，与天争功，拥遏[4]鬼神，使不得通。是固已无道矣，谀臣有众[5]。桀有谀臣，名曰赵梁。教为无道，劝以贪狼[6]。系汤夏台，杀关龙逢。[7]左右恐死，偷谀于傍[8]。国危于累卵[9]，皆曰无伤。称乐万岁，或曰未央[10]。蔽其耳目，与之诈狂。汤卒伐桀，身死国亡。听其谀臣，身独受殃。《春秋》著之，至今不忘。纣有谀臣，名为左强。夸而目巧，教为象郎。[11]将至于天[12]，又有玉床。犀玉之器，象箸而羹。[13]圣人剖其心，壮士斩其胻[14]。箕子恐死，被[15]发佯狂。杀周太子历，囚文王昌，投之石室，将以昔至明。[16]阴兢[17]活之，与之俱亡。

恩德成双。圣人明白了这个道理，就能预知吉凶。夏桀、商纣的时候，和上天争夺功利，阻塞鬼神，让它们不能通显其灵。这本来已经是无道了，更何况还有众多谄谀之臣。夏桀有个谄谀之臣，名叫赵梁。教唆夏桀大逆不道，劝导夏桀贪婪狠毒。将汤拘囚在夏台，杀死了关龙逢。夏桀身边的人害怕被杀，只能在一旁苟且谄谀。国家危险到像垒起的鸡蛋一般，这些人却都说没有关系。赞美欢呼万岁，有的说国运还没有完结。遮蔽夏桀的耳目，和他一起欺诈狂妄。汤终于讨伐夏桀，夏桀身死国亡。他听从谄谀之臣的逢迎，结果独自遭受祸殃。《春秋》记载了这件事，直到今天不会被遗忘。商纣有个谄谀之臣，名叫左强。夸夸其谈而不遵法度，教唆纣王建造象牙廊庑。高到将要通天，又设置玉制的床。用犀角、玉石做器物，用象牙筷子吃饭。剖挖圣人的心脏，斩断壮士的小腿。箕子害怕被杀，披散着头发假装疯狂。商纣杀死了周族的太子历，囚禁了文王姬昌，将他扔进了石室，打算从夜晚囚禁到天明。阴兢救出了姬昌，同他一起逃亡。他们进入周族属地，遇到了太

入于周地，得太公望[18]。兴卒聚兵，与纣相攻。文王病死，载尸以行。太子发[19]代将，号为武王。战于牧野，破之华山之阳。[20]纣不胜，败而还走，围之象郎。自杀宣室[21]，身死不葬。头悬车轸，四马曳行。[22]寡人念其如此，肠如涫汤[23]。是人皆富有天下而贵至天子，然而大傲。欲无厌时，举事而喜高，贪很而骄。[24]不用忠信，听其谀臣，而为天下笑。今寡人之邦，居诸侯之间，曾不如秋毫[25]。举事不当，又安亡逃！”

公吕望。文王征集士卒，要去攻打纣王。后来文王生病死去，周人载着他的尸体继续前进。太子姬发接替文王统领军队，他的庙号为武王。在牧野交战，武王在华山南麓把纣王打败。纣王不能取胜，败退回城，被围困在象牙廊庑。于是他在宣室自杀而亡，死了无人安葬。头颅挂在车后横木上，被四匹马拖曳着行进。我想起这般情景，内心不安像沸腾的水。这些人都曾拥有天下的财富并贵为天子，但是极其傲慢。欲望没有满足的时候，办事好高骛远，为人贪婪狠毒而且骄纵。不任用忠信的人，听从谄谀之臣，结果被天下人耻笑。如今我的国家，处在诸侯国中间，简直小得连秋毫都不如。如果办事不得当，又哪里逃脱得了灭亡的下场！”

注释 1 妄：无根据，胡乱。 徒：白白地。 2 时：季。 有：又。 日至：指冬至、夏至。 期(jī)：周(年、月)。 3 彻：通达。 4 拥遏：阻遏。拥，壅塞，阻塞。 5 众：多。 6 贪狼：贪婪凶狠。狼，凶狠。 7 系：拘囚。 汤：即成汤，商之建立者。 夏台：一名“均台”，古台名。在今河南禹州南。汤系夏台事见《夏本纪》。 关龙逢：亦作龙逢、豢龙逢。夏桀在位时的大夫，因直言劝谏被杀。其事可见《庄子·人世间》《荀子·宥坐》《吕氏春秋·必己》等。 8 偷：苟且。 傍：通“旁”。 9 累卵：比喻危险如同垒起的蛋。 10 未央:未尽,未已。 11 夸:夸夸其谈。 目巧:目测的技巧。《史记集解》引《礼记》曰:“目巧之室。”又引郑玄曰:“但用目巧善意作室,不由法度。”此处引申为不遵法度。 象郎:即“象廊”。象牙装饰的华丽廊庑。《史记集解》引许慎曰:“象牙郎。” 12 将至于天:高到将要通天。 13 犀玉之器:用犀牛角和玉石做成的器物。 象箸(zhù):象牙筷子。箸,筷子。 14 胻(héng):小腿。《尚书·泰誓下》云:“斫朝涉之胫。”孔安国传曰:“冬月见朝涉水者,谓其胫耐寒,斩而视之。” 15 被:通“披”。 16 杀周太子历:《史记索隐》:“‘杀周太子历’文在‘囚文王昌’之上,则近是季历。季历不被纣诛,则其言近妄,无容周更别有太子名历也。” 文王昌:即周文王姬昌。 以昔至明:从晚上到白天。昔,夜。 17 阴兢:姓阴名兢。生平不详。 18 太公望:即姜太公姜望。 19 太子发:周文王太子姬发,后为武王。 20 牧野:古地名,位于商末都城朝歌之郊,在今河南淇县西南。一说“牧”为地名,“野”为郊外。 阳:南。 21 宣室:《史记集解》引徐广曰:“天子之居,名曰宣室。” 22 轸:车后横木。 曳:拉。 23 涫(guàn)汤:沸腾的水。涫,沸。 24 厌:满足。 很:狠毒。后多作“狠”。 25 秋毫:纤细微小的东西。

卫平对曰:“不然。河虽神贤[1],不如昆仑之山;江之源理[2],不如四海。而人尚夺取其宝,诸侯争之,兵革为起。小国见亡,大国危殆,杀人父兄,虏人妻子,残国灭庙,以争此宝。[3]战攻分争,是暴强也。故云取之以暴强而治以文理,

卫平回答说:“不是这样。黄河虽然神灵贤达,比不上昆仑山;长江源流通畅,比不上深广的四海。但是人们尚且要夺取昆仑山、四海的宝物,诸侯争斗,战事因此而起。小国被灭亡,大国处在危险境地,杀死别人的父母兄弟,俘虏别人的妻子儿女,攻破别人的国家,毁掉别人的宗庙,来争夺这些宝物。战争攻伐纷争,这是凶暴强横。所以

无逆四时，必亲贤士；[4] 与阴阳化，鬼神为使 [5]；通于天地，与之为友。诸侯宾服，民众殷喜。邦家安宁，与世更始 [6]。汤武行之，乃取天子；[7]《春秋》著之，以为经纪 [8]。王不自称汤武，而自比桀纣。桀纣为暴强也，固以为常。桀为瓦室 [9]，纣为象郎。征丝灼之，务以费氓。[10] 赋敛无度，杀戮无方 [11]。杀人六畜，以韦为囊。[12] 囊盛其血，与人县而射之，与天帝争强。[13] 逆乱四时，先百鬼尝 [14]。谏者辄死，谀者在傍。[15] 圣人伏匿，百姓莫行。天数枯旱，国多妖祥。螟虫岁生，五谷不成。民不安其处，鬼神不享 [16]。飘风日起，正昼晦冥。[17] 日月并蚀，灭息无光。列星奔乱，皆绝纪纲。以是观之，安得

说夺取宝物时采用凶暴强横的手段，而在治理时运用政令教化，不要违背四时的运行规律，一定要亲近贤能的士人；顺应阴阳的变化，对鬼神进行驱使；通晓天地之间的法则，和天地成为朋友。诸侯归顺服从，民众皆大欢喜。国家安定太平，与时代一道更新。商汤、周武王这样做了，就夺取了天子之位；《春秋》记载了这些事情，把它们当作行事的准则。您不把自己称为商汤、周武王，却把自己比作夏桀、商纣。夏桀、商纣凶暴强横，本来是天道注定。桀盖了瓦顶的宫室，纣建了象牙的廊庑。征收民众的蚕丝烧火，竭力耗费民财。赋敛没有限度，杀戮没有标准。杀了民众的六畜，拿皮做成囊。皮囊里盛着血，同其他人一起用箭射悬挂着的血囊，同天帝争强斗胜。违背、扰乱了四时，先于百鬼品尝祭牲。劝谏的人总是被处死，谄谀的人常在身旁。圣人隐藏起来，百姓不敢外出。天气频繁干旱，国家生出很多灾异之兆。螟虫年年出现，五谷没有收成。民众不能安居，鬼神不享用祭品。旋风整天地刮，大白天都很昏暗。日月接连亏蚀，黯淡无光。群星崩落错乱，都失掉了

久长！虽无汤武，时固当亡。故汤伐桀，武王克纣，其时使然。乃为天子，子孙续世；终身无咎，后世称之，至今不已。是皆当时[18]而行，见事而强，乃能成其帝王。今龟，大宝也，为圣人使，传之贤王。不用手足，雷电将[19]之，风雨送之，流水行之。侯王有德，乃得当[20]之。今王有德而当此宝，恐不敢受；王若遣之，宋必有咎。后虽悔之，亦无及已。”

运行规律。由此来看，国家怎么能够久长！即使不出现商汤、周武王，夏、商也当灭亡。所以汤讨伐桀，武王打败纣，是当时的形势使然。商汤、周武王因此做了天子，子孙相继为王；终身没有灾祸，后代称赞他们，至今没有停止。他们都是适时行事，抓住时机强横起来，最终成为帝王。如今这龟，是件大宝，替圣人出使，却把自己送给了贤王。它行动不用手足，雷电带来了它，风雨送来了它，流水让它走来。侯王有功德，才能得到它。如今您有功德并得到了这件宝物，恐惧得不敢接受；您如果把它送走了，宋国一定会有灾祸。以后您即使悔恨，也来不及了。”

注释　**1** 神贤：神灵贤达。　**2** 源理：源流通畅。　**3** 殆：危险。　庙：宗庙。　**4** 文理：政令教化。　逆：违背。　**5** 为使：为其役使。　**6** 更始：除旧布新。　**7** 汤武：商汤、周武王。　取天子：取得天子之位。　**8** 经纪：纲纪，准则。　**9** 瓦室：盖有瓦顶之宫室。这在当时已是相当奢侈、豪华的了。　**10** 征丝灼之：征收民众之蚕丝而当柴烧。　费氓：耗费民财。氓，老百姓。　**11** 无方：没有标准。方，标准。　**12** 六畜：即马、牛、羊、鸡、犬、猪。　韦：熟皮。　**13** 县：同“悬”。悬挂。　与天帝争强：《殷本纪》《宋世家》均载商帝武乙和宋王偃有以革囊盛血，仰而射天之事。　**14** 先百鬼尝：在祭祀时先于各鬼神品尝牲品。　**15** 辄：总是。　傍：通“旁”。　**16** 享：享用祭品。　**17** 飘风：飘物之风，旋风。　正昼：大白天。　晦冥：

昏暗。 18 当时:适时。 19 将:带来。 20 当:承当,承受。

元王大悦而喜。于是元王向日而谢,再拜而受。择日斋戒,甲乙最良[1]。乃刑白雉,及与骊羊;[2]以血灌龟,于坛中央。以刀剥之,身全不伤。脯酒礼之,横其腹肠。[3]荆支卜之,必制其创。[4]理达于理,文相错迎。[5]使工[6]占之,所言尽当。邦福[7]重宝,闻于傍乡。杀牛取革,被郑之桐[8]。草木毕分,化为甲兵。[9]战胜攻取,莫如元王。元王之时,卫平相宋,宋国最强,龟之力也。

元王非常高兴。于是元王对着太阳拜谢上天,拜了两拜就接受了龟。选择吉日斋戒,认为甲、乙两天最好。就杀了白色野鸡以及黑羊;用血灌龟,置于祭坛中央。用刀剖剥它,保全了龟甲未受损伤。用干肉和酒举行祭礼,剔除它的肚肠。用荆条烧灼来进行占卜,一定要烧制出合用的裂纹。龟身出现纹理,纹路互相交错、连接。让卜官占视,所说的都很符合。国家收藏了贵重的宝物,消息传播到邻近的诸侯国。杀了牛取用皮,蒙在郑国产的桐木上面做成鼓。草木都分别制作成甲胄和兵器。战之能胜,攻之能取,没有谁比得上元王。元王在位的时期,卫平辅佐宋国,宋国最为强盛,这源于神龟的力量。

注释 1 甲乙最良:甲、乙日最好。 2 刑:杀。 骊羊:黑羊。骊,黑色。 3 脯:干肉。 礼:祭礼。 横:剔除。 4 荆支:荆条。支,枝条。 创:创伤,此指裂纹。 5 理达于理:据王念孙考证,应为“程达于理”。程,通“呈”。在纹理中向人呈现表达。 文:纹路。 错迎:交错、连接。 6 工:此应指卜官。 7 福:《史记集解》引徐广曰:“福音副,藏也。” 8 被郑之桐:覆盖在郑国产的桐木之上。《史记集解》引徐广曰:“牛革桐为鼓也。” 9 毕:全,都。 甲兵:甲胄和兵器。

故云神至能见梦于元王，而不能自出渔者之笼；身能十言尽当，不能通使于河，还报于江；贤能令人战胜攻取，不能自解于刀锋，免剥刺之患；圣能先知亟见[1]，而不能令卫平无言。言事百全，至身而挛[2]；当时不利，又焉[3]事贤！贤者有恒常，士有适然。[4]是故明有所不见，听有所不闻；人虽贤，不能左画方，右画圆；日月之明，而时蔽于浮云。羿名善射，不如雄渠、蠭门；[5]禹名为辩智，而不能胜鬼神。地柱折，天故毋椽，又柰何责人于全？[6]孔子闻之曰："神龟知吉凶，而骨直空枯[7]。日为德而君于天下，辱于三足之乌[8]。月为刑而相佐，见食于虾蟆。[9]猬辱于鹊，腾蛇之神而殆

所以说，龟的神通大到能托梦给元王，却不能自己逃出渔人的笼子；用它占卜能十次预言全都应验，自身却不能传消息给黄河之神，返回答复长江之神；它的贤能会使人战必胜、攻必取，却不能自己解除刀锋的危害，免除被剖杀的祸患；它的圣明能预知未来，却不能让卫平不发表意见。它所预言的事百无一失，却使自身遭受拘囚；在那时就处于不利境地，又怎么去侍奉贤能！贤能的人有他保持常态的一面，一般士人也恰是这个样子。因此视力好也有看不见的地方，听力好也有听不到的地方；人虽然贤能，不能同时左手画方，右手画圆；日月的光辉，有时要被浮云遮蔽。后羿号称善于射箭，也不如雄渠、蠭门；大禹号称有善辩的智巧，却不能战胜鬼神。地柱会折断，天原本就没有椽子，又为什么要对人责备求全？孔子听到以后说："神龟知道吉凶，但骨头里是空虚的。太阳广施德教而君临整个天下，但受到三足乌的欺侮。月亮具有刑罚功能而辅佐着太阳，也被蟾蜍所侵蚀。刺猬受到喜鹊侮辱，腾蛇具有无限神通，却受到即且的危害。竹子外部有节和纹理，内部却只是空虚

于即且。[10]竹外有节理[11]，中直空虚；松柏为百木长，而守门闾[12]。日辰不全，故有孤虚。[13]黄金有疵，白玉有瑕。[14]事有所疾，亦有所徐。[15]物有所拘，亦有所据。[16]罔有所数，亦有所疏。[17]人有所贵，亦有所不如。何可而适乎？物安可全乎？天尚不全，故世为屋，不成三瓦而陈之，以应之天。[18]天下有阶，物不全乃生也。[19]”

的；松柏居百木之首，却栽在门口看守着大门。天干地支两不齐全，所以出现‘孤’‘虚’。黄金不够精纯，白玉有斑点。事物运行有时是快速的，也有时是缓慢的。万物性能的发挥有受拘束的一面，也有不能不依靠它的一面。网孔有很细密的，也有很稀疏的。人有可贵的一面，也有不如别人的一面。怎么做才合适呢？万物怎么处理才周全呢？天尚且不是十全十美，所以世人建造房屋，少盖三片屋瓦，以便让它和天的不完美相符合。天下的事物有差别，万物因为不完美才能够生存。”

注释　**1** 亟(jí)见：灵敏预见。　**2** 至身而挛(luán)：至于自身而被拘囚。挛，本指卷曲不能伸展。　**3** 焉：怎么。　**4** 恒常：指保持常态的一面。　适然：恰恰也是这样。　**5** 羿：即后羿，传说为有穷氏部落首领，善射。　雄渠、逄(féng)门：均为传说中的善射者。雄渠，又名雄渠子，传说为楚国人。《史记集解》引《新序》曰：“楚雄渠子夜行，见伏石当道，以为虎而射之，应弦没羽。”逄门，又名逢门子，传说羿之弟子。《史记集解》引《淮南子》曰：“射者重以逢门子之巧。”且云“刘歆《七略》有《逄门射法》也”。　**6** 地柱：此似应为“天柱”。　故：原本。　毋：没有。　**7** 骨直空枯：《史记正义》：“凡龟其骨空中而枯也。直，语发声也，今河东亦然。”　**8** 辱于三足之乌：《淮南子·精神训》云太阳中有一个三只脚的乌鸦。　**9** 月为刑：月主刑。古人以月为阴，而阴主刑。　见食于虾蟆：被蟾蜍所吃。虾蟆，指蟾蜍。

10 猬辱于鹊：刺猬为喜鹊所侮辱。《史记集解》引郭璞曰："猬能制虎，见鹊仰地。"又引《淮南万毕》曰："鹊令猬反腹者，猬憎其意而心恶之也。" 腾蛇之神而殆于即且：凭着腾蛇的神通却被即且所危害。腾蛇，传说中会飞的蛇。即且，即"蝍蛆"。一说为蟋蟀，一说为蜈蚣。 11 节理：竹节纹理。 12 门闾：大门。闾，里巷的大门。 13 日辰：指日月星辰。 孤虚：古代方术用语。即计日时，以十天干顺次与十二地支相配为一旬，所余的两地支称之为"孤"，与孤相对者为"虚"。古时常用以推算吉凶祸福及事之成败。《史记集解》："甲乙谓之日，子丑谓之辰。《六甲孤虚法》：甲子旬中无戌亥，戌亥即为孤，辰巳即为虚。甲戌旬中无申酉，申酉为孤，寅卯即为虚。甲申旬中无午未，午未为孤，子丑即为虚。甲午旬中无辰巳，辰巳为孤，戌亥即为虚。甲辰旬中无寅卯，寅卯为孤，申酉即为虚。甲寅旬中无子丑，子丑为孤，午未即为虚。刘歆《七略》有《风后孤虚》二十卷。" 14 疵：小毛病。 瑕：玉上面的斑点。 15 疾：快，迅疾。 徐：缓，慢。 16 拘：约束。 据：凭据，依靠。 17 罔：同"网"。 数(cù)：细密。 疏：稀疏。 18 不成三瓦而陈之：《史记集解》引徐广曰："一云为屋成，欠三瓦而栋之也。"《史记正义》："言为屋不成，欠三瓦以应天，犹陈列而居之。" 19 阶：台阶。句中引申为差别。 不全：不得完全。

褚先生曰：渔者举网而得神龟，龟自见梦宋元王，元王召博士卫平告以梦龟状，平运式，定日月，分衡度，视吉凶，占龟与物色同，平谏王留神龟以为国重宝，美矣。[1]古者筮必称龟者，

褚先生说：渔人撒网捕获了神龟，龟自己托梦给宋元王，元王召来博士卫平把梦见龟的情形告诉他，卫平转动星盘，确定日月的方位，测量确定天体运行的状况，观察吉凶，占验出龟兆和所观察事物的情状相同，卫平劝元王把神龟留下来作为国家的贵重宝

以其令名,所从来久矣。[2]余述而为传。

三月　二月　正月[3]　十二月　十一月　中关内高外下[4]　四月　首仰[5]　足开　肣开[6]　首俛大[7]　五月　横吉[8]　首俛大　六月　七月八月　九月　十月

物,这是件美事。古代进行卜筮必然称道龟,因为龟有灵验的美名,这种风气由来已久。我因而写下这篇传记。

三月　二月　正月　十二月　十一月　中关内高外下　四月　首仰　足开　肣开　首俛大　五月　横吉　首俛大　六月　七月　八月　九月　十月

注释　1 运式:转动星盘。　分衡度:测量、确定天体运行的状况。衡,古代天文仪器的部件,形如横管,用以观测日月星辰。　物色:物之形状、颜色。　2 令名:美名。　所从来久:由来已久。　3 正月:《史记正义》:"言正月、二月、三月右转周环终十二月者,日月之龟,腹下十二黑点为十二月,若二十八宿龟也。"　4 中关:指灼龟出现的征兆之中肋。　5 首仰:《史记正义》:"谓兆首仰起。"　6 肣(qín)开:《史记索隐》:"肣谓兆足敛也。"一说"开"为衍文。　7 首俛大:《史记正义》:"俛音免,谓兆首伏而大。"张文虎认为,后"首俛大"三字应删。　8 横吉:横纹呈现吉祥。

卜禁[1]曰:子亥戌[2]不可以卜及杀龟。日中如食[3]已卜。暮昏龟之徼[4]也,不可以卜。庚辛[5]可以杀,及以钻之。

占卜的禁忌说:子、亥、戌三个时辰不可以占卜和杀龟。白天碰到日食,停止占卜。黄昏时分龟缠绕不明,不可以占卜。庚、辛二日可以杀龟,以及进行灼钻。常常在每月初一替龟举行除灾求福的祭祀,祭祀之前先用清常以月旦祓龟，先以清水澡之，以卵祓之，乃持龟而遂之，若常以为祖。[6]人若已卜不中，皆祓之以卵，东向立，灼以荆若刚木，土卵指之者三[7]，持龟以卵周环之，祝曰："今日吉，谨以粱卵焍黄祓去玉灵之不祥。"[8]玉灵必信以诚，知万事之情，辩兆皆可占。不信不诚，则烧玉灵，扬其灰，以徵后龟[9]。其卜必北向，龟甲必尺二寸。

水洗涤龟，再用鸡蛋摩擦龟，然后拿龟进行占卜，这是用龟的常规方法。人假若已经占卜而不应验，都要用鸡蛋摩擦来驱除不祥，面朝东站立，用非常坚硬的荆条来灼烤它，把用土捏成的卵三次指向它，拿着龟用土卵在周围环绕着它，祝祷说："今日吉利，恭敬地用精米、鸡蛋、荆枝、黄绢请求解除玉龟的不祥。"玉龟必定会诚实、可信，了解万事的情状，兆纹可辨清这个龟可以占卜。如果占卜不诚实、不可信，就烧掉玉龟，把它的灰扬弃，来惩戒以后的龟。占卜时必须面朝北，龟的腹甲必须有一尺二寸长。

注释 1 禁：禁忌。 2 子亥戌：是古人十二时辰中的三个时辰。子时，相当于夜间十一点至凌晨一点。亥时，即夜间九点至十一点。戌时，即夜间七点至九点。 3 日中如食：白天碰到日食。 4 徼(jiǎo)：缠绕。徼，通"缴"。 5 庚辛：庚日、辛日。 6 月旦：每月初一。 祓(fú)：古代为了除灾求福而举行的祭祀活动。 遂之：最后卜之。 若常以为祖：《史记索隐》："祖，法也。言以为常法。" 7 土卵指之者三：《史记正义》："言卜不中，以土为卵，三度指之，三周绕之，用厌不祥也。"厌，此处意为压、镇。 8 粱：精米。 焍(dì)：灼龟用的荆枝。 黄：黄绢。 玉灵：对龟的敬称。 9 徵：通"惩"。惩戒。

卜先以造灼钻，钻中已，又灼龟首，各三；[1] 又复灼所钻中曰正身，灼首曰正足，各三。即以造三周龟[2]，祝曰："假[3]之玉灵夫子。夫子玉灵，荆灼而[4]心，令而先知。而上行于天，下行于渊，诸灵数箣[5]，莫如汝信。今日良日，行一良贞[6]。某欲卜某，即[7]得而喜，不得而悔。即得，发乡我身长大，首足收人皆上偶。[8] 不得，发乡我身挫折，中外不相应，首足灭去。[9]"

占卜先用燃烧的荆木灼烤钻凹，中间的钻凹灼烤完了，又去灼烧龟首，各灼烧三次；又再次灼烤中间的钻凹，叫正身，灼烤龟首，叫正足，各三次。随即用燃烧的荆木灼烤龟周围的钻凹，灼烤三圈，祝祷说："借助玉龟夫子的神灵。夫子玉龟，荆枝灼烤了您的心部，让您能预知未来。您能上行于天空，下行于深渊，各种灵策，不如您诚信。今日是个吉日，求一个吉兆。我想占卜某件事情，如果得到应验就会高兴，不能得到应验就会懊悔。如果能得到，显露出来并向着我的是又长又大的兆身，头足收进去，都向上成双成对。不能得到，显露出来并向着我的是兆身屈曲，内外不相对应，首足不现兆纹。"

注释　1 造：《史记索隐》："造音灶，造谓烧荆之处。"　已：完，完毕。　2 即以造三周龟：随即用荆条灼烧龟的周围三圈。　3 假：借用，借助。　4 而：你，你的。　5 数箣(cè)：《史记索隐》："数，所具反；箣音近策，或箣是策之别名。此卜筮之书，其字亦无可核，皆放此。"　6 贞：卜问。　7 即：如果。　8 发乡我：显露并面向我。发，显露。乡，通"向"。　身：兆身。　人：应为"入"。　偶：成对。　9 挫折：屈曲。　中外：里外。

灵龟卜祝曰："假之灵龟，五筮[1]五灵，不如神龟之灵，知人死，知人生。某身[2]良贞，某欲求某物。即得也，头见[3]足发，内外相应；即不得也，头仰足肣，内外自垂。可得占。"

用灵龟占卜祝祷的人说："借助玉龟的神灵，五次筮卜五次灵验，但是不如神龟的灵验，知道人的死和生。我要得个好卜兆，我想求得某件物品。如果能得到，兆头兆足都显现，都成双成对；不能得到，兆头上仰兆足收敛，内外自行下垂。这样我可以得到占卜的结果。"

卜占病者祝曰："今某病困。死，首上开，内外交骇，身节折；[4]不死，首仰足肣。"

占卜病势的人祝祷说："如今我被重病困扰。如果会死，兆头上面分开，内外交错驳杂，兆身有节而屈曲；如果不会死去，兆头上仰兆足收敛。"

卜病者祟曰[5]："今病有祟无，呈无，祟有，呈[6]兆有。中祟有内，外祟有外。"

卜问患病是否有鬼祟的人说："现在生病如果是有鬼祟为患，就不显现兆纹，没有鬼祟为患就显现兆纹。兆纹显现在中间就是鬼祟在家内，兆纹显现在外就是鬼祟在家外。"

注释　1 筮：指用蓍草占卜。　2 某身：某某人亲自。　3 见：显现。　4 死：如果死的话。　交骇：似应为"交驳"。交错驳杂。　节折：有节而屈曲。5 祟：鬼神作怪。　6 呈：呈现。

卜系[1]者出不出。不出，横吉安；若出，足开首仰有外。

卜问被拘囚会不会释放。不会释放，兆横吉安；若会释放，兆足分开兆首上仰有外。

卜求财物，其所当得[2]。得，首仰足开，内外相应；即

卜问寻求财物，某人会不会得到。能得到，兆首上仰足分开，

不得，呈兆首仰足肣。

卜有卖若买臣妾马牛[3]。得之，首仰足开，内外相应；不得，首仰足肣，呈兆若横吉安。

卜击盗聚若干人，在某所，今某将[4]卒若干人，往击之。当胜，首仰足开身正，内自桥[5]，外下；不胜，足肣首仰，身首内下外高。

卜求当行[6]不行。行，首足开；不行，足肣首仰，若横吉安，安不行。

卜往击盗，当见[7]不见。见，首仰足肣有外；不见，足开首仰。

卜往候[8]盗，见不见。见，首仰足肣，肣胜[9]有外；不见，足开首仰。

卜闻盗来不来。来，外高内下，足肣首仰；不来，足开首仰，若横吉安，期之自次[10]。

卜迁徙去官[11]不去。去，

内外相对应；如果不能得到，呈现兆首上仰足收敛。

卜问买卖奴隶马牛。可以买到，兆首上仰足分开，内外相对应；不能买到，兆首上仰足收敛，呈现的兆纹像横吉安。

卜问去出击盗贼，他们聚集了多少人，在某个地方，如今某人带领士兵若干人前往。当会取胜，兆首上仰足分开且兆身正，兆内自行高起，外部低下；不能取胜，兆足收敛首上仰，兆身首部内低外高。

占卜询问应不应当出行。当行，兆首足分开；不当行，兆足收敛，首上仰，像横吉安，安就不宜出行。

卜问出击盗贼，能不能碰见。能碰见，兆首上仰足收敛有外；不能碰见，兆足分开首上仰。

卜问侦察盗贼，能不能见到。能见到，兆首上仰足收敛有外；不能见到，兆足分开首上仰。

卜问盗贼会不会来到这里。会来，兆外高内低，足收敛首上仰；不会来，兆足分开首上仰，像横吉安，来的日期在这以后。

卜问调动职务会不会丢官。

足开有肣外首仰;不去,自去,即足肣,呈兆若横吉安。

会丢官,兆足分开又有收敛在外首上仰;不会丢官,或自己辞职才会丢官,就会兆足收敛,呈现的兆纹像横吉安。

卜居官尚吉不[12]。吉,呈兆身正,若横吉安;不吉,身节折,首仰足开。

卜问当官是否吉利。吉利,呈现兆身正,像横吉安;不吉利,兆身有节而屈曲,首上仰足分开。

注释 1 系:拘囚。 2 其所当得:某人可不可以得到。 3 若:或。 臣妾:泛指奴隶。臣,男性奴隶。妾,女性奴隶。 4 将:率领。 5 桥:通“乔”。高。 6 行:行路,外出。 7 见:遇见,碰到。 8 候:侦察。 9 肣胜:疑为衍文。 10 期之自次:日期在这以后。 11 去官:离开官位,丢官。 12 不(fǒu):同“否”。

卜居室家吉不吉。吉,呈兆身正,若横吉安;不吉,身节折,首仰足开。

卜问在家居住吉利还是不吉利。吉利,呈现兆身正,像横吉安;不吉利,兆身有节而屈曲,首上仰足分开。

卜岁中禾稼孰[1]不孰。孰,首仰足开,内外自桥外自垂;不孰,足肣首仰有外。

卜问当年庄稼收成好不好。收成好,兆首上仰足分开,内外自行高起,外缘自然垂下;收成不好,兆足收敛首上仰有外。

卜岁中民疫不疫。疫,首仰足肣,身节有强外[2];不疫,身正首仰足开。

卜问当年民众会不会遭灾疫。会遭灾疫,兆首上仰足收敛,兆身有节而强外;不会遭受灾疫,兆身正首上仰足分开。

卜岁中有兵[3]无兵。无兵,呈兆若横吉安;有兵,

卜问当年有没有战争。没有战

首仰足开，身作外强情。

卜见贵人吉不吉。吉，足开首仰，身正，内自桥；不吉，首仰，身节折，足肣有外，若无渔[4]。

卜请谒[5]于人得不得。得，首仰足开，内自桥；不得，首仰足肣有外。

卜追亡人[6]当得不得。得，首仰足肣，内外相应；不得，首仰足开，若横吉安。

卜渔猎得不得。得，首仰足开，内外相应；不得，足肣首仰，若横吉安。

卜行遇盗不遇。遇，首仰足开，身节折，外高内下；不遇，呈兆。

卜天雨[7]不雨。雨，首仰有外，外高内下；不雨，首仰足开，若横吉安。

卜天雨霁[8]不霁。霁，呈兆足开首仰；不霁，横吉。

争，呈现兆纹像横吉安；有战争，兆首上仰足分开，兆身作外强情状。

卜问去见贵人吉利不吉利。吉利，兆足分开首上仰，兆身正，内自高起；不吉利，首上仰，兆身有节而屈曲，足收敛有外，像是空虚无物的样子。

卜问去求见人能否见到。能见到，兆首上仰足分开，内自高起；不能见到，兆首上仰足收敛有外。

卜问追捕逃亡之人能否追到。能追到，兆首上仰足收敛，内外相对应；不能追到，兆首上仰足分开，像横吉安。

卜问捕鱼打猎是否会有收获。有收获，兆首上仰足分开，内外相对应；没有收获，兆足收敛首上仰，像横吉安。

卜问出行会不会遇见盗贼。会遇见，兆首上仰足分开，兆身有节而屈曲，外高内低；不会遇见，则呈兆。

卜问天会不会下雨。会下雨，兆首上仰有外，外高内低；不会下雨，兆首上仰足分开，像横吉安。

卜问天下雨后会不会放晴。会放晴，呈现兆足分开首上仰；不会放晴，则兆纹呈现横吉。

注释 1 孰:“熟”的古字。 2 身节有强外:一说似应作“身节强有外”。 3 兵:战争。 4 无渔:空虚无物的样子。 5 请谒:求见。 6 亡人:逃亡者。 7 雨:下雨。 8 霁(jì):雨后天晴。

命曰[1]横吉安。以占病,病甚者一日不死;不甚者卜日瘳[2],不死。系者重罪不出,轻罪环[3]出;过一日不出,久毋伤也。求财物、买臣妾马牛,一日环得;过一日不得。行者不行。来者环至;过食时不至,不来。击盗不行,行不遇;闻盗不来。徙官不徙。居官、家室皆吉。岁稼不孰。民疾疫无疾。岁中无兵。见人行,不行不喜。请谒人不行不得。追亡人、渔猎不得。行不遇盗。雨不雨。霁不霁。

有一种兆象叫横吉安。卜得此兆,用来占卜病情,病得严重的一日之内不会死去;病情不严重的占卜的当天就会痊愈,不会死亡。被拘囚的人会判重罪而不会释放,判轻罪的旋即就会释放;超过一天就不会释放,时间即使拖得长些也没有伤害。求取财物和购买奴隶马牛,一日之内就会得到;超过一天就不会得到。想出行的人不宜出行。卜问有人来的,人旋即就会到达;超过吃饭时候没有到达,就不会来了。要出击盗贼,不可前去,去了会碰不到;听说有盗贼要来,不会来。问会不会调动官职,不会调动。当官和住在家里都会吉利。当年的庄稼会收成不好。问民众会不会遭受疾疫,不会有疾疫。当年没有战争。问去不去见贵人,要去,不去就会不高兴。请求别人帮助,不去就得不到帮助。追捕逃亡的人和捕鱼打猎都不会有收获。出行不会遇上盗贼。问会不会下雨,不会下雨。问天空会不会放晴,不会放晴。

命曰呈兆。病者不死。系者出。行者行。

有一种兆象叫呈兆。卜得此兆,生病的人不会死去。被拘囚的人会被释放

来者来。市买[4]得。追亡人得，过一日不得。问行者不到。

命曰柱彻。卜病不死。系者出。行者行。来者来。市买不得。忧者毋忧。追亡人不得。

出来。出行的人可以出行。要来的人会来到。去购买物品可以买到。追捕逃亡的人当天可以追到，超过一日就追捕不到。卜问出行的人能不能到达目的地，不能到达。

有一种兆象叫柱彻。卜得此兆，生病的人不会死去。被拘囚的人会被释放。出行的人可以出行。要来的人会来到。购买东西会买不到。担心的人不会出现所担心的事。追捕逃亡的人追捕不到。

注释　1 命曰：指术士、卜人对某一兆象的取名。命，命名，取名。2 瘳(chōu)：病愈。　3 环：旋，旋即。　4 市买：买。

命曰首仰足肣有内无外。占病，病甚不死。系者解[1]。求财物、买臣妾马牛不得。行者闻言不行。来者不来。闻盗不来。闻言不至。徙官闻言不徙。居官有忧。居家多灾。岁稼中孰[2]。民疾疫多病。岁中有兵，闻言不开[3]。见贵人吉。请谒不行，行不得善言。追亡人不得。渔猎不得。行不

有一种兆象叫首仰足肣有内无外。卜得此兆，病得严重也不会死去。被拘囚的人会被释免。求取财物、购买奴隶马牛达不到目的。要出行的人听到了某种言论不会出行。要来到的人不会来到。听说有盗贼要来，不会来了。听说某个人要来，不来了。调动官职，听到某种意见不会调动了。当官会有忧患。居家会有很多灾祸。当年庄稼的收成属中等。民间会发生疾疫且患病的人很多。当年本有战争，听说某种言论而战争不会到来。去拜见贵人会吉利。去请人帮忙的事办不成，去了也听不到好意见。追捕逃亡的人追捕不到。

遇盗。雨不雨甚。霁不霁。故其莫字[4]皆为首备。问之曰，备者仰也，故定以为仰。此私记[5]也。

命曰首仰足肣有内无外[6]。占病，病甚不死。系者不出。求财、买臣妾不得。行者不行。来者不来。击盗不见。闻盗来，内自惊，不来。徙官不徙。居官、家室吉。岁稼不孰。民疾疫有病甚。岁中无兵。见贵人吉。请谒、追亡人不得。亡财物，财物不出得。渔猎不得。行不遇盗。雨不雨。霁不霁。凶。

进行捕鱼打猎活动会没有收获。出行不会遇到盗贼。会下雨，但不会下特别大的雨。问是不是会转晴，不会转晴。所以它的兆纹都为“首备”形状。询问占卜人“首备”是什么意思，说“备”的意思是上仰，所以确定它叫“仰”。这是我私下记载的。

有一种兆象叫首仰足肣有内无外。卜得此兆，病得严重也不会死。被拘囚的人不会被释放。追求财富、购买奴隶达不到目的。想出行的人不能出行。要来到的人不会到来。去出击盗贼会见不到盗贼。听说有盗贼来，内心中自己惊恐起来，盗贼不会来。问会不会调动官职，不会调动。在官位上、在家里住，都吉利。当年庄稼收成不好。民间会发生疾疫且疫情严重。当年没有战争。去拜见贵人吉利。请求人家帮忙和追捕逃亡的人，都达不到目的。丢失了财物，但财物还没有出境，可以找回来。捕鱼打猎不会有收获。出行不会遇到盗贼。问会不会下雨，不会下雨。问会不会转晴，不会转晴。凶。

注释 1 解：释免。 2 中孰：中等收成。 3 开：张文虎认为当为“来”。 4 莫字：郭嵩焘在其《史记札记》中认为，“莫”同“幕”，所谓“莫字”是指龟甲兆纹。 5 私记：私下记载。 6 此条兆名同于上一条，疑有误。

命曰呈兆首仰足肣。以占病,不死。系者未出。求财物、买臣妾马牛不得。行不行。来不来。击盗不相见。闻盗来不来。徙官不徙。居官久多忧。居家室不吉。岁稼不孰。民病疫。岁中毋兵。见贵人不吉。请谒不得。渔猎得少。行不遇盗。雨不雨。霁不霁。不吉。

命曰呈兆首仰足开。以占病,病笃[1]死。系囚出。求财物、买臣妾马牛不得。行者行。来者来。击盗不见盗。闻盗来不来。徙官徙。居官不久。居家室不吉。岁稼不孰。民疾疫有而少。岁中毋兵。见贵人不见吉。请谒、追亡人、渔猎不得。行

有一种兆象叫呈兆首仰足肣。卜得此兆,生病的人不会死亡。被拘囚的人,还没有到释放的时候。求取财物、购买奴隶马牛达不到目的。想出行的人不可以出行。要来的人不会来到。去出击盗贼,不能和盗贼碰上面。听说有盗贼要来,但不会来。问会不会调动官职,不会调动。在官位上待久了,多有忧患。在家中住着,不吉利。当年庄稼的收成不好。民间会发生疾疫。当年没有战争。要去拜见贵人,不会吉利。请人帮忙,不会实现愿望。捕鱼打猎,收获会很少。出行不会遇到盗贼。卜问是否会下雨,不会下雨。问会不会放晴,不会放晴。不吉利。

有一种兆象叫呈兆首仰足开。卜得此兆,生病的人会重病死亡。被拘囚的人会被释放。求取财物、购买奴隶马牛不能达到目的。出行的人可以出行。要来访的人会到来。去出击盗贼,会见不到盗贼。听说有盗贼要来,不会来。问会不会调动官职,会调动。在现在的官位上不会待太久。在家里住着不吉利。当年庄稼收成不好。民间会发生疾疫但患病的人数少。当年没有战争。想去拜见贵人,不去拜见,吉利。请人帮忙、追捕逃亡的人、捕鱼打猎,都得不到

遇盗。雨不雨。霁小吉[2]。

命曰首仰足肣。以占病，不死。系者久，毋伤也。求财物、买臣妾马牛不得。行者不行。击盗不行。来者来。闻盗来。徙官闻言不徙。居家室不吉。岁稼不孰。民疾疫少。岁中毋兵。见贵人得见。请谒、追亡人、渔猎不得。行遇盗。雨不雨。霁不霁。吉。

命曰首仰足开有内。以占病者，死。系者出。求财物、买臣妾马牛不得。行者行。来者来。击盗行不见盗。闻盗来不来。徙官徙。居官不久。居家室不吉。岁孰。民疾疫有而少。岁中毋兵。见贵人不吉。请

收获。出行会遇到盗贼。卜问会不会下雨，不会下雨。天气放晴后有小吉利。

有一种兆象叫首仰足肣。卜得此兆，生病的人不会死亡。被拘囚的人，时间长了也不会有伤害。求取财物、购买奴隶马牛不能达到目的。想出行的人不可以出行。出击盗贼，不可以出行。来访的人会到来。听说有盗贼，会来到。要调动官职，听说了某种意见不会调动。在家里住着不吉利。当年庄稼收成不好。民间会发生疾疫，但患病的人数少。当年没有战争。要去拜见贵人，可以见到。请人帮忙、追捕逃亡的人、捕鱼打猎，都不会有收获。出行会遇到盗贼。问会不会下雨，不会下雨。问会不会天晴，不会天晴。吉利。

有一种兆象叫首仰足开有内。卜得此兆，生病的人会死去。被拘囚的人会被释放。求取财物、购买奴隶马牛达不到目的。要出行的人可以出行。要来访的人会到来。前去出击盗贼，可以去，但见不到盗贼。听说有盗贼要来，不会来。问是否会调动官职，会调动。在现有的官位上不会待得太久。在家里住着不吉利。当年收成好。民间会发生疾疫，但患病的人数少。当年没有战争。去拜见贵人，不吉利。请人帮忙、追捕逃亡的人、

谒、追亡人、渔猎不得。行不遇盗。雨霁。霁小吉，不霁吉。

捕鱼打猎，都没有收获。出行不会遇到盗贼。雨会停止，天会放晴。天晴有小吉利，不天晴吉利。

注释 1 病笃：病重。 2 霁小吉：天放晴后有小吉。

命曰横吉内外自桥。以占病，卜日毋瘳死。系者毋罪出。求财物、买臣妾马牛得。行者行。来者来。击盗合交等[1]。闻盗来来。徙官徙。居家室吉。岁孰。民疫无疾。岁中无兵。见贵人、请谒、追亡人、渔猎得。行遇盗。雨霁。雨霁大吉。

命曰横吉内外自吉。以占病，病者死。系不出。求财物、买臣妾马牛、追亡人、渔猎不得。行者不来。击盗不相见。闻盗不来。徙官徙。居官有忧。

有一种兆象叫横吉内外自桥。卜得此兆，生病的人在卜问的当天因不能痊愈而死亡。被拘囚的人因为无罪会被释放。求取财物、购买奴隶马牛能达到目的。出行的人可以出行。要来访的人会来到。出击盗贼，会合战交锋，不分胜负。听说有盗贼来，会来。问会不会调动官职，会调动。在家里住着吉利。当年收成好。民间不会发生疾病瘟疫。当年没有战争。去拜见贵人、请人帮忙、追捕逃亡的人、捕鱼打猎，都能达到目的。出行会遇见盗贼。下雨后会天晴。雨后天晴大吉利。

有一种兆象叫横吉内外自吉。卜得此兆，生病的人会死去。被拘囚的人不会释放。求取财物、购买奴隶马牛、追捕逃亡的人、捕鱼打猎，都没有收获。出行的人不会来。出击盗贼，不会同盗贼相遇。听说有盗贼，不会来到。问会不会调动官职，会调动。在官位上待着，会有居家室、见贵人、请谒不吉。岁稼不孰。民疾疫。岁中无兵。行不遇盗。雨不雨。霁不霁。不吉。

命曰渔人。以占病者，病者甚，不死。系者出。求财物、买臣妾马牛、击盗、请谒、追亡人、渔猎得。行者行来。闻盗来不来。徙官不徙。居家室吉。岁稼不孰。民疾疫。岁中毋兵。见贵人吉。行不遇盗。雨不雨。霁不霁。吉。

命曰首仰足肣内高外下。以占病，病者甚，不死。系者不出。求财物、买臣妾马牛、追亡人、渔猎得。行不行。来者来。击盗胜。徙官不徙。居官有忧，无伤也。居家室多忧病。岁大孰[2]。民疾疫。岁中有兵不至。见贵人、请

忧患。在家里住着、去拜见贵人、请人帮忙，都不会吉利。当年庄稼收成不好。民间会有疾疫。当年没有战争。出行不会遇着盗贼。问会不会下雨，不会下雨。问会不会天晴，不会天晴。不吉利。

有一种兆象叫渔人。卜得此兆，生病的人病得严重，但不会死去。被拘囚的人会被释放。求取财物、购买奴隶马牛、出击盗贼、请人帮忙、追捕逃亡的人、捕鱼打猎，都能达到目的。出行的人，可以出行，还会回来。听说盗贼要来，不会来。问会不会调动官职，不会调动。在家里住着吉利。当年庄稼收成不好。民间会有疾疫。当年没有战争。去拜见贵人吉利。出行不会遇见盗贼。问会不会下雨，不会下雨。问会不会天晴，不会天晴。吉利。

有一种兆象叫首仰足肣内高外下。卜得此兆，生病的人会病得很严重，但不会死去。被拘囚的人不会被释放。求取财物、购买奴隶马牛、追捕逃亡的人、捕鱼打猎，都能达到目的。出行的人，不可以出行。要来的人，会来。出击盗贼，会取胜。问会不会调动官职，不会调动。在官位上，会有忧患，但没有伤害。在家里住着，会有很多忧虑、病痛。当年会大丰收。民间

谒不吉。行遇盗。雨不雨。霁不霁。吉。

命曰横吉上有仰下有柱。病久不死。系者不出。求财物、买臣妾马牛、追亡人、渔猎不得。行不行。来不来。击盗不行,行不见。闻盗来不来。徙官不徙。居家室、见贵人吉。岁大孰。民疾疫。岁中毋兵。行不遇盗。雨不雨。霁不霁。大吉。

命曰横吉榆仰。以占病,不死。系者不出。求财物、买臣妾马牛至不得。行不行。来不来。击盗不行,行不见。闻盗来不来。徙官不徙。居官、家室、见贵人吉。岁孰。岁

会有疾疫。当年有战争,不会来到这里。去拜见贵人、请人帮忙,都不吉利。出行会遇着盗贼。问会不会下雨,不会下雨。问会不会天晴,不会天晴。吉利。

有一种兆象叫横吉上有仰下有柱。卜得此兆,病得久了也不会死。被拘囚的人不会被释放。求取财物、购买奴隶马牛、追捕逃亡的人、捕鱼打猎,都不能达到目的。要出行,不可出行。要来访的人,不会来。出击盗贼,不可以出行,去了不会见到盗贼。听说有盗贼要来,不会来。问会不会调动官职,不会调动。在家里住着、去拜见贵人,都会吉利。当年会大丰收。民间会有疾疫。当年没有战争。出行不会遇见盗贼。问会不会下雨,不会下雨。问会不会天晴,不会天晴。大吉利。

有一种兆象叫横吉榆仰。卜得此兆,生病的人不会死亡。被拘囚的人不会被释放。求取财物、购买奴隶马牛,到手了,还是不能得到。要出行,不可以出行。来访的人不会来。出击盗贼,不可以出行,去了不能见到。听说盗贼要来,不会来。问会不会调动官职,不会调动。当官、在家里住着、去拜见贵人,都吉利。当年会丰收。当年有疾疫发生,没有战争。请人帮忙、追捕逃亡的人,都不能达到目的。捕鱼打猎,到了目的地,但没有收获。出行,

中有疾疫，毋兵。请谒、追亡人不得。渔猎至不得。行不得。行不遇盗。雨霁不霁。小吉。

不能达到目的。出行不会遇见盗贼。问会不会雨后天晴，不会天晴。小吉利。

命曰横吉下有柱。以占病，病甚不环[3]有瘳无死。系者出。求财物、买臣妾马牛、请谒、追亡人、渔猎不得。行来不来。击盗不合。闻盗来来。徙官居官吉，不久。居家室不吉。岁不孰。民毋疾疫。岁中毋兵。见贵人吉。行不遇盗。雨不雨。霁。小吉。

有一种兆象叫横吉下有柱。卜得此兆，生病的人病情加重，不会旋即痊愈，但不会死亡。被拘囚的人会被释放。求取财物、购买奴隶马牛、请人帮忙、追捕逃亡的人、捕鱼打猎，都不会达到目的。问出行的人来不来，不会来。出击盗贼，不会合战。听说盗贼要来，会来到。调动官职，在官位上待着，吉利，但不会长久。在家里住着不吉利。当年收成不好。民间没有疾疫。当年没有战争。去拜见贵人，吉利。出行不会遇见盗贼。问会不会下雨，不会下雨。会天晴。小吉利。

注释 1 合交：合战交锋。 等：对等，不分胜负。 2 岁大孰：年内大丰收。 3 不环：不能很快。环，旋，旋即。

命曰载所。以占病，环有瘳无死。系者出。求财物、买臣妾马牛、请谒、追亡人、渔猎得。行者行。来者来。

有一种兆象叫载所。卜得此兆，生病的人旋即会痊愈，不会死亡。被拘囚的人会被释放。求取财物、购买奴隶马牛、请人帮忙、追捕逃亡的人、捕鱼打猎，都会达到目的。要出行的人，可以出行。有来访的人，会到来。出击盗贼，击盗相见不相合。闻盗来来。徙官徙。居家室忧。见贵人吉。岁孰。民毋疾疫。岁中毋兵。行不遇盗。雨不雨。霁霁。吉。

命曰根格。以占病者,不死。系久毋伤。求财物、买臣妾马牛、请谒、追亡人、渔猎不得。行不行。来不来。击盗盗行不合。闻盗不来。徙官不徙。居家室吉。岁稼中[1]。民疾疫无死。见贵人不得见。行不遇盗。雨不雨。大吉。

命曰首仰足肣外高内下。卜有忧,无伤也。行者不来。病久死。求财物不得。见贵人者吉。

命曰外高内下。卜病不死,有祟。市买

会碰上面,但不会合战。听说有盗贼要来,会到来。问会不会调动官职,会调动。在家里住着有忧患。去拜见贵人会吉利。当年有好收成。民间没有疾疫。当年没有战争。出行不会遇见盗贼。问会不会下雨,不会下雨。问会不会天晴,会天晴。吉利。

有一种兆象叫根格。卜得此兆,有病的人不会死亡。被拘囚的时间会长久但不会有伤害。求取财物、购买奴隶马牛、请人帮忙、追捕逃亡的人、捕鱼打猎,都不会达到目的。要出行,不可以出行。来访的人不会到来。去出击盗贼,盗贼跑了,不会合战。听说有盗贼,不会到来。问会不会调动官职,不会调动。住在家里会吉利。当年庄稼中等收成。民间会有疾疫,不会有人死亡。去拜见贵人,不能够见到。出行不会遇到盗贼。问会不会下雨,不会下雨。大吉利。

有一种兆象叫首仰足肣外高内下。卜得此兆,有忧患,但不会受到伤害。出行的人不会回来。有病的人,会病得很久,然后死去。求取财物不能得到。要去拜见贵人的,会吉利。

有一种兆象叫外高内下。卜得此兆,生病的人不会死亡,有鬼祟作怪。想要购买的东西买不到。待在官位上、住

不得。居官、家室不吉。行者不行。来者不来。系者久毋伤。吉。

命曰头见足发有内外相应。以占病者，起[2]。系者出。行者行。来者来。求财物得。吉。

命曰呈兆首仰足开。以占病，病甚死。系者出，有忧。求财物、买臣妾马牛、请谒、追亡人、渔猎不得。行不行。来不来。击盗不合。闻盗来来。徙官、居官、家室不吉。岁恶。民疾疫无死。岁中毋兵。见贵人不吉。行不遇盗。雨不雨。霁。不吉。

命曰呈兆首仰足开外高内下。以占病，不死，有外祟。系者出，有忧。求财物、买臣妾马牛，相见不会。行行。来闻言不来。击盗胜。

在家里，都不吉利。要出行的人不可出行。要来访的人不会到来。被拘囚的人，会关得很久，但不会受到伤害。吉利。

有一种兆象叫头见足发有内外相应。卜得此兆，生病的人会病愈起身。被拘囚的人会被释放。要出行的人可以出行。要来访的人会到来。求取财物能够得到。吉利。

有一种兆象叫呈兆首仰足开。卜得此兆，生病的人病情加重，会死去。被拘囚的人会被释放，但有忧患。求取财物，购买奴隶马牛、请人帮忙、追捕逃亡的人、捕鱼打猎，都不能达到目的。想出行，不可以出行。来访的人不会来。出击盗贼，不会合战。听说盗贼要来，会到来。调动官职、在官位上待着、在家住着，都不吉利。年成很坏。民间会有疾疫，没有人死亡。当年没有战争。去拜见贵人不会吉利。出行不会遇见盗贼。问会不会下雨，不会下雨。天会放晴。不吉利。

有一种兆象叫呈兆首仰足开外高内下。卜得此兆，生病的人不会死亡，有外部鬼祟作怪。被拘囚的人会被释放，但有忧患。求取财物、购买奴隶马牛，会当面错过机会。要出行，可以出行。来访的人听到某种话语不会到来。出击盗贼会取胜。听说盗贼要来，不会到来。调闻盗来不来。徙官、居官、家室、见贵人不吉。岁中民疾疫,有兵。请谒、追亡人、渔猎不得。闻盗遇盗。雨不雨。霁。凶。

动官职、在官位上待着、住在家里、拜见贵人,都不吉利。当年民间会有疾疫,有战争。请人帮忙、追捕逃亡的人、捕鱼打猎,都不能达到目的。听说有盗贼,会遇上盗贼。问会不会下雨,不会下雨。会天晴。凶。

注释　1 岁稼中:中等年景。　2 起:病愈。

命曰首仰足肣身折内外相应。以占病,病甚不死。系者久不出。求财物、买臣妾马牛、渔猎不得。行不行。来不来。击盗有用[1]胜。闻盗来来。徙官不徙。居官、家室不吉。岁不孰。民疾疫。岁中有兵不至。见贵人喜。请谒、追亡人不得。遇盗凶。

有一种兆象叫首仰足肣身折内外相应。卜得此兆,生病的人病情加重,但不会死亡。被拘囚的人会长久不被释放。求取财物、购买奴隶马牛、捕鱼打猎,不能达到目的。要出行,不可以出行。来访的人不会到来。去攻打盗贼有办法取胜。听说盗贼要来,会来。问会不会调动官职,不会调动。待在官位上、住在家里,都不吉利。当年收成不好。民间会有疾疫。当年有战争,不会打到这里。能拜见贵人是喜事。请人帮忙、追捕逃亡的人,不能达到目的。会遇到盗贼,有凶险。

命曰内格外垂。行者不行。来者不来。病者死。系者不出。求财物不得。见人不见。大吉。

有一种兆象叫内格外垂。要出行的人,不可出行。来访的人不会到来。患病的人会死去。被拘囚的人不会被释放。求取财物得不到。要去拜见的人不会见到。大吉利。

命曰横吉内外相应自桥榆仰上柱足肣[2]。以占病，病甚不死。系久，不抵罪[3]。求财物、买臣妾马牛、请谒、追亡人、渔猎不得。行不行。来不来。居官、家室、见贵人吉。徙官不徙。岁不大孰。民疾疫，有兵。有兵不会。行遇盗，闻言不见。雨不雨。霁霁。大吉。

命曰头仰足肣内外自垂。卜忧病者甚，不死。居官不得居。行者行。来者不来。求财物不得。求人不得。吉。

命曰横吉下有柱。卜来者来。卜日即不至，未来。[4]卜病者过一日毋瘳死。行者不行。求财物不得。

有一种兆象叫横吉内外相应自桥榆仰上柱足肣。卜得此兆，生病的人病情加重但不会死亡。被拘囚会要很久，但不会因此判罪。求取财物、购买奴隶马牛、请人帮忙、追捕逃亡的人、捕鱼打猎，都不能达到目的。要出行的人不可出行。来访的人不会来。待在官位上、住在家中、去拜见贵人，都吉利。问会不会调动官职，不会调动。当年不会是大丰收。民间会有疾疫，有战争。有战争，但不会波及每一个人。出行本会遇上盗贼，但听到某种言论后就不会遇到。问会不会下雨，不会下雨。问会不会天晴，会天晴。大吉利。

有一种兆象叫头仰足肣内外自垂。卜得此兆，忧虑、患病的人，病情严重，但不会死去。待在官位上，但不能继续待下去。要出行的人可以出行。来访的人不会到来。求取财物不会得到。寻求人不会得到。吉利。

有一种兆象叫横吉下有柱。卜得此兆，要来访的人会到来。占卜当天如果不到，那是还没有来。患病的人超过一天不痊愈，就会死去。要出行的人不可以出行。求取财物不会得到。被拘囚的人会被释放。

有一种兆象叫横吉内外自举。卜得此兆，患病的人会病很久，但不会死去。被拘囚的人长时间不会被释放。求取财系者出。

命曰横吉内外自举。以占病者，久不死。系者久不出。求财物得而少。行者不行。来者不来。见贵人见。吉。

命曰内高外下疾轻足发。求财物不得。行者行。病者有瘳。系者不出。来者来。见贵人不见。吉。

命曰外格。求财物不得。行者不行。来者不来。系者不出。不吉。病者死。求财物不得。见贵人见。吉。

命曰内自举外来正足发。行者行。来者来。求财物得。病者久不死。系者不出。见贵人见。吉。

物，可以得到，但会很少。要出行的人，不可以出行。来访的人，不会到来。去拜见贵人，可以见到。吉利。

有一种兆象叫内高外下疾轻足发。卜得此兆，求取财物不会得到。要出行的人可以出行。患病的人会痊愈。被拘囚的人不会被释放。来访的人会来到。去拜见贵人，不会见到。吉利。

有一种兆象叫外格。卜得此兆，求取财物得不到。要出行的人不可出行。要来访的人不会到来。被拘囚的人不会被释放。不吉利。生病的人会死去。求取财物得不到。去拜见贵人，可以见到。吉利。

有一种兆象叫内自举外来正足发。卜得此兆，要出行的人可以出行。要来访的人会到来。求取财物可以得到。患病的人会病很久，但不会死去。被拘囚的人不会被释放。去拜见贵人，可以见到。吉利。

注释　1 有用：有因，有办法。　2 上柱足肣："上柱"下原有"上柱足"三字。张文虎《札记》："三字疑衍。"按：三字当为原文之复衍。今据删。3 抵罪：因犯罪而受到相应的处罚。　4 即：如果。　未来：还没有来。

此横吉上柱外内自举足肣[1]。以卜有求得。病不死。系者毋伤,未出。行不行。来不来。见人不见。百事尽吉。

这是一种叫横吉上柱外内自举足肣的兆象。卜得此兆,有所寻求,会得到。患病,不会死去。被拘囚的人不会受到伤害,但还不到释放的时候。要出行的人不可以出行。有来访的人不会到来。去拜见他人,不会见到。百事全都吉利。

此横吉上柱外内自举柱足以作[2]。以卜有求得。病死环起。系留毋伤,环出。行不行。来不来。见人不见。百事吉。可以举兵。

这是一种叫横吉上柱外内自举柱足以作的兆象。卜得此兆,有所寻求,可以得到。病得将要死去旋即又会痊愈。被拘囚的人继续被关押,但不会受到伤害,很快将会被释放。要出行的人不可以出行。有来访的人不会到来。去拜见他人,不会见到。百事吉利。可以发兵作战。

此挺诈有外。以卜有求不得。病不死,数起[3]。系祸罪。闻言毋伤。行不行。来不来。

这是一种叫挺诈有外的兆象。卜得此兆,有所寻求,不会得到。患病,不会死去,病情会时好时坏。被拘囚的人有祸患,会被判罪。卜问听到某种言论会不会有什么关系,没有关系。要出行的人不可出行。要来访的人不会来到。

此挺诈有内。以卜有求不得。病不死,数起。系留祸罪无伤出。行不行。来者不来。见人不见。

这是一种叫挺诈有内的兆象。卜得此兆,有所寻求,不会得到。患病,不会死去,病情会时好时坏。被拘囚的人会继续被关押,不会受到伤害,会被释放出来。要出行的人不可出行。要来访的人不会来到。去见他人,不会见到。

此挺诈内外自举。以卜有求得。病不死。

这是一种叫挺诈内外自举的兆象。卜得此兆,有所寻求,会得到。患病,不系毋罪。行行。来来。田贾市、渔猎尽喜[4]。

此狐狢。以卜有求不得。病死,难起。系留毋罪难出。可居宅。可娶妇嫁女。行不行。来不来。见人不见。有忧不忧。

会死去。被拘囚的人,不会判罪。要出行的人可以出行。要来访的人会来到。种田人、商贩,打鱼狩猎的人,都会高兴。

这是一种叫狐狢的兆象。卜得此兆,有所寻求,不会得到。患了病会死去,很难痊愈。被拘囚的人,不会判罪,但很难被释放出来。可以建造住宅。可以娶媳妇嫁女儿。要出行的人,不可以出行。要来访的人,不会来到。要会见他人,不会见到。有忧患出现,但不值得忧愁。

注释 1 此横吉上柱外内自举足肣:"内"字原重。张文虎《札记》:"疑衍一'内'字。"今据删。张文虎曰:"首当有龟兆形,传写失之。以下各条放此。" 2 作:张文虎曰:"'作'疑'诈'字之伪。" 3 数起:病时好时坏。4 田:种田。 贾(gǔ)市:做买卖。

此狐彻。以卜有求不得。病者死。系留有抵罪。行不行。来不来。见人不见。言语定[1]。百事尽不吉。

此首俯足肣身节折。以卜有求不得。病者死。系留有罪。望行者不来。行行。来不来。见人不见。

这是一种叫狐彻的兆象。卜得此兆,有所寻求,不会得到。患病的人,会死去。被拘囚的人会继续被关押,会被判罪。要出行的人,不可以出行。要来访的人,不会到来。去见他人,会见不到。所谈论的事,会确定下来。百事都不吉利。

这是一种叫首俯足肣身节折的兆象。卜得此兆,有所寻求,不会得到。患病的人会死去。被拘囚的人会继续被关押,被判有罪。盼望出行的人回来,此挺内外自垂。以卜有求不晦。病不死，难起。系留毋罪，难出。行不行。来不来。见人不见。不吉。

此横吉榆仰首俯。以卜有求难得。病难起，不死。系难出，毋伤也。可居家室，以娶妇嫁女。

此横吉上柱载正身节折内外自举。以卜病者，卜日不死，其一日乃死[2]。

此横吉上柱足肣内自举外自垂。以卜病者，卜日不死，其一日乃死。

为人病[3]首俯足诈有外无内。病者占龟未已，急死[4]。卜轻失大，一日不死。

首仰足肣。以卜有求不得。以系有罪。

不会回来。要出行的人可以出行。要来访的人不会到来。要见他人，不会见到。

这是一种叫挺内外自垂的兆象。卜得此兆，有所寻求，结果不会晦暗不明。患病的人不会死去，但很难痊愈。被拘囚的人会继续被关押，不会被判罪，但很难被释放。要出行的人不可以出行。要来访的人不会到来。要见他人，不会见到。不吉利。

这是一种叫横吉榆仰首俯的兆象。卜得此兆，有所寻求，很难得到。患了病很难痊愈，但不会死去。被拘囚的人很难被释放，但不会受到伤害。可以安定家室，以便娶媳妇嫁女儿。

这是一种叫横吉上柱载正身节折内外自举的兆象。卜得此兆，生病的人当天不会死去，将在一天后死去。

这是一种叫横吉上柱足肣内自举外自垂的兆象。卜得此兆，患病的人占卜当日不会死，一日后就会死去。

这是一种叫首俯足诈有外无内的兆象。患病的人用龟占卦还没有结束，就会很快死去。卜问轻的，失掉的却是大的，一天之内不会死。

这是一种叫首仰足肣的兆象。卜得此兆，有所寻求，不会得到。被拘囚的人，将会被判为有罪。有人用言语来进行恐人言语恐之毋伤。行不行。见人不见。

吓,但不会有伤害。要出行的人不可以出行。要去会见他人,见不到。

注释 1 言语定:所言将被确定。 2 其一日乃死:将在一日后才死。 3 为人病:应为衍文,不译。 4 急死:急速死去。

大论[1]曰:外者人也,内者自我也;外者女也,内者男也。首俛者忧。大者身也,小者枝也。[2]大法[3],病者,足肣者生,足开者死。行者,足开至,足肣者不至。行者,足肣不行,足开行。有求,足开得,足肣者不得。系者,足肣不出,开出。其卜病也,足开而死者,内高而外下也。

总论起来如下:卜书上所说的外是指人,内是指兆象自身;或者说外是指女的,内是指男的。出现首俛的兆象是指忧患。大是指兆身,小是指兆末。基本的法则是,卜问病人的情况,兆象呈现足敛的会活下来,足开的会死去。卜问出行的人,兆象呈现足开的可以到达目的地,足敛的就不能到达。卜问出行的人可不可以出行,兆象呈现足敛的是不可以出行,足开的是可以出行。卜问有所寻求,兆足开的可以得到,兆足敛的不能得到。卜问被拘囚的人,兆象呈现足敛的是不会被释放,足开的是会被获释。那些卜问病情的,兆象呈现足开的就会死亡,是因为出现内高外下兆象的缘故。

注释 1 大论:总论。 2 身:兆身。 枝:兆枝,兆末。 3 大法:基本法则。

史记卷一百二十九

货殖列传第六十九

原文

老子曰:“至治之极,邻国相望,鸡狗之声相闻,民各甘其食,美其服,安其俗,乐其业,至老死不相往来。”[1]必用此为务,挽近世涂民耳目,则几无行矣。[2]

译文

老子说:“美好政治的最高标准是,毗邻的国家隔界相望,鸡鸣狗叫都可相互听见,民众都认为自己所吃的食物是甘美的,自己所穿的衣服是漂亮的,习惯于自己的风俗,乐于从事自己的职业,即使到老到死也不互相往来。”如果一定要追求这个目标,并企图以此来挽救近世的衰败,那几乎是不可能的。

注释 1“至治之极”八句:引自老子《道德经》第八十章。原文为:“甘其食,美其服,安其居,乐其俗。邻国相望,鸡犬之声相闻,民至老死不相往来。” 2 用:以。 务:追求,致力。 挽:挽救。 涂民耳目:堵塞民众的视听。比喻政治衰败。 几:几乎。 无行:无法实行。

太史公曰:夫神农[1]以前,吾不知已。至若《诗》《书》所述虞夏以来,耳目

太史公说:要说神农以前的事,我是无法知道了。至于《诗》《书》中所叙说的虞舜、夏禹以来的情况,

欲极声色之好，口欲穷刍豢之味，身安逸乐，而心夸矜埶能之荣。[2]使俗之渐民久矣，虽户说以眇论，终不能化。[3]故善者因之，其次利道之，其次教诲之，其次整齐之，最下者与之争。[4]

人们都是耳目想要极力享受声色中最为美好的，口里想尝到最好的滋味，身体追求安逸快乐，而心里很喜欢夸耀权势和追求荣耀。人们在这种习俗中浸染已经很久了，即使是拿些精妙的言论去挨家挨户进行劝说，最终也不能使他们发生变化。所以最好的政治措施是因循自然而毫不干预，再下一等的办法是顺着形势略加诱导，再下一等的办法是实行教化，再下一等的办法是用法律、刑罚加以约束，最糟糕的办法就是与民竞争。

注释　1 神农：古代传说中的“三皇”之一，因发明了农业而得名。一说即炎帝。　2 极：极尽，极力享受。　穷：穷尽，尝尽。　刍豢之味：此泛指各种肉食品及其他美味。刍，吃草的牲畜。豢，用饲料喂养的牲畜。　矜：夸耀。　埶能：权势和才能。埶，同“势”。　3 使俗：习俗。中华书局本将“使”字置于上句“荣”之后，意思不通。　渐：浸染。　眇论：即“妙论”。一说眇通“渺”，渺小。眇论，即微不足道的理论。　化：变化，开化。　4 因：因循，顺着。　利道：即“利导”。　整齐：整顿，治理。

夫山西饶材、竹、榖、纑、旄、玉石；[1]山东多鱼、盐、漆、丝、声色[2]；江南出楠、梓、姜、桂、金、锡、连、丹沙、犀、玳瑁、珠玑、齿革；[3]龙门、碣石北

崤山以西地区盛产木材、竹子、楮木、纻麻、旄牛、玉石；崤山以东地区盛产鱼、盐、漆、丝、音乐和美女；长江以南地区盛产楠木、梓木、生姜、桂、黄金、锡、铅、丹砂、犀牛、玳瑁、珠玑、兽牙和皮革；自龙门到碣石山一线以北地区盛产马、牛、羊、毡裘、

多马、牛、羊、旃裘、筋角；[4]铜、铁则千里往往山出棋置[5]：此其大较[6]也。皆中国人民所喜好，谣俗被服饮食奉生送死之具也[7]。故待农而食之，虞而出之，工而成之，商而通之。[8]此宁有政教发征期会哉？[9]人各任其能，竭其力，以得所欲。故物贱之征[10]贵，贵之征贱，各劝其业，乐其事，若水之趋下，日夜无休时，不召而自来，不求而民出之。岂非道之所符，而自然之验邪？[11]

筋角；铜、铁在全国各地都有出产和分布：这是一个大概的情况。这些出产物都是国人所喜好的，也是人们的风俗习惯、衣被服饰、日常饮食所需的生活用品及陪送死者的器具。所以，必须等待农民耕种来获取食物，等待渔夫、猎人等去山林水泽中开发出物资，再依靠工匠加工制造，还需要商人将它们运往各地。这样的生产和流通的过程，难道需要有人来下命令征调才能约定日期而会集吗？人们都是各自发挥自己的才能，竭尽自己的力量，来求得自己日常生活所需要的物品。所以物品的价格低贱了就预示着要昂贵，昂贵了就预示着要低贱，他们各自勤勉地对待职业，高兴地从事工作，这种情况就像水流奔向下游，日日夜夜没有休止的时候，不召唤就会生产出来，不特意责求民众就会制造加工。这难道不是正符合事物的规律，体现了自然的法则吗？

注释 1 山西：指崤山以西的广大地区。 饶：丰富。 穀(gǔ)：又称楮(chǔ)，落叶乔木，皮可制纸。 纑(lú)：纻麻一类植物，可用以织造麻布。 旄：旄牛，其尾可用作旗杆上的装饰物，或用于舞蹈。 2 声色：音乐和美女。 3 楠：楠木，其木材是贵重的建筑和造船原料。 梓：梓树。木材可以制作器具。 姜：即今之生姜、干姜。 桂：亦名木樨，珍贵的芳香植物。 连：通“链”。铅矿。 丹沙：即朱砂。 犀：犀牛，其角坚硬，可做器物,又可入药。 玳瑁(dài mào):似龟的爬行动物,甲壳可做装饰品。 珠玑:各种珍珠。珠,圆的珍珠。玑,不圆的珠子。 齿革:某些兽类的牙齿和皮革。 **4** 龙门:亦称禹门口、龙门山。在今山西河津西北、陕西韩城东北。黄河至此流过峭壁对峙的两岸,突然开阔。 碣石:即碣石山,在今河北昌黎北。 旃:通“毡”。 筋角:牲畜或野兽的筋和角,可用作弓弩等。 **5** 往往:到处。 山出:很多山出产。 棋置:像棋子一样分布各处。 **6** 大较:大略,大概。 **7** 谣俗:风俗习惯。 被服:被褥、衣履等服用之物。 奉生:养生。奉,供养。 具:器具,物品。 **8** 虞:本指掌管山林川泽之官,此指渔夫、猎人等从事副业的人。 成:制造成。 **9** 宁:难道。 政教:政令。 发征:征发,征调。 期会:约定日期而会集。 **10** 征:征兆。 **11** 道:事理,规律。 邪:语气助词。

《周书》[1]曰:“农不出则乏其食,工不出则乏其事,商不出则三宝绝,虞不出则财匮少。”[2]财匮少而山泽不辟[3]矣。此四者,民所衣食之原[4]也。原大则饶,原小则鲜[5]。上则富国,下则富家。贫富之道,莫之夺予[6],而巧者有余,拙者不足。故太公望封于营丘,地潟卤,人民寡,于是太公劝其女功,极技巧,通鱼盐,则人物

《周书》中说:“农夫不耕种就会缺乏粮食,工匠不制造就会缺乏器物,商人不活动就会使物品无法流通,山林川泽不开发就会使人们缺乏物资。”物资缺乏就是山林川泽没有得到开发。农、虞、工、商这四种职业是生产民众衣食的源泉所在。源泉大,财物就富足;源泉小,财物就稀少。上可以富国,下可以富家。人们的贫困或富有,没有人能夺走它,也没有人能给予它,但是智巧的人会财富有余,笨拙的人会出现不足。所以太公望分封在营丘,这一带属盐碱土,民众也少,于是太公鼓励妇女们纺织、刺绣,尽可能提高技艺的精巧,使鱼、

归之，襁至而辐凑。[7]故齐冠带衣履天下，海岱之间敛袂而往朝焉。[8]其后齐中衰，管子修之，设轻重九府，则桓公以霸，九合诸侯，一匡天下；[9]而管氏亦有三归，位在陪臣，富于列国之君。[10]是以齐富强至于威、宣[11]也。

盐等物产流通起来，人们都来归附他，拖家带口像辐条聚集于毂一样向他这里集中。所以齐国生产的冠带、衣履供应整个天下，从沿海到泰山之间的诸侯都整理衣袖前往齐国朝拜。后来齐国中途衰落，管仲加以整治，设置调剂商品、平衡物价的多个官府，桓公因而称霸，多次会盟诸侯，一度平定周朝的内乱；而管仲也自筑了三归台，他虽只是齐国的大臣，却比诸侯国的君主还富足。因此齐国的富强一直延续到齐威王、齐宣王的时代。

注释　1《周书》:《尚书》的一部分，主要记载周王朝之史事。据说史官们还将散佚的一部分周代的资料，编成了《逸周书》。但此处的引文在《周书》和《逸周书》中均未见到。　2 事:使用的器皿、工具。　三宝:指上文的“食”“事”，以及下文的“财”。　匮:匮乏，缺少。　3 辟:开辟。4 原:源泉。　5 鲜:少。　6 莫之夺予:即莫夺之莫予之，没有谁能夺取它或给予它。　7 太公望:即姜太公姜望。　营丘:都邑名，在今山东淄博临淄区西北临淄故城。　潟(xì)卤:盐碱。　劝:鼓励。　女功:妇女纺织、刺绣等工作。功，即“工”。　极技巧:尽可能发挥其技艺的精巧。　襁(qiǎng)至:拖家带口地来到。襁，背婴儿用的宽带子。　辐凑:像辐条归集于车轮中心的毂上一样聚集。　8 冠带衣履天下:冠带、衣履供应于天下。　海岱:沿海到泰山之间。岱，泰山的别称。　敛袂:整理衣袖。袂，衣袖。　朝:朝拜。　9 管子:即管仲。　修:治理。　轻重:古代一种调剂商品、平抑物价的理论。　九府:周代设置的掌管财政的九个官府。《史记正义》:“夫治民有轻重之法，周有大府、玉府、内府、外府、泉府、天府、职内、职金、职币，皆掌财币之官，故云九府也。”　桓公:即齐桓公。　合:会合,盟会。　匡:使……正。　**10** 三归:管仲自筑的台名。一说为三处庭院。　陪臣:诸侯是天子之臣,故诸侯国的大夫对周天子自称为“陪臣”。　**11** 威、宣:指齐威王田因齐、齐宣王田辟疆。

故曰:“仓廪实而知礼节,衣食足而知荣辱。”[1]礼生于有而废于无。故君子富,好行其德;小人富,以适[2]其力。渊深而鱼生之,山深而兽往之,人富而仁义附焉。富者得埶益彰,失埶则客无所之[3],以而不乐。夷狄益甚。谚曰:“千金之子,不死于市。”此非空言也。故曰:“天下熙熙,皆为利来;天下壤壤,皆为利往。”[4]夫千乘之王,万家之侯,百室之君,尚犹患贫,而况匹夫编户之民乎[5]!

所以说:“粮仓充实了才懂得礼节,吃饱穿暖了才知道荣辱。”礼仪产生于富有而废弃于贫穷。所以,君子富裕了,就喜好施行恩德;小人富足了,就会畅快地做自己的事。水越深的地方鱼越多,山越深的地方野兽越多,人们富裕了,才会有仁义道德。富裕的人有了势力,名声更大,如果失势了,他原有的宾客就没有可去的容身之所,因而会不愉快。这种情况在夷狄地区更加严重。俗语说:“家有千金的人,不会被处死在闹市。”这不是空话。所以说:“天下人纷纷扰扰,都是为了财利而来的;天下人忙乱嘈杂,都是奔着财利而去的。”那些拥有千乘的小国之主,有万家封地的诸侯,有百室食邑的君主,尚且还怕贫穷,更何况是一个编入户籍的平民呢?

注释　**1** “仓廪实而知礼节”二句:出自《管子·牧民》。廪,粮仓。　**2** 适:畅快。　**3** 无所之:即没有可去的容身之所。　**4** 熙熙:形容人来人往拥挤的样子。　壤壤:通“攘攘”。形容纷乱嘈杂的样子。　**6** 匹夫:一般人,平常人。　编户:编入户籍的平民。

昔者越王句践困于会稽之上，乃用范蠡、计然。[1]计然曰："知斗则修备，时用则知物，二者形则万货之情可得而观已。[2]故岁在金，穰；[3]水，毁；[4]木，饥；[5]火[6]，旱。旱则资舟，水则资[7]车，物之理也。六岁[8]穰，六岁旱，十二岁一大饥。夫粜，二十病农，九十病末。[9]末病则财不出，农病则草不辟[10]矣。上不过八十，下不减三十，则农末俱利，平粜齐物，关市不乏，治国之道也。[11]积著之理，务完物，无息币。[12]以物相贸，易腐败而食之货勿留，无敢居贵[13]。论其有余不足，则知贵贱。贵上极则反贱，贱下极则反

从前，越王句践被围困在会稽山上，就任用了范蠡、计然。计然说："知道要战斗就要修城置办兵器，依据使用的季节就能了解物品的价值，将时与用两方面加以对照，那么各种货物的供需情况就可以观测到了。所以岁星在西时，就会丰收；在北时，就会歉收；在东时，会发生饥荒；在南时，会发生旱灾。天旱了，要事先准备船只；发生洪水，要事先准备车子，这是商品供需的原则。六年一次丰收，六年一次旱灾，十二年一次大饥荒。卖出粮米，一斗卖二十钱，就会伤害农民；一斗卖九十钱，就会伤害商人。商人受到了伤害，那么钱财就不能流通到市场上；农民受到了伤害，那么田地里的荒草就不会被清除了。最高不超过一斗八十钱，最低不少于一斗三十钱，那么农民和商人都可以得到利益，平价出售，稳定物价，市场上货物充足，税收就不缺少，这是治国的好办法。积贮的原则，要致力于使物品性能完好，不要让货币停止流通。用商品进行交易，容易腐烂的食品不要留下来，不要冒险囤积等待高价。观察某一种商品在市场上是有剩余还是不足，就会知道它的贵贱。商品价格贵到了极点反而会变贱，贱到了极点反而会变贵。商品价高时，抛售出去要

贵。[14]贵出如粪土，贱取如珠玉。[15]财币欲其行如流水[16]。”修之十年，国富，厚赂战士，士赴矢石，如渴得饮，遂报强吴，观兵中国，称号“五霸”。[17]

像扔粪土一样；商品价低时赶紧收购，要像获得珠玉一般。财富增长和钱币运转要像流水一样不停顿。”按照这种方法，越王治理越国十年，国家富足了，句践重赏士兵，士兵在战场上面对弓箭、垒石冲锋，像口渴的人得到水一般急迫，于是越国向强大的吴国报了仇，越王北上中原向各诸侯国示威，最终成为“五霸”之一。

注释　1会稽：会稽山，在今浙江绍兴南。　范蠡：春秋末越国大臣。　计然：《史记集解》引徐广曰：“计然者，范蠡之师也，名研，故谚曰‘研、桑心算’。”又引《范子》曰：“计然者，葵丘濮上人，姓辛氏，字文子，其先晋国亡公子也。尝南游于越，范蠡师事之。”　2修备：修城置办兵器。　时用：使用的季节。　形：显露，对照。　3岁：岁星，即今之木星。　金：古时用木、火、金、水来表示东、南、西、北四个方向，金指西方。　穰：丰收。　4水：北方。　毁：减损，歉收。　5木：东方。　饥：饥荒。　6火：南方。　7资：积累，准备。　8岁：此指年。　9粜：卖出米。　二十：一斗二十钱。　病：伤。　末：商人。　10辟：开辟，铲除。　11上：最高。　减：低，少。　平粜：平价出售。　齐物：调整物价。　关市：关卡税收和市场交易。　12积著：即“积贮”。　完物：使物品性能完好。　息币：积压财货。　13居贵：囤积等待高价。　14上极：最高点。　下极：最低点。　15贵出如粪土：贵时卖出如同对待粪土一样，不必珍惜。　贱取如珠玉：贱时买进如同对待珠玉一样，视如宝物。　16行如流水：如流水一般不停地流动。
17修：治理。　厚赂：给予丰厚的待遇。　士赴矢石：士兵敢于面对箭、石奔赴战场。　五霸：春秋时五位称霸的诸侯王，即齐桓公、晋文公、楚庄公、吴王阖闾、越王句践。

范蠡既雪会稽之耻，乃喟然[1]而叹曰："计然之策七，越用其五而得意。[2]既已施于国，吾欲用之家。"乃乘扁舟浮于江湖，变名易姓，适齐为鸱夷子皮，之陶为朱公。[3]朱公以为陶天下之中，诸侯四通，货物所交易也。[4]乃治产积居，与时逐而不责于人。[5]故善治生者，能择人而任时。[6]十九年之中三致千金，再分散与贫交疏昆弟。[7]此所谓富好行其德者也。后年衰老而听子孙，子孙修业而息[8]之，遂至巨万。故言富者皆称陶朱公。

范蠡在辅助句践洗雪了会稽山的耻辱以后，就感慨地叹息道："计然有七条策略，越王采用了其中的五条就得志称霸。他已经将这策略运用到治国上，我想把它用在发家上。"他乘着小船漂流在江湖，改变自己的姓名，到了齐国名叫鸱夷子皮，到了陶邑称作朱公。朱公认为陶邑处在天下的中心，可以从四方通往各诸侯国，是各种货物进行交易的理想场所。于是组织生产，储藏货物，抓住时机买进卖出而不坑害他人。所以善于经商的人，是能选择经商的人才和掌握商品售卖的时机。在十九年的时间内，他的财富三次达到了千金，又两次将这些财富分赠给贫困的朋友和亲戚。这就是所说的富有了喜欢做好事的人。后来他老了，就放手让他的儿孙们干。儿孙们继承并发展了他的事业，使家产上亿。所以人们谈论富豪时总要提到陶朱公。

注释　1 喟(kuì)然：感慨的样子。　2 计然之策七：《史记志疑》："《吴越春秋》《越绝》皆作'九术'，'七'字与《汉传》'十'字同误。"　得意：得志。　3 扁(piān)舟：小船。　适：到。　为：称为。　鸱夷子皮：姓鸱夷，名子皮。鸱夷，本是用牛皮制成的盛酒的革囊，范蠡以此为姓。　之：到……去。　陶：邑名，在今山东菏泽定陶区西北。　4 诸侯：此指各诸侯国。 所交易:交易之所。 5 积居:囤积。 与时逐:抓住时机逐利。 6 治生:经营生计。 任:凭依,掌握。 7 千金:千斤黄金。 再:两次。 与:给。 贫交:贫贱的朋友。 疏:远。 8 息:生息,使……生长、发展。

子赣既学于仲尼,退而仕于卫,废著鬻财于曹、鲁之间,七十子之徒,赐最为饶益。[1] 原宪不厌糟糠,匿于穷巷。[2] 子贡结驷连骑,束帛之币以聘享诸侯,所至,国君无不分庭与之抗礼。[3] 夫使孔子名布扬于天下者,子贡先后之[4]也。此所谓得埶而益彰者乎?

子贡跟从孔子学成以后,回来在卫国做官,他在曹国、鲁国一带地区售卖和储藏货物进行经商活动,在孔子的七十多个门徒中,子贡是最富有的。原宪连糟糠都吃不饱,隐居在穷困的巷子里。子贡坐着四马并进的车子,带着赠送的礼品去拜访各国诸侯,所到之处,国君们没有哪个不将他奉为上宾。孔子的名声能够在天下传扬,主要是子贡前前后后为之出力。这就是人们所说的势力愈大而名声愈大的例子吧?

注释 1 子赣:即子贡。 仕:为官。 废著:出卖和囤积货物。废,出卖。著,通“贮”。 鬻(yù)财:经商。 曹:春秋诸侯国名,都今山东菏泽定陶区西南。 鲁:春秋诸侯国名,都今山东曲阜。 赐:子贡,名赐,姓端木。 饶益:富有。 2 原宪:即子思,孔子弟子。 厌:通“餍”。饱。 匿:隐居。 3 结驷连骑:车前四马并进。驷,四匹马。 束帛之币:泛指赠送的礼品。古代赠送慰问的礼品,帛五匹为一束。币,古代用作礼物的玉、马、皮、帛等均称为币。 聘:拜访。 享:给……享用。 分庭与之抗礼:谓以平等的礼节相待。古时主、宾相见时,各站在庭院的东西两边相对行礼。抗,亦作“伉”“亢”。 4 先后之:前前后后为之出力。

白圭，周[1]人也。当魏文侯时，李克务尽地力，而白圭乐观时变，故人弃我取，人取我与。[2]夫岁孰取谷，予之丝漆；[3]茧出取帛絮，予之食。[4]太阴在卯[5]，穰；明岁衰恶[6]。至午，旱；明岁美。至酉，穰；明岁衰恶。至子，大旱；明岁美，有水。至卯，积著率岁倍[7]。欲长钱[8]，取下谷；长石斗，取上种。[9]能薄饮食，忍嗜欲，节衣服，与用事僮仆同苦乐，趋时若猛兽挚鸟之发。[10]故曰："吾治生产，犹伊尹、吕尚之谋，孙吴用兵，商鞅行法是也。[11]是故其智不足与权变[12]，勇不足以决断，仁不能以取予，强不能有所守，虽欲学吾术，终不告之

白圭是周地人。正当魏文侯的时候，李克致力于最大限度地利用土地的潜力，而白圭却喜欢观察时机的变化，别人抛售时，他就大量收购；所以别人正需要的时候，他就大量售出。当年收成好，他收取粮食，卖给农夫丝和漆；蚕茧上市了，他收取布帛和熟丝，卖给养蚕人粮食。木星在卯宫方位，会丰收；明年会收成很坏。木星到了午宫方位，会发生旱灾；明年会丰收。木星到了酉宫方位，会丰收；明年会收成很坏。木星到了子宫方位，会发生大旱灾；明年会丰收，有雨水。木星又到了卯宫方位，经过十二年，所积存货物的利润大概每年翻倍。想增加钱币收入，就收购价格低廉的粮食；想使农夫增加产量，就收购良种。他能够减少饮食，强忍嗜好、欲望，节省衣服开支，和雇用的奴仆同甘共苦，但他发现商机时就像猛兽、凶鸟一样迅疾地捕食猎物。所以他说："我从事商业经营，就像伊尹、吕尚那样有谋略，像孙武、吴起那样善于用兵，像商鞅那样善于执法。因此如果一个人的智慧不够而不能做到随机应变，勇气不够而不能够当机立断，仁德不能决定取舍，强毅不能有所坚守，即使想学我这套办法，我也不会教给他。"大概天下谈

矣。”盖天下言治生祖[13]白圭。白圭其有所试矣，能试有所长[14]，非苟而已也。

论经营致富的是以白圭为典范。白圭大概对他的主张有所尝试，能够尝试成功是因为他这套主张有可取之处，而不只是随随便便说说而已。

注释 1 周：战国初周考王分封的小诸侯国，都今河南洛阳西，称“西周”。后又分裂出一个“东周”小国，都今河南巩义西南。原东周王室所在又称“成周”，都今河南洛阳东北。故此周地当指今洛阳周围一带。

2 魏文侯：即战国初魏国的创建者魏斯，公元前445—前396年在位。 李克：当为“李悝”，战国初政治家，法家代表人物，曾任魏相，是他推行了“尽地力之教”。 尽地力：最大限度地利用土地的潜力。 取：买入。 与：卖出。 3 孰：“熟”的古字。丰收。 予：出售。 4 茧出：蚕茧上市。 食：粮食。 5 太阴：指木星。 卯：木星在天空中运行，每十二年为一周期，古人把木星每年在空中的位置用十二地支（子、丑、寅、卯、辰、巳、午、未、申、酉、戌、亥）来表示。卯即木星在卯宫的方位上。 6 衰恶：年景不好。 7 率岁倍：大概每年翻倍。 8 长钱：增加收入。 9 长石斗：增加产量。 上种：良种。 10 薄：减轻。 用事：雇用。 僮仆：奴仆。 趋时：捕捉时机。 挚鸟：凶猛之鸟。挚，通“鸷”。 发：行动。此指迅疾出击猎物。 11 生产：经营。 伊尹：商汤大臣。 吕尚：即姜太公姜望。 孙：孙武。 吴：吴起。 商鞅：商鞅辅佐秦孝公变法，孝公公元前361—前338年在位，而魏文侯死于公元前396年，白圭不可能在魏文侯时提及商鞅变法。 12 权变：权宜变化。 13 祖：以……为典范。 14 长：特长，专长。

猗顿用盬盐[1]起。而邯郸郭纵以铁冶成业，与

猗顿因为制盐发家。而邯郸的郭纵由于冶炼铁矿发家，财富可以和

王者埒富。[2]

乌氏倮畜牧，及众，斥卖，求奇缯物，间献遗戎王。[3]戎王什倍其偿，与之畜，畜至用谷量马牛。[4]秦始皇帝令倮比封君，以时与列臣朝请。[5]而巴寡妇清，其先得丹穴，而擅其利数世，家亦不訾。[6]清，寡妇也，能守其业，用财自卫，不见[7]侵犯。秦皇帝以为贞妇而客之，为筑女怀清台。[8]夫倮，鄙人牧长，清穷乡寡妇，礼抗万乘，名显天下，岂非以富邪？[9]

诸侯王相比。

乌氏的倮从事畜牧业，等到牲畜增多，全部卖掉，寻求奇异的丝织品，秘密地赠送给戎王。戎王偿还给他十倍的价钱，并给了他牲畜，马和牛多得用山谷来计算。秦始皇帝让乌氏的倮拥有与封君相同的地位，可以按时和各位大臣参加朝见。而巴地的寡妇叫清的，她的先人占有丹砂矿，好几代独享这座矿的利益，家财也是不计其数。清是位寡妇，能坚守她的家业，用钱财来保护自己，不被冒犯。秦始皇认为她是一位贞洁的妇女，用贵客之礼对待她，替她建造了一座女怀清台。那位乌氏的倮，是边远地区的畜牧主，清是穷乡僻壤的寡妇，他们居然使天子用贵客之礼相待，从而名扬天下，难道不是因为他们富有吗？

注释 1 盬(gǔ)盐:在盬盐池制盐。盬，盐池名，在今山西运城南。 2 铁冶:冶炼铁矿。 埒(liè):等同。 3 乌氏(zhī):关塞名，即焉氏塞，在今甘肃平凉西北。 倮(luǒ):人名。 众:牲畜增多。 斥卖:尽卖。 缯(zēng):泛指丝织品。 间(jiàn):秘密地。 遗(wèi):赠送。 4 偿:偿还。 量:计量。《史记集解》引韦昭曰:“满谷则具不复数。” 5 比封君:与封君等同。封君，接受帝王封爵或土地的臣子。 以时:按时。 朝请:朝见。 6 丹穴:丹砂矿。 擅:独有。 不訾:不计其数。訾，计算，估量。 7 见:被。 8 客之:以贵客待之。 女怀清台:台名，在今重庆长寿区南。

9 鄙人：边民。鄙，边远之地。　牧长：畜牧主。　礼抗：即分庭抗礼。

汉兴，海内为一，开关梁，弛山泽之禁，是以富商大贾周流天下，交易之物莫不通，得其所欲，而徙豪杰诸侯强族于京师。[1]

汉代建立，天下统一，开通了水陆交通要道，废除了对山林川泽开发的禁令，因此富商大贾在整个天下活跃起来，所有能够交易的货物没有运转不通畅的，他们也大发横财，而朝廷又把豪强和世家大族迁徙到了京城地区。

注释　1 关梁：水陆交通要道。关，关卡。梁，津梁。　弛：解除。　周流：流通。　豪杰：此指逞霸一方的豪强。　京师：京城，国都。

关中自汧、雍以东至河、华，膏壤沃野千里，自虞夏之贡以为上田，而公刘适邠，大王、王季在岐，文王作丰，武王治镐，故其民犹有先王之遗风，好稼穑，殖五谷，地重，重为邪。[1]及秦文、德、缪居雍，隙陇蜀之货物而多贾。[2]献公徙栎邑，栎邑北却戎翟，东通三晋，亦多大贾。[3]孝、昭治咸阳，因

关中从汧县、雍县以东直到黄河、华山，肥沃的土地方圆千里，从虞舜、夏禹的时候起都按上等田地交纳赋税，而公刘把部落迁到邠邑，大王、王季定居在岐邑，文王兴建了丰京，武王兴建了镐京，所以这个地区的民众还有先王的遗风，喜好农耕，种植五谷，以土地为重，把干坏事看得很严重。等到秦国的文公、德公、穆公定居在雍邑，雍邑成为关中与陇蜀地区的物资集散地，商人众多。献公迁都到栎邑，栎邑北边防御着戎狄部族，东边和三晋相通，也有很多大商贾。孝公、昭公建都咸阳，又因袭成为汉朝的国都，因此长安有各个帝王的陵墓，四方的人像车辐朝向中心

以汉都，长安诸陵，四方辐凑并至而会，地小人众，故其民益玩巧而事末也。[4]南则巴蜀。巴蜀亦沃野，地饶卮、姜、丹沙、石、铜、铁、竹、木之器[5]。南御滇僰，僰僮。[6]西近邛笮[7]，笮马、旄牛。然四塞，栈道千里，无所不通，唯褒斜绾毂其口，以所多易所鲜。[8]天水、陇西、北地、上郡与关中同俗，然西有羌中之利，北有戎翟之畜，畜牧为天下饶。[9]然地亦穷险，唯京师要其道。[10]故关中之地，于天下三分之一，而人众不过什三[11]；然量其富，什居其六[12]。

一样聚集于此，这里地少人多，所以这个地区的民众更加玩弄奇巧而从事商业。长安南边就是巴蜀。巴蜀也是肥沃的旷野，盛产栀子、姜、丹砂、石材、铜、铁、竹、木等器物。巴蜀南边对着滇地的僰族，僰族中多出僮仆。西边接近邛地的笮族，笮族出产马、旄牛。巴蜀四面都有高山阻塞，但山中有千里长的栈道，四通八达，只有褒斜道是巴蜀通往北方的要道，该地区的人常常通过这条要道把自己多余的东西卖出去，把自己缺少的东西买进来。天水、陇西、北地、上郡四个地区和关中习俗相同，然而其西部可与羌族贸易，其北部能与戎狄交易畜牧产品，因此这里的畜牧业在天下最为富饶。然而这四郡还比较贫瘠，只有京师是它们通往各地的要道。所以关中地区，面积占天下的三分之一，人口不超过天下的十分之三；但如果衡量这里的财富，却占天下的十分之六。

注释　**1** 汧(qiān)：县名，在今陕西陇县南。　雍：县名，在今陕西凤翔南。　华(huà)：华山。　膏壤：肥沃的土地。　贡：赋税。　公刘：周族的祖先。　邠(bīn)：亦作"豳"，邑名，在今陕西彬县西北。　大(tài)王：即周太王古公亶父。　王季：即季历，文王之父。　岐：邑名，亦名"周"，在今陕西岐山东北。 文王作丰:周文王兴建了丰京。丰,在今陕西西安丰水西岸。 镐:镐京,在今陕西西安丰水东岸。 稼穑:农业生产。稼,耕种。穑,收割。 殖:种植。 地重:以土地为重。 重为邪:把干坏事看得很严重。 2 文:指秦文公。 德:即秦德公。 缪:通"穆"。此指秦穆公。 隙:《史记集解》引徐广曰:"隙者,间孔也。地居陇蜀之间要路,故曰隙。" 陇蜀:指今甘肃南部、四川北部一带。 3 献公:秦献公。 栎(yuè)邑:即栎阳,邑名,在今陕西西安临潼区东北。 却:防御。 戎翟:即"戎狄"。翟,通"狄"。 三晋:韩、赵、魏三国。 4 孝:秦孝公。 昭:秦昭公。 长安诸陵:秦始皇及汉初诸帝皆在长安(今西安)周围建置陵墓。 玩巧:玩弄巧诈。 5 饶:盛产。 卮(zhī):栀子,一种植物,可入药或作黄染料。 6 御:向,对着。 僰(bó):古代西南少数民族名。 僮:僰地多出僮仆。 7 邛:即邛都夷。 笮(zuó):西南夷古族名,活动在今四川西昌地区。 8 褒斜(yé):即褒斜道,古道名,因此道通过褒水、斜水而名。褒水发源于秦岭而流入汉中附近的汉水,斜水发源于秦岭而北向流入渭河。两条河谷联结起来构成了关中通往川北的交通要道。 绾(wǎn)毂(gǔ):《史记索隐》云:"言褒斜道狭,绾其道口,有若车毂之凑,故云'绾毂'也。"绾,控制。毂,车轮中心的圆木。 易:交换。 鲜:缺少。 9 天水:郡名,治所平襄,在今甘肃通渭西。 陇西:郡名,治所狄道,在今甘肃临洮。 北地:郡名,治所马岭,在今甘肃庆阳西北。 上郡:郡名,治所肤施,在今陕西榆林南。 羌:古部族名,活动范围相当于今川北、陇南及青海一带。 10 穷险:贫瘠而险要。 要(yāo):要挟,扼制。 11 人众:人口数量。 什三:十分之三。 12 什居其六:占十分之六。

昔唐人都河东,殷人都河内,周人都河南。[1]夫三河在天

从前,唐尧建都在黄河以东,殷朝建都在黄河以北,周朝建都在黄河以南。这个三河地区处在天下的中心地带,像

下之中，若鼎足，王者所更居也，建国各数百千岁，土地小狭，民人众，都国诸侯所聚会，故其俗纤俭习事。[2]杨、平阳陈西贾秦、翟，北贾种、代。[3]种、代，石北也，地边胡，数被寇，人民矜懻忮，好气，任侠为奸，不事农商。[4]然迫近北夷，师旅亟往，中国委输时有奇羡。[5]其民羯羠不均，自全晋之时固已患其僄悍，而武灵王益厉之，其谣俗犹有赵之风也。[6]故杨、平阳陈掾[7]其间，得所欲。温、轵西贾上党，北贾赵、中山。[8]中山地薄人众，犹有沙丘纣淫地余民，民俗懁急，仰机利而食。[9]丈夫相聚游戏，悲歌慷慨，起则相随椎剽，休则掘冢作巧奸冶，多美物，为倡

是鼎足而立，帝王们交替在这里建都，每个朝代都有几百上千年，这里土地狭窄，人口众多，国都是各国诸侯会聚的地方，所以该地区的习俗是小气俭省，熟习人情世故。杨县、平阳县西边和秦地、狄族做买卖，北边和种地、代地做买卖。种地、代地在石邑县北边，与胡地交界，经常遭受敌寇侵害。民众崇尚强直刚戾，好逞血勇之气，依仗勇武，不去从事农业和商业。然而这里紧靠北边的夷狄，军队多次出征，中原地区运送的物资总有剩余，使当地人受益。这里的民众剽悍，不从事耕耘，从三家还没有分晋时别国就怕他们的这种剽悍，在赵武灵王时就更加厉害，直到今天，这个地区的风俗还有战国时赵国的风气。所以杨县、平阳县利用这种形势经营逐利，总能如愿以偿。温县、轵县西边和上党郡做买卖，北边和赵地、中山做买卖。中山地区土地贫瘠，人口众多，沙丘台一带还有沿袭商纣时吃喝玩乐风气的后代，民间习俗急躁，依靠投机谋利。男子们相互聚在一起游乐玩耍，放声高歌，情绪激昂，行动时就一起杀人抢劫，闲暇时就挖墓，做欺诈之事，伪造钱币，奇美的物品

优。[10]女子则鼓鸣瑟，跕屣[11]，游媚贵富，入后宫，遍诸侯。	多，歌舞艺人多。女人就弹奏着琴瑟，拖着鞋子踮脚而行，游玩献媚于富贵人家，这里的女人还遍布各诸侯国的后宫。

注释　1唐：此指远古部落陶唐氏，其领袖为尧。《史记集解》引徐广曰："尧都晋阳也。"　河东：古地区名，泛指今山西南部黄河以东地区。　河内：古地区名，泛指今河南黄河以北地区。　河南：古地区名，泛指今河南黄河以南的西北部地区。　2更(gēng)：交替。　小狭：狭窄。　都国：国都。　纤俭：小气俭省。　习事：熟习人情世故。　3杨：县名，在今山西洪洞东南。　平阳：县名，在今山西临汾西南。　陈：《史记索隐》："'陈'盖衍字。以下有'杨、平阳陈掾'，此因衍也。"　贾：做买卖。　种：古地名。《史记正义》："种在恒州石邑县北，盖蔚州也。"　4石：即石邑，县名，在今河北石家庄西南。　被(pī)：遭遇。　懻忮(jì zhì)：强直刚戾。　5亟(qì)：屡次，多次。　中国：中原，或指朝廷。　委输：运输。　奇(jī)羡：剩余。奇，余数。羡，有余。　6羯羠(jié yí)：民性剽悍。一说为血统混杂。　均：通"耘"。耕耘。　全晋之时：指晋国尚未被韩、赵、魏瓜分时。　僄悍：即"剽悍"。敏捷勇猛。　武灵王：即赵武灵王。　厉：厉害。　7陈掾：经营驰逐。　8温：县名，在今河南温县西南。　轵(zhǐ)：县名，在今河南济源南。　上党：郡名，治所长子，在今山西长子西南。　赵：原战国时赵国。　中山：春秋国名，曾在今河北正定建都。　9沙丘：台名，在今河北广宗西北。商纣王曾在此筑台淫戏，赵武灵王、秦始皇均死于此。　余民：后代。　懁(xuān)急：急躁。　仰：依靠。　机利：投机谋利。　10慷慨：情绪激昂。　起：行动时。　椎剽：杀人抢劫。　作巧：做欺诈之事。　奸冶：伪造钱币。　倡优：歌舞、演戏艺人。　11跕(tiē)屣(xǐ)：拖着鞋子，踮脚而行。

然邯郸亦漳、河之间一都会也[1]。北通燕、涿[2],南有郑、卫。郑、卫俗与赵相类,然近梁、鲁,微重而矜节[3]。濮上之邑徙野王,野王好气任侠,卫之风也。[4]

邯郸也是漳水、黄河之间的一个都市。它向北通往燕地、涿郡,南边有郑地、卫地。郑地、卫地的习俗和赵地相似,然而因为接近梁地、鲁地,比较庄重,崇尚节操。战国时秦国攻拔卫国濮阳,把它的国君迁到了野王,野王一带的人之所以好逞勇武,是因为受到卫国的影响。

注释 **1** 漳:即漳水,流经邯郸南。 都会:都市。 **2** 涿:郡名,治所涿县,在今河北涿州。 **3** 微重:比较庄重。 矜节:崇尚节操。 **4** 濮上之邑徙野王:《史记正义》:“秦拔卫濮阳,徙其君于怀州野王。”野王,汉县名,在今河南沁阳。

夫燕亦勃、碣之间一都会也[1]。南通齐、赵,东北边胡。上谷至辽东,地踔远,人民希,数被寇,大与赵、代俗相类,而民雕捍少虑,有鱼盐枣栗之饶。[2]北邻乌桓、夫余,东绾秽貉、朝鲜、真番之利。[3]

再说燕,也是渤海、碣石山之间的一个都市。它向南通往齐地、赵地,东北和胡人领地搭界。上谷郡到辽东郡,土地辽远,民众稀少,经常遭受匈奴人侵扰,大体上和赵地、代地习俗相似,但民众生性凶悍,头脑简单。这里盛产鱼、盐、枣、栗。北边邻近乌桓、夫余,东边控制着与秽貉、朝鲜、真番贸易的交通要道。

注释 **1** 勃:即今渤海。 碣:即碣石山。 **2** 上谷:郡名,治所沮阳,在今河北怀来东南。 辽东:郡名,治所襄平,在今辽宁辽阳。 踔(chuō)远:辽远。 希:稀少。 雕捍:像雕一样迅猛强悍。捍,通“悍”。 少虑:

头脑简单。 3乌桓:活动于今内蒙古赤峰北、锡林郭勒南的一支东胡部族。 夫余:活动于今辽宁北、吉林西部一带的古部族。 秽貉(huì mò):活动于今朝鲜西北部一带的部族。 朝鲜:活动于今朝鲜东部的一个部族。 真番(pān):汉武帝于公元前108年设置的郡,前82年废,治今朝鲜、韩国"三八线"以北一带。

洛阳东贾齐、鲁,南贾梁、楚。故泰山之阳则鲁,其阴则齐。[1]

齐带山海,膏壤千里,宜桑麻,人民多文彩布帛鱼盐。[2]临菑[3]亦海岱之间一都会也。其俗宽缓阔达,而足智,好议论,地重,难动摇[4],怯于众斗,勇于持刺,故多劫人者,大国之风也。其中具五民[5]。

而邹、鲁滨洙、泗[6],犹有周公遗风。俗好儒,备于礼,故其民龊龊[7]。颇有桑麻之业,无林泽之饶。地小人众,俭啬,畏罪远邪[8]。及其衰,好贾趋利,甚于周人。

洛阳东边和齐地、鲁地做买卖,南边和梁地、楚地做买卖。泰山的南边就是鲁地,它的北边是齐地。

齐地被山和海环绕着,沃野千里,适宜桑麻种植,民众多产出华丽的丝绸、布帛、鱼、盐。临菑也是东海、泰山之间的一个都市。这里的习俗从容宽厚,豁达大方,而且人们很有智谋,喜好议论,看重土地,不轻易离开乡土,不敢聚众殴斗,勇于持刀暗杀,所以多有劫人财物的人,有大国的风尚。城里居住着士、农、工、商、贾各行各业的人。

而邹地、鲁地靠近洙水、泗水,还有周公时代的遗风。这里的民俗喜好儒术,讲究完备的礼仪,所以这个地区的民众显得拘谨。此地盛产桑、麻,没有山林川泽的利益。土地狭小,人口众多,节俭吝啬,害怕犯罪,远离奸邪之事。等到那里衰败以后,人们喜好经商,争逐财利,比周人还严重。

注释 1 阳:南。 阴:北。 2 带山海:被山、海环绕着。 文彩:华丽的丝绸。 3 临菑:都邑名,在今山东淄博东北。 4 难动摇:不易离开乡土。 5 五民:指士、农、工、商、贾。 6 邹:春秋邹国,都今山东邹城东南。 洙、泗:两水名,均在今山东境内。 7 龊龊(chuò chuò):拘谨貌。 8 畏罪远邪:害怕犯罪,远离奸邪之事。

夫自鸿沟以东,芒、砀以北,属巨野,此梁、宋也。[1]陶、睢阳[2]亦一都会也。昔尧作游成阳,舜渔于雷泽,汤止于亳。[3]其俗犹有先王遗风,重厚多君子,好稼穑,虽无山川之饶,能恶衣食,致其蓄藏。[4]

从鸿沟以东,芒山、砀山以北,连接到巨野泽,这是以前的梁地、宋地。定陶、睢阳也是这一带的都市。从前尧帝兴起于成阳,舜帝在雷泽打过鱼,商汤建都在亳邑。这个地区的习俗还有先王的遗风,庄重宽厚,多有君子,喜好耕种,虽然没有物产富饶的山林川泽,但人们通过节衣缩食,来达到财富的积蓄。

注释 1 鸿沟:古运河名。西起今河南荥阳北,引黄河水,东至开封,南行经淮阳至沈丘,最后入颍水。 芒:芒山,在今河南永城北。 砀:砀山,在今河南永城东北。 属(zhǔ):连接。 巨野:即巨野泽,在今山东巨野北,又名大野泽。 2 睢阳:都邑名,在今河南商丘东南。 3 作:兴起。 成阳:县名,在今山东菏泽东北。 雷泽:古泽名,又名雷夏泽。在今山东菏泽东北。 亳(bó):都邑名,即汉时之薄县,在今河南商丘东南。 4 重厚:庄重宽厚。 恶衣食:即能省吃俭用。

越、楚则有三俗。夫自淮北沛、陈、汝南、南郡,此西楚也。[1]其俗剽轻[2],

越地、楚地有三种习俗。从淮水以北的沛郡、陈郡、汝南郡到南郡,这是西楚。这里的民俗强悍轻

易发怒，地薄，寡于积聚。江陵故郢都，西通巫、巴，东有云梦之饶。[3] 陈在楚夏之交[4]，通鱼盐之货，其民多贾。徐、僮、取虑，则清刻，矜已诺。[5]

捷，易发脾气，土地贫瘠，民众很少积聚财物。江陵是过去的郢都，西边和巫县、巴郡相通，东边的云梦泽物产丰富。陈在楚地、夏地的交界处，流通的货物有鱼、盐，这里有很多人经商。徐县、僮县、取虑县的人清严苛刻，注重已经作出的承诺。

注释　**1** 沛：郡名，治所相县，在今安徽淮北西北相山区。　陈：原秦置郡名，汉改为淮阳国，都于陈县，在今河南淮阳。　汝南：郡名，治所上蔡，在今河南上蔡西南。　南郡：郡名，治所江陵，在今湖北江陵。
2 剽轻：强悍轻捷。　**3** 巫：秦置县名，因处巫山而名，在今重庆巫山北。　巴：郡名，治所江州，在今重庆嘉陵江北岸。　云梦：即云梦泽。
4 陈在楚夏之交：《史记正义》："夏都阳城。言陈南则楚，西及北则夏，故云'楚夏之交'。"阳城在今河南登封东南。　**5** 徐：县名，在今江苏泗洪南。　僮：县名，在今安徽泗县东北。　取虑：县名，在今安徽灵璧东北。　清刻：清严苛刻。　矜：注重。

彭城以东，东海、吴、广陵，此东楚也。[1] 其俗类徐、僮。朐、缯以北[2]，俗则齐。浙江[3]南则越。夫吴自阖庐、春申、王濞三人招致天下之喜游子弟，东有海盐之饶，章山之铜，三江、五湖之利，亦江东一都会也。[4]

彭城以东，东海、吴、广陵一带，这里是东楚。这个地区的习俗类似徐县、僮县。朐县、缯县以北的习俗接近齐地。钱塘江以南的习俗接近越地。吴县从吴国的阖庐、楚国的春申君到吴王刘濞时期招徕了各地的游士，吴县东边盛产海盐，西边有章山的铜矿，还有三江、五湖的物利，这里也是江东的一个都市。

注释 1 彭城:秦置县名,汉初诸侯国楚国都于此,在今江苏徐州。 东海:郡名,治所郯县,在今山东郯城西北。 吴:县名,在今江苏苏州。 广陵:汉置诸侯王国名,都广陵,在今江苏扬州北。 2 朐(qú):县名,在今江苏连云港西南。 缯:县名,在今山东兰陵西北。 3 浙江:古水名,即今钱塘江。 4 阖庐:亦作"阖闾"。春秋末吴国国君,公元前514—前496年在位。 春申:楚国贵族黄歇,战国四公子之一。 王濞:即汉初吴王刘濞。 章山:古山名,位于今浙江安吉西北。一说位于今江西南城之南,似与文意有距离。

衡山、九江、江南、豫章、长沙[1],是南楚也,其俗大类西楚。郢之后徙寿春[2],亦一都会也。而合肥受南北潮,皮革、鲍、木输会也。[3]与闽中、干越杂俗[4],故南楚好辞,巧说少信。江南卑[5]湿,丈夫早夭。多竹木。豫章出黄金,长沙出连、锡,然堇堇物之所有,取之不足以更费。[6]九疑、苍梧以南至儋耳者,与江南大同俗,而杨越多焉。[7]番禺亦其一都会也,珠玑、犀、玳瑁、果、布之凑。[8]

衡山、九江、江南、豫章、长沙一带,是南楚,这个地区习俗大体上类似西楚。战国时楚国都城从郢迁到了寿春,寿春也是这一带的一个都市。而合肥是南北水运的中心,皮革、盐渍鱼、木材在这里聚集。南楚和闽中、吴越的习俗相混杂,所以这里的人喜好言辞,说话乖巧,少有信用。江南地势低又潮湿,男子往往早逝。这里盛产竹木。豫章出产黄金,长沙出产铅、锡,然而数量不多,其价值还不够抵偿开发费用。九疑、苍梧往南直到儋耳,和江南习俗大体上相同,尤其受到扬州所属越地的影响。番禺也是这个地区的一个都市,珠玑、犀角、玳瑁、果品、布匹都往这里集中。

注释 1 衡山：汉初诸侯王国名，都今湖北黄冈西北。 九江：郡名，治所寿春，在今安徽寿县。 江南：《史记正义》认为："此言大江之南豫章、长沙二郡，南楚之地耳。" 豫章：郡名，治所南昌，在今江西南昌。 长沙：汉初诸侯王国名，都临湘，在今湖南长沙。 2 郢之后徙寿春：公元前 278 年秦国攻破楚都郢（即江陵），楚顷襄王为避秦国的攻击，迁都于陈（今之淮阳），考烈王时又迁都于寿春。 3 合肥：县名，在今安徽合肥。 南北潮：指长江和淮河的水运之便。 鲍：此指盐渍鱼。 输会：聚集。 4 闽中：秦置郡名，治所东冶，在今福建福州。西汉时属会稽郡。 干越：犹言吴越。因吴、越两国并出名剑（如吴之名剑"干将"），因以为名。 5 卑：地势低。 6 豫章出黄金：《汉书·地理志》豫章郡鄱阳县注："武阳乡右十余里有黄金采。" 堇堇：仅仅，很少。 更费：抵偿费用。 7 九疑：即九疑山，又名苍梧山。 苍梧：郡名，治所广信，在今广西梧州。 儋（dān）耳：汉武帝时所置郡名（前 110—前 82），治所在儋耳，在今海南儋州西北。 杨越多焉：多杂有扬州所属越地的习俗。一说杨越即扬州和南越。 8 番（pān）禺：南海郡治所，即今广州。 凑：凑集，集散地。

颍川[1]、南阳，夏人之居也。夏人政尚忠朴，犹有先王之遗风。颍川敦愿[2]。秦末世，迁不轨[3]之民于南阳。南阳西通武关、郧关[4]，东南受汉、江、淮。宛[5]亦一都会也。俗杂，好事，业多贾。[6]其任侠，交通[7]颍

颍川、南阳是夏代人居住的地方。夏代人治政崇尚忠信朴实，还有上古贤王时代的遗风。颍川的习俗敦厚恭谨。秦朝衰亡的时期，把不遵法纪的民众迁徙到南阳。南阳西边通往武关、郧关，东南边靠近汉水、长江、淮河。宛县也是这一带的一个都市。习俗混杂，爱生事端，人们大多经商。这个地方的民众仗义行侠，和颍川相通，这一带的人直到

川，故至今谓之“夏人”。

今天还被称为“夏人”。

注释 1 颍川：郡名，治所阳翟，在今河南禹州。 2 敦愿：敦厚恭谨。 3 不轨：不遵守法纪。 4 武关：古关隘名，在今陕西丹凤东南。 郧(yún)关：即古郧国所在地，在今湖北十堰郧阳区。 5 宛(yuān)：县名，南阳郡治所，在今河南南阳。 6 此句中华本标点为“俗杂，好事业，多贾”。 7 交通：交相通达。

夫天下物所鲜所多，人民谣俗，山东食海盐，山西食盐卤，领南、沙北固往往出盐，大体如此矣。[1]

总之，楚越之地，地广人希，饭稻羹鱼，或火耕而水耨，果隋蠃蛤，不待贾而足，地埶饶食，无饥馑之患，以故呰窳偷生，无积聚而多贫。[2]是故江淮以南，无冻饿之人，亦无千金之家。沂[3]、泗水以北，宜五谷桑麻六畜，地小人众，数被水旱之害，民好畜藏，故秦、夏、梁、鲁好农而重民。

天下物产分布的多与少，决定了当地民众的风俗习惯，如山东地区吃的是海盐，山西地区吃的是池盐，岭南、沙漠以北地区也出产盐，大体上是这样。

总的来说，楚、越地区，土地广阔，人口稀少，食用鱼米，有的采取火耕和水耨的种植方法，瓜果、田螺、蛤蜊，不必购买就可满足需要，地理形势决定这里的人有丰富的食物，没有灾荒的忧患，因此，这里的习俗是懒惰萎靡、苟且偷生，家中没有积蓄且大多比较贫穷。因此长江、淮河以南，没有受冻受饿的人，也没蓄积千金的人家。沂水、泗水以北，适宜于种养五谷、桑麻、六畜，土地狭小，人口众多，时常遭受水旱灾害，民众就喜好蓄积储藏，所以秦地、夏地、梁地、鲁地喜好农耕并重视民众。三河、宛、陈地也是这样，不

三河、宛、陈亦然,加以商贾。齐、赵设智巧,仰机利。燕、代田畜而事蚕[4]。

过,这些地方还有商业。齐地、赵地的人则智诈奸巧,依靠投机获利。燕地、代地的人种田、畜牧并从事养蚕。

注释 1 盐卤:此指池盐。 领南:即"岭南"。 沙北:沙漠以北,指今蒙古高原北方的广大地区。 2 希:稀少。 水耨(nòu):利用灌水除草。 果隋:即"果蓏(luǒ)"。泛指瓜果。 蠃(luó):同"螺"。 蛤:蛤蜊。 呰窳(zǐ yǔ):苟且懒惰,萎靡不振。 3 沂:水名,发源于今山东沂源境内。 4 田畜:种田放牧。 事蚕:养蚕。

由此观之,贤人深谋于廊庙,论议朝廷,守信死节隐居岩穴之士设为名高者安归乎?[1] 归于富厚也。是以廉吏久,久更富,廉贾归富[2]。富者,人之情性,所不学而俱欲者也。故壮士在军,攻城先登,陷阵却敌,斩将搴旗,前蒙矢石,不避汤火之难者,为重赏使也。[3] 其在闾巷少年,攻剽椎埋,劫人作奸,掘冢铸币,任侠并兼,借交报仇,篡逐幽隐,不避法禁,走死地如骛者,其实皆为财用耳[4]。今夫

由此看起来,有才德的人在庙堂上深谋远虑,在朝廷上大发议论,而坚守信义、为气节而死的隐士们追求声名,他们的根本目的是什么呢?归根结底还是为了得到富贵。因此廉洁的官吏做久了,就会富有,买卖公平的商人最终也会致富。求富是人的本性,人们不需要特意学习而都会产生这种欲望的。所以,勇士在军队中,攻城时要抢先登上城墙,攻入战阵击退敌人,斩杀敌将拔取敌旗,冲锋时冒着箭矢和礌石,不回避危险处境的原因,是被重赏所驱使的。那些在里巷中的年轻人,抢劫杀人,夺财犯法,挖坟墓,铸私钱,用武力霸占钱财,舍身助人报私仇,暗地里杀

赵女郑姬，设形容，揳鸣琴，揄长袂，蹑利屣，目挑心招，出不远千里，不择老少者，奔富厚也。[5]游闲公子，饰冠剑，连车骑，亦为富贵容[6]也。弋射渔猎，犯晨夜，冒霜雪，驰坑谷，不避猛兽之害，为得味也。[7]博戏驰逐，斗鸡走狗，作色相矜，必争胜者，重失负也。[8]医方诸食技术之人，焦神极能，为重糈也。[9]吏士舞文弄法，刻章伪书，不避刀锯之诛者，没于赂遗也。[10]农工商贾畜长，固求富益货也。[11]此有知尽能索耳，终不余力而让财矣。[12]

人夺财，不顾及法律禁令，像马奔驰一样往死路上跑，他们实际上都是为了求得财用而已。如今那些赵、郑的美女，装扮好形体容貌，弹着琴，挥动着长袖，挪动着舞鞋，不远千里去引诱、挑逗人，选择的对象也不管是老是少，她们这样做也是为了富贵。优游闲暇的公子哥儿，装饰帽子、佩剑，出门时前后车骑相连，也是为了要显出富贵的模样。射杀飞鸟，捕鱼打猎，起早贪黑，身冒霜雪，奔驰在深山老林中，不回避猛兽的祸害，是为了得到食物。赌博赛马，斗鸡游猎，争得面红耳赤，个个都想赢钱，必定要争得胜局，就是怕输钱呀。医生以及各种依靠技艺为生的人，耗尽精力，竭尽所能，是为了得到一份厚重的报酬。官吏、文士舞弄法律条文，私刻官印，伪造文书，不回避刀锯诛杀，是因为醉心于已得的贿赂呀。农工商贾和畜牧主，本来就是为了钱财。这些人都是费尽心思去求取，始终不遗余力而毫不辞让地去获取财富。

注释 1 廊庙：庙堂。亦指朝廷。 死节：为节义而死。 设为名高者：图谋抬高自己名义、声望的人。 归：目的。 2 廉贾归富：买卖公平的商人最终会致富。 3 搴(qiān)：拔取。 蒙：冒着。 汤火：滚水与烈火。比喻极端危险的处境。 4 闾巷：里巷。 攻剽：侵扰劫夺。 椎埋：

劫杀人而埋之。此泛指杀人。 篡逐：杀人而抢夺钱财。 幽隐：阴暗无人之处。 骛(wù)：马奔驰。 5 夫：那些。 赵女郑姬：赵国和郑国的美女。 设：施用。此指打扮、化妆。 形容：形体容貌。 揳(jiá)：弹奏。 揄(yú)：挥动。 袂(mèi)：衣袖。 蹑(niè)：踩。 利屣(xǐ)：舞鞋。 目挑：用眼神挑逗。 6 容：仪容，模样。 7 弋(yì)射：射猎。弋，用带绳子的箭射。 味：食物。 8 博戏：赌博。 驰逐：赛马一类游戏。 走狗：纵狗行猎。 作色：变换脸色。 失负：较量失败。 9 食技术之人：依靠技艺、方术为生的人。 焦神：耗尽精神。 极能：极尽其能。 糈(xǔ)：粮食。此指报酬。 10 刻章：私刻官印。 伪书：伪造材料。 没：沉溺，醉心。 赂遗(wèi)：用于买通他人的财物。 11 畜长：牧主。 益：增加。 12 知：古同"智"。 索：求取。 让：辞让。

谚曰："百里不贩樵，千里不贩籴。"[1]居之一岁，种之以谷；十岁，树之以木[2]；百岁，来[3]之以德。德者，人物[4]之谓也。今有无秩禄之奉，爵邑之入，而乐与之比者，命曰"素封"。[5]封者食租税，岁率户二百[6]。千户之君则二十万，朝觐聘享出其中[7]。庶民农工商贾，率亦岁万息二千，百万之家则二十万，而更徭租赋出其

俗话说："不去一百里外卖柴，不去一千里外卖粮。"居住一年，就要种粮食；居住十年，就要植树；能住上百年，就要有德性。德性，是说有人品，有财物。如今有些人没有俸禄的供奉和爵位食邑的收入，却乐于同有这种供奉和收入的人相比，这种情况被称为"素封"。受封的人依靠租税生活，每年大约每户两百钱。有千户的封君就有收入二十万，朝拜天子、诸侯间问候、祭祀祖先的财物都出于其中。平民中的农工商贾，大约也是每年本金一万可得利息两千，有百万本金的人家就可收利息二十万，轮流更

中。[8]衣食之欲，恣所好美矣。故曰陆地牧马二百蹄，牛蹄角千，千足羊，泽中千足彘，水居千石鱼陂，山居千章之材。[9]安邑[10]千树枣；燕、秦千树栗；蜀、汉、江陵千树橘[11]；淮北、常山已南，河济之间千树萩；[12]陈、夏千亩漆；齐、鲁千亩桑麻；渭川[13]千亩竹；及名国[14]万家之城，带郭千亩亩钟之田[15]，若千亩卮茜[16]，千畦[17]姜韭：此其人皆与千户侯等。然是富给之资也，不窥市井，不行异邑，坐而待收，身有处士之义而取给焉。[18]若至家贫亲老，妻子软弱，岁时无以祭祀进醵，饮食被服不足以自通，如此不惭耻，则无所比矣。[19]是以无财作力，

替的兵役、租赋都出于其中。衣食的享受，也可以充分满足。所以说在陆地能放牧五十匹马，一百六七十头牛，二百五十只羊，泽地上养上二百五十头猪，池塘中能养千石的鱼，在山林中有一千棵成材的大树。在安邑有一千棵枣树；在燕地、秦地有一千棵栗树；在蜀地、汉水、江陵有一千棵橘树；在淮北、常山以南，及黄河、济水之间有一千株楸树；在陈、夏之地有一千亩的漆树；在齐地、鲁地有一千亩桑麻田；在渭川有一千亩竹林；在有一万户居民的有名的都城或其郊区拥有一千亩亩产一钟的田地，以及千亩栀子、茜草，一千畦的生姜、韭菜：这些人占有的财富都和千户侯是相等的。这是一种获得富足的资本，这些人不需要到市场上奔波，不用远行他乡，坐着等待收成就行了，既有德行之士的名分，家中又供应充裕。至于有些人，家中贫穷，双亲已老，妻子儿女瘦弱，逢年过节时拿不出钱祭祀祖先、赠送礼物、饮酒聚餐，连日常饮食衣被都不能自给，到了这种地步还不感到惭愧耻辱，那就没有什么可比拟的了。因此，没有钱财要靠出卖苦力，稍有钱财要靠和别人斗智，已经富有了就要抓住时机，这是事物的规律。

少有斗智，既饶争时，此其大经也。[20]今治生不待危身取给[21]，则贤人勉焉。是故本富[22]为上，末富次之，奸富最下。无岩处[23]奇士之行，而长贫贱，好语仁义，亦足羞也。

如今经商不需要冒着生命危险，而生活却能富起来，所以有才能的人都去经商。因此，从事农业而致富是上等，从事商业而致富次之，从事奸伪而致富是最下等的。没有隐居山中的非常之士的操行，而长期贫困低贱，还喜好说仁义，也真够可耻的。

注释 1 贩：卖。 樵：柴。 籴：买入粮食。此处代指粮食。 2 树：种植。 木：树。 3 来：招来。 4 人物：既有人品又有财物。 5 秩禄：俸禄。 爵邑：爵位食邑。 素封：《史记正义》："言不仕之人自有园田收养之给，其利比于封君，故曰'素封'也。" 6 岁率户二百：一年中大约每户两百钱。 7 朝觐：诸侯、大臣朝拜天子。 聘：访问，问候。 享：祭祀鬼神、祖宗。 8 万息二千：一万钱可得利息两千。 更徭：汉朝制定的轮流更替的兵役。 9 二百蹄：一马四蹄，二百蹄即为五十匹马。 牛蹄角千：一牛四蹄两角，即大约一百六七十头牛。 彘(zhì)：猪。 石：一百二十斤为一石。 鱼陂(bēi)：鱼池。陂，池塘。 章：大木材。 10 安邑：县名，河东郡治所，在今山西夏县西北。 11 汉：汉水。 江陵：县名，南郡治所，在今湖北江陵。 12 常山：郡名，治所元氏，在今河北元氏西北。 已：通"以"。 河济：黄河、济水。 萩：通"楸"。楸，落叶乔木，可供建筑、造船等用。 13 渭川：即渭河平原。 14 名国：有名的都城。 15 带郭：城郊地区。带，围绕。 亩钟：每亩产量为一钟。钟，古代容量单位，一钟为六石四斗。 16 若：以及。 茜(qiàn)：多年生蔓草，根红色，可作染料。 17 畦(qí)：《史记索隐》引韦昭云："埒中畦犹陇也，谓五十亩也。" 18 市井：市场，做买卖的地方。 取给(jǐ)：取得财物和人力以供需用。 19 妻子：妻子儿女。 岁时：逢年过节。 进：通"赆"。

赠送的路费或礼物。 醵(jù):大家凑钱饮酒聚餐。 被服:衣被服饰。 自通:自给。 20 作力:出卖苦力。 少:稍,略微。 既饶争时:富有了就要抓住时机。 经:原则,规律。 21 待:需要。 危身:冒着生命危险。 22 本富:依靠搞农业而富。 23 岩处:隐居山中。

凡编户之民,富相什则卑下之,伯则畏惮之,千则役,万则仆,物之理也。[1]夫用贫求富,农不如工,工不如商,刺绣文不如倚市门,此言末业贫者之资也。[2]通邑大都,酤一岁千酿,醯酱千瓨,浆千甔,屠牛羊彘千皮,贩谷粜千钟,薪稿千车,船长千丈,木千章,竹竿万个,其轺车百乘,牛车千两,木器髹者千枚,铜器千钧,素木铁器若卮茜千石,马蹄躈千,牛千足,羊彘千双,僮手指千,筋角丹沙千斤,其帛絮细布千钧,文采千匹,榻布皮革千石,漆千斗,糵曲盐豉千荅,鲐鮆千斤,鲰千

凡是编入户籍的平民,财富相差十倍,一方就会对另一方表示卑下;相差百倍,一方就会对另一方表示畏惧;相差千倍,一方就要供另一方役使;相差万倍,一方就要成为另一方的奴仆,这是事物的常理。要说由穷变富,农耕的不如做工的,做工的不如经商的,刺绣、纺织的不如当街做买卖的,这是说从事商业是穷人的生活来源。在交通便利的大都市中,一年卖出一千瓮酒,醋、酱一千缸,饮料一千甔,屠杀牛、羊、猪一千头,贩运粮食卖出一千钟,卖出柴草一千车,制造的船加起来有一千丈长,木材一千根,竹竿一万根,或者是售出小车一百乘,牛车一千辆,上过漆的木器一千件,铜器一千钧,未上漆的木器还有铁器以及栀、茜一千石,两百匹马,二百五十头牛,羊、猪各一千只,奴婢一百人,筋、角、丹砂一千斤,或者丝帛、细布一千钧,有花纹的彩色丝织品一千匹,粗厚的布、皮革一千石,漆一千斗,酿酒

石，鲍千钧，枣栗千石者三之，狐貂裘千皮，羔羊裘千石，旃席千具，佗果菜千钟，子贷金钱千贯，节驵会，贪贾三之，廉贾五之，此亦比千乘之家，其大率也。[3]佗杂业不中什二，则非吾财也。

的曲、盐、豆豉一千瓿，青花鱼、刀鱼一千斤，小鱼一千石，盐渍鱼一千钧，枣、栗三千石，狐貂裘皮一千张，羔羊裘皮一千石，毡毯一千张，其他果品蔬菜一千钟，放债收利息的钱有一千贯，掌握着牲畜交易的经纪人抽取十分之三或十分之五的佣金，这些收入也可以和千乘之家的财富相比，这是大概情况。经营其他杂业不能得到十分之二的利润，那就不是我要说的可以致富的行业。

注释　**1** 富相什：财富相差十倍。　伯：通“百”。　役：供其役使。　**2** 刺绣文：缝制绣花衣服，泛指各种女工。　倚市门：当街做买卖。《辞源》将此释为“倚门卖笑”，旧时称妓女生涯。　**3** 酤：卖酒。　千酿：酿千瓮酒。　醯（xī）：醋。　瓨（hóng）：“缸”的本字。古代瓦制的长颈大腹容器。　浆：饮料。　甔（dān）：古代一种容积较大的盛物瓦器。　粜：卖出粮食。　薪稿：柴草。稿，禾秆。　船长千丈：所制之船总长一千丈。　轺（yáo）车：小型轻便之车。　髹（xiū）：用漆涂。　钧：古代重量单位，三十斤为一钧。　素木：未上漆之木器。　马蹄躈（qiào）千：一马四蹄一躈（肛门），即两百匹马。　千双：各一千。　僮手指千：即奴婢百人。　絮：此指丝绵。　文采：有花纹的彩色丝织品。　榻（tà）布：粗厚的布。　糵（niè）曲：酿酒的曲。　豉（chǐ）：一种豆制品。　荅：《史记集解》引徐广曰：“或作‘台’，器名有瓿。孙叔然云瓿，瓦器，受斗六升合为瓿。音贻。”　鲐（tái）：青花鱼。　鮆（jì）：刀鱼。　鲰（zōu）：小鱼。　千石者三之：即三千石。　旃席：毡毯。　具：张。　佗：其他的。　子贷金：放债收利息的钱。　贯：古铜钱的计量单位，一千个为一贯。　节：控制，掌握。　驵会（zǎng kuài）：亦作“驵侩”。牲畜交易的经纪人。　贪贾三之，廉贾五之：《史记集解》

引《汉书音义》曰:“贪贾未当卖而卖,未可买而买,故得利少,而十得三。廉贾贵而卖,贱乃买,故十得五。” 大率:大概。

请略道当世千里之中,贤人所以富者,令后世得以观择焉。

蜀卓氏之先,赵人也,用铁冶富[1]。秦破赵,迁卓氏。卓氏见虏略,独夫妻推辇,行诣迁处。[2]诸迁虏少有余财,争与吏,求近处,处葭萌。[3]唯卓氏曰:“此地狭薄[4]。吾闻汶山之下,沃野,下有蹲鸱,至死不饥。[5]民工[6]于市,易贾。”乃求远迁。致之临邛,大喜,即铁山鼓铸,运筹策,倾滇蜀之民,富至僮千人。[7]田池射猎之乐,拟[8]于人君。

程郑,山东迁虏也,亦冶铸,贾椎髻之民,富埒卓氏,俱居临邛。[9]

请让我简略叙述当今之世千里范围内,有才干的人是如何发财致富的,以使后世得以借鉴。

蜀地卓氏的祖先是赵国人,因为冶铁致富。秦国攻破赵国,令卓氏迁徙。卓氏被人抢劫了财物,夫妻二人只好推着车子,行进到指定的集合地。被迁徙的人身上稍有点儿财物,争着送给押送的官吏,请求迁到较近的葭萌一带。只有卓氏说:“这地方狭窄贫瘠。我听说汶山下面,是肥沃的旷野,地下长有大芋,可以用它充饥,不致饿死。听说那里的人善于做买卖,所以容易经商。”于是他们要求迁徙到远的地方去。结果把他们迁到了临邛,卓氏特别高兴,就靠近铁矿山冶炼,运用谋略,财富很快超过滇蜀地区的民众,家有僮仆千人。他们享受着在田野川泽射猎的乐趣,可以与国君相比。

程郑,是从山东地区强制迁来的,也从事冶铁业,和西南一带部族的民众做买卖,其富有的程度和卓氏差不多,他们都住在临邛。

注释 1 用:因。 铁冶:冶铁。 2 见:被。 虏略:同“虏掠”。抢劫财物。 辇(niǎn):用人拉的车子。 诣:到。 3 少:稍。 葭(jiā)萌:县名,在今四川广元西南。 4 狭薄:狭窄贫瘠。 5 汶(mǐn)山:古山名,即今岷山。 蹲鸱(chī):即大芋。因其形状似鸱之蹲踞,故名。 6 工:精通,善于。 7 临邛:邑名,在今四川邛崃。 即:靠近。 鼓铸:鼓风冶铸。 倾:胜过,超越。 8 拟:比拟。 9 椎髻之民:泛指西南地区一带的部族,因其束发头顶,形状如椎,故称。 埒:等同。

宛孔氏之先,梁人也,用铁冶为业。秦伐魏,迁孔氏南阳。大鼓铸,规陂池,连车骑,游诸侯,因通商贾之利,有游闲公子之赐与名。[1]然其赢得过当,愈于纤啬,家致富数千金。[2]故南阳行贾尽法孔氏之雍容[3]。

鲁人俗俭啬,而曹邴氏尤甚,以铁冶起,富至巨万。然家自父兄子孙约,俯有拾,仰有取,贳贷行贾遍郡国。[4]邹、鲁以其故多去文学而趋利者,以曹邴氏也。

齐俗贱奴虏,而刀间

宛地孔氏的祖先,是梁国人,以冶铁为业。秦国攻打魏国,把孔氏迁徙到南阳。他们大规模从事冶炼,规划出池塘养鱼,车骑前后相连,到诸侯各国游说,乘机沟通商贾的财利,得到游闲公子的名声。然而孔氏所获得的超过了花费出去的,但比那些吝啬节俭的人要强得多,家中有数千斤黄金,所以南阳地区经商的人全都效法孔氏从容稳重而大方的风度。

鲁地习俗节俭,而曹邴氏尤其节俭,他也以冶铁起家,财富上亿。然而他家中从父兄到子孙都约定,丢在地上的东西要弯腰捡拾起来,抬头看见有应该收取的就要收取,放贷经商要遍及各郡各国。邹、鲁地区的人受曹邴氏的影响,多数人放弃儒学而去经商追求财富,是因为曹邴氏的缘故。

独爱贵之。[5]桀黠奴，人之所患也，唯刀间收取，使之逐渔盐商贾之利，或连车骑，交守相，然愈益任之。[6]终得其力，起富数千万。故曰"宁爵毋刀"[7]，言其能使豪奴自饶而尽其力。

周人既纤，而师史尤甚，转毂[8]以百数，贾郡国，无所不至。洛阳街居在齐秦楚赵之中，贫人学事富家，相矜以久贾，数过邑不入门，设任此等，故师史能致七千万。[9]

齐地习俗轻贱奴仆，而刀间却爱护并看重他们。凶恶狡诈的奴仆，是人们所厌恶的，只有刀间专爱收留这样的人，利用他们去从事渔、盐行业和商业经营，他的奴仆中有的人车骑相连，结交郡守和国相，但愈是这样刀间愈信任他们。结果他靠着奴仆们的能力发家致富，家财达数千万。所以当地流传一句话说"宁愿不去做官，也要为刀间当奴仆"，说的就是他能让奴仆们获利并心甘情愿为他效力。

周地人很吝啬，而师史更加吝啬，他用几百辆车载着货物，到各个郡国去出售，无处不到。洛阳处在齐、秦、楚、赵中间的交通要道上，穷人学着富人的样子，争着看谁可以长期经商，以至于数次经过城邑而不回家，因为任用了这一类的人，所以师史赚得家财七千万。

注释 1 规：规划。 陂池：池塘。 2 赢得过当：赚取和得到的超过其花费的。 纤啬：吝啬节俭。 3 法：效法。 雍容：温和大方的样子。 4 约：家约，规定。 贳(shì)：借贷。 5 奴虏：奴仆。 刀(dāo)间：人名。 爱贵：喜欢并看重。 6 桀黠(jié xiá)：凶恶狡诈。 守相：郡守和国相。 7 宁爵勿刀：《史记索隐》："奴自相谓曰：'宁免去求官爵邪？'曰：'无刀。'无刀，相止之辞也，言不去，止为刀氏作奴也。" 8 转毂：以车载物。 9 街居：处在交通要道。 设任：使用，任用。 七千万：梁玉绳以为《汉书》作"十千万"，师古注甚明，讹"七"字。

宣曲任氏之先，为督道仓吏。[1]秦之败也，豪杰皆争取金玉，而任氏独窖仓粟。楚汉相距荥阳也，民不得耕种，米石至万，而豪杰金玉尽归任氏，任氏以此起富。富人争奢侈，而任氏折节[2]为俭，力田畜。田畜人争取贱贾[3]，任氏独取贵善。富者数世。然任公家约，非田畜所出弗衣食，公事不毕[4]则身不得饮酒食肉。以此为闾里率[5]，故富而主上重之。

宣曲的任氏的祖先，当过督道的管仓库的官吏。秦朝败亡了，有权势的人都争着购买金玉，只有任氏一个人买粮食储藏在仓库里。楚汉在荥阳对峙三年，民众不能够耕种，米一石涨到一万钱，于是豪强家中的金玉渐渐地都归到了任氏家中，任氏因此发家致富。富人们争相挥霍钱财，任氏却一变富人的风气而坚持节俭，努力种田畜牧。种田畜牧的人一般是争着购买价格便宜的物品，只有任氏去买价格高且质量好的。他家中富了好几代。然而任公在家中规定，不是自家种田畜牧所生产的吃穿用品一律不用，事务没有办完不能够饮酒吃肉。因此，他成了乡里的表率，因此他富有了还能受到皇上的器重。

注释　1 宣曲：古地名，在今何地不详。或以为官名，云在昆明池西(今陕西西安西)。　督道：当为仓名，在今何地不详。　2 折节：改变应有的习性和志向。　3 贾：价。　4 毕：完结。　5 率：表率。

塞之斥[1]也，唯桥姚已致马千匹，牛倍之，羊万头，粟以万钟计。吴楚七国兵起时，长安中列侯封君行从军旅，赍贷子钱[2]，

边塞加以开发，只有桥姚已经繁育了一千匹马，两千头牛，一万头羊，生产的粮食要用万钟计算。吴楚七国叛乱发动的时候，长安城内的侯爵和有封地的贵族要跟从军队

子钱家以为侯邑国在关东，关东成败未决，莫肯与。唯无盐氏出捐千金贷，其息什之。[3] 三月，吴楚平。一岁之中，则无盐氏之息什倍，用此富埒关中。

出行，就借高利贷，放高利贷的人家认为这些人的食邑、封国在函谷关以东，关东的成败还没有最后决定，没有谁肯把钱借给他们。只有无盐氏拿出一千斤黄金借贷，规定利息是本金的十倍。经过三个月，吴楚叛乱平定。一年的时间，无盐氏获得的利息就是本金的十倍，由于这样，他的财富可和关中的富商相比。

关中富商大贾，大抵尽诸田，田啬、田兰。韦家栗氏，安陵、杜杜氏，亦巨万。[4]

关中的富商大贾，大体上都是田氏，如田啬、田兰。韦家地方的栗氏，安陵县、杜县的杜氏，也是家产上亿。

注释 1 塞之斥：国家开拓边塞。斥，开拓，扩张。 2 赍贷：借钱以供自身携带。 子钱：高利贷。 3 出捐：拿出。 什之：十倍于所贷之款。 4 韦家：似应为地名。 安陵：县名，在今陕西咸阳东北。 杜杜氏：杜县姓杜之家。杜，即杜县，在今陕西西安东南。后因汉宣帝陵建于此，改名杜陵。

此其章章[1]尤异者也。皆非有爵邑奉禄弄法犯奸而富，尽椎埋去就，与时俯仰，获其赢利，以末致财，用本守之，以武一切，用文持之，变化有概，故足术也。[2] 若至力

以上这些是声名显赫、非常出众的人。他们都不是靠爵位、食邑、官位、俸禄而致富，也不是靠舞文弄法、作奸犯科而致富，他们都是根据事理行事，利用时机改变策略，从而获得财利，依靠商业经营而致富，富有以后，又购置田产从事农耕而将财富守住，用强力的手段争得一切，通过稳妥的经营办法加以巩固，即使变化也很有节制，所以是值得记述的。至

农畜，工虞商贾，为权利以成富，大者倾郡，中者倾县，下者倾乡里者，不可胜数。[3]

于那些依靠农耕畜牧、手工艺制作、山林川泽开发、货物买卖，或是依靠通权达变获利而致富的，家业大的压倒一郡的，中等的压倒一县的，小一等的压倒乡里的，多得数也数不清。

注释 **1** 章章：昭著，明显。 **2** 椎埋：当作“推理”。推测事理。 去就：决定事情之可否。 俯仰：变化。 以武一切：用强力（人力、物力，财力）争得一切。 持：巩固。 概：节制，有原则。 足术：值得记述。术，通“述”。 **3** 虞：山泽之副业。 为权利以成富：依靠通权达变获利而致富。

夫纤啬筋力[1]，治生之正道也，而富者必用奇胜。田农，掘[2]业，而秦扬以盖一州。掘冢，奸事也，而田叔以起。[3]博戏[4]，恶业也，而桓发用富。行贾，丈夫贱行也，而雍乐成[5]以饶。贩脂，辱处也，而雍伯千金。[6]卖浆，小业也，而张氏千万。洒削，薄技也，而郅氏鼎食。[7]胃脯，简微耳，浊氏连骑。[8]马医，浅方，张里击钟。[9]此皆诚壹[10]之所致。

勤劳节俭、出力干活，是维持生计的正路，而能致富的人必定会用奇招取胜。农事耕田，是笨拙的职业，而秦扬却通过种田成为一州的首富。盗墓，是犯法的勾当，但田叔因此发了家。赌博，是种恶劣行当，但桓发因此变得富有。行走各地买卖货物，被认为是男人的低贱行为，但雍乐成因此致富。贩卖胭脂，是卑贱的行业，但雍伯因此获得千金家产。卖水浆，是小本生意，但张氏因此获得财富千万。磨刀，是浅薄的技能，但郅氏因此列鼎而食。出售肉干，是简单而微不足道的生意，浊氏因此出门车骑相连。治马病的兽医，是浅薄的医术，张里因此鸣钟佐食。这些都是靠诚心专一做一件事而致富的。

注释 1 筋力:吃苦耐劳。 2 掘:《史记集解》引徐广曰:"古'拙'字亦作'掘'也。"拙,笨拙。 3 掘冢:盗墓。 以起:因此而发家。 4 博戏:赌博。 5 雍乐成:人名,姓雍名乐成。 6 贩脂:贩卖胭脂。 辱处:卑贱的行业。 7 洒削:磨刀。《史记索隐》:"洒削,谓摩刀以水洒之。" 鼎食:古代贵族列鼎而食。 8 胃脯:用羊肚做成的肉干。 简微:简单而微不足道。 9 浅方:浅薄的医术。 击钟:古时贵族鸣钟佐食。 10 诚壹:诚心专一。

由是观之,富无经业,则货无常主,能者辐凑,不肖者瓦解。[1]千金之家比一都之君,巨万者乃与王者同乐。岂所谓"素封"者邪[2]?非也?

由此看来,致富没有固定的行业,那么财货也没有固定的主人。能力高强的,财富会向他这里集中;没有能力的,有财富也会破产。拥有千金财富的人家可和拥有国都的君主相比,拥有上亿财富的就能和帝王享受同样的欢乐。这不是所说的"素封"吗?难道不是吗?

注释

1 经业:常业。 辐凑:聚集。 瓦解:破败家产。 2 邪:语气助词。郭嵩焘《史记札记》:"史公传《货殖》,自写其湮郁,而揽括天下大势,上下今古,星罗棋布,惟所指画。前后分立数传,要自一气灌输,是一篇整段文字,中间指数关中、巴、蜀、天水、北地、上郡列郡情形,为一大枢纽,亦见汉世承六国之遗,抚临郡国,相奖势利,尽天下皆然,而能者遂以致富,高掌远跖,睥睨千古。此自史公发摅生平一段胸臆,与他传体全别,班固讥之,故为不伦。"

史记卷一百三十

太史公自序第七十

原文

昔在颛顼,命南正重以司天,北正黎以司地。[1]唐虞之际,绍重黎之后,使复典之,至于夏商,故重黎氏世序天地。[2]其在周,程伯休甫[3]其后也。当周宣王时,失其守而为司马氏。[4]司马氏世典周史。惠襄之间,司马氏去周适晋。[5]晋中军随会奔秦,而司马氏入少梁。[6]

译文

从前,在颛顼帝的时代,任命重为南正,掌管天文,任命黎为北正,管理地理。唐尧、虞舜时期,任命重、黎的后代继续掌管这两方面的事务,一直到夏、商代,所以重、黎世代主管天文、地理。在周朝,程伯休甫是他们的后代。到周宣王的时候,程伯林甫的后人才不管天文、地理而去管军事了,于是他们就改姓司马。后来司马氏掌管记载周朝史事。周惠王、周襄王时期,司马氏离开周室去了晋国。晋国的中军统率随会逃奔到了秦国,而司马氏就进入了少梁邑。

注释 1 颛顼(zhuān xū):传说中的五帝之一,号高阳氏。 南正:传说中的官名,主管天文历法。 重:人名,时任南正。 北正:一说应为火正。传说中的官名,掌地理民事。 黎:人名,时任北正。 2 绍:继

承。　典：掌管。　序：主管。　**3** 程伯休甫：程，国名。程国在今陕西咸阳东北。休甫，人名，封为程国伯。　**4** 周宣王：周的第十一代君王，名姬静，公元前827—前782年在位。　守：职守。　**5** 惠：周惠王姬阆，公元前676—前652年在位。　襄：周襄王姬郑，公元前651—前619年在位。　适：到。　**6** 中军：中军将军，为上、中、下三军统帅。　随会：亦称士会、范武子，晋国正卿。据《左传》，随会自晋奔秦，后乃奔魏，自魏还晋，故《汉书》则云"奔魏"。　少梁：古邑名，本西周梁国，春秋时秦灭之，改曰少梁，后更名夏阳。旧址在今陕西韩城南芝川镇。

自司马氏去周适晋，分散，或在卫，或在赵，或在秦。其在卫者，相中山[1]。在赵者，以传剑论显，蒯聩其后也。[2]在秦者名错，与张仪争论，于是惠王使错将伐蜀，遂拔，因而守之。[3]错孙靳，事武安君白起。[4]而少梁更名[5]曰夏阳。靳与武安君坑赵长平军，还而与之俱赐死杜邮，葬于华池。[6]靳孙昌，昌为秦主铁官[7]，当始皇之时。蒯聩玄孙卬为武信君将而徇朝歌[8]。诸侯

在司马氏离开周室去往晋国之时，这个家族的人员就分散了，有的去了卫国，有的去了赵国，有的去了秦国。他们中在卫国的一支，有人在中山国做国相。在赵国的一支，有人由于传授剑术理论显名了，蒯聩是他的后代。在秦国的一支有人名叫司马错，和张仪进行争辩，于是秦惠王派司马错率兵去攻打蜀地，他攻占后就当了那里的郡守。司马错的孙子司马靳，侍奉过武安君白起。这个时候，秦国把少梁改名为夏阳。司马靳和武安君共同活埋了赵国的四十万长平军，回国途中和武安君一道被赐剑，自杀于杜邮，安葬在华池。司马靳的孙子司马昌，是替秦国主管冶铸铁器的官员，正当秦始皇的时候。蒯聩的玄孙司马卬替武信君武臣领兵去攻打朝歌。项

之相王[9]，王印于殷。汉之伐楚，印归汉，以其地为河内郡。昌生无泽，无泽为汉市长[10]。无泽生喜，喜为五大夫，卒，皆葬高门。[11]喜生谈，谈为太史公[12]。

羽分封十八王，把司马卬封为殷王。待刘邦攻打楚国，司马卬又归顺刘邦，他的封地被设置为河内郡。司马昌生了司马无泽，无泽当了长安四市中的一位市长。司马无泽生了司马喜，司马喜的爵位是五大夫，去世后，和父亲、祖父一样都安葬在高门原。司马喜生了司马谈，司马谈做了太史令。

注释　1 相中山：在中山国为相。其人名喜。　2 在赵者：《史记索隐》和《史记正义》皆认为其人名凯。　剑论：剑术之论。　蒯聩(kuǎi kuì)：人名。　3 将：率兵。　守之：在那里当郡守。　4 靳：一作"蕲"。　白起：秦名将，因功封为武安君。详见《白起王翦列传》。　5 更名：改名称。　6 坑赵长平军：公元前 260 年秦、赵战于长平(今山西高平西北)，秦胜后坑杀赵降卒四十万。　杜邮：又名杜邮亭，古地名，在今陕西咸阳东北。　华池：池名，在今陕西韩城芝川镇西北。　7 主铁官：主管冶铸铁器的官员。　8 卬：《史记索隐》："晋谯国司马无忌作《司马氏系本》，云蒯聩生昭豫，昭豫生宪，宪生卬。"　武信君：即秦末农民起义军首领武臣，自号武信君。　徇(xùn)：带兵巡行占领。　朝歌：古邑名，原殷都，在今河南淇县。　9 相王：互相尊称为王。此指项羽分封十八王。　10 市长：官名，职掌管理市场。汉代长安有四市，各设市长。　11 五大夫：秦、汉二十等爵的第九级。　高门：即高门原，在今陕西韩城西南。　12 太史公：汉有太史令，属太常，秩六百石。官府对太史令通称为太史公。

太史公学天官于唐都，受《易》于杨何，习道论于黄子。[1]太史公

太史公向唐都学习了天文星象，向杨何学习了《易》学，向黄生学习了道家学说。太史公在汉武帝建元、元

仕于建元、元封之间[2]，愍学者之不达其意而师悖[3]，乃论六家之要指曰[4]：

封期间任职，他忧虑学者们不能通晓各派学说的意旨而只学到荒谬的理论，于是写文章论述六个学派的主要意旨，文中写道：

注释 1 太史公：此指司马谈。 天官：天文星象之学。 唐都：汉代天文学家，武帝时曾参与制订《太初历》。 杨何：字叔元，汉代《易》学大儒。 道论：道家学说。 黄子：《史记集解》引徐广曰："《儒林传》曰黄生，好黄老之术。" 2 建元：汉武帝年号（前140—前135）。 元封：汉武帝年号（前110—前105）。 3 愍（mǐn）：忧患，担心。 师悖（bèi）：师法悖道，固执谬论。 4 六家：即下文论及的阴阳、儒、墨、名、法、道六个学派。 要指：即"要旨"。

《易大传》[1]："天下一致而百虑，同归而殊涂。"[2] 夫阴阳、儒、墨、名、法、道德，此务为治者也，直所从言之异路，有省不省耳。[3] 尝窃观阴阳之术，大祥而众忌讳[4]，使人拘而多所畏；然其序四时之大顺[5]，不可失也。儒者博而寡要[6]，劳而少功，是以其事难尽从；然其序君臣父子之礼，列夫妇长幼之别，不

《易大传》说："天下人追求的目的一致，但具体谋略各种各样；做事的结果相同，但采取的方法各有差异。"阴阳家、儒家、墨家、名家、法家、道家，都致力于治理国家，只是他们所遵奉的学说主张有所不同，有的好一些，有的差一些。我曾经私下研究过阴阳家的道术，认为它过分地讲究祥瑞灾异，并有很多忌讳，使人受到束缚而不敢做事；然而它很注重按四季的顺序办事，这是不可忽视的。儒家学说广博而少有切合实际的内容，实施起来很费

可易[7]也。墨者俭而难遵，是以其事不可遍循[8]；然其强本[9]节用，不可废也。法家严而少恩[10]；然其正君臣上下之分[11]，不可改矣。名家使人俭而善失真[12]；然其正名实[13]，不可不察也。道家使人精神专一，动合无形[14]，赡足万物。其为术也，因阴阳之大顺，采儒、墨之善，撮名、法之要，与时迁移，应物变化，立俗施事，无所不宜，指约而易操，事少而功多。[15]儒者则不然。以为人主天下之仪表[16]也，主倡而臣和，主先而臣随。如此则主劳而臣逸[17]。至于大道之要，去健羡，绌聪明，释此而任术。[18]夫神大用则竭，形大劳则敝。[19]形神骚动[20]，

力而且功效少，因此它主张的事很难全都办到；但它讲究君臣父子的礼仪，区分出夫妇、长幼的地位差别，这是不可更改的。墨家过分节俭，使人很难遵循，因此它主张的事不可全都照办；然而它强调注重发展农业生产和节约费用，这是不可废弃的。法家太严酷而缺少恩义；然而它主张规正君臣上下的名分，这是不可更改的。名家使人受到拘束而容易丧失本真；然而它主张名实相符，这是不可不认真考察的。道家让人精神专一，行动要符合无形之道即规律，顺应万物的变化。道家学说的特点，是根据阴阳家对四季的安排，采择儒家、墨家的长处，汲取名家、法家的精要，随着时间和事物的变化而变化，顺着风俗人情做事，这样就处处合乎人意，其主旨简约，容易操作，所做的事少，建功却多。儒家却不是这样。它认为君主是天下人的楷模，君主提倡，臣民就要应和；君主先行，臣民就要跟随。这样做，就会使君主辛劳，而臣民闲逸。至于道家的主要思想，是要人们去掉贪欲，放弃小的聪明，放弃人为的一切而用自然规律来治理天下。精力过度耗费就会枯竭，身体过度劳累就会疲惫。身体和精神都受到扰乱，想让生命和天

欲与天地长久,非所闻也。

地一样长久,是不可能的。

注释 1《易大传》:谓《易·系辞》。 2 "天下一致"二句:原文为"天下同归而殊涂,一致而百虑。"归,归宿,结果。涂,通"途"。 3 务为治:追求的是进行治理。 直:只,仅仅。 所从:追随的,遵奉的。言:理论。 4 大祥:过分地讲究祥瑞灾异。 众:多。 5 序:编排。 四时:四季。 6 寡要:缺乏切合实际的内容。 7 易:改换,替代。 8 遍循:全都照办。 9 强本:注重发展农业生产。 10 少恩:缺少恩义。 11 分:名分,职分。 12 俭:当作"检"。拘束。 善:容易。 13 正名实:追求名称和实际相符合。 14 动合无形:行为要符合无形之道即规律。 15 因:根据。 撮(cuō):采纳。 指约:意旨简约。 16 仪表:楷模,表率。 17 逸:闲逸。 18 健羡:贪欲。 绌:通"黜"。放弃。 19 神:精神,精力。 形:身体,体力。 20 骚动:受到扰乱。

夫阴阳,四时、八位、十二度、二十四节各有教令[1],顺之者昌,逆之者不死则亡。未必然也,故曰"使人拘而多畏"。夫春生夏长,秋收冬藏,此天道之大经[2]也,弗顺则无以为天下纲纪,故曰"四时之大顺,不可失也"。

阴阳家认为四时、八位、十二次和二十四节气各有各的规定,顺应它的规定就会昌盛,违背它的规定不是死就是亡。实际未必是这样,所以说阴阳家"使人受到束缚而不敢做事"。至于认为春天萌生,夏天滋长,秋天收获,冬天储藏,这是自然的重要法则,不遵循它就无法制订天下的原则、法规,所以说"要注重按四季的顺序办事,这是不可忽视的"。

夫儒者以六蓺[3]为法。六蓺经传以千万数,累世不能通其学,当年不能究

儒家把六艺作为经典。六艺的原文和解释这些书的文字之多要用千万来计数,几辈子也不能通晓它的

其礼，故曰“博而寡要，劳而少功”。[4]若夫列君臣父子之礼，序夫妇长幼之别，虽百家弗能易也。

学说，毕生也不能穷尽它的礼仪，所以说儒家“学说广博而少有切合实际的内容，实施起来很费力而且成效少”。至于它所规定的君臣、父子的礼仪，夫妇、长幼的分别，这是哪家也不能更改的。

注释 1 八位：八卦的方位。震卦东，离卦南，兑卦西，坎卦北，乾卦西北，坤卦西南，巽卦东南，艮卦东北。 十二度：即十二次。我国古代为量度日、月、行星的位置和运动，把黄道带分成十二部分，称“十二次”，名称为星纪、玄枵、娵訾、降娄、大梁、实沈、鹑首、鹑火、鹑尾、寿星、大火、析木。 二十四节：二十四节气，即立春、雨水、惊蛰、春分、清明、谷雨、立夏、小满、芒种、夏至、小暑、大暑、立秋、处暑、白露、秋分、寒露、霜降、立冬、小雪、大雪、冬至、小寒、大寒。 教令：即各种关于“宜”“忌”的规定、戒律。 2 大经：重要法则。 3 六蓺：儒家的《易》《礼》《书》《诗》《乐》《春秋》六部经典。蓺，同“艺”。 4 经传：经典及注释或讲解经义的文字。 当年：有生之年。

墨者亦尚尧舜道，言其德行曰：“堂高三尺，土阶三等，茅茨不剪，采椽不刮。食土簋，啜土刑，粝粱之食，藜藿之羹。夏日葛衣，冬日鹿裘。”[1]其送死，桐棺三寸，举音不尽其哀。[2]教丧礼，必以

墨家也崇尚尧、舜的主张，宣讲他们的德行说：“殿堂高三尺，夯土筑成的台阶三级，用茅草盖的屋顶不加修整，用栎木做椽子不加刮削。用陶簋吃饭，用陶铏饮水，吃粗粮做的饭，喝藜藿做的汤。夏天穿葛布衣，冬天穿鹿皮裘。”他们为死者送葬，只用三寸厚的桐木棺材，放声恸哭也不能完全表达他们的哀痛。传习丧葬礼仪，

此为万民之率。使天下法若此，则尊卑无别也。夫世异时移，事业[3]不必同，故曰“俭而难遵”。要曰强本节用，则人给家足之道也。此墨子之所长，虽百家弗能废也。

一定要用这些条件作为万民的标准。让天下人都这样做，那么尊卑就没有区别了。时代、社会变化着，人们从事和追求的不一定相同，所以说“墨家过分节俭，使人很难遵循”。墨家的主要思想认为发展农业生产、节约费用，是使人富裕起来的好办法。这是墨家学说的长处，哪一家也不能否定。

注释 1 堂：殿堂。 土阶：夯土筑成的台阶。 茅茨：用茅草盖的屋顶。 剪：修整。 采椽：栎木或柞木椽子。 土簋(guǐ)：古代陶制的盛食器皿，圆腹、侈口、圈足。 啜(chuò)：饮，喝。 土刑：亦作“土形”“土铏”。陶制盛羹器皿。 粝(lì)粱：此指粗粮。 藜藿：泛指粗劣的饭食。藜，灰菜。藿，豆叶。 葛衣：泛指粗陋之衣。葛，一种野生纤维植物，可用来织布。 鹿裘：泛指粗笨之服。葛衣、鹿裘这里都是相对于丝帛和轻裘而言。 这段引文并不见于《墨子》。《韩非子·五蠹》篇中有类似记载，但文字有出入，其文云：“尧之王天下也，茅茨不剪，采椽不斫；粝粢之食，藜藿之羹；冬日麑裘，夏日葛衣。” 2 桐棺三寸：《史记正义》：“以桐木为棺，厚三寸也。”桐木，一般的木料。此与儒家以名贵木料为棺，厚六七寸相对照。 举音：放声恸哭。 3 事业：从事和追求的。

法家不别亲疏，不殊[1]贵贱，一断于法，则亲亲尊尊之恩绝矣。可以行一时之计，而不可长用也，故曰“严而少

法家不分别亲疏，不区别贵贱，一切都按照法律条文裁断，那么亲近亲人、尊敬长辈的美德就丧失了。法家这种主张是可以在一定时期里采用的政策，但它不可以长久地运用，所以说法家“太严酷而缺少恩义”。至于抬高

恩”。若尊主卑臣，明分职[2]不得相逾越，虽百家弗能改也。

君主、抑制臣子，明确各自的名分和职守而不能互相逾越的观点，是哪家也不能更改的。

名家苛察缴绕，使人不得反其意，专决于名而失人情，故曰“使人俭而善失真”。[3]若夫控名责实，参伍不失，此不可不察也。[4]

名家过于重视细节而在小事上纠缠不清，让人不能琢磨出事物的根本，一切取决于概念、名称而缺少了人之情理，所以说名家“使人受到拘束而容易丧失本真”。至于循名责实、通过比较、对证来使名称和实际相符的主张，这也是不能不加以重视的。

注释　1 殊：不同，区别。　2 分职：名分与职守。　3 苛察：以烦琐苛刻为明察。　缴绕：纠缠不清。　反：反复，琢磨。　4 控名责实：即循名责实。　参(cān)伍：错综比较，加以验证。

道家无为，又曰无不为，其实易行，其辞难知。[1]其术以虚无为本，以因循[2]为用。无成埶，无常形，故能究万物之情[3]。不为物先，不为物后，故能为万物主。[4]有法无法，因时为业；[5]有度无度，因物与合。[6]故曰“圣人不朽，时变是守。虚者道之常也，因

道家主张无为，也可以说无不为，这种主张实际上容易施行，但它的理论很难理解。它的学说以虚无作为万物的本原，以顺应自然作为实施的手段。虚无没有固定不变的态势，没有经常存在的形式，所以能够探求万物存在的情理。因循就是做事不争先、不落后，所以能够成为万物的主宰。道家主张有法则而没有定法，要顺应时势成就事业；有度量和标准而没有固定的度量、标准，要与万物自身的条件相吻合。所以说“圣人的事迹不朽

者君之纲也”[7]。群臣并至，使各自明也。其实中其声者谓之端，实不中其声者谓之窾。[8]窾言不听，奸乃不生，贤不肖自分，白黑乃形[9]。在所欲用耳，何事不成。乃合大道，混混冥冥，光耀天下，复反无名。[10]凡人所生者神也，所托者形也。神大用则竭，形大劳则敝，形神离则死。死者不可复生，离者不可复反，故圣人重之。由是观之，神者生之本也，形者生之具[11]也。不先定其神形，而曰“我有以治天下”，何由哉？

灭的原因，就在于他们能把握形势和时间的变化。虚无是道的永恒规律，因循世事是君主治国的根本纲要”。把群臣召集在一处，使他们各自表现自我。名实相符的叫作真实，名实不符的叫作空洞。空洞的言论不听从，奸邪的事就不会发生，贤能和不贤能就会自行分别，白的、黑的就会显露出来。那时再择贤而用，有什么事不会成功？这样才会合于大道，显出蒙昧混沌的状态，光辉照耀天下，再次返回虚静无为的境界。大凡人所表现为生存状态的是精神，所寄托的是形体。精神过度耗费就会枯竭，形体过度劳累就会疲惫，形体与精神分离，人就会死亡。死了的人不可以再活过来，离去的形、神不可以再返回来结合在一起，所以圣人很看重这个问题。由此看来，精神是生命的根本，形体是生命的依托。不先安定自己的精神和形体，却说“我有可以治理天下的办法”，那你靠什么呢？

注释　1 无为：指顺其自然而不加以人为（含有不必要的作为，甚或含有强作妄为）的处事的态度和方法。　无不为：是“无为”的效果，即顺其自然便没有一件事做不好。　2 因循：顺其自然。　3 究：探求。　情：情理。　4 不为物先，不为物后：《史记集解》引韦昭曰：“因物为制。”　5 有法无法，因时为业：意即道家也有法则，但不拘泥于固定的法则，要顺应时势而成就其业。 6 有度无度,因物与合:《史记正义》:"因其万物之形成度与合也。"意即道家也有其度量和标准,但不拘泥于固定的度量和标准,要根据万物各自的条件与其相吻合。 7 圣人不朽,时变是守:《史记正义》:"言圣人教迹不朽灭者,顺时变化。" 虚:虚无。虚,不但是万物的根源,而且它所发挥出来的作用是永不穷竭的。 道:在老子的观念中,"道"虽然没有固定的形体,却是一个实在的存在体,它不仅在天地形成以前就存在,而且天地万物还是它所创生的。整个宇宙万物都随着"道"而永远在变在动,永不消失、毁灭。 常:规律。 因:因循。 8 实:实际。 中(zhòng):符合。 声:名,名声。 端:正,真实。 窾(kuǎn):空。 9 形:显露。 10 混混冥冥:原始的蒙昧混沌状态。 反:同"返"。 11 具:依托,凭借。

太史公既掌天官,不治民。有子曰迁。

迁生龙门,耕牧河山之阳。[1]年十岁则诵古文[2]。二十而南游江、淮,上会稽,探禹穴,窥九疑,浮于沅、湘;[3]北涉汶、泗,讲业齐、鲁之都,观孔子之遗风,乡射邹、峄;[4]厄困鄱、薛、彭城,过梁、楚以归。[5]于是迁仕为郎中,奉使西征巴、蜀以南,南略邛、笮、昆

司马谈担任太史令时,还掌管天文,但不管民事。他的儿子名叫司马迁。

司马迁出生在龙门,曾在黄河的北边和龙门山的南边过着耕种放牧的生活。他十岁时就开始诵读古文。二十岁开始往南去游历长江、淮河地区,登过会稽山,探寻过禹穴,又到过九疑山,乘船经过沅江、湘江;往北到了汶水、泗水,还曾在齐国、鲁国的旧都临菑、曲阜研习学业,领略了孔子的遗风,再到邹县、峄山演习乡射礼仪;在鄱县、薛县、彭城遇到了困境,路过梁地、楚地回到京城。返回不久,司马迁被任命为郎中,奉命出使巴、蜀以南地区,再往南巡行邛、笮、昆明等部族,

明,还报命。[6]

然后返回复命。

注释 1 龙门:黄河龙门,亦称“禹门口”,在今陕西韩城东北。 阳:山南水北为阳。 2 古文:指用先秦篆文传抄的古书,如《尚书》《左传》《国语》等。 3 会稽:指会稽山。 禹穴:《史记集解》引张晏曰:“禹巡狩至会稽而崩,因葬焉。上有孔穴,民间云禹入此穴。” 九疑:即今九疑山。相传舜南巡,死后葬九疑。 4 汶、泗:即今流经山东的汶水、泗水。 齐、鲁之都:春秋时齐国、鲁国的都城临菑、曲阜。 乡射:古代之射礼。 邹:县名,在今山东邹城东南。 峄(yì):峄山,在今山东邹城南。 5 厄困:处境艰难窘迫。 鄱:又称“蕃”。县名,在今山东滕州。 薛:县名,在今山东滕州南。 彭城:县名,在今江苏徐州。 梁:诸侯王国名,都睢阳(在今河南商丘南)。 楚:诸侯王国名,都彭城。 6 郎中:官名,皇帝的侍从,属郎中令(光禄勋)。 略:巡行。 邛、笮、昆明:均古部族名,在今四川、云南二省境内。

是岁天子始建汉家之封,而太史公留滞周南,不得与从事,故发愤且卒。[1]而子迁适使反[2],见父于河洛之间。太史公执迁手而泣曰:“余先周室之太史[3]也。自上世尝显功名于虞夏,典[4]天官事。后世中衰,绝于予乎?汝复为太史,则续吾祖矣。今天子接千岁

这一年,天子第一次举行汉室的泰山封禅大典,而司马谈却因病留在周南地区,不能前往参加大典活动,为此他深感遗憾,忧愤而将要死去。他的儿子司马迁正好出使返回,在黄河、洛水的相交地带见到了父亲。司马谈拉着司马迁的手哭泣着说:“我们的祖先是周王室的太史。从上古的虞夏时期就扬名于世,掌管天文事务。后来中途衰落,难道要在我手里断绝吗?你若能被任命做太史,那就继承我们祖先的事业了。如今天子

之统[5]，封泰山，而余不得从行，是命也夫，命也夫！余死，汝必为太史；为太史，无忘吾所欲论著矣。且夫孝始于事亲，中于事君，终于立身。[6]扬名于后世，以显父母，此孝之大者。夫天下称诵周公，言其能论歌文武之德，宣周邵之风，达太王、王季之思虑，爰及公刘，以尊后稷也。[7]幽厉之后，王道缺，礼乐衰，孔子修旧起废，论《诗》《书》，作《春秋》，则学者至今则之。[8]自获麟以来四百有余岁，而诸侯相兼，史记放绝。[9]今汉兴，海内一统，明主贤君忠臣死义之士，余为太史而弗论载，废天下之史文，余甚惧焉，汝其念哉！[10]”迁俯首流涕曰："小子不敏，请悉论先人

接续千年来已断绝的大典，登泰山封禅，而我不能跟着去，这是命啊，是命啊！我死了，估计你一定会做太史令；做了太史令，不要忘记我想写的著作。再说孝道是从侍奉父母开始，接着是侍奉君王，最高层次是建立功名。在以后的时代传播名声，借以彰显父母，这是最大的孝道。天下人赞扬周公，是说他能论赞、歌颂周文王、周武王的功德，使自己和召公培育的风尚传布于天下，实现太王、王季乃至于公刘想要的功业，并尊崇后稷开创的业绩。周幽王、周厉王以后，王道政治丧失，礼乐制度衰败，孔子研习旧时文献，振兴被废弃的礼乐，讲论《诗》《书》，撰写《春秋》，从而使做学问的人直到今日仍以他整理撰写的文献作为准则。从鲁哀公捕获麒麟以来已有四百多年，这期间诸侯互相兼并，历史记载散失中断。如今汉朝兴起，海内形成统一局面，英明贤能的君主、忠贞的臣子以及为大义而死的士人的事迹颇多，我作为太史还没有来得及论说和记载，废弃了记载天下历史的传统，我感到非常忧虑，你要牢记在心呀！”司马迁低着头、流着眼泪说："我虽然笨拙，但一定会将您收集整理的资料编撰成

所次旧闻，弗敢阙。”[11]

书，不会让它有缺失。”

注释 1是岁：这年。指汉武帝元封元年（前110）。 封：此指封禅大典，即帝王在泰山上封天（祭天）、在泰山脚下梁父山上禅地（祭地）的祭祀活动。 周南：同下文的“河洛之间”，在今洛阳一带。西周成王时，周公与召公分陕（分界线在今河南三门峡陕州区）而治，陕以东为周南，陕以西为召南。 从事：参与封禅活动。 发愤：忧愤发作。 2适使反：正巧出使返回。 3太史：亦作“大史”，西周至战国时为大臣之一，兼管天文、历法、祭祀等。 4典：掌管，主持。 5千岁之统：已断绝千年的封禅大业。从西周成王登泰山封禅，到汉武帝时约九百余年。 6事亲：侍奉父母。 立身：做人，树立自己的名声。 7文武：周文王、周武王。 周邵：即周公、召公。 太王：即周太王古公亶父。 王季：即季历，文王父。 爰及：乃至于，以及于。 公刘：周族部落领袖，传为后稷曾孙。 后稷：周族始祖，名弃，尧、舜时的农官。 8幽厉：指周幽王、周厉王。 则之：以此为准则。 9获麟：《春秋·哀公十四年》云：“春，西狩获麟。”时在公元前481年。 四百有余岁：自获麟至元封元年，共三百七十二年。 史记：泛指史书。 放绝：散失中断。 10死义：为大义而死。 念：牢记。 11不敏：不聪明，笨拙。 论：引述、编撰。 次：编次，编纂。 阙：缺少，遗漏。

卒三岁而迁为太史令，紬史记石室金匮之书。[1]五年而当太初元年，十一月甲子朔旦冬至，天历始改，建于明堂，诸神受纪。[2]

司马谈去世三年以后，司马迁当了太史令，他开始阅读朝廷石室、金匮中收藏的各类图书档案。他担任太史令五年时正当太初元年，十一月甲子日初一是冬至，纪元和历法开始更改，天子在明堂举行了颁用新历的仪式，各地诸侯开始遵循新历法。

注释 1 太史令：官名，汉时隶太常，掌天文、历法、撰史。 紬(chōu)：缀集。 石室金匮：皆为朝廷收藏图书档案的处所。 2 太初元年：即公元前104年。太初，汉武帝年号。 甲子朔旦：甲子日这天正好是初一。朔旦，旧历每月初一。 天历：纪元和历法。 明堂：古代帝王宣明政教的殿堂。 诸神：指诸侯，诸侯为群神之主。 受纪：谓接受新历法而遵循之。

太史公[1]曰："先人[2]有言：'自周公卒五百岁而有孔子[3]。孔子卒后至于今五百岁，有能绍明世，正《易传》，继《春秋》，本《诗》《书》《礼》《乐》之际？[4]'意在斯[5]乎！意在斯乎！小子何敢让[6]焉。"

太史公说："先父曾经说过：'从周公去世后五百年而出现了孔子。孔子去世后至今也已经五百年了，有谁能继承他的事业，正确理解《易传》，接续《春秋》，依据《诗》《书》《礼》《乐》各经的本义而写一部新的著作呢？'说不定这个人就在眼前吧！就在眼前吧！我怎么敢推辞呢？"

注释 1太史公：此指司马迁自身，下同。 2先人：指司马谈。 3周公：约公元前十一世纪在世。 孔子：生于公元前551年，死于公元前479年。文中"五百岁"当为约数。 4绍：继承。 明世：政治清明的时代。此指孔子在那个时代开创的事业。 本：依据本义。 5斯：此。 6让：辞让，推辞。

上大夫壶遂曰[1]："昔孔子何为而作《春秋》哉？"太史公曰："余闻董生[2]曰：'周道衰废，孔子为鲁

上大夫壶遂说："从前孔子为什么要撰写《春秋》呢？"太史公说："我听董先生说：'周朝政治衰败，孔子担任鲁国的司寇，诸侯们忌恨他，

司寇，诸侯害之，大夫壅之。[3]孔子知言之不用，道之不行也，是非二百四十二年之中，以为天下仪表，贬天子，退诸侯，讨大夫，以达王事而已矣。[4]'子曰：'我欲载之空言，不如见之于行事之深切著明也。'[5]夫《春秋》，上明三王之道，下辨人事之纪，别嫌疑，明是非，定犹豫，善善恶恶，贤贤贱不肖，存亡国，继绝世，补敝起废，王道之大者也。[6]《易》著天地阴阳四时五行[7]，故长于变；《礼》经纪[8]人伦，故长于行；《书》记先王之事，故长于政；《诗》记山川溪谷禽兽草木牝牡雌雄，故长于风；[9]《乐》乐所以立，故长于和；[10]《春秋》辩是非，故长于治人。是故《礼》以节人，

大夫们反对他。孔子知道自己的言论不会被采用，政治主张不能推行，就写了《春秋》，通过对前后二百四十二年史事的记载，对诸侯的得失进行褒贬，只是用《春秋》树立天下的准则，贬抑无道的天子，斥责有二心的诸侯，声讨乱政的大夫，来表达自己王道政治的理想罢了。'孔子说：'我如果只记载下一些义理上的说教，还不如把我的理论附之于当时已经发生的具体史事上那样深刻、显著、明确。'要说《春秋》，在上阐明了夏、商、周三王的治国之道，在下分辨出社会上的人情事理原则，使人消除怀疑，辨明是非，下定决心，它表彰好的，憎恶坏的，尊崇贤能的，鄙视不正派的，将那些即将灭亡的国家保存下来，将那些已断绝的世系再延续下去，补救衰败的，振兴荒废的，这是王道政治中最重要的方面。《易》记述天地、阴阳、四时、五行，所以其长处在注重变化；《礼》安排人伦关系，所以其长处在指导行动；《书》记述先王的事迹，所以其长处在指导政治；《诗》记述山川、溪谷、禽兽、草木、牝牡、雌雄，所以其长处在观察风俗；《乐》论述乐舞确立和存在的原因和条件，所以其长处在使人关系和睦；

《乐》以发和,《书》以道事,《诗》以达意,《易》以道化,《春秋》以道义。[11]拨乱世反之正[12],莫近于《春秋》。《春秋》文成数万,其指数千。[13]万物之散聚皆在《春秋》。《春秋》之中,弑君三十六,亡国五十二,诸侯奔走不得保其社稷者不可胜数。[14]察其所以,皆失其本已。故《易》曰'失之豪厘,差以千里'[15]。故曰'臣弑君,子弑父,非一旦一夕之故也,其渐久矣'[16]。故有国者不可以不知《春秋》,前有谗而弗见,后有贼而不知;[17]为人臣者不可以不知《春秋》,守经事而不知其宜,遭变事而不知其权。[18]为人君父而不通于《春秋》之义者,必蒙首恶之名;为人臣子而不通于《春秋》之义者,必陷篡弑

《春秋》辨明是非,所以其长处在统治民众。因此,《礼》是用来节制人的行为的,《乐》是用来使人快乐和睦的,《书》是用来指导政事的,《诗》是用来表达人们情意的,《易》是用来阐述客观世界的变化道理的,《春秋》是用来说明道德义理的。要平定乱世并让它返归正道,没有比学习《春秋》更合适的。《春秋》只写了几万字,其中的旨意有数千条。万事的兴衰成败都综合记述在《春秋》之中。《春秋》所记的事件中,弑君的有三十六起,亡国的有五十二个,诸侯奔逃而不能保全自己国家的不可胜数。考察出现这些情况的原因,都是因为丧失了立政的根基。所以《易》中说'失之毫厘,差以千里'。因此说'臣下弑杀君主,儿子弑杀父亲,不是一朝一夕的缘故,其原因是长期累积起来的'。所以做国君的人不可以不了解《春秋》,不然前面有小人还觉察不出来,后面有了叛臣还不能识破;做臣子的人不可以不了解《春秋》,不然处理日常事务就不知道恰当的标准,遭遇突发事件就不知道权衡变化。做君主、父亲的不通晓《春秋》义理,必定会蒙受

之诛，死罪之名。[19]其实皆以为善，为之不知其义，被之空言而不敢辞[20]。夫不通礼义之旨，至于君不君[21]，臣不臣，父不父，子不子。夫君不君则犯[22]，臣不臣则诛，父不父则无道，子不子则不孝。此四行者，天下之大过也。以天下之大过予之[23]，则受而弗敢辞。故《春秋》者，礼义之大宗[24]也。夫礼禁未然[25]之前，法施已然之后；法之所为用者易见，而礼之所为禁者难知。”

为首作恶的名声；做大臣、儿子的不通晓《春秋》义理，必定会陷入因犯篡位夺权、杀君杀父之罪而被处以死刑的境地，得到犯有死罪的恶名。也许他们当时都认为自己在做善事，因为他们不了解其中的义理，遭遇到舆论谴责也不敢反驳。要是不通晓礼法道义的意旨，就会君主不像君主，臣子不像臣子，父亲不像父亲，儿子不像儿子。如果君主不像君主，就会被臣下冒犯；臣子不像臣子，就会被诛杀；父亲不像父亲，就会昏聩无道；儿子不像儿子，就会不尽孝道。这四种行为，是天下的最大罪过。把天下的最大罪过加在身上，就只能接受而不敢辩解。所以《春秋》是礼义的根本准则。礼是事先预防做坏事的，法律是事后惩罚做坏事的；法律所能发挥的作用显而易见，而礼义所起的预先防范作用很难让人了解。”

注释　**1** 上大夫：官名，秩二千石，汉代朝廷的高级顾问官。　壶遂：西汉梁国人，时为詹事，天文学家，司马迁的好友，曾和司马迁一道制订太初历。　**2** 董生：即董仲舒。　**3** 司寇：西周所置官名，掌司法刑狱。　害：忌恨。　壅：阻挠，反对。　**4** 是非：《史记索隐》：“是非谓褒贬诸侯之得失也。”　二百四十二年：指《春秋》所记的历史时间（前722—前481）。　仪表：准则。　王事：王道，儒家的政治理想。　**5**“我欲载之空言”二句：《史记索隐》：“孔子之言见《春秋纬》，太史公引之以成说也。”“孔子言我徒欲立空言,设褒贬,则不如附见于当时所因之事。人臣有僭侈篡逆,因就此笔削以褒贬,深切著明而书之,以为将来之诫者也。” 6 三王:指夏禹、商汤、周文王。 人事:人情事理。 纪:法式,原则。 善善恶(wù)恶(è):褒扬好的事物,憎恶坏的事物。 贤贤:尊崇贤能。 贱不肖:鄙视不正派的人。 补敝起废:补救衰败的,振兴荒废的。7 五行:指金、木、水、火、土五行相生相克的理论。 8 经纪:条理,安排。9 牝牡:雌雄。 风:风俗人情。 10《乐》乐所以立:《乐》经是论述乐舞确立和存在的原因的。 和:和谐。 11 节:约束,规范。 道化:阐明客观事物的变化。 12 拨乱世反之正:平定乱世并使之返归正道。13 文:字。 数万:《春秋》全文今实为一万六千五百余字。《史记志疑》:“马端临辨之曰‘《春秋古经》虽《汉·艺文志》有之,然夫子所修之《春秋》,其本文世所不见,《汉》以来所编古经,俱自《三传》中取出,不特乖异,未可尽信。而三子以其意增损者有之,俱非《春秋》本文,指以为夫子所修之《春秋》可乎?’所论甚确,然则《经》字之的数无从知之矣。” 指:旨意。14 弑(shì):古代称子杀父、臣杀君为弑。“弑君三十六,亡国五十二”,据梁玉绳《史记志疑》考证,《春秋》经传记载弑君为三十七,亡国四十一。15 失之豪厘,差以千里:语出《易纬·通卦验》。豪,通“毫”。 16“臣弑君”四句:引自《易·坤卦·文言》。渐,浸染。 17 谗:进谗言之人。 贼:叛逆作乱之人。 18 经事:日常事务。 宜:应当做的。 权:权衡,变通。19 蒙:蒙受,遭遇。 篡弑之诛:因犯篡位夺权、杀君、杀父之罪而被处以死刑。 20 被之空言:受到舆论谴责。 辞:反驳,辩解。 21 君不君:国君不像国君。下同此。 22 犯:为臣下所冒犯。 23 以天下之大过予之:把天下之大过的罪名加其头上。 24 大宗:根本准则。 25 未然:未成为事实之前。

壶遂曰:“孔子之时,上无明君,下不得任用,故

壶遂说:“孔子那个时候,在上没有英明的国君,在下自己得不到任用,

作《春秋》，垂空文以断礼义，当一王之法。[1]今夫子上遇明天子，下得守职，万事既具，咸各序其宜，夫子所论，欲以何明？[2]”

太史公曰：“唯唯，否否，不然。[3]余闻之先人曰：‘伏羲[4]至纯厚，作《易》八卦。尧舜之盛，《尚书》载之，礼乐作焉[5]。汤武之隆，诗人歌之。《春秋》采善贬恶，推三代之德，褒周室，非独刺讥而已也。[6]’汉兴以来，至明天子，获符瑞，封禅，改正朔，易服色，受命于穆清，泽流罔极，海外殊俗，重译款塞，请来献见者，不可胜道。[7]臣下百官力诵圣德，犹不能宣尽其意。且士贤能而不用，有国者之耻；主上明圣而德不布闻[8]，有司之过也。且余

所以写作《春秋》，通过记述留传下来的史事来裁断礼法道义，成为圣王的治政法则。如今，在上有圣明天子，您自己又做了官，万事都已完备，各方面都安排恰当，您写书是什么意图？”

太史公说：“噢噢，不是，不是这样。我从先人那里听说：‘伏羲氏最为纯厚，制作了《易》的八卦。尧舜时期的兴盛，《尚书》里面都记载了，音乐歌舞在那时兴起。商汤、周武王的隆盛，受到诗人们的歌颂。《春秋》采择善的，贬斥恶的，推崇夏、商、周三代的功德，称颂周王室，不只是进行讥刺呀。’汉朝兴起以来，到当今英明的天子在位，获得吉祥征兆，举行封禅大礼，改变历法，更换车马和祭牲的颜色，受命于上天，恩泽流布没有穷极，海外不同习俗的地区，通过多重翻译叩开关塞，请求前来进献拜见的，讲都讲不尽。臣子百官努力颂扬圣明恩德，还是不能完全表达他们的意思。况且士人贤能而不被任用，这是国君的耻辱；主上英明贤圣而他的功德没有流布传扬，这是主管官员的过错。况且我曾经担任太史令官职，把主上的英明贤圣及其盛大功德废弃而不加记载，把功臣世家、贤能

尝掌其官，废明圣盛德不载，灭功臣世家贤大夫之业不述，堕[9]先人所言，罪莫大焉。余所谓述故事，整齐其世传，非所谓作也，而君比之于《春秋》，谬矣。[10]”

大夫们的业绩抹杀而不加记述，就是抛弃了先人的教导，没有什么罪过比这更大了。我所说的是记述过往的事件，将世间流传的传记资料加以整理，并不是孔子的那种独立创作，而您把我要记述的和《春秋》相比较，是不对的。”

注释 1 垂：流传。 空文：不能用于当世的文章。 当一王之法：成为圣王的治政法则。 2 夫子：对对方的敬称。 序：安排，编排。 3 唯唯：自谦应酬之声。 否否：表示不同意。 4 伏羲：传说中人类的始祖。 5 作：兴起。 焉：兼词，于此。 6 推：推崇。 刺讥：讽刺。 7 符瑞：吉祥的征兆。 正朔：历法。 服色：车马和祭牲的颜色。 穆清：上天。 罔：无。 重(chóng)译：指几经翻译。 款塞：叩塞门，即通使、交往。款，叩，敲。 8 布闻：流布传扬。 9 堕：毁坏，抛弃。 10 整齐：整理并使之齐一。 世传：家世，历代之传记。 作：创作。

于是论次其文。七年而太史公遭李陵之祸，幽于缧绁。[1]乃喟然而叹曰：“是余之罪也夫！是余之罪也夫！身毁不用矣。”退而深惟[2]曰：“夫《诗》《书》隐约者，欲遂其志之思也。[3]昔西伯拘羑里[4]，演《周易》；孔子厄陈蔡[5]，作

于是太史公开始编排史料，写成文章。经过七年，他遭遇到李陵事件的祸患，被囚禁在监狱中。他很有感触地叹息说：“这是我的罪过啊！这是我的罪过啊！我的身体已被损毁，我恐怕再也做不了什么事了。”他冷静下来深入思考，说：“《诗》《书》写得含义隐微而言辞简约，是著述者想实现他们的志向。从前周文王被拘囚在羑里，推演了

《春秋》;屈原放逐,著《离骚》;左丘失明,厥[6]有《国语》;孙子膑脚[7],而论兵法;不韦迁蜀,世传《吕览》[8];韩非囚秦,《说难》《孤愤》[9];《诗》三百篇,大抵贤圣发愤[10]之所为作也。此人皆意有所郁结[11],不得通其道也,故述往事,思来者。”于是卒述陶唐以来,至于麟止,自黄帝始。[12]

《周易》;孔子在陈、蔡二国受到困厄,写出了《春秋》;屈原被放逐,撰写了《离骚》;左丘明双目失明,才写就《国语》;孙子被处以膑刑,就论列了兵法;吕不韦流放到蜀地,世上才会有《吕氏春秋》流传;韩非被囚禁在秦国,才有了《说难》《孤愤》;《诗》三百篇,大体上都是贤人、圣人因为抒发忧愤写出来的。这些人都是有想法而得不到施展,所以通过写书来记述往事,以求被后人理解。”于是太史公记述了陶唐以来的事情,止笔于汉武帝获麟的那一年,起始于黄帝的事迹。

注释 1 李陵之祸:汉武帝天汉二年(前 99),李陵击匈奴力竭而降,司马迁因言李陵之事,获罪下狱,受宫刑。 幽:囚禁。 缧绁(léi xiè):本指捆绑犯人的大绳,此指监狱。 2 惟:思考。 3 隐约:含意隐微而言辞简约。 遂:实现。 4 西伯:即周文王姬昌。 羑里(yǒu lǐ):古地名,在今河南汤阴北。 5 陈:春秋时的陈国,都今河南淮阳。 蔡:春秋时的蔡国,都今河南上蔡。 6 厥:乃,才。 7 孙子:此指孙膑。 膑:古代剔除膝盖骨的酷刑。 8《吕览》:即《吕氏春秋》,因书中有“八览”而名。 9《说难》《孤愤》:皆《韩非子》中的篇名。 10 发愤:抒发忧愤。 11 意:思想,想法。 郁结:忧思纠结不解。 12 陶唐:指尧。 麟:此指汉武帝元狩元年(前 122),据传此年获麟。司马迁作《史记》止乎获麟,实乃仰希《春秋》止于获麟之意。

维昔黄帝，法天则地，四圣遵序，各成法度；[1] 唐尧逊位，虞舜不台；[2] 厥[3] 美帝功，万世载之。作《五帝本纪》第一。

维禹之功，九州攸同，光唐虞际，德流苗裔；[4] 夏桀淫骄，乃放鸣条。[5] 作《夏本纪》第二。

维契作商，爰及成汤；[6] 太甲居桐，德盛阿衡；[7] 武丁得说[8]，乃称高宗；帝辛湛湎，诸侯不享。[9] 作《殷本纪》第三。

从前黄帝，依据天地的准则做事，颛顼、帝喾、尧、舜四位圣明帝王遵循次序，各自创立法度；唐尧要让位给虞舜，虞舜认为自己不堪重任而心中忧惧；这些帝王的美德丰功，万世流传。写成《五帝本纪》第一卷。

有了大禹治水的功绩，九州于是同享安定，功业显赫在唐虞时期，功德遍及后代子孙；夏桀淫乱骄纵，于是被流放到了鸣条。写成《夏本纪》第二卷。

契使商族兴起，直到成汤建立商朝；太甲迁居到桐地悔过，功德隆盛是因为有阿衡的辅佐；武丁得到了傅说，被称颂为高宗；帝辛沉迷于酒色，诸侯国不来朝贡。写成《殷本纪》第三卷。

注释　1 维：句首语气词。下同。　法天则地：效法天地。　四圣：指颛顼、帝喾、尧、舜。　2 逊位：让位。　台(yí)：愉快。后作“怡”。　3 厥：其。　4 攸：于是。　苗裔：后代。　5 夏桀：夏朝亡国之君，名履癸。　放：放逐。　鸣条：古地名，在今河南封丘东。一说在今山西运城安邑镇北。　6 契(xiè)：商之始祖。　作：兴。　成汤：即商汤。　7 太甲：汤的嫡长孙，商朝第五代国君。　桐：古地名，在今河南商丘虞城东北。　阿衡：官名，相当于后之宰相，伊尹为第一任阿衡。一说阿衡为伊尹名。　8 武丁：商朝第二十三代国君，后称为高宗。　说：即傅说，武丁大臣。　9 帝辛：即商纣王。　湛(chén)湎：沉迷酒色。　享：本指用食物供奉鬼神，此引申为朝贡纳谏。

维弃作稷[1]，德盛西伯；武王牧野[2]，实抚天下；幽厉昏乱，既丧酆镐[3]；陵迟至赧，洛邑不祀。[4]作《周本纪》第四。

农耕由弃开始，周族的隆盛始于西伯；武王牧野誓师灭商，安抚整个天下；幽王、厉王昏庸无道，也就丧失了酆、镐之地；国势衰败到赧王时，洛邑的祭祀断绝。写成《周本纪》第四卷。

维秦之先，伯翳[5]佐禹；穆公思义，悼豪之旅；[6]以人为殉，诗歌《黄鸟》[7]；昭襄业帝[8]。作《秦本纪》第五。

秦国的祖先伯翳，辅佐大禹治水有功；穆公追思仁义，哀悼崤山败亡的军旅；他死后用人殉葬，诗人写下《黄鸟》之歌；昭襄王建立了帝业。写成《秦本纪》第五卷。

始皇既立，并兼六国，销锋铸鐻，维偃干革，尊号称帝，矜武任力；[9]二世受运，子婴降虏。[10]作《始皇本纪》第六。

始皇继位以后，兼并六国诸侯，销熔兵器铸成钟鐻，以求永息战争，尊号称为皇帝，矜夸、崇尚武力；二世承受国运，子婴投降成为俘虏。写成《始皇本纪》第六卷。

注释　1 弃：后稷之名。　作稷：发明种谷。　2 牧野：周武王在牧野之战中打败纣王。　3 酆镐：周文王都酆，周武王都镐。　4 陵迟：衰落。　赧(nǎn)：周赧王，东周末代国王。　不祀：断绝祭祀。　5 伯翳(yì)：即伯益，秦始祖。　6 穆公：即秦穆公。　豪：即"崤"。崤山。秦曾与晋在崤交战，为晋所败。　7《黄鸟》：《诗经·秦风》中的一篇，诗中对秦穆公死后以一百七十人殉葬深为不满。　8 昭襄：即秦昭襄王。　业帝：创立帝业。　9 销锋：销熔兵器。　鐻(jù)：原指悬挂钟的架子，此泛指乐器。　偃：停息。　干革：干戈，战争。　10 二世：秦二世胡亥。　受运：承受国运。　子婴：始皇孙，秦二世之兄子，二世死后被赵高立为王。

秦失其道，豪桀[1]并扰；项梁业之，子羽接之；[2]杀庆[3]救赵，诸侯立之；诛婴背怀，天下非之。[4]作《项羽本纪》第七。

秦朝丧失王道，豪杰并起反叛；项梁建立反秦大业，项羽接续推进；项羽杀了庆子冠军而援救赵王，诸侯共同拥立他为霸王；诛杀子婴背弃怀王，天下人都责难他。写成《项羽本纪》第七卷。

子羽暴虐，汉[5]行功德；愤发蜀汉，还定三秦；[6]诛籍[7]业帝，天下惟宁，改制易俗。作《高祖本纪》第八。

项羽暴虐残酷，汉王刘邦建功立德；从巴蜀、汉中发愤而起，回师平定关中地区；诛杀项籍建立帝业，天下安宁，从而改革制度，变易风俗。写成《高祖本纪》第八卷。

惠之早霣[8]，诸吕不台；崇强禄、产[9]，诸侯谋之；杀隐幽友，大臣洞疑，遂及宗祸。[10]作《吕太后本纪》第九。

惠帝早逝，吕氏家族掌权不受百姓欢迎；尊崇加强吕禄、吕产的势力，诸侯王图谋铲除他们；吕后杀死赵隐王、幽禁刘友，造成大臣惶恐，以至于吕氏有灭宗之祸。写成《吕太后本纪》第九卷。

注释　1 桀：古同“杰”。　2 项梁：秦末农民起义军首领，项羽的叔父。　业之：建立功业。　3 庆：指宋义。秦末农民起义军首领之一，号“庆子冠军”。　4 婴：即子婴。　怀：指楚怀王熊心，项羽立之为王。　非：非难，指责。　5 汉：指汉王刘邦。　6 愤发：发愤自强。　三秦：关中。　7 籍：即项羽，名籍，字羽。　8 惠：汉惠帝刘盈。　霣(yǔn)：通“殒”。死亡。　9 崇强：抬高地位，加强势力。　禄、产：即吕禄、吕产，吕后兄子。　10 隐：指赵隐王刘如意。　幽：幽禁。　友：赵幽王刘友。　洞疑：惶恐。洞，通“恫”。

汉既初兴，继嗣不明，迎王践祚，天下归心；[1] 蠲除肉刑，开通关梁，广恩博施，厥称太宗。[2] 作《孝文本纪》第十。

汉朝建立不久，皇位继承人不确定，迎立代王继承帝位，天下民心归服；免除残害肉体的刑罚，开通水陆交通要道，广泛施与恩德，于是被称为太宗。写成《孝文本纪》第十卷。

诸侯骄恣，吴首为乱，京师行诛，七国伏辜，天下翕然，大安殷富。[3] 作《孝景本纪》第十一。

诸侯王骄横放纵，吴王刘濞倡首作乱，京师调兵进行讨伐，七国因此服罪，天下安定，太平富裕。写成《孝景本纪》第十一卷。

汉兴五世，隆在建元，外攘夷狄，内修法度，封禅，改正朔，易服色。[4] 作《今上本纪》第十二。

汉室兴起五代，隆盛时期在建元年间，对外抵御夷狄，对内修明法令制度，举行封禅大典，更改历法，更换车马和祭牲的颜色。写成《今上本纪》第十二卷。

注释 1 继嗣：继承人。 迎王：迎立代王刘恒。 践祚：继帝位。 2 蠲(juān)：免除。 关梁：关卡津梁，即水陆交通要道。 太宗：汉文帝的庙号。 3 吴：指吴王刘濞。 伏辜：服罪。 翕(xī)然：安定的样子。 大安：太平。 4 建元：汉武帝的第一个年号(前140—前135)。 攘：排斥。

维三代尚矣，年纪不可考，盖取之谱牒旧闻，本于兹，于是略推，作《三代世表》第一。[1]

夏、商、周三代距今已经很远了，历史纪年不能具体推考，大致取材于谱牒旧闻，以此作为依据，大略推论，写成《三代世表》第一卷。

幽厉之后，周室衰

周幽王、周厉王以后，周王室衰败，诸侯各自为政，《春秋》对有些内微，诸侯专政[2]，《春秋》有所不纪；而谱牒经略，五霸更盛衰，欲睹周世相先后之意，作《十二诸侯年表》第二。[3]

春秋之后，陪臣秉政，强国相王；[4]以至于秦，卒并诸夏，灭封地，擅其号。[5]作《六国年表》第三。

秦既暴虐，楚人发难，项氏遂乱，汉[6]乃扶义征伐；八年之间，天下三嬗[7]，事繁变众，故详著《秦楚之际月表》第四。

汉兴已来，至于太初百年，诸侯废立分削，谱纪不明，有司靡踵，强弱之原云以世。[8]作《汉兴已来诸侯年表》第五。

容不加记载；谱牒记述简略，五霸盛衰更替，为了考察周朝各诸侯国先后的关系，写成《十二诸侯年表》第二卷。

春秋以后，陪臣掌管国政，强国交相称王；一直到秦朝，终于并吞了中原各国，废除了封地，尊称为皇帝。写成《六国年表》第三卷。

秦朝施行暴政，楚人发动起义，项氏乘机作乱，汉王于是高举义旗从事征伐；八年中间，天下大势的主掌人三次更替，事情繁杂，变化众多，所以详细著录《秦楚之际月表》第四卷。

从汉朝建立到太初年间，已有百年，诸侯王废除设立，封地分割削弱，谱牒记载不明确，有关主管官员也无法接续，因此要弄清诸侯强弱变化的原因。写成《汉兴已来诸侯王年表》第五卷。

注释 1 尚：久远。 年纪：年代的记载。 谱牒：记载家族、宗族或氏族世系的书，一般的形式均为谱表之类。 兹：此。 2 专政：各自为政。 3 经略：概要，简要。 更：交替。 4 陪臣：诸侯国大夫对天子自称为“陪臣”。 秉：执掌。 相王：交相称王。 5 诸夏：指中原六国。 擅其号：独揽“皇”与“帝”两个名号。 6 汉：汉王刘邦。 7 三嬗：此指陈胜、项羽、刘邦先后号令天下。嬗，更替，变迁。 8 已：通“以”。 靡踵：没有接续。 原:原因,情况。

维高祖元功,辅臣股肱,剖符而爵,泽流苗裔,忘其昭穆,或杀身陨国。[1]作《高祖功臣侯者年表》第六。

高祖时期的大功臣,成为得力助手的辅佐大臣,剖分符节赐给爵位,恩泽流传至后代子孙,由于忘记了祖宗的功德遗训,有的招致杀身亡国之祸。写成《高祖功臣侯者年表》第六卷。

惠景之间,维申功臣宗属爵邑,作《惠景间侯者年表》第七。[2]

惠帝、景帝期间,提升了功臣、宗室的封爵,扩大了他们的食邑,写成《惠景间侯者年表》第七卷。

北讨强胡,南诛劲越,征伐夷蛮,武功爰[3]列。作《建元以来侯者年表》第八。

往北讨伐强悍的胡人,往南讨伐强劲的越人,又讨伐蛮夷部落,因为军功受封的人于是增多。写成《建元以来侯者年表》第八卷。

诸侯既强,七国为从,子弟众多,无爵封邑,推恩行义,其埶销弱,德归京师。[4]作《王子侯者年表》第九。

诸侯国过于强大,导致七国骄纵而反叛,诸侯国子弟众多,大部分没有爵位封邑,朝廷实行推恩令广施仁义,使诸侯国的势力削弱,功德归于朝廷。写成《王子侯者年表》第九卷。

国有贤相良将,民之师表也。维见汉兴以来将相名臣年表,贤者记其治,不贤者彰其事。[5]作《汉兴以来将相名臣年表》第十。

贤相良将,是民众的表率。考察了汉兴以来将相名臣年表,是贤能的就记述他们的治绩,不贤能的就揭露他们的劣迹。写成《汉兴以来将相名臣年表》第十卷。

注释 1 元功：大功，首功。 股肱：得力助手。 昭穆：古代宗法制度规定，宗庙和坟葬排位均有次序，始祖居中，以下父子递为昭、穆，左为昭，右为穆。此处代指祖宗、祖先。 陨国：亡国。 2 惠景：汉惠帝、汉景帝。 申：扩大。 3 爰：于是，就。 4 从：通“纵”。放任。 京师：朝廷。 5 治：治政的业绩。 彰：揭示，揭露。

维三代之礼，所损益各殊务，然要以近情性，通王道，故礼因人质为之节文，略协古今之变。[1] 作《礼书》第一。

乐[2]者，所以移风易俗也。自《雅》《颂》声兴，则已好郑卫之音，郑卫之音所从来久矣。[3] 人情之所感，远俗则怀[4]。比《乐书》以述来古，作《乐书》第二。[5]

夏、商、周三代的礼仪各不相同，内容上所进行的增减体现出各自不同的志趣，然而关键在于运用礼仪要接近世俗人情，通达王道政治，所以礼仪总是根据人们的实际生活而予以规范，以顺应古今时势的变化。写成《礼书》第一卷。

音乐，是用来转移风气、改变习俗的手段。自从《雅》《颂》之声兴起，就已有人喜好郑、卫两国的音乐，郑、卫的音乐产生已经很久了。人情要是被感发，远方风俗不同之人也会被安抚而归顺。编《乐书》用来记述从古以来音乐的发展，写成《乐书》第二卷。

注释 1 损益：减、增。 殊务：志趣不同。 要：要领，关键。 近性情：近乎世俗人情。 质：质朴无华。 节文：节制文采装饰。 2 乐：音乐。 3《雅》《颂》：《诗经》分《风》《雅》《颂》三部分。《雅》为朝廷乐曲，《颂》为宗庙祭祀的乐曲。 郑卫之音：《诗经》中的《风》，一般为地方乐歌，郑卫之音指郑、卫两国的民间音乐，虽有特色，但儒家视其为淫乐而加以排斥。 4 远俗则怀：《史记集解》引徐广曰：“乐者所以感和人情。人情既感，则远方殊俗莫不怀柔向化也。” 5 比：排列，编次。　来古：自古以来。

非兵不强，非德不昌，黄帝、汤、武以兴，桀、纣、二世以崩，可不慎欤？《司马法》所从来尚矣，太公、孙、吴、王子能绍而明之，切近世，极人变。[1]作《律书》第三。

没有军队，国家不会强盛，没有恩德，事业不会昌盛，黄帝、商汤、周武王因此而功业兴盛，夏桀、商纣、秦二世违背这个道理而使国家败亡，因此，可以不慎重对待用兵吗？《司马法》的产生已经很久远了，姜太公、孙武、孙膑、吴起、王子成甫能够继承并进一步阐明兵法，切合近代的形势，充分展示了他们因时而变的才能。写成《律书》第三卷。

律居阴而治阳，历居阳而治阴，律历更相治，间不容翲忽。[2]五家之文怫异，维太初之元论。[3]作《历书》第四。

乐律居于阴位而治理阳，历法居于阳位而治理阴，乐律、历法更替着相互发生作用，其间不容许有丝毫差错。黄帝、颛顼、夏、殷、周五家历法各不相同，唯有太初元年论定的历法最为妥当。写成《历书》第四卷。

注释　1《司马法》：即《司马穰苴兵法》，古代兵书。司马穰苴，姓田，名穰苴，春秋时齐国大夫。详见《司马穰苴列传》。《汉书·艺文志》载《司马法》一百五十篇，今仅存五篇。　尚：通“上”。上古，久远。　太公：指姜太公。　孙：孙武、孙膑。　吴：吴起。　王子：即王子成甫。春秋时齐国大夫，惠公时，曾攻杀入侵之长翟。　切：切合，符合。　极：极尽，透彻了解。　2“律居阴而治阳”四句：古人解释宇宙生成和万物变化均用阴、阳二气来加以说明。律、历也是一阴一阳相辅为用的。一年的十二月与十二律相配合，律以节气使人预知气候的变化，即居阴治阳；历观察、推测日月五星的运行使人知道季节的来临，即居阳治阴。律、历配合为用，使人掌握季节、气候的变化没有丝毫的差错。律，乐律，有十二律，阳六为律，阴六为吕。历，以历法推算日月星辰运行及季节时令的方法。 间：其间，中间。 翲(piāo)忽：微细。《史记索隐》："忽者，总文之微也。翲者，轻也。言律历穷阴阳之妙，其间不容丝忽也。" 3 五家：《史记正义》："五家谓黄帝、颛顼、夏、殷、周之历。" 怫：通"悖"。 维太初之元论：唯有太初元年论定的历法为是。

星气之书，多杂禨祥，不经；[1] 推其文，考其应，不殊。[2] 比集论其行事，验于轨度以次，作《天官书》第五。[3]

说明星气的书籍，多数夹杂吉凶预兆的言论，不合常规；推演其中的文字，考察它们的应验，没有差别。汇集专家来讨论有关星气的事，又按照日月运行的轨道和角度加以验证，写成《天官书》第五卷。

受命而王，封禅之符罕用，用则万灵罔不禋祀。[4] 追本[5] 诸神名山大川礼，作《封禅书》第六。

接受天命而成为帝王，举行封禅大礼的符瑞之事很少进行，只要举行封禅大典，那么万千神灵无不享受祭祀。追溯并根据各种神灵和名山大川的祭祀礼仪，写作《封禅书》第六卷。

注释 1 星气之书：论及星象、气数之书。 禨(jī)祥：吉凶之预兆。 经：常规。 2 应：应验。 不殊：没有差别。 3 比集：汇集。 验于轨度以次：依次按轨道和角度加以验证。轨度，指日、月运行的轨道和角度。 4 万灵：万千神灵。 罔：没有。 禋(yīn)祀：享受祭祀。 5 追本：追根溯源。

维禹浚川，九州攸宁；[1]爰及宣防[2]，决渎通沟。作《河渠书》第七。

大禹疏通河流，九州得以安宁；一直到天子亲临堵塞黄河瓠子口而建宣防宫，疏通河道、沟渠的工程更有进展。写成《河渠书》第七卷。

维币之行，以通农商；其极则玩巧，并兼兹殖，争于机利，去本趋末。作《平准书》以观事变，第八。

钱币的发行，是为了使农业、商业的交易畅通；发展到顶点就会玩弄诈巧，为赚钱而相互兼并的人越来越多，人们争相投机去获利，以致出现放弃农业而争相从事商业的弊病。写成《平准书》第八卷来观察事势变化。

注释　1 浚(jùn)：疏通。　攸宁：得以安宁。攸，语助词。　2 宣防：即宣防宫。元封二年(前109)汉武帝亲临黄河瓠子口，指挥堵塞决口，成功后建宣防宫于堤上纪念。

太伯避历，江蛮是适；[1]文武攸兴，古公[2]王迹。阖庐弑僚，宾服荆楚；[3]夫差克齐，子胥鸱夷；[4]信嚭[5]亲越，吴国既灭。嘉伯之让[6]，作《吴世家》第一。

太伯为了让位给季历，逃到了江南蛮族区域；周文王、周武王从此兴盛起来，发展了古公亶父的王业。阖闾弑杀了吴王僚，降服了楚国；夫差战胜了齐国，谋臣伍子胥自杀后的尸体被革囊装着投入江中；信任伯嚭而亲近越国，吴国终于被灭亡。赞美太伯让位的美德，写下《吴世家》第一卷。

注释　1 太伯：即周太王长子泰伯。　历：即季历，周太王幼子。　江蛮：长江以南的蛮夷之地。　2 古公：指古公亶父。　3 阖庐：一作“阖闾”。春秋末吴国国君，名光，派专诸刺杀吴王僚而夺取了王位。　宾服：

降服。 荆楚:即楚国。 4 夫差:春秋末吴国国君,阖闾之子。 子胥:即伍子胥。 鸱夷:皮制的口袋。吴王夫差令伍子胥自杀后,以鸱夷盛其尸投入江中。 5 嚭(pǐ):即吴国大臣伯嚭。 6 嘉伯之让:赞美泰伯让位的美德。

申、吕肖矣,尚父侧微,卒归西伯,文武是师;[1] 功冠群公,缪权于幽[2];番番黄发,爰飨营丘。[3] 不背柯盟,桓公以昌,九合诸侯,霸功显彰。[4] 田、阚争宠,姜姓解亡。[5] 嘉父[6]之谋,作《齐太公世家》第二。

申国、吕国衰败了,其后裔吕尚地位卑贱,最终辅佐西伯昌,文王、武王拜他做了太师;功劳在所有朝臣之上,因为暗中帮助文王、武王谋划灭商;年高发白的老人,于是被封在营丘。不肯背弃齐鲁的柯邑之盟,桓公因此而昌盛,多次会盟诸侯,称霸的功绩显扬。田恒和阚止互相争权,姜姓齐国瓦解灭亡。赞美姜尚父的谋略,写成《齐太公世家》第二卷。

注释 1 申、吕:均为姜姓古国,均在今河南南阳附近。 肖:衰微。 尚父:姜太公吕尚。 侧微:卑贱。 文武是师:周文王、周武王以其为太师。 2 缪权于幽:谓在暗中周密谋划。缪,绸缪,事先做好准备。权,权变,权谋。 3 番番(pó pó):白发貌。番,通“皤”。 黄发:《史记集解》:“言老人发白而更黄也。” 飨:通“享”。享受。此指受封。 营丘:都邑名,后为齐国临菑,在今山东淄博东北。 4 柯盟:即齐鲁柯之盟。柯,邑名,在今山东东阿西南。 桓公:即齐桓公小白。 九:泛指多次。 5 田、阚争宠:指齐国两大夫田恒与阚止互相争权,最终田氏胜,独揽齐国大权,最终代专齐政,姜齐变为田齐。 解:瓦解。 6 父:即姜太公尚父。

依之违之，周公绥之；[1] 愤发文德[2]，天下和之；辅翼成王，诸侯宗周。[3] 隐桓之际，是独何哉？[4] 三桓[5]争强，鲁乃不昌。嘉旦《金縢》[6]，作《周公世家》第三。

诸侯和部族对周室有的依从，有的反叛，周公都实行安抚；努力振兴礼乐教化，天下因此而和睦协调；辅佐成王，诸侯都尊奉周天子为天下宗主。隐公、桓公时期出现混乱，独独鲁国是这样，为什么呢？三桓互相争权，鲁国从此不再昌盛。赞美周公旦的《金縢》策文，写成《周公世家》第三卷。

注释　**1** 依：依从，归服。　违：反对，叛逆。　绥：安抚，安定。　**2** 愤发文德：努力振兴礼乐教化。　**3** 成王：即周成王姬诵。　宗：尊奉。　**4** 隐桓之际：鲁隐公、鲁桓公时期（前722年—前694），在此期间国内混乱篡弑。　是独何哉：鲁国独独是这样，为什么呢？　**5** 三桓：春秋后期掌握鲁国权力的三家贵族，即孟孙氏、叔孙氏、季孙氏，均为鲁桓公三子的后代，故称。　**6** 旦：周公旦。《金縢》：此指表明周公忠心的金縢之书。

武王克纣，天下未协[1]而崩。成王既幼，管蔡疑之，淮夷叛之，于是召公率德，安集王室，以宁东土。[2] 燕哙之禅[3]，乃成祸乱。嘉《甘棠》[4]之诗，作《燕世家》第四。

武王战胜了商纣，天下还没有安定，他就去世了。成王年纪还小，管叔、蔡叔怀疑摄政的周公，淮夷也发动叛乱，这时召公深明大义，支持周公，使得国内安宁。燕王哙让位给了大臣子之，于是形成了祸乱。赞美《甘棠》诗篇对召公的怀念，写成《燕世家》第四卷。

注释　**1** 协：和谐安宁。　**2** 管蔡：即武王的两个弟弟管叔、蔡叔。　淮夷:当时分布于今淮河下游的部族。 召(shào)公:西周宗室,辅佐武王灭商后被封于燕,是燕国的始祖。 率德:率之以德。此指心怀仁德,支持周公。 3 燕哙之禅:指燕王哙禅位之事。 4《甘棠》:《诗经·召南》中的一篇,赞美召公之美德。

管蔡相武庚[1],将宁旧商;及旦摄政,二叔[2]不飨;杀鲜放度[3],周公为盟;大任十子[4],周以宗强。嘉仲[5]悔过,作《管蔡世家》第五。

管叔、蔡叔辅佐纣子武庚,借以安定商朝遗民;等到周公旦代行朝政,二叔不服;杀死了管叔鲜,流放了蔡叔度,周公盟誓忠于成王;文王之妃太任生有十子,周家因而宗室强大。赞美蔡仲能够悔过,写成《管蔡世家》第五卷。

注释 1 相:辅佐。 武庚:纣王之子。武王灭商后封他为殷君,管理商朝旧地。 2 二叔:即管叔、蔡叔。 3 鲜:即管叔,名鲜。 度:即蔡叔,名度。 4 大(tài)任十子:大,即"太"。《史记索隐》:"太任,文王妃。十子,伯邑考、武王、管、蔡、霍、鲁、卫、毛、聃、曹是也。" 5 仲:指蔡叔之子蔡仲。

王后不绝,舜禹是说;[1]维德休明,苗裔蒙烈。[2]百世享祀,爰周陈杞,楚实灭之。[3]齐田既起,舜何人哉[4]!作《陈杞世家》第六。

帝王的后裔不断绝,舜、禹因此感到高兴;只要功德美好贤明,后代就会享受功业的恩泽。百世享有祭祀,到了周朝封有陈国、杞国,楚国后来灭了它们。齐国田氏接续兴起,舜是多么伟大的人啊!写成《陈杞世家》第六卷。

注释 1 王后:此指古代帝王的后裔。 说:通"悦"。 2 休明:美好贤明。 蒙烈:蒙受祖先功业的恩泽,即沾了祖先的光。 3 陈杞:周初封国,陈的开国君主传为舜之后人,杞的开国君主传为禹之后人。 实:句中语气词。 4 舜何人哉:舜是多么伟大的人啊。

收殷余民,叔封始邑,申以商乱,《酒》《材》是告,及朔之生,卫顷不宁;[1]南子恶蒯聩,子父易名。[2]周德卑微,战国既强,卫以小弱,角[3]独后亡。嘉彼《康诰》[4],作《卫世家》第七。

聚集殷商的亡国之民,康叔开始建立国邑,为了告诫康叔商朝是因为乱德所以亡国,周公写了《酒诰》《梓材》,等到姬朔出生,卫国倾覆不得安宁;南子厌恶蒯聩,父子的名分颠倒。周王室功德衰弱,各诸侯国已经强大,卫国因为弱小,国君姬角反而后亡。欣赏《康诰》的劝诫,写成《卫世家》第七卷。

注释 1 叔封始邑:康叔被封于殷商旧地,开始建立卫国。叔,康叔,武王弟。 申:告诫。《酒》《材》是告:周公写成《酒诰》《梓材》来告诫康叔。《酒诰》《梓材》,同为《尚书》中的两篇。 朔:指卫惠公姬朔。 顷:通“倾”。倾覆。 2 南子:指卫灵公夫人。 恶(wù):厌恶。 蒯聩(kuì):卫灵公之子,后为卫庄公。 易名:名分颠倒。此指蒯聩之子先即君位,而蒯聩继之。 3 角:卫国末代之君姬角。 4《康诰》:《尚书》中的一篇,也是周公告诫康叔的文章。

嗟箕子乎[1]!嗟箕子乎!正言不用,乃反为奴。[2]武庚既死,周封微子[3]。襄公伤于泓,君子孰称。[4]景公谦

可叹啊,箕子!可叹啊,箕子!直言进谏不被采纳,就假装疯狂为奴。武庚死去以后,周王室封微子于宋。襄公在泓水作战受伤,君子有谁称赞。景公的谦

德，荧惑退行。[5]剔成暴虐[6]，宋乃灭亡。嘉微子问太师[7]，作《宋世家》第八。

和仁德感动了上天，荧惑因此退行了三度。剔成残暴凶狠，宋国于是灭亡。赞美微子请教太师，写成《宋世家》第八卷。

注释 1 嗟(jiē):感叹词。 箕子:商代贤臣，纣王叔父。 2 正言不用，乃反为奴:此指纣王不听箕子直言相劝，箕子后佯狂为奴。 3 微子:纣王庶兄，名启，武庚死后，周公封他于宋。 4 襄公:即宋襄公兹甫，在泓之战中为楚所伤。 泓:泓水，在今河南柘城北。 孰称:有谁称赞。 5 景公:即宋景公头曼，公元前516—前451年在位。 荧惑退行:据载宋景公的善行感动了上天，火星为此而退行了三度。荧惑，火星之古名。 6 剔成:战国时宋国君，宋辟公之子。因史传不见其所谓"暴虐"之记载，疑为其子偃之误。 7 微子问太师:微子数谏纣王不听的情况下，乃请教于太师。

武王既崩，叔虞邑唐[1]。君子讥名，卒灭武公。[2]骊姬[3]之爱，乱者五世；重耳不得意[4]，乃能成霸。六卿专权，晋国以秏。[5]嘉文公锡珪鬯，作《晋世家》第九。[6]

武王去世后，叔虞建国于唐邑。君子讥刺晋穆侯给儿子取名不当，结果长子一脉被武公灭掉。因为献公宠爱骊姬，国家混乱了五代；重耳不得志，最终成就霸业。六卿争相专权，晋国的国力耗尽。赞美文公因平乱之功得到天子珪鬯的赏赐，写成《晋世家》第九卷。

注释 1 叔虞邑唐:叔虞建都于唐。叔虞，周成王弟，晋之始祖，封于唐。唐，邑名，在今山西翼城西。 2 君子讥名:晋大夫师服讥刺晋穆侯给二子取名不当(太子为仇,少子为成师,名号相反,预示内乱)。 武公:即晋武公,成师之孙,取代长子一脉夺得晋国正统地位。 3 骊姬:晋献公夫人。 4 重耳:即晋文公。 得意:得志。 5 六卿:晋国的韩、赵、魏、知、范、中行六位卿大夫。 秏:同“耗”。尽,完。 6 锡:通“赐”。 珪鬯(chàng):诸侯朝拜天子用于飨礼和祭祀的用品。珪,瑞玉。鬯,祭祀用的香酒。

重黎业之,吴回接之;[1] 殷之季世,粥子牒之。[2] 周用熊绎,熊渠是续。[3] 庄王之贤,乃复国陈;[4] 既赦郑伯,班师华元。[5] 怀王客死,兰咎屈原;[6] 好谀信谗,楚并于秦。嘉庄王之义,作《楚世家》第十。

重黎奠定基业,吴回接续发展;殷代的末世,有简牒记载鬻熊是楚的始祖。周王室任用熊绎使他受封,熊渠接续而封子为王。楚庄王贤明,因而恢复了陈国;赦免了郑伯,听到华元的言论而从宋国班师回国。怀王客死在秦国,令尹子兰又加害屈原;喜好谄谀,听信谗言,楚国被秦国兼并。赞美庄王的道义,写成《楚世家》第十卷。

注释 1 重黎:颛顼高阳氏之后。 业:奠定基业。 吴回:重黎之弟,楚之始祖。 2 季世:末世。 粥(yù)子:即吴回的后代子孙鬻子,名熊。 牒:有了谱系。 3 熊绎:鬻子之曾孙,周成王时封于南蛮之地,建立楚国。 熊渠:熊绎玄孙,僭越周礼,封其三子为王。 4 庄王:即楚庄王熊吕,公元前 613—前 591 年在位。 复国陈:恢复了陈国。
5 赦郑伯:楚庄王十六年(前 598),楚破郑,郑伯请罪,庄王赦免了郑。郑伯,即郑襄公,公元前 604—前 587 年在位。 班师华元:楚庄王二十年(前 594),楚围宋五月,宋大夫华元出城诉说城中惨状,庄王信其言而班师回国。 6 怀王客死:楚怀王熊槐客死秦国。 兰咎屈原:楚怀王幼子令尹子兰诬陷加害屈原。

少康之子，实宾南海，文身断发，鼋鳣与处，既守封、禺，奉禹之祀。[1]句践困彼，乃用种、蠡[2]。嘉句践夷蛮能修其德，灭强吴以尊周室，作《越王句践世家》第十一。

少康的庶子无余，被排斥置于极南之地，文身断发，和鳖鳄同处，驻守封、禺二山以后，供奉着对大禹的祭祀。句践被夫差困于会稽，于是任用了文种、范蠡。赞美句践处在蛮夷之地能够修明功德，灭掉了强大的吴国并尊崇周王室，写成《越王句践世家》第十一卷。

注释　1 少康：据《夏本纪》，少康是禹以后的第五个夏朝君主。　宾(bìn)：通"摈"。排斥。　鼋(yuán)：大鳖。　鳣(tuó)：通"鼍"。扬子鳄。　封、禺：封山和禺山，在今浙江德清西南。　2 种：指越国大臣文种。　蠡：指范蠡。

桓公之东，太史是庸。[1]及侵周禾，王人是议。[2]祭仲要盟[3]，郑久不昌。子产[4]之仁，绍世称贤。三晋侵伐，郑纳于韩。[5]嘉厉公纳惠王[6]，作《郑世家》第十二。

桓公东迁，听信了周太史的意见。到郑庄公时，派兵侵周，割麦取禾，受到周王臣民的非议。祭仲受胁迫结盟，郑国长期不昌盛。子产实施仁政，后世称赞他的贤明。三晋前来攻伐，郑国被韩国吞并。赞美厉公能护送周惠王复位，写成《郑世家》第十二卷。

注释　1 桓公之东：指郑桓公东迁。　太史：周太史伯。　庸：采用，听信。　2 侵周禾：郑庄公二十四年(前720)派兵侵周，割温地之麦，又取成周之禾，周、郑交恶。　王人：此指周之臣民。　3 祭(zhài)仲：郑国卿大夫,曾立公子忽为郑昭公。后宋国助昭公之弟公子突争位,胁迫祭仲立突为郑厉公。　要(yāo):胁迫。　4 子产:即公孙侨,字子产,郑国大夫。　5 三晋:即韩、赵、魏三家。　纳:吞并。　6 厉公纳惠王:公元前675年,周王室乱,周惠王出奔郑,郑厉公与虢公联合平周乱,周惠王得以复位。

维骥騄耳,乃章造父。[1] 赵夙事献,衰续厥绪。[2] 佐文尊王,卒为晋辅。襄子困辱,乃禽智伯。[3] 主父生缚,饿死探爵。[4] 王迁辟淫[5],良将是斥。嘉鞅[6]讨周乱,作《赵世家》第十三。

因为训练骥和騄耳等名马,造父得以出名。赵夙侍奉晋献公,赵衰继承了他的事业。赵襄子辅佐晋文公称霸,最终成为晋国的股肱之臣。襄子被智伯所辱,一举擒获了智伯。赵雍自称主父,活着时被困,取雀充饥直至饿死。幽缪王赵迁邪恶淫乱,排斥、迫害良将。赞美赵鞅能讨平周乱,写成《赵世家》第十三卷。

注释　1 维骥騄耳,乃章造父:造父为周穆王献上骥、騄耳等八匹骏马,因而显名。骥,千里马。騄耳,亦作"绿耳"。骏马名。章,古同"彰"。彰显,著名。　2 赵夙:造父第十二代孙。　献:晋献公。　衰(cuī):赵衰,亦名赵成子。　厥:其。　绪:前人的事业。　3 襄子:赵襄子,赵衰六代孙,晋六卿之一。　禽:古同"擒"。　智伯:亦作"知伯"。晋六卿之一。

4 主父:指赵武灵王雍,后传位于惠文王而自称"主父"。　探爵:取雀充饥。爵,通"雀"。　5 王迁:指赵幽缪王迁。　辟淫:邪恶淫乱。　6 鞅:赵鞅,亦名赵简子。

毕万爵魏[1],卜人知之。及绛戮干,戎翟和

毕万的爵邑在魏地,卜人预知魏氏将兴起。到魏绛时羞辱杨干,负罪完

之。[2]文侯慕义，子夏师之。[3]惠王[4]自矜，齐秦攻之。既疑信陵，诸侯罢之。[5]卒亡大梁，王假厮之[6]。嘉武[7]佐晋文申霸道，作《魏世家》第十四。

成了与戎狄和解的使命。文侯仰慕仁义，拜子夏为师。惠王自我夸耀，遭受齐国和秦国的进攻。安釐王怀疑信陵君以后，魏国遭到诸侯国疏远。终于丧失了国都大梁，魏王假被俘，沦为养马卒。赞美魏武子辅佐晋文公创立了霸业，写成《魏世家》第十四卷。

注释　1 毕万爵魏：毕万侍奉晋献公而封于魏。　2 绛：即魏绛，亦称魏庄子，晋国大夫。　戮：侮辱。　干：杨干，晋悼公弟。　3 文侯：魏文侯斯。　子夏：子贡弟子。　4 惠王：即魏惠王，又称梁惠王。　5 信陵：即战国四公子之信陵君魏无忌。　罢：疏远。　6 王假：指魏王假。　厮之：王假被俘当了养马卒。厮，养马的人。　7 武：指魏犨，亦称魏武子。

韩厥阴德，赵武攸兴。[1]绍绝立废，晋人宗[2]之。昭侯显列，申子庸之。[3]疑非[4]不信，秦人袭之。嘉厥[5]辅晋匡周天子之赋，作《韩世家》第十五。

韩厥暗行德义，赵武得以兴起。延续赵氏，扶立废弃的赵家，晋国人很尊崇他。昭侯在诸侯中地位显赫，他重用了申不害。怀疑韩非而不予信任，韩国遭到了秦国的袭击。赞美韩厥辅佐晋君扶助周王室，写成《韩世家》第十五卷。

注释　1 韩厥：亦称韩献子，晋六卿之一。　阴德：暗中做好事，指暗中保护赵氏孤儿。　赵武：即赵氏孤儿，后复为晋大夫。　2 宗：尊崇。　3 昭侯：韩昭侯。　申子：即申不害。　庸：用，任用。　4 非：指韩非子。　5 厥：指韩厥。

完子[1]避难，适齐为援，阴施五世，齐人歌之。成子得政，田和为侯。[2]王建动心，乃迁于共。[3]嘉威、宣能拨浊世而独宗周[4]，作《田敬仲完世家》第十六。

陈完逃避祸难，到齐国求援，连续五代暗中施恩于百姓，齐人作歌颂扬。田成子得以专政，田和时被列为诸侯。齐王建被投降派劝说降秦，被迁到共邑居住。赞扬威王、宣王能拨正混乱的时世而拥护周王室，写成《田敬仲完世家》第十六卷。

注释　1 完子：即陈完，陈厉公之子，奔齐避祸，改姓田。　2 成子：田成子，杀齐简公，立齐平公，自任国相专擅国政。　田和：即齐宣公。放逐齐康公自立为君，姜齐被田齐取代。　3 王建：田齐末代君王田建。　共：邑名，在今河南辉县。　4 威：指齐威王田因齐。　宣：齐宣王田辟疆。

周室既衰，诸侯恣行。仲尼悼礼废乐崩，追修经术，以达王道，匡乱世反之于正，见其文辞，为天下制仪法，垂六蓺之统纪于后世。[1]作《孔子世家》第十七。

周王室已经衰落，诸侯国恣意妄行。仲尼哀伤礼仪废置，音乐败坏，因而研习古代典籍，以实现王道政治，匡扶乱世，恢复正道，他的思想体现在著作里，目的是为天下创制一套仪礼法规，将六艺中申述的纲纪流传到后世。写成《孔子世家》第十七卷。

注释　1 见：显现。　垂：流传。　统纪：纲纪。《史记志疑》："史公叙孔子于《世家》，以表尊崇之义，盖谓有土者以国世其家，孔子以德世其家。小司马深然之。而王安石云：'仲尼之才，帝王可也，何特公侯哉！仲尼之道，世天下可也，何特世其家哉！处之《世家》，仲尼之道不从而大；置之《列传》，仲尼之道不从而小。而迁也自乱其例。'王厚斋录入《困学纪闻》，苏氏《古史》因改为列传。然宋晁补之《鸡肋集》辨其非，以为‘宋乃殷后，至桀偃而绝，贤如正考父，圣如孔子，岂不可以继宋，则亦与有土之世家同’。慈溪姜氏宸英《湛园集》又谓‘史公之意，以孔子尊周之功最大，尊周者诸侯之事，故附孔子于《世家》’。”晁、姜二公之论虽殊，而识胜苏、王远矣。

桀、纣失其道而汤、武作，周失其道而《春秋》作。秦失其政，而陈涉发迹，诸侯作难，风起云蒸，卒亡秦族。[1]天下之端，自涉发难。作《陈涉世家》第十八。

夏桀、商纣王丧失王道，于是有商汤、周武王兴起；周王室丧失王道，于是孔子写了《春秋》。秦朝丧失了德政，于是陈涉能立功扬名，诸侯纷纷起事，势如风起云涌，终于使秦朝灭亡。天下的起义，始自陈涉的反抗。写成《陈涉世家》第十八卷。

注释　1 陈涉：即陈胜，秦末农民起义军首领。　发迹：立功扬名。　云蒸：云涌。

成皋之台，薄氏始基。[1]诎意适代，厥崇诸窦。[2]栗姬偩贵，王氏乃遂。[3]陈后太骄，卒尊子夫。[4]嘉夫德若斯[5]，作《外戚世家》第十九。

河南宫中的成皋台，是薄氏的兴起之地。薄姬违背心意随代王前往代国，窦氏家族受到尊崇。栗姬自恃贵宠而不逊，王氏于是实现了心愿。陈皇后过度骄横，卫子夫得以受宠。赞美卫子夫有这么美好的德行，写成《外戚世家》第十九卷。

注释　1 成皋之台：指汉河南宫中的成皋台。成皋，邑名，在今河南荥阳汜水。　薄氏始基：这是刘邦的妃嫔薄氏的兴起之地。　2 诎(qū)意：违背心意而妥协。　适：到。　代：代国。　厥：语气助词。　窦：此指汉文帝窦太后家族。 3 栗姬:汉景帝姬。 偩(fù):通“负”。依恃。 王氏:景帝皇后。 遂:顺利,通达。 4 陈后:武帝皇后陈阿娇。 子夫:武帝第二任皇后卫子夫。 5 夫:卫子夫。 斯:此。

汉既谲谋,禽信于陈;[1] 越荆剽轻,乃封弟交为楚王,爰都彭城,以强淮、泗,为汉宗藩。[2] 戊溺于邪,礼复绍之。[3] 嘉游[4]辅祖,作《楚元王世家》第二十。

汉室已经设下诈谋,在陈邑擒获了韩信;越、楚之地风俗强悍,于是高祖封弟弟刘交做楚王,建都在彭城,来加强淮河、泗水一带的势力,使它成为汉室的边防屏障。刘戊陷于不义而反叛致死,刘礼以叔继侄而接续了王位。赞美刘交辅佐高祖,写成《楚元王世家》第二十卷。

注释 1 谲(jué)谋:诈谋。 信:即韩信。 陈:邑名,在今河南淮阳。 2 荆:楚。 剽轻:强悍轻捷。 交:指楚元王刘交。 彭城:都邑名,在今江苏徐州。 淮、泗:淮河、泗水地区。 宗藩:同宗藩屏。 3 戊:楚王刘戊,刘交孙。 礼:楚文王刘礼,刘交第三子。 4 游:即楚元王刘交,字游。

维祖师旅,刘贾是与;[1] 为布[2]所袭,丧其荆、吴。营陵激吕,乃王琅邪;[3] 怵午信齐,往而不归,遂西入关,遭立孝文,获复王燕。[4] 天下未集[5],贾、泽以族,为汉藩

高祖起兵反秦时,刘贾就参与其中;被英布所袭击,丧失了他的荆、吴之地。营陵侯刘泽派人游说感动了吕后,于是被封为琅邪王;受到祝午诱惑相信齐国,前往齐国而不得返回,设法往西进入关中,正碰上拥立孝文帝的时机,孝文帝登天子位,于是刘泽被改封为燕王。天下还未安定,刘贾、刘泽都是

辅。作《荆燕世家》第二十一。

刘邦的同族，成为汉王室的藩屏辅佐。写成《荆燕世家》第二十一卷。

注释 1 祖：汉高祖刘邦。 刘贾：刘邦堂兄。 与：参加。 2 布：即英布，又名黥布。 3 营陵：指营陵侯刘泽，刘邦的远房亲属。 激：使……感动。 琅邪(yá)：秦置郡名，吕后时为封国，都今山东诸城。今写作“琅琊”。 4 怵(chù)：诱惑。 午：祝午，齐哀王刘襄的内史。 5 集：通“辑”。安定。

天下已平，亲属既寡；悼惠先壮，实镇东土。[1]哀王擅兴，发怒诸吕，驷钧暴戾，京师弗许。[2]厉之内淫，祸成主父。[3]嘉肥[4]股肱，作《齐悼惠王世家》第二十二。

天下已经平定，高祖的亲属比较少；悼惠王是最年长的儿子，受封镇抚东方国土。哀王擅自兴兵，是出于对吕氏家族的愤怒，母家驷钧暴虐凶狠，朝廷大臣不同意他登位为帝。厉王与其姐淫乱，被主父偃检举治罪。赞美刘肥成为朝廷的辅佐大臣，写成《齐悼惠王世家》第二十二卷。

注释 1 悼惠：即齐悼惠王刘肥，高祖刘邦的庶长子，受封齐王。 实：语气词。 2 哀王：齐哀王刘襄。 驷钧：齐哀王之舅父。 暴戾：残暴凶狠。 3 厉：指齐厉王刘次景。 主父：即主父偃，时任齐相。 4 肥：即刘肥。

楚人围我荥阳[1]，相守三年；萧何填抚山西，推计踵兵，给粮食不绝，使百姓爱汉，不乐为

楚人在荥阳围困我方，相互对峙了三年；萧何镇守、安抚崤山以西地区，为高祖核算户口、补充兵力，不断运送粮食，使得百姓爱戴汉王，不乐意

楚。[2]作《萧相国世家》第二十三。

支持楚王。写成《萧相国世家》第二十三卷。

注释 1 楚人:指项羽。 荥阳:县名,在今河南荥阳东北。 2 填:通“镇”。安定。 山西:崤山以西。 推计:核算户口。 踵兵:补充兵力。

与信[1]定魏,破赵拔齐,遂弱楚人。续何相国,不变不革,黎庶[2]攸宁。嘉参不伐功矜能[3],作《曹相国世家》第二十四。

曹参与韩信一道平定魏地,又攻破赵军、攻取齐地,因而削弱了楚人的势力。接替萧何担任相国,不对规章制度加以变革,百姓因而安宁。赞美曹参不夸耀功劳和才能,写成《曹相国世家》第二十四卷。

注释 1 信:淮阴侯韩信。 2 黎庶:百姓。 3 参:曹参。 伐:夸耀。

运筹帷幄之中,制胜于无形,子房计谋其事,无知名,无勇功,图难于易,为大于细。[1]作《留侯世家》第二十五。

在军中帐幕里出谋划策,用奇谋妙计而克敌制胜,子房谋划战伐攻拔的大事,没有什么名声,没有什么战功,但能从大处着眼,从小处入手。写成《留侯世家》第二十五卷。

注释 1 运筹:运用筹谋,策划。 帷幄(wò):军中之帐幕。 无形:指不为人们认识和掌握的奇谋妙计。 子房:即张良,字子房,后封为留侯。 图难于易,为大于细:从大处着眼,从小处入手。《老子》第六十三章有:“图难于其易,为大于其细。天下难事必作于易,天下大事必作于细。”

六奇既用，诸侯宾从于汉；[1]吕氏之事[2]，平为本谋，终安宗庙，定社稷。作《陈丞相世家》第二十六。

多种奇妙计策的运用，使得诸侯服从汉家；平定吕氏专权之事，陈平是主要谋划人，终于使王室安定，使国家稳固。写成《陈丞相世家》第二十六卷。

注释 1 六奇：指陈平多次为刘邦出的计策，如离间项羽君臣；夜出女子二千人于荥阳东门，使汉王乘乱从西门脱困；劝说汉王立韩信为齐王；建议刘邦伪游云梦而擒韩信；解平城之围；平定诸吕之乱，安定刘氏江山等。 宾从：服从。 2 吕氏之事：即铲除吕氏集团。

诸吕为从，谋弱京师，而勃反经合于权；[1]吴楚之兵，亚夫驻于昌邑，以厄齐赵，而出委以梁。[2]作《绛侯世家》第二十七。

吕氏家族互相勾结，图谋削弱朝廷，而周勃反常道而顺应权变，与陈平谋划削平诸吕；吴楚七国起兵反叛，周亚夫驻兵于昌邑，以便控制齐、赵二国，却将梁国委弃不顾。写成《绛侯世家》第二十七卷。

注释 1 从：通"纵"。勾结。 勃：即周勃，后封为绛侯。 反经合于权：一反经常之道而迎合于权变。 2 亚夫：周亚夫，周勃之子。 昌邑：县名，在今山东巨野南。 出委以梁：指周亚夫没有理睬梁王的求救，而是出精兵绕到叛军后方取胜。委，放弃。

七国叛逆，蕃屏京师，唯梁为捍；[1]偩爱矜功，几获于祸。[2]嘉其能距[3]吴楚，作《梁孝王世家》第

七国叛乱为逆，只有梁国在进行抵御，护卫京师；自恃爱宠，夸耀功劳，差点儿招致杀身之祸。赞美梁孝王能抵御吴楚反叛，写成《梁

二十八。

孝王世家》第二十八卷。

注释 1 蕃屏:护卫。蕃,通“藩”。 捍(hàn):抵御,保卫。 2 偩(fù):通“负”。依恃。 几:几乎,差一点儿。 3 距:通“拒”。抗拒。

五宗既王,亲属洽和,诸侯大小为藩,爰得其宜,僭拟之事稍衰贬矣。[1]作《五宗世家》第二十九。

五宗都已封王,亲属关系融洽和睦,大小诸侯都成为捍卫朝廷的屏障,各得其宜,僭越的事也很少发生了。写成《五宗世家》第二十九卷。

注释 1 五宗:同母者为一宗。景帝子十四人,刘彻为武帝,其余十三人为王,十三王为五母之子,故曰五宗。 僭:僭越。 拟:比同天子。 稍:逐渐。 衰贬:衰弱减少。

三子之王[1],文辞可观。作《三王世家》第三十。

武帝的三个儿子已先封为王,封王的诏书文辞典雅,可供观赏。写成《三王世家》第三十卷。

注释 1 三子之王:指汉武帝先封为王的三个儿子,即齐怀王闳、燕刺王旦、广陵厉王胥。

末世争利,维彼[1]奔义;让国饿死[2],天下称之。作《伯夷列传》第一。

晏子俭矣,夷吾[3]

商末之世人人争权夺利,伯夷、叔齐却坚守仁义;让出君位,因不食周粟而饿死,天下人都称颂他们。写成《伯夷列传》第一卷。

晏子很节俭,管仲却奢侈;齐桓公

则奢;齐桓以霸,景公以治。[4]作《管晏列传》第二。

凭借管仲的谋略而称霸,齐景公因有晏婴的辅佐而国家安定。写成《管晏列传》第二卷。

注释 1 彼:指伯夷、叔齐。 2 让国饿死:指伯夷、叔齐二人互相让位,最后因不食周粟,饿死于首阳山下。 3 夷吾:即管仲,名夷吾,字仲,亦称敬仲。 4 齐桓:齐桓公。 景公:齐景公杵臼。

李耳[1]无为自化,清净自正;韩非揣事情,循埶理。[2]作《老子韩非列传》第三。

自古王者而有《司马法》,穰苴能申明之。[3]作《司马穰苴列传》第四。

李耳主张无为而治,使百姓自然化育,心境纯净,自然向善;韩非主张推究事物的发展形势,遵循时势发展的规律。写成《老子韩非列传》第三卷。

远古的帝王们就有了《司马兵法》,司马穰苴能将它阐述明白。写成《司马穰苴列传》第四卷。

注释 1 李耳:即老子李聃。 2 揣:琢磨,研究。 事情:事物情理。《史记志疑》:"昔人以老、韩同《传》为不伦,《史通·编次篇》深訾之。小司马补《史》亦云不宜同《传》,宜令韩非居《商君传》末。然申、韩本于黄、老,史公之论,自不可易,并非强合。况《韩子》有《解老》《喻老》二篇,其《解老篇》创为训注体,实五千文《释诂》之祖,安知史公之意不又在斯乎?前贤妄规之也。" 3《司马法》:即《司马兵法》,记古代行兵之法。 穰(ráng)苴(jū):司马穰苴,亦名田穰苴,春秋时齐国大夫,官司马。 申明:阐述明确。

非信廉仁勇不能传兵论剑，与道同符，内可以治身，外可以应变，君子比德焉。[1]作《孙子吴起列传》第五。

没有诚信、廉耻、仁爱、勇敢这些品质的人不能传授兵法，不能与人讲论剑术，因为只有拥有这些品质的人才能将兵法、剑术运用得合乎客观规律，这种用兵作战的道理对内可以修身，在外可以克敌制胜，君子可以据此推测军事家道德品行的高低。写成《孙子吴起列传》第五卷。

维建遇谗，爰及子奢，尚既匡父，伍员奔吴。[2]作《伍子胥列传》第六。

楚平王太子建被谗言所害，祸患殃及伍奢，伍尚回国去救父，伍员奔逃到吴国。写成《伍子胥列传》第六卷。

孔氏述文，弟子兴业，咸为师傅，崇仁厉义。[3]作《仲尼弟子列传》第七。

孔子著书讲学，弟子们事业兴旺，都成了师傅，尊崇仁德，努力实行道义。写成《仲尼弟子列传》第七卷。

注释　1 传兵：传授兵法。　论剑：谈论剑术。　比德：比量德行。　2 建：即楚平王太子熊建。　子奢：伍奢，一作伍子奢，伍子胥父亲。　尚：伍尚，伍奢长子。　伍员(yún)：字子胥，伍奢次子。　3 述文：传授文化礼教。　厉："励"的古字。勉励，鼓励。

鞅去卫适秦，能明其术，强霸孝公，后世遵其法。[1]作《商君列传》第八。

商鞅离开卫国前往秦国，得以实施他的治国之术，使孝公成就霸业，后代遵循他制定的法度。写成《商君列传》第八卷。

天下患衡秦毋餍，而苏子能存诸侯，约从以抑贪强。[2]作《苏秦列传》

天下忧虑实行连横之策的秦国贪得无厌，而苏秦能保存诸侯利益，相约合纵来抑制贪婪、强大的秦国东第九。

进。写成《苏秦列传》第九卷。

六国既从亲，而张仪能明其说，复散解诸侯。[3]作《张仪列传》第十。

六国合纵而亲善，但张仪推行他的连横主张，一再地使诸侯间的合纵瓦解。写成《张仪列传》第十卷。

注释 1 鞅：即公孙鞅，亦称商鞅。 去：离开。 孝公：秦孝公嬴渠梁。
2 衡：通"横"。 餍(yàn)：满足。 苏子：即苏秦。 从：通"纵"。
3 从亲：合纵而亲近。 复：一再地。 散解：分化瓦解。

秦所以东攘雄诸侯，樗里、甘茂之策。[1]作《樗里甘茂列传》第十一。

秦国之所以能向东扩张，称雄于诸侯，是靠樗里子、甘茂的智谋。写成《樗里甘茂列传》第十一卷。

苞河山，围大梁，使诸侯敛手而事秦者，魏冉之功。[2]作《穰侯列传》第十二。

席卷河山，围攻大梁，使得诸侯拱手而来侍奉秦国，是魏冉的功劳。写成《穰侯列传》第十二卷。

南拔鄢郢，北摧长平，遂围邯郸，武安为率；[3]破荆灭赵，王翦[4]之计。作《白起王翦列传》第十三。

南边攻取了鄢郢城，北边摧垮了长平军，接着包围邯郸，都是武安侯当统帅；攻破楚国，灭亡赵国，是靠王翦的谋略。写成《白起王翦列传》第十三卷。

猎儒墨之遗文，明礼义之统纪，绝惠王利端，列往世兴衰。[5]作《孟子荀卿列传》第十四。

广泛涉猎儒家、墨家的著作，阐明礼义的纲纪，制止了梁惠王逐利的欲望，陈述往世的兴盛衰败。写成《孟子荀卿列传》第十四。

好客喜士，士归于薛[6]，为齐捍楚魏。作《孟尝君

喜好结交宾客、士人，士人归附到孟尝君门下，为齐国出力抵御楚国、魏国。写成《孟尝君列传》

列传》第十五。

第十五卷。

注释 1 攘：侵夺，扩张。 樗(chū)里：即秦惠王之弟嬴疾，因居樗里而号樗里子。 甘茂：秦惠王将领。 2 苞：通“包”。引申为兼并、席卷之意。 河山：黄河流域及崤山一带。 敛手：拱手。 魏冉：秦国大臣，因食邑在穰，号穰侯。 3 鄢郢：战国时楚国国都，在今湖北宜城东南。 长平：秦、赵长平之战所在地，在今山西高平西北。 邯郸：赵国都城，在今河北邯郸。 武安：武安君白起。 率：通“帅”。 4 王翦：秦国名将。 5 猎：涉猎。 利端：逐利之欲望。 6 薛：战国齐贵族田文的封地，在今山东滕州南。田文，又称薛公，号孟尝君。

争冯亭以权，如楚以救邯郸之围，使其君复称于诸侯。[1]作《平原君虞卿列传》第十六。

依据权变争得冯亭献出的上党土地，亲赴楚国求救来解除邯郸之围，使得他的国君重新立名于诸侯。写成《平原君虞卿列传》第十六卷。

能以富贵下贫贱，贤能诎于不肖，唯信陵君为能行之。[2]作《魏公子列传》第十七。

能以自身的富贵谦让贫贱之人，以自身的贤能迁就不贤能的人，只有信陵君能够做得到。写成《魏公子列传》第十七卷。

以身徇君，遂脱强秦，使驰说之士南乡走楚者，黄歇之义。[3]作《春申君列传》第十八。

用自身为国君殉死，于是使楚太子脱离了被强秦扣留的祸难回国为君，让驰骋游说的士人往南投奔楚国，都是由于黄歇的忠义。写成《春申君列传》第十九卷。

能忍訽于魏齐，而信威于强秦，推贤让位，二子

能够在魏齐面前忍受耻辱，却在强秦扩张了声威，推崇贤能让出相位，范雎、蔡泽有这样的品德。写

有之。[4]作《范雎蔡泽列传》第十九。

成《范雎蔡泽列传》第十九卷。

率行其谋，连五国兵，为弱燕报强齐之仇，雪其先君之耻。[5]作《乐毅列传》第二十。

担任主帅，施展谋略，联合五国的军队，帮助弱小的燕国报复了强大的齐国，洗雪了燕国先君的耻辱。写成《乐毅列传》第二十卷。

注释　1 冯亭：韩国上党郡守，为抵抗秦国而降赵，将上党城邑十七座献给赵国。　如：到。　2 下贫贱：谦让贫贱之人。　诎(qū)：卑屈，迁就。3 徇：通“殉”。　驰说：游说。　乡：通“向”。　黄歇：即楚贵族春申君。4 詬(gòu)：同“诟”。耻辱。　信：通“伸”。扩张。　二子：指范雎(jū)、蔡泽。5 率：通“帅”。　五国：指赵、楚、韩、魏、燕五国。

能信意强秦，而屈体廉子，用徇其君，俱重于诸侯。[1]作《廉颇蔺相如列传》第二十一。

能够在强秦面前伸张信义，又能屈服于廉颇而谦恭退让，因为忠诚于国君，二人都被诸侯所看重。写成《廉颇蔺相如列传》第二十一卷。

湣王既失临淄而奔莒，唯田单用即墨破走骑劫，遂存齐社稷。[2]作《田单列传》第二十二。

齐湣王已经丧失临淄而逃奔到了莒邑，仅靠田单坚守即墨城打败并赶走了骑劫，因而保存了齐国社稷。写成《田单列传》第二十二卷。

能设诡说解患于围城，轻爵禄，乐肆志。[3]作《鲁仲连邹阳列传》第二十三。

能用巧妙的说辞使被包围的城市解除患难，轻视爵位俸禄，乐于放纵自己的心志。写成《鲁仲连邹阳列传》第二十三卷。

创作辞赋来进行讽刺谏诤，用

作辞以讽谏,连类以争义,《离骚》有之。[4] 作《屈原贾生列传》第二十四。

各种事物的互相联系做比喻来表达自己的想法,《离骚》有这样的特点。写成《屈原贾生列传》第二十四卷。

结子楚亲,使诸侯之士斐然争入事秦。[5] 作《吕不韦列传》第二十五。

与子楚结交,使得诸侯国的士人纷纷西进,来侍奉秦国。写成《吕不韦列传》第二十五卷。

注释 1 信:通"伸"。伸张。 屈体:使自身受屈。 廉子:指战国赵名将廉颇。 2 湣王:即齐湣王田地。 莒:都邑名,在今山东莒县。 田单:齐国将领,后任赵国相。 即墨:邑名,在今山东平度东南。 骑劫:人名,燕国将领。 3 诡说:巧妙的说辞。 肆志:纵情。 4 作辞:创作辞赋。 连类:用各种事物的互相联系做比喻。 争义:显现自己的用意。 5 子楚:即秦庄襄王,本名异人,后改名为子楚。 斐(fěi)然:犹翩然,轻快貌。

曹子匕首,鲁获其田,齐明其信;[1] 豫让[2] 义不为二心。作《刺客列传》第二十六。

曹沫亮出匕首,鲁国获得了已被侵占的土地,齐国表明自己守信用;豫让坚守道义,忠于其君而无二心。写成《刺客列传》第二十六卷。

能明其画,因时推秦,遂得意于海内,斯为谋首。[3] 作《李斯列传》第二十七。

能够阐明自己的谋划,乘着时势推进秦国的统一大业,于是始皇得志于海内,论功劳李斯当数第一。写成《李斯列传》第二十七卷。

为秦开地益众,北靡匈奴,据河为塞,因山

帮助秦国开拓土地、增加民众,在北边使匈奴畏服,依托黄河修筑要塞,凭借山岭加固边防,建置榆中。写成为固，建榆中。[4]作《蒙恬列传》第二十八。

填赵塞常山以广河内，弱楚权，明汉王之信于天下。[5]作《张耳陈余列传》第二十九。

收西河、上党之兵，从至彭城；[6]越[7]之侵掠梁地以苦项羽。作《魏豹彭越列传》第三十。

《蒙恬列传》第二十八卷。

镇守赵国要塞常山来开拓河内，削弱西楚霸王的权势，在天下宣扬汉王的信义。写成《张耳陈余列传》第二十九卷。

收集西河、上党的军队，随从刘邦进至彭城；彭越一直对梁地发动进攻而使项羽腹背受敌。写成《魏豹彭越列传》第三十卷。

注释　1 曹子：即曹沬(huì)，一说即曹刿(guì)。　匕首：手持匕首。　田：此指被齐侵占之地。　2 豫让：春秋末晋人，有名的刺客。　3 画：计谋，策略。　推：推进，发展。　斯：即李斯。　4 靡：倒下，畏服。　榆中：地区名，约在今内蒙古鄂尔多斯东南部和陕西东北的交界地区。　5 填：通“镇”。　常山：秦置恒山郡，汉改为常山郡，治所东垣，在今河北石家庄东北。　河内：秦置郡名，治所怀县，在今河南武陟西南。　6 西河：战国魏所置郡，治理今陕西韩城到大荔一带。　上党：秦置郡名，治所长子，在今山西长子西南。　7 越：即彭越，汉初诸侯王。

以淮南叛楚归汉，汉用得大司马殷，卒破子羽于垓下。[1]作《黥布列传》第三十一。

楚人迫我京索，而信拔魏赵，定燕齐，使汉三分

黥布据有淮南封地而背叛楚国归顺汉王，汉王通过他获得大司马周殷，终于在垓下打败项羽。写成《黥布列传》第三十一卷。

楚人将我方逼退在京、索一带，而韩信攻取了魏地、赵地，平定了燕地、齐地，使得汉家占有天下的三分

天下有其二，以灭项籍。[2]作《淮阴侯列传》第三十二。

之二，据以消灭了项籍。写成《淮阴侯列传》第三十二卷。

楚汉相距巩洛，而韩信为填颍川，卢绾绝籍粮饷。[3]作《韩信卢绾列传》第三十三。

楚、汉在巩、洛之间互相对峙，而韩王信为汉王镇守着颍川，卢绾断绝了项籍的粮饷。写成《韩信卢绾列传》第三十三卷。

诸侯畔项王，唯齐连子羽城阳，汉得以间遂入彭城。[4]作《田儋列传》第三十四。

诸侯们背叛项王，只有齐国把项羽牵制在城阳，汉王得以乘机攻入彭城。写成《田儋列传》第三十四卷。

攻城野战，获功归报，哙、商有力焉，非独鞭策，又与之脱难。[5]作《樊郦列传》第三十五。

攻夺城邑，激战旷野，获取军功，回报汉王，樊哙、郦商是出力最多的战将，不仅仅是听任汉王驱使，又与汉王一道摆脱危难。写成《樊郦列传》第三十五卷。

注释 1 大司马殷：周殷，楚霸王项羽的大司马。 子羽：项羽。 垓下：古地名，在今安徽固镇东北沱河北岸。 2 京：县名，在今河南荥阳东南。 索：古地名，在今河南荥阳东南。 信：即淮阴侯韩信。 3 距：通“拒”。对抗，对峙。 巩：县名，秦置，在今河南巩义西南。 洛：即洛阳，在今河南洛阳东北。 韩信：此指韩王信。 颍川：秦置郡名，治所阳翟，在今河南禹州。 卢绾：汉初诸侯王。 4 畔：通“叛”。 连：牵制。 城阳：古地名，在今山东菏泽东北。 间：空隙。 5 哙：即樊哙，汉初将领。 商：即郦商。 鞭策：驱使，督促。

汉既初定，文理未明，苍为主计，整齐度量，序律历。[1]作《张丞相列传》第三十六。

结言通使，约怀诸侯；[2]诸侯咸亲，归汉为藩辅。作《郦生陆贾列传》第三十七。

欲详知秦楚之事，维周緤[3]，常从高祖，平定诸侯。作《傅靳蒯成列传》第三十八。

徙强族，都[4]关中，和约匈奴；明朝廷礼，次[5]宗庙仪法。作《刘敬叔孙通列传》第三十九。

能摧刚作柔，卒为列臣；[6]栾公不劫于埶而倍死[7]。作《季布栾布列传》第四十。

汉朝刚刚建立，礼仪制度还没有完备，张苍担任主计官，统一度量衡，编订了历法。写成《张丞相列传》第三十六卷。

游说结交，通使往来，笼络、安抚诸侯；诸侯都来结交，归顺汉朝成为藩国辅臣。写成《郦生陆贾列传》第三十七卷。

想要详细知道秦、楚时期的史事，只有通过周緤，因为他常常随从高祖，并参加了平定诸侯的行动。写成《傅靳蒯成列传》第三十八卷。

迁徙豪门大族，建都关中，与匈奴相约和亲；申明朝廷礼仪，编订宗庙仪法。写成《刘敬叔孙通列传》第三十九卷。

能够化刚强为柔顺，终于成为朝廷大臣；栾公不为威势所屈服而逃避死亡。写成《季布栾布列传》第四十卷。

注释　1 文理：此指礼仪制度。　苍：即张苍。　序：编订。　2 结言：通过游说、说辞结交。　约怀：笼络，怀柔。　3 周緤(xiè)：刘邦同乡人。随刘邦起义，侍从左右，后封蒯成侯。　4 都：建都。　5 次：编订。　6 摧刚作柔：变刚强为柔顺。　列臣：大臣的行列。　7 栾公：即栾布。　不劫于埶：不为威势所屈服。　倍死：不避死。倍，通“背”。

敢犯颜色，以达主义；[1]不顾其身，为国家树长画[2]。作《袁盎朝错[3]列传》第四十一。

敢于触犯君主的颜面而使君主达到道义，不顾自身安危，替国家设立长远谋划。写成《袁盎朝错列传》第四十一卷。

守法不失大理，言古贤人，增主之明。作《张释之冯唐列传》第四十二。

维护法律而不违背根本事理，称述古代贤人，增长君主的明智。写成《张释之冯唐列传》第四十二卷。

敦厚慈孝，讷于言，敏于行，务在鞠躬，君子长者。[4]作《万石张叔列传》第四十三。

敦厚、慈爱、孝顺，不善于言谈，行事敏捷，努力做到谦虚谨慎，值得称为君子、长者。写成《万石张叔列传》第四十三卷。

守节切直，义足以言廉，行足以厉贤，任重权不可以非理挠。[5]作《田叔列传》第四十四。

坚守节操，恳切刚直，道义上值得被称为廉洁，行为上完全能够勉励贤能，担任重要职务，不能用没道理的事使他屈服。写成《田叔列传》第四十四卷。

扁鹊言医，为方者宗，守数精明；[6]后世循序，弗能易也，而仓公[7]可谓近之矣。作《扁鹊仓公列传》第四十五。

扁鹊行医，成为方术之人的宗师，所持技艺精通；后代遵循他创始的方法，不能改易，而仓公的医术可以说接近扁鹊了。写成《扁鹊仓公列传》第四十五卷。

注释　1 颜色：面容脸色。　义：道义。　2 长画：长远谋划。　3 朝错：即晁错。　4 讷(nè)：说话迟钝。　鞠躬：谦虚谨慎。　5 厉：通“励”。　挠：屈服。　6 方者：方术之人。　守数：所持技艺。数，技艺。

7 仓公:即淳于意,西汉著名医生。

维仲之省[1],厥濞王吴,遭汉初定,以填抚江淮之间。作《吴王濞列传》第四十六。

刘仲被贬削王爵,使刘濞得以封为吴王,正碰上汉家刚刚平定天下,要依靠他镇守、安抚江淮地区。写成《吴王濞列传》第四十六卷。

吴楚为乱,宗属唯婴贤而喜士,士乡之,率师抗山东荥阳。[2]作《魏其武安列传》第四十七。

吴楚七国发动了叛乱,皇室亲属中只有窦婴贤能且喜欢士人,士人都归附于他,所以让他统军在崤山以东的荥阳抵抗叛军。写成《魏其武安侯列传》第四十七卷。

智足以应近世之变,宽足用[3]得人。作《韩长孺列传》第四十八。

智谋足以应付近代的形势变化,宽厚足以深得人心。写成《韩长孺列传》第四十八卷。

勇于当敌,仁爱士卒,号令不烦,师徒乡之。[4]作《李将军列传》第四十九。

抵御敌人表现得勇敢,对待士卒宽仁慈爱,行军号令简要不烦琐,军队士兵归心于他。写成《李将军列传》第四十九卷。

自三代以来,匈奴常为中国患害;欲知强弱之时,设备征讨,作《匈奴列传》第五十。[5]

从夏、商、周三代以来,匈奴常常成为中原的祸害;想了解或强或弱的时势,以及设置防备、出军征讨的情况,写成《匈奴列传》第五十卷。

注释 1 仲:指刘仲,刘邦兄,刘濞之父。 省:贬削。 2 婴:即窦婴,窦太后侄。 乡:通“向”。 山东:崤山以东。 3 足用:足以。 4 当:抵挡。 烦:繁多。 5 中国:中原。 设备:设置防备。

直曲塞，广河南，破祁连，通西国，靡北胡。[1]作《卫将军骠骑列传》第五十一。

打通弯曲的边塞，开拓黄河以南地区，打败活动于祁连山的匈奴，开通前往西域国家的道路，使得北方胡人溃散。写成《卫将军骠骑列传》第五十一卷。

大臣宗室以侈靡相高，唯弘用节衣食为百吏先。[2]作《平津侯列传》第五十二。

大臣和宗族都以奢侈浪费互相竞赛、夸耀，只有公孙弘凭借节衣缩食成为百官表率。写成《平津侯列传》第五十二卷。

汉既平中国，而佗能集杨越以保南藩，纳贡职。[3]作《南越列传》第五十三。

汉朝廷已经平定了中原，而赵佗能够安定扬越地区来保卫南疆地区，向朝廷纳贡尽职。写成《南越列传》第五十三卷。

吴之叛逆，瓯人斩濞，葆守封、禺为臣。[4]作《东越列传》第五十四。

吴国发动叛乱，东瓯人斩杀了刘濞，坚守封山、禺山，向汉称臣。写成《东越列传》第五十四卷。

燕丹散乱辽间，满收其亡民，厥聚海东，以集真藩，葆塞为外臣。[5]作《朝鲜列传》第五十五。

燕太子丹的部众战败后分散在辽东地区，卫满聚合这些逃亡之民，集中在大海东边，用来安定真藩一带，保卫边塞，成为汉朝的外臣。写成《朝鲜列传》第五十五卷。

注释　1 直曲塞：打通弯曲的边塞。　广：开拓。　河南：内蒙古黄河以南的河套地区。　祁连：祁连山。文中指活动于此的匈奴。　靡：使……倒下。　2 相高：互相竞赛、夸耀。　弘：即公孙弘。　3 佗(tuó)：即南越赵佗。　杨越：即“扬越”。扬州所属越地。　贡职：纳贡尽职。　4 濞：

吴王刘濞。 葆：通“保”。 封、禺：指封山和禺山，在今浙江德清境内。

5 燕丹：即燕太子丹。 满：卫满，燕人，卢绾部将，后进据朝鲜，自立为王。 真藩：即真番，古地名，在今朝鲜开城一带。

唐蒙使略通夜郎，而邛笮之君请为内臣受吏[1]。作《西南夷列传》第五十六。

《子虚》之事，《大人》赋说，靡丽多夸，然其指风谏，归于无为。[2]作《司马相如列传》第五十七。

黥布叛逆，子长国之，以填江淮之南，安剽楚庶民。[3]作《淮南衡山列传》第五十八。

奉法循理之吏，不伐功矜能，百姓无称，亦无过行。[4]作《循吏列传》第五十九。

正衣冠立于朝廷，而群臣莫敢言浮说，长孺矜焉；好荐人，称长者，壮有溉。[5]作《汲郑列传》第六十。

唐蒙出使经营、开通夜郎道，而邛、笮的君长请求成为汉朝的内臣，并接受朝廷派来的官吏。写成《西南夷列传》第五十六卷。

《子虚赋》所及之事，《大人赋》铺叙的言辞，虽然都很华丽夸张，然而它的主旨是进行讽谏，劝谏君主无为而治。写成《司马相如列传》第五十七卷。

黥布背叛汉廷，高祖少子刘长在黥布旧地立国，以镇守长江、淮河以南，安定强悍的楚地百姓。写成《淮南衡山列传》第五十八卷。

奉行法律、遵循事理的官吏，不夸耀功劳和才能，百姓没有人称赞他们，他们也没有过分的行为。写成《循吏列传》第五十九卷。

端正自己的衣冠站立在朝堂之上，那么群臣就没有谁敢于说出虚浮不实的话来，汲长孺是位刚直庄重的大臣；喜好推荐人才，称道长者，郑庄慷慨有节操。写成《汲郑列传》第六十卷。

注释 1 唐蒙:西汉人,武帝时为中郎将。 夜郎:古部族名,主要分布在今贵州一带。 受吏:接受朝廷委派的官吏。 2《子虚》:即司马相如所作《子虚赋》。《大人》:亦为司马相如之赋作。 夸:夸张。 指:意旨。 3 黥布:即英布。 子长:高祖少子刘长。 国之:以之为国。 4 称:称誉。 过行:过失行为。 5 浮说:虚浮不实之说。 长孺:即汲黯,字长孺。 壮:当为“庄”,指郑当时,字庄。 溉:气节,气量。《史记集解》引徐广曰:“一作‘慨’。”

自孔子卒,京师莫崇庠序,唯建元、元狩之间,文辞粲如也。[1]作《儒林列传》第六十一。

自从孔子去世,京城里没有谁尊崇学校教育,只有建元、元狩年间,文教才有了起色,朝野上下文采斐然。写成《儒林列传》第六十一卷。

民倍本多巧,奸轨弄法,善人不能化,唯一切严削为能齐之。[2]作《酷吏列传》第六十二。

民众背弃农业,多生诈巧,作奸犯科,玩弄法令,善良的人不能教化他们,只有一律严厉制裁才能整治他们,使他们按法令行事。写成《酷吏列传》第六十二卷。

汉既通使大夏,而西极远蛮,引领内乡,欲观中国。[3]作《大宛列传》第六十三。

汉朝派张骞通出使大夏以后,西部很远的蛮夷国家,都向往汉朝,想来中国看看。写成《大宛列传》第六十三卷。

救人于厄,振人不赡,仁者有乎;[4]不既信,不倍言,义者有取焉。[5]作《游侠列传》第六十四。

解救他人的困厄,赈济他人的贫困,仁者有这样的美德;不失掉信任,不违背诺言,心怀道义者有可取之处。写成《游侠列传》第六十四卷。

夫事人君能说主耳

侍奉君主能使其耳目愉快,脸

目，和主颜色，而获亲近，非独色爱，能亦各有所长。[6]作《佞幸列传》第六十五。

色和悦，从而获得君主的宠幸，这不只是靠姿容颜色，还要有钻营的本事。写成《佞幸列传》第六十五卷。

注释　1 庠序：泛指学校。　建元：汉武帝年号，公元前 140—前 135 年。　元狩：汉武帝年号，公元前 122—前 117 年。　粲如：昌盛鲜明的样子。　2 倍：通“背”。　化：教化，感化。　严削：严厉制裁。　3 大夏：中亚古国，在今阿富汗北部。　引领内乡：倾慕、向往汉朝。引领，伸长脖子。乡，通“向”。　4 厄：困厄。　赡：富足。　5 既：失掉。　倍言：背弃诺言。　6 说：通“悦”。　色爱：女色之爱。

不流世俗，不争埶利，上下无所凝滞，人莫之害，以道之用。[1]作《滑稽列传》第六十六。

不与世俗同流合污，也不与人争权夺利，地位不高，但能与上下周旋，没有谁能加害他们，是因为他们运用的是世俗之道。写成《滑稽列传》第六十六卷。

齐、楚、秦、赵为日者[2]，各有俗所用。欲循[3]观其大旨，作《日者列传》第六十七。

齐、楚、秦、赵从事占候卜卦的人，他们因各地风俗的不同而各有自己的占卜之法。为弄清他们的情况，写成《日者列传》第六十七卷。

三王不同龟，四夷各异卜，然各以决吉凶。[4]略窥其要，作《龟策列传》第六十八。

夏、商、周三代君主占龟的方法不同，四方蛮夷部族卜筮的方法各异，然而都是利用占卜来决定吉凶。为粗略地窥测其中的大概情况，写成《龟策列传》第六十八卷。

布衣匹夫之人，不害于政，不妨百姓，取与以

一个普通民众，不触犯法令，不妨碍百姓，靠预测市场行情做买卖

时而息[5]财富，智者有采焉。作《货殖列传》第六十九。

而发财致富，智慧的人也可以从他们身上得到借鉴。写成《货殖列传》第六十九卷。

注释 1 埶利：权势利益。 上下无所凝滞：上上下下没有矛盾，表明其善于周旋。 2 日者：占候卜卦之人。 3 循：《史记集解》引徐广曰："一作'总'。" 4 龟：用龟甲占卜。 四夷：周边各部族。 5 息：增长。

维我汉继五帝末流，接三代绝业。[1]周道废，秦拨去古文，焚灭《诗》《书》，故明堂石室金匮玉版图籍散乱。[2]于是汉兴，萧何次律令，韩信申军法，张苍为章程，叔孙通定礼仪，则文学彬彬稍进，《诗》《书》往往间出矣。[3]自曹参荐盖公言黄老，而贾生、晁错明申、商，公孙弘以儒显，百年之间，天下遗文古事靡不毕集太史公。[4]太史公仍父子相续纂其职。曰："於戏[5]！余维先人尝掌斯事，显于唐虞，至于周，复典之，故司马氏世主天官。[6]

我汉朝继承五帝的遗风，接续三代中断了的大业。周朝末年王道废弛，秦朝废弃了古文，焚毁了《诗》《书》，所以造成明堂、石室、金匮、玉版等处图书典籍散失。这时候汉朝兴起，萧何修订律令，韩信申明军法，张苍创立规章，叔孙通制定礼仪，于是举止文雅的学问之士逐渐得到进用，《诗》《书》在各地断断续续出现了。自从曹参举荐盖公讲论黄老之道，而贾谊、晁错阐明申不害、商鞅的理论，公孙弘因为运用儒学而显贵，一百年之间，天下已发现的古代文书、档案、典籍无不汇集到太史公这里。太史公父子两代相继在此任职。太史公说："哎呀！我的先人在虞舜时代曾经当过史官，很有名气，到周朝，又担任这一职务，

至于余乎，钦念[7]哉！钦念哉！”罔罗天下放失旧闻，王迹所兴，原始察终，见盛观衰，论考之行事，略推三代，录秦汉，上记轩辕，下至于兹，著十二本纪，既科条之矣。[8]并时异世[9]，年差不明，作十表。礼乐损益，律历改易，兵权山川鬼神[10]，天人之际，承敝通变，作八书。二十八宿环北辰，三十辐共一毂，运行无穷，辅拂股肱之臣配焉，忠信行道，以奉主上，作三十世家。[11]扶义俶傥[12]，不令己失时，立功名于天下，作七十列传。凡百三十篇，五十二万六千五百字，为《太史公书》。序略，以拾遗补蓺，成一家之言，厥协六经异传，整齐百家杂语，藏之名山，副在京师，俟后世圣人君

所以司马氏是世代相承主持天文星历方面事务的。难道这会终止于我这一代吗？郑重牢记呀！郑重牢记呀！”网罗搜集天下散佚的旧闻，对帝王功业所兴起的过程，推究发端，考察终结，见证兴盛，观察衰败，论述考察他们的事迹，简略推考三代，详细叙录秦、汉，上记轩辕黄帝，下到当今社会，撰十二本纪，已经科分条例，形成大纲。在相同的时代有着不同的世代，年代相差不易明了，写成十表。礼乐增减，律历变更，兵法权谋，山川形胜，鬼神祭祀，天人之间的关系，承其衰败，通观变革，写成八书。二十八宿环绕北极星，三十车辐共集一毂，运行没有穷尽，辅弼股肱的大臣，和星辰、辐毂一样相配，忠实诚信，共行大道，来侍奉皇上，写成三十世家。仗义而行，倜傥不羁，不使自己失却时机，在天下扬名，写成七十列传。总计一百三十篇，五十二万六千五百字，写成《太史公书》。叙述大略，用采集遗逸的事迹来补充六艺，成为一家之言，协同《六经》和对它的不同解释，将百家的各种学说予以整理、编排，正本藏在朝廷，副本留在京城自己家中，

子。[13]第七十。

太史公曰：余述历黄帝以来至太初而讫，百三十篇。[14]

留待后代的圣人君子观览。因此写了列传第七十卷《太史公自序》。

太史公说：我讲述从黄帝以来直到武帝太初年间而止的史实，共一百三十篇。

注释 1 末流：遗风，余绪。 绝业：中断的大业。 2 拨去：除去，废掉。 古文：古代典籍。 玉版：此指藏玉版之处。《史记集解》引如淳曰："刻玉版以为文字。" 3 申：申明。 文学彬彬：指举止文雅有学问之人。 往往：到处。 间出：断断续续出现。 4 盖公：西汉胶西人，精通黄老道家之说。 贾生：即贾谊。 申：申不害。 商：商鞅。 5 於戏：呜呼。 6 斯：此。 典：掌管。 7 钦念：郑重牢记。 8 罔罗：收集。罔，即"网"。 放失：散佚。 轩辕：黄帝。 科条：科分条例，列出大纲。 9 并时异世：在相同的时代有着不同世代。 10 兵权：用兵策略、权术。 山川：山河形势。 11 二十八宿(xiù)：我国古代的天文学家把周天之星分为二十八组，称二十八宿。 北辰：即北极星。 辐：辐条。 毂：车轮中心之圆木。 拂：通"弼"。辅佐。 12 俶傥(tì tǎng)：洒脱而卓越不凡。 13 序略：叙述大略。 补蓺：补六艺之缺。蓺，同"艺"。 名山：指朝廷。 副：副本。 京师：京城自己家中。 俟：等待。 14 太初：汉武帝年号，公元前 104—前 101 年。 讫：止。

附录

报任安书

（摘自《汉书·司马迁传》）

原文

少卿足下[1]：曩者辱赐书，教以慎于接物，推贤进士为务，意气勤勤恳恳，若望仆不相师用，而流俗人之言。[2]仆非敢如是也。虽罢驽[3]，亦尝侧闻长者遗风矣。顾自以为身残处秽，动而见尤，欲益反损，是以抑郁而无谁语。[4]谚曰："谁为为之？孰令听之？"[5]盖钟子期死，伯牙终身不复鼓琴。[6]何则？士为知己用，女为说[7]己容。若仆大质已亏缺，虽材怀随

译文

少卿足下：前些日子，承蒙您屈尊给我写信，教导我要谨慎地待人接物，并把向皇帝推荐贤士当作自己的责任，心意殷勤恳切，好像是抱怨我没有遵照您的意见行事，而是听从庸俗之人的意见。我是不敢这样做的。我虽然才能庸劣，也曾经听说过德高望重的长者留传下来的风尚啊。只是自认为身体残缺，处于污秽羞辱的地位，一行动就会被指责，想要对事情有所补益，反而会招致损害，因此心情忧郁而没有谁可去诉说。俗话说："为谁做事呢？让谁听从你？"钟子期死了，伯牙终生不再弹琴。为什么呢？士人为了解自己的人效力，女子为喜爱自己的人打扮。像我这样身体已经亏损，即使怀有像随氏珠、和氏璧一样可贵

和,行若由夷,终不可以为荣,适足以发笑而自点耳。[8]

的才能,具有像许由、伯夷一样高洁的品行,终究不能够认为是光荣,反倒会被人耻笑而自取其辱罢了。

注释 1 少卿:即任安,字少卿,西汉荥阳人。曾任益州刺史、北军使者护军。巫蛊案起,任安受太子令而按兵观望。太子事平,任安以"持两端"被判腰斩。 足下:书信中同辈人之间对对方的敬称。 2 曩(nǎng):从前,过去。 意气:情意,心意。 勤勤恳恳:殷勤恳切。 望:怨恨。 仆:我,对自己的谦称。 相师用:指接受对方的意见。 流:随从。 3 罢驽:笨拙,才能低下。罢,通"疲"。驽,劣马。 4 顾:不过,只是。 处秽:指担任中书令之职,当时由宦者充任。 尤:指责。 无谁语:《汉书》颜师古注:"无谁语者,言无相知心之人,谁可告语?" 5 "谁为为之"二句:《汉书》颜师古注:"言无知己者,设欲修名节,立言行,谁可为作之,又令谁听之?"谁为,即"为谁"。孰令,即"令谁"。 6 钟子期、伯牙:二人均为春秋时楚国人,伯牙善弹琴,而钟子期能知其音。 7 说:通"悦"。 8 大质:身体。 随和:即随侯珠、和氏璧。 由夷:即古代贤人许由、伯夷。 点:玷污,污辱。

书辞宜答,会东从上来,又迫贱事,相见日浅,卒卒无须臾之间得竭指意。[1]今少卿抱不测之罪,涉旬月,迫季冬,仆又薄从上上雍,恐卒然不可讳。[2]是仆终已不得舒愤懑以晓

来信本当回复,正遇上跟随皇上从东方回来,又忙于一些琐事,与您见面的机会很少,匆匆忙忙没有一点空闲能够详尽表述我的心意。如今少卿背负着危险的大罪过,再过十天半月,就接近十二月了,我又马上要随从皇上到雍地去,恐怕您会突然遭遇不幸。这样,我将永远

左右,则长逝者魂魄私恨无穷。[3]请略陈固陋。阙然不报[4],幸勿过。

不可能向您抒发心中的愤懑之情,那么已逝去的人的魂魄也会抱恨无穷。请允许我简略地陈述自己鄙陋的意见。过了很长时间没有回信,希望你不要责怪。

注释 1 东从上来:即"从上东来"。跟随武帝东回长安。 浅:少。 卒卒:同"猝猝"。匆匆忙忙。 指:通"旨"。意图。 2 涉旬月:再过十天半月。 迫:临近。 季冬:冬季的最后一个月,即十二月。 薄:急迫。 上雍:到雍地。 卒:同"猝"。突然。 不可讳:此指被杀。 3 终已:终于,始终。 左右:指对方,不直称以示尊敬。 4 阙然不报:《汉书》颜师古注:"谓中间久不报也。"阙,同"缺"。间隔。

仆闻之,修身者智之府也,爱施者仁之端也,取予者义之符也,耻辱者勇之决也,立名者行之极也。[1]士有此五者,然后可以托于世,列于君子之林矣。故祸莫憯于欲利,悲莫痛于伤心,行莫丑于辱先,而诟莫大于宫刑。[2]刑余之人,无所比数,非一世也,所从来远矣。[3]昔卫灵公与雍渠载,孔子适陈;[4]商鞅因景监见,赵

我听说,修养自身是智慧的集中表现,喜爱施舍是行仁德的开始,索取和给予恰当是道义的标准,正确对待耻辱是勇敢的先决条件,树立名声是品行的最高境界。士人有了这五项条件,然后才可以在人世间立足,并置身于君子的行列了。所以祸患没有比贪图私利更惨痛的,悲哀没有比挫伤心灵更痛苦的,行为没有比使先人受辱更丑恶的,而耻辱没有比受过宫刑更严重的了。受刑之后的人,不可能和别人比较高低,这不是一时的事,而是由来已久了。从前,卫灵公和宦官雍渠同坐一车,孔子因此离开卫国去了陈国;商鞅通过宦官景监

良寒心；[5]同子[6]参乘，爰丝[7]变色：自古而耻之。夫中材之人，事关于宦竖，莫不伤气，况慷慨之士乎！[8]如今朝虽乏人，柰何令刀锯之余荐天下豪隽哉[9]！

见到秦孝公，儒生赵良就感到失望、痛心；赵谈在文帝时充当陪乘，袁丝变得愤怒：自古以来就以身为宦官为耻辱。要是一般人，事情涉及宦官，没有不感到挫伤志气的，更何况是激昂慷慨的士人呢！如今朝廷虽说缺乏人才，怎么可以让受过刀锯之刑的人来推荐天下的贤豪俊杰呢！

注释　1 府：《汉书》颜师古注："府者，所聚之处也。"　符：信，凭证。　耻辱：以受辱为耻。　行之极：品行的最高境界。　2 憯(cǎn)：惨痛。　欲：贪图。　诟：耻辱。　3 刑余之人：即受过宫刑的人，此指宦官。　无所比数：不可能和他人比较高低。　4 卫灵公：春秋时卫国国君，公元前534—前493年在位。　雍渠：卫灵公宠信的宦官。　孔子适陈：卫灵公与夫人同车出游，令雍渠参乘，让孔子坐在后面车上，孔子以为耻辱，离开卫国，前往陈国。　5 景监：秦孝公的宦官。　赵良：秦国的贤士。　6 同子：《汉书》苏林注："赵谈也。与迁父同讳，故曰同子。"赵谈为汉文帝时宦官。　7 爰丝：即袁丝，名盎，字丝。　8 中材之人：一般人。材，才能。　宦竖：指宦官。此乃轻蔑之语。　伤气：挫伤志气。9 刀锯之人：受刑之人。　隽(jùn)：通"俊"。

仆赖先人绪业，得待罪辇毂下，二十余年矣。[1]所以自惟：上之，不能纳忠效[2]信，有奇策材力之誉，自结明主；次之，又不能拾遗补

我依赖先人开创的事业，得以在京城担任官职，已有二十多年了。我自己想过：首先，我未能献出赤胆忠心，取得才干出众的名声，并获得圣明君主的信任；其次，我未能帮助君主拾取遗漏，补

阙，招贤进能，显岩穴之士[3]；外之，不能备行伍，攻城野战，有斩将搴[4]旗之功；下之，不能累日积劳[5]，取尊官厚禄，以为宗族交游光宠。四者无一遂[6]，苟合取容，无所短长之效，可见于此矣。乡者，仆亦尝厕下大夫之列，陪外廷末议。[7]不以此时引维纲，尽思虑，今已亏形为埽除之隶，在阘茸之中，乃欲卬首信眉，论列是非，不亦轻朝廷，羞当世之士邪！[8]嗟乎！嗟乎！如仆，尚何言哉！尚何言哉！

充缺陷，招致贤士，推荐能人，使隐居的士人得到任用；另外我未能置身于军队当中，去攻夺城池，在旷野激战，立下斩杀将领、拔取敌旗的功劳；最后我未能一天天地积累功劳，凭借年资取得尊贵的官位、厚重的俸禄，来替宗族和朋友们增加光彩荣宠。我在这四个方面没有一项获得成功，苟且迎合得以容身，也不会有什么特别的长处，从这里可以看得出来了。从前，我也曾经置身于下大夫的行列，在外朝发表些浅薄的意见。我不在那时候援引国家纲纪，竭尽思虑，如今已是身体残缺、地位低下的人，处在卑贱的行列，竟想昂首扬眉，评论是非，不也是轻蔑了朝廷，羞辱了当代的士人吗？唉！唉！像我这样的情况，还说什么呢！还说什么呢！

注释　1 待罪：古代做官的谦辞，意为侍奉。　辇毂：皇帝的车驾，此指皇帝所在的京城。　2 效：献出。　3 岩穴之士：隐士。　4 搴(qiān)：拔取。　5 累日积劳：一天天地积累功劳。　6 遂：实现，成功。　7 乡者：即“向者”。从前。乡，通“向”。　厕：参与。　下大夫：太史令秩六百石，故称。　外廷：外朝官。汉武帝时起，分丞相、御史大夫及九卿等为外朝官，太史令亦属此类。大司马与侍中、散骑、常侍、给事中、左右曹等近臣，以及尚书等为中朝官(内朝官)。　末议：谦辞，犹今之“拙见”。　8 维纲：

国家的法令。 亏形:指身体受损、有残疾。 埽(sǎo)除之隶:指地位低下之人,谦辞。埽,同“扫”。 阘(tà)茸:卑贱,低下。 卬:通“昂”。 信:通“伸”。舒展。 邪:语气助词。

且事本末未易明也。仆少负不羁之才,长无乡曲之誉,主上幸以先人之故,使得奉薄技,出入周卫之中。[1]仆以为戴盆何以望天[2],故绝宾客之知,忘室家之业,日夜思竭其不肖之材力,务壹心营职,以求亲媚于主上。而事乃有大谬不然者。夫仆与李陵俱居门下,素非相善也,趣舍异路,未尝衔杯酒接殷勤之欢。[3]然仆观其为人自奇士,事亲孝,与士信,临财廉,取予义,分别有让,恭俭下人,常思奋不顾身以徇国家之急。[4]其素所畜积也,仆以为有国士之风。[5]夫人臣出万死不顾一生之

况且事情的原委是不容易明白的。我年轻时抱有高远不可限量的才能,长大后没有得到乡里的赞誉,幸赖皇上因为先人的缘故,使我能奉献出浅薄的才能,进出宫禁之中。我认为头上戴着盆怎么可以仰望天空,所以断绝宾客的交往,忘却了家庭的私事,日日夜夜想着竭尽我并不贤能的才力,致力于一心一意经营本职,来求得皇上的亲近恩宠。但是事情的发展完全不是我意料的情况。我和李陵都是皇帝的近卫官,两人平素并没有密切的交往,志趣也各不相同,从来不曾在一起举杯饮酒,表示相互的友好情谊。然而我观察他的为人,是能够守住自己节操而德行出众的士人,侍奉父母孝顺,和士人交往讲信用,面对着财物能保持廉洁,索取和给予很注重道义,能分别不同的人而做到谦让有礼,恭敬节俭,甘居人下,常常想着奋不顾身来为国家的急难作出牺牲。从他平日的行为表现,我认为有才能出众之士的风度。作为人臣,宁肯万死而不顾

计，赴公家之难，斯已奇矣。今举事壹不当，而全躯保妻子之臣随而媒孽其短，仆诚私心痛之。[6]且李陵提步卒不满五千，深践戎马之地，足历王庭，垂饵虎口，横挑强胡，卬亿万之师，与单于连战十余日，所杀过当。[7]虏救死扶伤不给，旃裘之君长咸震怖，乃悉征左右贤王，举引弓之民，一国共攻而围之。[8]转斗千里，矢尽道穷，救兵不至，士卒死伤如积。然李陵一呼劳军，士无不起，躬流涕，沬血饮泣，张空弮，冒白刃，北首争死敌。[9]陵未没时，使有来报，汉公卿王侯皆奉觞上寿[10]。后数日，陵败书闻，主上为之食不甘味，听朝不怡。大臣忧惧，不知所出。

自身，奔赴国家的急难，这已经很难得了。如今行事稍有不恰当，而那些顾全自身、保护妻妾子女的大臣随即构陷、诬害来加重他的过失，我心里实在感到悲痛。况且李陵率领的步兵不满五千人，深入到战事前沿，足迹到达匈奴王庭，在虎口设置下诱饵，勇敢地向强悍的匈奴挑战，迎战亿万的师旅，和单于接连战斗了十几天，所斩杀的敌人超过了自己军队的数目。敌军救护伤员都顾不上，匈奴头目都感到震惊、恐惧，于是调来左、右贤王的军队，出动全部能拉弓射箭的人，动员整个匈奴的力量共同来进攻并包围了李陵。李陵辗转战斗千里路程，箭矢用尽了，退路也堵住了，救援的军队没有到达，死伤的士兵堆积如山。但在这种情况下，只要李陵在慰劳军队时发出一声号令，士兵没有不起身的，个个流着眼泪，满脸流血，暗自抽泣，拉开没有箭矢的弩弓，不顾敌人的刀剑，向北前进争着与敌人拼死战斗。李陵的军队还没有战败的时候，有使者来朝廷报告，公卿王侯都举着酒杯庆祝胜利。过了几天，李陵失败的奏书报来，皇上为这件事吃饭不香，在朝听政也不高兴。大臣忧虑恐惧，不知怎么办好。

注释 1 负:抱有。 不羁之才:《汉书》颜师古注:"不羁,言其材质高远,不可羁系也。" 乡曲:乡里。 周卫:即宫禁之中。周,环绕。卫,宿卫。 2 戴盆何以望天:头上戴着盆子怎么能去望见天空。指人不能同时做两件矛盾的事情。 3 俱居门下:李陵元狩中曾为侍中,司马迁元狩中已为郎中,皆出入宫门。门下,皇帝近卫官的通称。 趣舍:喻人志向不同。趣,趋向。舍,废止。 4 自奇士:《昭明文选》本为"自守奇士",即能够守住自己节操的士人。奇士,德行或才智出众的人。 分别有让:对不同的人有不同的礼节。 恭俭下人:恭敬节俭,甘居人下。 徇:通"殉"。为了某种目的而死。 5 畜积:即"蓄积"。此指平时的行为、表现。 国士:国家中才能出众的人。 6 举事壹不当:行事稍有不当。 媒孽:构陷诬害。 7 提:率领。 王庭:匈奴君王所居之地。 卬:一说通"仰"。仰攻。一说通"迎"。迎战。又有以为通"抑"。抑制,牵制。 8 旃裘之君:指匈奴头目。 左右贤王:在匈奴地位仅次于单于的两位头人。 9 沬(huì)血:血流满面。沬,洗脸。 卷(quān):弩弓。 北首:头向北。 死敌:死战。 10 觞(shāng):酒具。 上寿:敬献祝寿之辞,此指祝捷。

仆窃不自料其卑贱,见主上惨凄怛悼,诚欲效其款款之愚。[1] 以为李陵素与士大夫绝甘分少[2],能得人之死力,虽古名将不过也。身虽陷败,彼观其意,且欲得其当[3]而报汉。事已无可柰何,其所摧败,功亦足以暴[4]于天下。仆怀[5]欲陈之,而未

我没有估量一下自己处于卑贱的地位,看到皇上凄惨痛苦的样子,实在是想竭尽忠诚,献出自己愚昧的见解。我认为李陵向来和士大夫们在一起,有好的东西自己不取,分东西自己少要,才能够得到别人替他拼死效力,即使古代的名将也不能超过他。他虽然遭到失败而投降匈奴,但他的用意,是想将来得到合适的机会来报答汉朝。事情已经到了无可奈何的境地,但是他打败了那么多敌

有路。适会召问，即以此指推言陵功，欲以广主上之意，塞睚眦之辞。[6] 未能尽明，明主不深晓，以为仆沮贰师，而为李陵游说，遂下于理。[7] 拳拳[8] 之忠，终不能自列，因为诬上，卒从吏议。家贫，财赂不足以自赎，交游莫救，左右亲近不为壹言[9]。身非木石，独与法吏为伍，深幽囹圄[10] 之中，谁可告诉者！此正少卿所亲见，仆行事岂不然邪？李陵既生降，隤其家声，而仆又茸以蚕室，重为天下观笑。[11] 悲夫！悲夫！

人，功劳也足以名扬天下。我想将这样的见解陈述出来，却没有机会。正好碰到皇上的召问，就按这个想法阐述李陵的战功，想借以宽慰皇上，堵塞怨恨他的人的议论。还没有把意思完全阐述明白，英明的君主不加深入了解，认为我是在败坏贰师将军的声誉，并且是在替李陵说情，就把我交给刑狱官署问罪。我诚挚的忠心，始终不能陈述和辩白，因而被定为诬上的罪名，皇上最终同意了司法官吏的判决。我家中贫穷，财产变卖也拿不出足够的钱来赎罪，朋友们也没谁援救，皇上两旁的亲近大臣没有一个人替我说句话。我是血肉之躯，不是树木和石头这些无知觉的东西，却和执法的官吏们打交道，牢牢地被关在监狱之中，我能向谁诉说呢！这些正是少卿亲眼所见，我的所作所为难道不是这样吗？李陵投降匈奴以后，败坏了他家族的名声，而我又被置于蚕室，被天下人大大地耻笑。可悲呀！可悲呀！

注释 1 怛(dá)悼：痛苦，忧伤。 款款：忠诚的样子。 2 绝甘分少：喻与众人同甘苦。绝甘，好的东西不沾边。分少，稀少的东西分与他人。 3 得其当：得到一个合适的机会。 4 暴(pù)：暴露，显现。 5 怀：心里藏有这种思想。 6 此指：这个想法。 睚眦(yá zì)：极小的怨恨。

7 沮(jǔ):败坏。 贰师:即贰师将军李广利,汉武帝李夫人之兄。 理:掌刑狱的官署。 8 拳拳:诚挚的样子。 9 壹言:说一句话。 10 囹圄(líng yǔ):监狱。 11 隤(tuí):败坏。 茸(rǒng):推入。 蚕室:受宫刑之人需在严密之温室中养伤,如同进入养蚕之温室,故称之。

事未易一二[1]为俗人言也。仆之先人非有剖符丹书之功,文史星历近乎卜祝之间,固主上所戏弄,倡优畜之,流俗之所轻也。[2]假令仆伏法受诛,若九牛亡一毛,与蝼蚁何异?而世又不与能死节者比,特以为智穷罪极,不能自免,卒就死耳。[3]何也?素所自树立[4]使然。

事情是不能一一地对俗人去说的。我的先人并没有剖分符节、在铁券上用朱砂写上誓词这样的功劳,掌管文献、历史、星象、历法的职务,地位接近于占卜、祭祀一类,本来就被主上所轻视捉弄,被当成乐人、戏子一样畜养着,并被世俗所轻视。假若让我依法受到诛杀,就像是许多头牛身上脱下一根毛,和蝼蛄、蚂蚁有什么两样?并且世间的人又不会将我与为节操而死的人相比,只认为我是智慧穷尽、罪大恶极,不能获得赦免,最终被杀罢了。为什么呢?平素自己所处的职业和地位让人是这样看的。

注释 1 一二:一一地,逐一地。 2 剖符丹书之功:显赫的功勋。剖符,帝王授予权力或封功臣、爵邑的文约凭证。丹书,亦称丹书铁券,是在铁券上用朱砂写上誓词,作为本人或后世子孙享受恩荫、减免罪过的凭证。 星历:天文历算。 卜祝:占卜、祭祀之官。 倡优:乐师、戏子。 畜(xù):畜养。 3 与:《汉书》颜师古注:“与,许也。不许其能死节。” 特:只。 4 所自树立:自己所处的职业和地位。

人固有一死，死有重于泰山，或轻于鸿毛，用之所趋异也。太上不辱先，其次不辱身，其次不辱理色，其次不辱辞令，其次诎体受辱，其次易服受辱，其次关木索被棰楚受辱，其次剔毛发婴金铁受辱，其次毁肌肤断支体受辱，最下腐刑，极矣。[1]传曰“刑不上大夫”，此言士节不可不厉也。[2]猛虎处深山，百兽震恐，及其在阱槛之中，摇尾而求食，积威约之渐也。[3]故士有画地为牢势不入，削木为吏议不对，定计于鲜也。[4]今交手足，受木索，暴肌肤，受榜棰，幽于圜墙之中，当此之时，见狱吏则头枪地，视徒隶则心惕息。[5]何者？积威约之势也。及已至此，

人本来都有一死，有人死得比泰山还重，有的人就死得像鸿毛一样轻，是因为他们生存的依靠是不一样的。最重要的是不使祖先受辱，其次是不使自身受辱，其次是不使道义和脸面受辱，其次是不在应对的言辞上受辱，其次是长跪在地上接受审判受辱，其次是穿上囚犯的赭衣受辱，其次是带上木枷绳索被拷打受辱，其次是剃去头发、在颈上套上铁圈受辱，其次是毁坏肌肤、砍断肢体受辱，最下等的是腐刑，受辱到极点了。书传上说“刑罚不能加在大夫身上”，这是说士人讲气节，不可以不自勉。猛虎处在深山之中，百兽见到它就会震惊恐惧，等到它关在养兽的圈槛里面，摇着尾巴来乞求食物，这是威势的逼迫长期积累逐渐形成的结果。所以士人即使画地为牢也势必不会站进去，削个木头人当狱官也不面对它议论，而是在受刑之前就决定自杀了。如今我被捆绑了手足，套上了枷锁，暴露了肌肤，接受了鞭笞，囚禁在监牢当中，正当这个时候，见到狱吏就连地磕头，看到了狱卒就恐惧、气喘。为什么呢？这是威势的逼迫长期积累所造成的事态决定的。等到已经发展到这个地步，说是

言不辱者，所谓强颜[6]耳，曷足贵乎！

没有受到侮辱，只不过是所谓的厚着脸皮罢了，哪里还值得敬重呢！

注释 1 太上：最好的，最高的。 理色：道义和脸面。理，道理。色，颜色，面色。 诎体受辱：长跪在地接受审判。 易服：穿上罪犯所穿的赭衣。 关木索：给罪犯带上木枷绳索。 被棰楚：受拷打。棰，短木棍。楚，荆条。 剔毛发：受髡刑。 婴金铁：以铁圈束颈受钳刑。婴，绕。 支：同“肢”。 2 刑不上大夫：此句引自《礼记·曲礼上》。 士节：士大夫之节操。 厉：勉励。 3 阱(jǐng)槛(jiàn)：养兽之圈(juàn)。阱，陷阱。 积威约之渐：谓被人的强大威势所约束，逐渐发展到这种地步。 4 画地为牢：在地上画个圈作为牢狱。 削木为吏：刻削个木头人做狱吏。 议不对：不敢面对议论。 定计于鲜：在未遇刑前作出决断。鲜，指形势鲜明。 5 榜：捶打。 圜墙：监牢。 枪：碰撞。 惕息：恐惧、气喘。 6 强颜：厚着脸皮。

且西伯，伯也，拘牖里；[1]李斯，相也，具五刑[2]；淮阴，王也，受械于陈；[3]彭越、张敖南乡称孤，系狱具罪；[4]绛侯诛诸吕，权倾五伯，囚于请室；[5]魏其，大将也，衣赭关三木；[6]季布为朱家钳奴[7]；灌夫受辱居室[8]。此人皆身至王侯将相，声闻邻国，

况且西伯是西方部族的君长，被拘囚在羑里；李斯是丞相，也受尽了五刑；淮阴王是诸侯王，在陈地被套上枷锁；彭越、张敖是面向南称孤道寡的王，被捕入狱抵罪；绛侯诛灭了吕氏家族的叛乱，权势盖过春秋五霸，却被囚禁在京城的特设监狱；魏其侯是一名统帅，也穿着赭色囚衣，脖颈手足都套上了刑具；季布当了朱家的奴隶；灌夫在拘囚贵族罪犯的场所受辱。这些人自身的地位都到了

及罪至罔加，不能引决自财。[9]在尘埃之中，古今一体，安在其不辱也！[10]由此言之，勇怯，势也；强弱，形也。[11]审[12]矣，曷足怪乎！且人不能蚤自财绳墨之外，已稍陵夷至于鞭棰之间，乃欲引节，斯不亦远乎！[13]古人所以重[14]施刑于大夫者，殆为此也。夫人情莫不贪生恶死，念亲戚，顾妻子，至激于义理者不然，乃有不得已也。

王侯将相，声名传到了相邻的国家，等到犯了罪而受处罚时，都不能下决心自杀。被囚禁在监狱中，古今的情形是一样的，哪里能不受辱呢！照此来说，勇敢或胆怯是权力地位造成的，强大或弱小是所处的形势造成的。这是明明白白的道理，有什么值得奇怪呢！况且人们不能早在受到刑罚以前就自杀，直到形势逐渐衰颓到要受到鞭笞拷打的时候，才想为了节操而自杀，这不是太晚了吗？古人慎重地对大夫施加刑罚的原因，恐怕是由于这个吧。就人之常情而言，没有谁不是贪生怕死的，思念父母，顾惜妻妾儿女，至于为义理所激励的人不这样做，是出于不得已的情况。

注释 1 西伯：指周文王。后一个“伯”为“君长”之意，西方部落之长。 牖里：即羑里，古地名，在今河南汤阴北。 2 具五刑：受了五种刑法（割鼻、斩左右趾、笞杀、枭首、剁骨肉于市）。 3 淮阴：指淮阴王韩信。 受械于陈：在陈地（今河南淮阴）被捉拿。 4 张敖：赵王张耳之子，刘邦之女婿。 南乡：面向南。乡，通“向”。 5 绛侯：指周勃。 倾：超过。 伯：通“霸”。 请室：官署名，在京城中特设的囚禁有罪官吏的监狱。 6 魏其：指魏其侯窦婴。 三木：即上在颈、手、足的枷、梏、桎等刑具。 7 钳奴：髡钳为奴隶。 8 居室：后又叫保官、守官，是拘留贵族罪犯的场所。 9 罔：同“网”。喻指法律。 引决自财：下决心自杀。财，通“裁”。 10 尘埃：意指监牢。 一体：一样，同样。

11 势：指权力地位。 形：指所处形势地位。 12 审：清楚，明白。 13 蚤：通“早”。下同。 绳墨：此指刑罚。 陵夷：衰颓。 引节：为了节操而自杀。 14 重：难，慎重。

今仆不幸，蚤失二亲，无兄弟之亲，独身孤立，少卿视仆于妻子何如哉？且勇者不必死节，怯夫慕义，何处不勉焉！[1] 仆虽怯耎欲苟活，亦颇识去就之分矣，何至自湛溺累绁之辱哉！[2] 且夫臧获[3]婢妾犹能引决，况若仆之不得已乎！所以隐忍苟活，函粪土之中而不辞者，恨私心有所不尽，鄙没世而文采不表于后也。[4]

如今我很不幸，早早就丧失了父母，又没有至亲的兄弟，独自一人孤立于世，少卿看我对待妻妾子女是个什么态度呢？况且勇敢的人不一定为节操而死，怯懦的人如果仰慕节义，哪个地方不可以受到勉励呢！我虽然怯懦，想苟且地活在世上，也还是略为懂得些死生的真正分界，何必让自己陷入捆绑受辱的境地呢！再说一般的奴隶婢妾还能够自杀，何况像我这样出于不得已呢！我之所以克制忍耐，苟且地活下去，被置于监牢之中而不肯死，是因为我心中遗憾还有些事没有完成，轻视自己如果在耻辱中离开人世，那我的文章著述就不能流传后世了啊。

注释 1 不必死节：不一定为节操而死。 怯夫慕义：怯懦之人如果仰慕节义（也可以去死）。 2 怯耎(ruǎn)：怯懦。 去就之分：死生的分界。 湛溺(chén nì)：陷入。 累绁(xiè)：拘囚。累、绁，此均指绑犯人的绳子。 3 臧获：奴隶之贱称。 4 函：处在。 粪土：此亦指监牢。 鄙：轻视。 没世：死。 文采：文辞才华。

古者富贵而名摩灭，不可胜记，唯俶傥非常之人称焉。[1] 盖西伯拘而演《周易》[2]；仲尼厄而作《春秋》；屈原放逐，乃赋《离骚》；左丘失明，厥有《国语》；[3] 孙子膑脚，《兵法》修列；不韦迁蜀，世传《吕览》；[4] 韩非囚秦，《说难》《孤愤》[5]。《诗》三百篇，大氐[6]贤圣发愤之所为作也。此人皆意有所郁结，不得通其道，故述往事，思来者。及如左丘明无目，孙子断足，终不可用，退论书策以舒其愤，思垂空文以自见[7]。仆窃不逊，近自托于无能之辞，网罗天下放失旧闻，考之行事，稽其成败兴坏之理，凡百三十篇，亦欲以究天人之际，通古今之变，成一家之言。[8] 草创未就，适会此祸，惜其不成，是

古时候富贵却名声泯灭不传的人，多得记都记不过来，只有洒脱不拘、行为奇特的人受到了后世的称赞。西伯姬昌被拘囚因而推演出了《周易》；孔子遭受困厄因而撰写了《春秋》；屈原被流放，才作了《离骚》；左丘双目失明，因而写出了《国语》；孙子受到膑刑，编撰了《兵法》著作；吕不韦流徙到蜀地，世间流传着《吕览》；韩非囚禁在秦国，写出了《说难》《孤愤》等篇。《诗》三百篇，大多是贤圣们抒发愤懑时所创作出来的。这些人都是心思因苦闷而郁结，不能够实现他们的理想，所以借着记述往古的史事，以供后来的人进行思考。至于像左丘明双目失明，孙膑受了膑刑，不可能再被重用了，便退出朝堂，著书立说来抒发他们心中的愤懑，想着流传下文章著作来体现自己的志向。我不自量力，近年来运用笨拙的文辞，大量搜集天下散佚的旧时传闻，考证前代人物的所作所为，考察其中成功失败、兴盛衰落的事理，总计一百三十篇，也想着凭借它考究天人之间的关系，通观古今的变化，形成一家的独特见解。草稿还没有完成，正碰上这次祸患，担心著作不

以就极刑而无愠色[9]。仆诚已著此书,藏之名山,传之其人通邑大都,则仆偿前辱之责,虽万被戮,岂有悔哉![10]然此可为智者道,难为俗人言也。

能完成,因此去承受残酷的刑罚而毫无怨怒。我果真撰写成这部著作,将它收藏在名山之中,留传给在通都大邑中能理解这部著作的人,那么我也就偿还了前次受辱所欠的债,即使是一万次被杀戮,怎么会有悔恨呢!然而这些话只可以对有见识的人去讲,很难对庸俗的人去说的。

注释　1 摩:通“磨”。　俶傥(tì tǎng):通“倜傥”。卓越,不拘于俗。　2 演:推衍,发展。　《周易》:即《易经》。相传周文王被拘羑里,推演古之八卦为六十四卦。　3 左丘:即左丘明。　厥:句首语气词。　4 不韦:即吕不韦。　《吕览》:即《吕氏春秋》,因书中有“八览”,故称。　5《说难》《孤愤》:皆为《韩非子》中的篇名。　6 大氐:大都。氐,通“抵”。　7 垂:留传。　空文:文章著作,与具体的功业相对而言。　8 放:散。　稽:考察。　9 愠(yùn)色:怨怒的表情。　10 其人:《汉书》颜师古注:“其人谓能行其书者。”　责:通“债”。

且负下未易居,下流多谤议。[1]仆以口语遇遭此祸,重为乡党戮笑[2],污辱先人,亦何面目复上父母之丘墓乎?虽累百世,垢[3]弥甚耳!是以肠一日而九回,居则忽忽若有所亡,出则不知所如往。[4]

况且戴罪受辱的人不容易在世间安生,地位低下的人会遭受更多的诽谤议论。我因为发表意见而遭遇到这种祸患,大大地被乡里人所耻笑,污辱了先人,还有什么面目再去祭扫父母的坟墓呢?即使延续一百代,耻辱会越来越深的!因此愁肠整天不停地翻滚,坐在家里总是恍恍惚惚、若有所失,出了门也迷

每念斯耻，汗未尝不发背沾衣也。身直为闺阁之臣，宁得自引深臧于岩穴邪！[5]故且从俗浮湛，与时俯仰，以通其狂惑。[6]今少卿乃教以推贤进士，无乃与仆之私指谬乎[7]。今虽欲自雕瑑，曼辞以自解，无益，于俗不信，只取辱耳。[8]要之[9]死日，然后是非乃定。书不能尽意，故略陈固陋。谨再拜。

糊得不知道要去哪里。每次回想起这次耻辱，总会全身出汗，沾湿衣服。我只不过是一名宦官，还怎么能引身而退隐居在山野之中呢！所以姑且随波逐流，跟着时代的变化而变化，来疏通内心的狂放和迷惑。如今少卿还拿推荐进用贤士来教导我，恐怕是和我私下的意旨相违背的。现在我虽然想自我雕饰，用华丽的辞藻进行辩说来为自己解脱，但已毫无益处，因为世俗的人是不会相信的，只会取得些羞辱而已。总之，等到我死了，是非才能论定。书信不能完全表达我的心意，所以只是简略地陈述一下我浅陋的见解。我恭敬地拜了两拜。

注释　1 负下：本指所凭依的权势低下，此指负罪之下。　下流：本指下游，此指地位低下之人。　2 乡党：乡里。　戮笑：耻笑。　3 垢：通“诟”。污辱。　4 肠一日而九回：形容思想起伏，心绪郁结不解。肠，心地，思想。九回，多次翻转、萦绕。　忽忽：恍恍惚惚。　5 直：只不过。　闺阁之臣：指宦官。闺阁，均为宫中小门。　自引：自己引身而退。　臧：通“藏”。　邪：语气助词。　6 湛：通“沉”。　与时俯仰：随着时代的变化而变化。　通其狂惑：疏通内心的狂放和迷惑，达到随波逐流、麻木不仁的境地。李善注引《鬻子》说：“吾闻之于政也，知善不行者谓之狂，知恶不改者谓之惑。夫狂与惑者，圣人之戒也。”　7 无乃：恐怕。　私指：自己的想法。8 雕瑑(zhuàn)：雕饰。　曼辞：华丽的辞藻。　9 要之：总之。

图书在版编目(CIP)数据

史记/(汉)司马迁著;杨燕起译注. --长沙:岳麓书社,2025.5(2026.3重印). --(古典名著全本全注全译). --ISBN 978-7-5538-2211-2

Ⅰ. K204.2

中国国家版本馆 CIP 数据核字第 2024F07E00 号

SHIJI

史记

著　　者:〔汉〕司马迁

译　　注:杨燕起

出 版 人:崔　灿

责任编辑:张丽琴

责任校对:舒　舍

封面设计:罗志义

岳麓书社出版发行

地址:湖南省长沙市爱民路 47 号

直销电话:0731-88804152　0731-88885616

邮编:410006

版次:2025 年 5 月第 1 版

印次:2026 年 3 月第 6 次印刷

开本:890mm×1240mm　1/32

印张:126.75

字数:3140 千字

ISBN 978-7-5538-2211-2

定价:298.00 元

承印:湖南省众鑫印务有限公司

如有印装质量问题,请与本社印务部联系

电话:0731-88884129